云南省交通运输厅科技创新及示范项目（云交科教便〔2019〕48号）成果

隧道不良地质电磁探测技术

李 辉　刘 浩　张志厚　单玉孟　张寒韬 编著

西南交通大学出版社
·成 都·

图书在版编目（CIP）数据

隧道不良地质电磁探测技术 / 李辉等编著. -- 成都：西南交通大学出版社，2023.10
ISBN 978-7-5643-9527-8

Ⅰ.①隧… Ⅱ.①李… Ⅲ.①隧道施工–电磁法勘探 Ⅳ.①U455

中国国家版本馆 CIP 数据核字（2023）第 202728 号

Suidao Buliang Dizhi Dianci Tance Jishu
隧道不良地质电磁探测技术

李辉　刘浩　张志厚　单玉孟　张寒韬　编著

责 任 编 辑	姜锡伟
封 面 设 计	吴　兵
出 版 发 行	西南交通大学出版社
	（四川省成都市金牛区二环路北一段 111 号
	西南交通大学创新大厦 21 楼）
营销部电话	028-87600564　028-87600533
邮 政 编 码	610031
网　　　址	http://www.xnjdcbs.com
印　　　刷	四川煤田地质制图印务有限责任公司
成 品 尺 寸	185 mm × 260 mm
印　　　张	14.5
字　　　数	361 千
版　　　次	2023 年 10 月第 1 版
印　　　次	2023 年 10 月第 1 次
书　　　号	ISBN 978-7-5643-9527-8
定　　　价	85.00 元

图书如有印装质量问题　本社负责退换
版权所有　盗版必究　举报电话：028-87600562

本书编委会

主　　任：李　辉　刘　浩
副 主 任：张志厚　单玉孟　张寒韬
编写委员：严绍明　范明外　杨正权　刘跃成
　　　　　杨文洪　叶保权　李文辉　张　毅
　　　　　李　浩　袁　刚　张文飈　史永杰
　　　　　魏海民　王世宏　罗国富　王正龙
　　　　　简凡钦　杨训华　蒋　渝　李　超

PREFACE 前 言

新思想引领新时代，新使命开启新征程。中国铁路与公路一直扮演着联通世界、沟通文明、引领发展、促进和平的重要角色，也是我国的重要交通基础设施、国民经济大动脉。随着这些基础设施工程的迅猛发展，隧道工程埋深越来越大，地质条件越来越复杂，断裂破碎带、褶皱、节理密集带、岩性接触带、岩溶发育区、煤系地层、高地应力、特殊岩土体等不良地质体在隧道施工中层出不穷，导致突泥涌水、塌方冒顶、瓦斯爆炸、气体中毒等安全事故频繁发生，造成了重大经济损失和社会影响。

隧道不良地质探测是查明不良地质体特征、防范地质风险的重要手段。地球物理技术作为隧道不良地质探测的常用手段，具有效率高、成本低的特点，在隧道工程地质勘察中得到了广泛应用。常用的隧道地球物理勘察技术有地震法、直流电法和电磁法，然而地震法效率低、成本高，直流电法探测深度浅。电磁法具有探测深度大、效率高、成本低、低阻地质体分辨能力强的特点，非常适合复杂地质条件下深埋隧道的不良地质勘察。

本书总结了作者和研发团队的大量电磁探测技术研究成果和应用案例，从电磁法的基本理论、技术和装备的国内外发展研究现状、时间域和频率域电磁法正反演方法、工程应用等方面详细全面地描述了隧道不良地质电磁探测技术，对隧道工程建设者具有较大的借鉴意义。

本书共分 5 章。第 1 章介绍了隧道不良地质特点、探测方法、电磁探测技术及装备的国内外研究现状；第 2 章介绍了电磁场基本数学方程与相关定理；第 3 章详细阐述了天然源和人工源频率域电磁场的一维、二维、三维正演与反演方法；第 4 章详细阐述了时间域电磁场正演模拟方法；第 5 章重点介绍了电磁探测技术在隧道不良地质探测中的应用。

本书在写作过程中，得到了云南省交通运输厅、云南省交通投资建设集团有限公司等单位的大力支持，书中引用了国内外已有论文、规范、专著等成果，在此对支持单位和相关成果作者表示衷心感谢。由于时间仓促和认知局限，书中难免有疏漏和不妥之处，恳请读者批评指正。

编著者

2022 年 12 月

CONTENTS 目 录

第1章 绪 论 ··· 001
   1.1 隧道不良地质的表现和特点 ·· 001
   1.2 隧道不良地质的探测方法 ·· 004
   1.3 电磁探测国内外研究现状 ·· 005
   1.4 电磁装备国内外现状 ·· 009

第2章 电磁场基本理论 ·· 014
   2.1 电磁场的基本方程 ··· 014
   2.2 格林函数和局域分布源的电磁场 ··· 020
   2.3 场等效原理和互易定理 ··· 027

第3章 频率域电磁方法 ·· 031
   3.1 大地电磁法 ·· 031
   3.2 人工源电磁法 ··· 96

第4章 时间域电磁方法 ·· 146
   4.1 垂直磁偶源时间域电磁场 ·· 146
   4.2 矩形回线源时间域电磁场 ·· 147
   4.3 水平电偶源时间域电磁场 ·· 148
   4.4 圆形回线源时间域电磁场 ·· 149

第 5 章　电磁探测技术应用 ···151

5.1　安石隧道"11·26"涌水突泥灾害探测·····································151

5.2　恩施至广元国家高速公路某隧道不良地质探测·····························161

5.3　鸡鸣隧道不良地质探测···175

5.4　云县至临沧高速公路大亮山隧道不良地质探测·····························179

5.5　鹤庆至剑川某处突泥涌水地质探测···186

5.6　蔓金高速公路草果山特长隧道不良地质探测·······························190

5.7　云南省临双高速公路天生桥隧道不良地质探测·····························192

5.8　广安至邻水快速通道华蓥山隧道及引道工程不良地质探测················195

参考文献 ···200

第1章
PART ONE
绪 论

1.1 隧道不良地质的表现和特点

隧道,是指一种修建在地层中的地下工程建筑物。它被广泛地应用于公路、铁路、矿山、水利、市政和国防等方面。

随着社会发展的迫切需要和隧道工艺的不断完善,十几年以来我国隧道建设呈现出爆炸性发展状态。作为交通工程、水利水电工程的重要组成部分,穿越复杂地质地区的长大、深埋铁路、公路隧道和水工隧洞越来越多,但是随之而来的隧道施工事故、地质灾害也日益增多。

1.1.1 隧道不良地质的表现

不同地质构造环境和不同建造岩组环境中的隧道工程,在工程地质、水文地质特征方面有较大差异,但所发生的隧道地质灾害在表现形式和特征上有许多共同之处。

1. 围岩变形破坏

围岩变形破坏是隧道地质灾害中最常见的一种灾害。破碎岩、松散层的冒落、坍方,软弱岩、膨胀性岩土的大变形、位移和坍滑,以及坚硬完整岩的岩爆和掉块,是围岩变形破坏灾害的主要表现形式。它们的形成和发生,主要决定于围岩的属性、岩体结构的状态、结构面性状、地下水和地应力状态等地质因素。一般认为,除岩爆外,其他围岩变形破坏灾害发生于以下地质环境中:

(1) 第四系松散堆积层。
(2) 断层破碎带、风化带和节理裂隙密集带。
(3) 结合不良的软硬岩交界面、不整合接触面、软弱夹层。
(4) 岩脉穿插带、接触蚀变带。
(5) 地下水富集带。

岩爆灾害则多发于地应力高或较高,岩体坚硬完整、埋深较大及无地下水地段。

2. 涌水、漏水及突水

涌水、漏水及突水是隧道施工和运营中又一常见的灾害,其中突水和携带大量碎屑物质的涌水危害性最大。

涌水、漏水灾害多发生于节理裂隙密集带、构造风化破碎带；突水灾害多发生于岩溶洞穴、溶隙发育地段、含水层和隔水层交界面。如京广线大瑶山隧道（长 14.3 km），在通过该隧道中段九号断层地段时，于断层上盘强烈挤压破碎带发生了最大水量达 48 000 m^3/d 的裂隙涌水、突水及碎屑流灾害；于断层下盘影响带灰岩地段揭穿了岩溶洞穴、溶隙等充水管道，施工中发生了 3 000 m^3/d 左右的含大量泥沙的突水，雨季最大涌水量达 12 000 m^3/d。

3. 地面沉陷及地面塌陷

地面沉陷，一般发生在埋深小于 30 m 的隧道、城市地铁和大型地下管道等工程开挖地段；地面塌陷主要是由隧道内长期涌水或大量抽取地下水造成的，多发于覆盖层厚度在 5～20 m 的岩溶发育地区。少数地面塌陷也可以由隧道顶板冒落、坍方而引起。这类灾害除给隧道施工带来极大困难外，更严重的是将带来恶化工程地区地面的生态环境条件、引发地面建筑物的破坏及地表水枯竭等一系列环境问题。如大瑶山隧道岩溶涌水段上方的班古坳地区约 6.0 km^2 范围内，就产生了 200 多处塌陷、地表水和井泉枯竭灾害；又如襄渝线中梁山隧道（长 4.98 km），因隧道内长期大量突水、涌水，造成了隧道顶部地表 48 处井泉干枯，29 处塌陷，超过 5.3 km^2 的农田失水，居民和牲畜饮水短缺等恶化生态环境的严重问题。

1.1.2 隧道不良地质的特点

隧道地质灾害造成的影响及危害巨大，而容易发生隧道地质灾害的不良地质特点主要可归纳为以下十点：

1. 断层破碎带

断层破碎带是常见的不良地质段，断层带内岩体破碎，呈块石、破碎或角砾状，甚至呈断层泥，岩体强度低，围岩自稳能力差，施工困难。其施工难度取决于断层的性质、断层破碎带的宽度、填充物、含水性和断层本身的活动性以及隧道轴线和断层构造线方向的组合关系等因素。

2. 富水软岩

富水软岩是指各类土质、软岩、极严重风化的各种岩层、极软弱破碎的断层带以及堆积、坡积层，在富含地下水情况下，岩体强度很低、自稳能力极差的围岩。其施工难度极大，俗称"烂洞子"。

3. 大量涌水

涌水会使掌子面稳定性降低，易于发生拱顶和掌子面的崩塌。涌水使喷混凝土与围岩的附着变差，锚杆的锚固材料易于流失，造成支护质量降低。

4. 基底泥泞化

在施工中，隧道底部的含水比高，施工机械的走行扰乱基底使之泥泞化，会使作业效率和安全性降低。泥泞化显著的场合也会造成支护下沉等，其对隧道稳定性的影响是不能忽视的。

5. 因地下水位降低使地层下沉

地下水位下沉会使地层产生压密下沉，也会对地表面结构物产生有害的影响。由于地下水位降低比地表面下沉的范围广，因此不仅在隧道周边，甚至在离开隧道数百米的位置，在黏性土的场合，也会产生压密下沉。

6. 膨胀岩

膨胀岩是指土中黏土矿物成分主要由亲水性矿物组成，同时具有吸水显著膨胀软化和失水收缩硬裂两种特性且具有湿胀干缩往复变形的高塑性黏性土。决定膨胀性的亲水矿物质主要是蒙脱石黏土矿物。

由于膨胀性岩层所具有的特征，隧道在开挖后不久即产生膨胀性压力，往往发生如下一些现象：风化迅速，挖出的土石块很快酥散；坑道顶部及两侧常被挤压，底部隆起；随着时间的增长，支撑、衬砌往往发生严重的变形或破坏。

7. 挤压性围岩

挤压性围岩是高地应力作用下的软岩。挤压性软弱围岩在高地应力作用下发生挤压大变形及破坏的特征不仅受围岩本身力学性质的影响，还与初始应力场状况及工程因素有关。

挤压性围岩隧道变形特征：变形量大、变形速率快、变形持续时间长。

8. 黄　土

黄土是指在干燥气候条件下形成的一种具有褐黄、灰黄或黄褐等颜色并具有针状大孔、垂直节理发育的特殊性土。

黄土土体容易顺着节理张松或剪断。其位于坑道顶部，极易产生"塌顶"；其位于侧壁，则出现侧壁掉土，施工中处理不当，会引起较大的坍塌。当隧道走向在较长范围内沿着冲沟或与塬边平行，而覆盖层较薄或偏压很大时，容易发生较大的坍塌或滑坡现象。

9. 岩溶地质

溶洞是以岩溶水的溶蚀作用为主，间有潜蚀和机械塌陷作用而造成的基本沿水平方向延伸的通道。

溶洞一般有死、活、干、湿、大、小几种。死、干、小的溶洞比较容易处理，而活、湿、大的溶洞处理方法则较为复杂。

有时遇到填满饱含水分的充填物溶槽，坑道掘进至边缘时，充填物不断涌入坑道，难以遏止，甚至使地表开裂下沉，山体压力剧增；有的溶洞、暗河迂回交错、分支错综复杂、范围宽广，处理十分困难。

10. 岩　爆

埋深较深的隧道工程，在高应力、脆性岩体中，由于施工爆破扰动原岩，岩体受到破坏，使掌子面附近的岩体突然释放出潜能，产生脆性破坏，这时围岩表面发出爆裂声，随之有大小不等的片状岩块弹射剥落出来，这种现象称为岩爆。

岩爆在未发生前并无明显的预兆。发生岩爆时，岩块自洞壁围岩母体弹射出来，一般呈中厚边薄的不规则片状。岩爆发生的地点，多在新开挖工作面及其附近，也有个别在距新开挖面较远处。

1.2 隧道不良地质的探测方法

20 世纪 50 年代，苏联学者将直流电法用于煤矿井下探测，成功解决了煤层小构造和冲刷带探测、矿井水文地质条件调查等与矿山安全有关的地质问题；在我国，铁道部第二设计院（即今中铁二院工程集团有限责任公司）川黔铁路凉风垭隧道施工设计配合组地质工程师陈成宗根据隧道施工掌子面的地质特征，成功开展了对隧道施工掌子面前方地质情况的探测预报，预报距离达 30 m。

早在 20 世纪 70 年代，世界各国就开始了隧道施工超前地质预报工作，方法多为通过导坑及超前水平钻探来预报隧道施工掌子面前方不良地质体；在我国，谷德振教授等根据矿巷掌子面地质特征成功探测出矿巷前方存在的断层并预报其会引发坍方。

1972 年 8 月，快速掘进与隧道工程会议在美国芝加哥召开。自此后，隧道超前地质探测预报受到世界各国的重视，纷纷将此列为重点研究课题，如澳大利亚列题研究掌子面前方地层状况预报，法国重点研究不降低掘进速度的勘察方法。

20 世纪 90 年代，瑞士安伯格（Amberg）测量技术公司开发出隧道地震超前预报系统（Tunnel Seismic Prediction，TSP）；德国 GEO-Hydraulikc Data 公司开发出钻孔电气超前监测（Bore-Tunneling Electrical Ahead Monitoring，BEAM）电法探测技术；美国 NSA 工程公司开发出真反射层析成像（True Reflection Tomography）TRT 技术等。

众多工程表明，隧道等地下工程检测遵循 "5 倍定律"。以地铁隧道为例：采用传统人工检测成本约 25 万元/km，借助设备的人工检测方法成本约 5 万元/km，而采用无损检测与先进病害识别诊断方法自动诊断病害的成本仅为 1 万元/km。

在隧道工程勘察中，当需查明岩土的性质和分布，从地下采取岩土样供室内试验测定岩土的物理力学性质时，可采用挖探、钻探、地球物理勘探等方法进行。下面介绍几种常用方法：

1.2.1 挖 探

挖探是地质勘探中广泛采用的一种方法。这种方法最大的优点是能取得详尽的直观资料和原状土样，但勘探深度有限，而且劳动强度大。挖探主要为坑探和槽探。

1.2.2 简易钻探

简易钻探是工程地质勘探中经常采用的方法。其优点是工具轻、体积小、操作方便，进尺较快，劳动强度较小；其缺点是不能采取原状土样或不能取样，在密实或坚硬的地层内不易钻进或不能使用。常用的简易钻探工具有小螺纹钻、钎探、洛阳铲等。

1.2.3 钻 探

在工程地质勘察工作中，钻探是广泛采用的一种最重要的勘探手段。它可以获得深部地层的可靠地质资料，一般是在挖探、简易钻探不能达到目的时采用。为保证工程地质钻探工作质量，避免漏掉或寻错重要的地质界面，在钻进过程中不应放过任何可疑的地方，对所获得的地质资料进行准确的分析判断，用地面观察所得的地质资料来指导钻探工作，校核钻探结果。

1.2.4 地球物理勘探

地球物理勘探简称物探。不同成分、不同结构、不同产状的地质体，在地下半无限空间的物理场分布是不同的。凡是以各种岩土物理性质的差别为基础，采用专门的仪器，观测天然或人工的物理场变化，来判断地下地质情况的方法，统称为物探。

物探按其所利用的岩土物理性质的不同可分为电法勘探、电磁法勘探、地震勘探、声波探测、重力勘探、磁力勘探与放射性勘探等。在隧道工程地质勘察中，较常用的有电磁法勘探、电法勘探、地震勘探等。

电法勘探是通过仪器测定岩土导电性的差异来判断地下地质情况的方法。当地层间具有一定的导电性差异，所测对象具有一定的长度、宽度和厚度，相对埋藏深度不太大，地形较平坦，游散电流与工业交流电等干扰因素不大时，电法勘探能取得较好的效果。

地震勘探是利用人工激发的地震波在不同地层内的传播规律来勘察地下地质情况的方法。在地面某处激发的地震波向地下传播时，遇到不同密度的地层分界面就会产生反射波或折射波返回地面，用专门的仪器可记录这些波，分析所得记录的特点，如波的传播时间、振动形状等，通过专门的计算或仪器处理，能较准确地测定这些界面的深度和形态，判断地层的岩性，断层、破碎带位置，计算弹性波速度等，从而解决查明地层及地质构造、进行围岩分级等工程地质问题。

目前，应用于隧道超前地质预报的地球物理探测方法众多，针对隧道不良地质界面预报的地球物理探测方法主要为波反射法，包括隧道地震超前预报系统 TSP、探地雷达法（Ground Penetrating Radar，GPR）、水平声波剖面法（Horizontal Sonic Profi-ling，HSP）。

隧道超前地震预报系统 TSP 是瑞士安伯格（Amberg）测量技术公司于 20 世纪 90 年代初研发的一套超前地质预报系统。目前应用较多的是 TSP203 系统。该系统属多波多分量高分辨率地震反射波探测技术，能长距离预报隧道掌子面前方的地质特征变化，包括断层及其破碎带、岩溶、软弱夹层的分布等，其预报距离可达 150 m。

探地雷达法被认为是目前分辨率最高的物探方法，探地雷达是国内外普遍推崇的物探设备。它操作简便、分辨率高、屏蔽效果好、图像直观、对施工干扰小。探地雷达法是一种基于地下介质的电性差异对地下介质或界面进行定位的电磁技术。它利用电磁波在隧道掌子面前方岩体中的传播、反射，最终被接收天线所接收的过程，通过对时域波形的采集、处理和分析，确定掌子面前方断层破碎带、软弱夹层、岩溶洞穴等的分布位置。

水平声波剖面法原理和地震波探测基本相同，均建立在弹性波理论的基础上，其传播过程遵循惠更斯-菲涅耳原理和费马原理。它是向岩土体中辐射一定频率的声波，并研究其传播、反射特征，进而判断掌子面前方地质特征的一种技术方法。

1.3 电磁探测国内外研究现状

电磁法在国外已经有一个多世纪的发展历史。如今电磁法勘探已经成为物探中比较成熟的勘探方法并开始广泛应用于隧道工程地质勘探。

我国从 20 世纪 50 年代开始进行电磁法勘探研究。自 20 世纪六七十年代始，国内电磁勘探技术取得了长足进步，除了体现在对电磁法理论研究、资料处理及解释等方面进步明显之外，还表现在同常规电法、磁法等技术的互相交融，产生了一些新的学科并取得发展。

进入 21 世纪以后，我国各个行业技术飞速发展，电磁法技术也呈现出跨越式发展的态势。根据相关资料显示，目前国内开展研究及实际使用的电磁法技术超过 20 种。电磁法具有探测深度大、可有效穿越高阻地层等特点，已经成为我国工程勘察中大深度勘探的主流物探手段。长大隧道地质结构复杂，断层破碎带含水时与围岩有电阻率差异，矿物成分、岩性、岩石的结构、构造之间的电性特征均有不同。电磁法的本质是通过探测岩性和构造体的电阻率变化，并按照地下介质的电性分布特征及变化规律探测地下地质体情况的一种地球物理手段。目前，电磁法已成为深长隧道前期探测的主要方法。下面分别论述工程勘察中的两种常用方法（频率域电磁法和时间域电磁法）。

1.3.1 频率域电磁法国内外研究现状

大地电磁测深法（MT）是频率域电磁法的典型代表。电磁法勘探的本质理论基础为 A.N.Tikhonov 的平面波理论设定，即设定天然场源是呈 90°入射的平面电磁波，同时假定研究目标为均匀半空间。

在后来的研究过程中，L.Cagniard 进一步证明了 A.N.Tikhonov 理论设定，创立了视电阻率概念，同时给出了推导过程，能够较为合理地获取地下地质体的视电阻率，通过视电阻率规律可以推测判断地下地质体状况。在 MT 法理论发展过程中，张量阻抗概念的提出是一项重大突破，对 MT 二维模型分析以及方法推导起到了至关重要的作用，且为该方法在具体应用上进一步发展奠定了基础。

Coggon（1971）初次把有限单元法用于电磁法正演模拟运算，他以能量最低原理为基础，成功完成了二维有限单元法数值模拟分析。Rijo（1977）在正演分析中应用了一种通用网格剖分法，显著提升了有限单元法正演的准确性和计算效率，该方法已是二维模型中 MT 正演模拟的重要手段，促进了有限单元法在实际工作中的应用。对原始数据的反演工作是由电磁场分布推测地下地质体情况的一个过程，也是电磁法资料解释中的重要环节。MT 资料反演的好坏会对电磁法在地下地质体探测以及具体工程应用中的准确性产生重大影响，因此，对反演方法的研究，一直是电磁勘探中的一个重要难点及热点问题。

国外许多学者致力于反演方法的研究：Weidelt（1972）对一维 MT 资料的逆散射迭代成像进行了研究；Bostick（1977）提出了著名的博斯蒂克（Bostick）变换，该方法至今仍是最常用的一维反演方法；Oldenburg（1979）对基于一维连续介质的反演进行了研究。20 世纪以后，研究热点逐渐转向二、三维反演，比较有代表性的电磁反演方法有 Constable 等（1987，1990）提出的奥卡姆（OCCAM）法、Smith 与 Booker（1991）开发的快速松弛（RRI）法、M. H. Loke 等（1996）研究的高斯-牛顿法和准牛顿法联合反演法、Rodi（2001）等人提出的非线性共轭梯度法（NLGG 法）、Smith T（1999）等提出的尖锐边界反演（SBI）法等。

我国对 MT 正反演的研究也在持续推进。1979 年，朱伯芳把有限单元法自国外引进；20 世纪 80 年代初，陈乐寿等（1981，1982）开始把有限单元法运用至二维 MT 正演模拟；随后胡建德等对其进行了进一步研究分析。关于反演，王家映（1987）改进了科恩（COEN）近似法反演；晋光文（1986，1987）创新性地在一维反演中利用相位成果进行约束；徐世浙等（1995）利用曲线对比法进行一维反演，取得了理想的效果；余年（2012）对二维倾子资料联合反演算法进行了相关研究；赵虎等（2020）对 NLCG 反演进行了研究分析，并用于了深埋隧道勘察中，取得了较好的效果。各项技术进步的同时，也促进了三维正反演技术的革新，国内外对三维反演方法不断深入研究，三维算法不断推出并加以改进。虽然三维反演技术尚未成熟，目前并未在实际隧道工程探测中得到应用，但仍是未来的发展趋势。

在工程技术方面，20 世纪 80 年代后，大地电磁测深法发展迅速，相应的技术水平也快速提高，应用领域相应扩大。尤其是在近些年来，此方法已成为一种重要的勘测方法应用到了地热资源勘探、寻找地下水、油气普查等诸多领域。

近 20 年来，国内外学者以及工程技术人员在前人的基础上围绕着提升数据采集质量进行了大量的研究工作，并取得了很多成果，仪器设备在性能上也有了很大的提高。目前，大地电磁仪器发展到了多测道水平，并且广泛采用了精确的卫星通信功能。现在的大地电磁测量已采用"远参考道测量"，进一步提高了数据的采集质量。在地形、地质复杂和地区干扰强的地方，大地电磁"远参考道测量"方法运用越来越广。"时间序列"的作用在数据采集方面越来越被强调。进行"抗差估计"要求有足够长的时间序列。该方法主要根据测量误差的剩余功率谱对时间序列进行加权。它侧重于处理信噪比高的数据，并且能降低突变点权重，使不相干因素对阻抗估计的影响降至最低，以达到降低干扰的目的。20 世纪 80 年代末，"抗差估计"就已开始用于数据处理。

20 世纪 90 年代开始，我国开始开展这方面的研究实验并在实际工程中进行应用。研究发现，该方法的应用效果与信号的噪声干扰紧密相关；同时，时间序列数据长度也是影响该方法效果的重要因素。对张量阻抗关系式来说，虽然抗差估计法可以较好地降低输出端的干扰信号，但是对输入端干扰信号效果不佳。所以对具体工作来说，通常将"远参考道测量"和"抗差处理"进行融合。大量的应用结果表明，该方法能有效获取高质量采集数据。因此，这种技术手段在工程实例中得到了广泛应用。

在技术处理过程中，静校正和地形校正也是影响数据处理质量的关键性因素，在资料处理过程中，视电阻率剖面不断出现等值线高阻或低阻畸变情况。经过深入研究分析，该现象是由浅层电性不均匀和地形起伏导致的"静位移"效应。静态效应会使后期资料处理结果产生极大的误差，稍有不慎就会造成对解释成果的误判，因此对大地电磁的静态校正至关重要。为了降低大地电磁静态效应，国内外学者纷纷对"静位移"的校正进行研究。研究初期，人们通常使用曲线平移法、近地表电阻率观测等方法，但是这些方法只考虑了电流引起的电场畸变，尚未考虑磁场分量的畸变，在有些条件下效果不甚明显。20 世纪 90 年代后，国外的大地电磁张量阻抗分解技术发展趋于成熟，国内也开始将该技术应用到具体工程的静态效应改正中，取得了很好的效果。此外，小波分析法也广泛用在"静位移"校正中。目前，小波分析法在时间序列滤波、提取谱成分方面研究进展很快。

21 世纪初，铁道第一勘察设计院（即今中铁第一勘察设计院集团有限公司）和铁道第二勘察设计院（即今中铁二院工程集团有限公司）分别在秦岭铁路隧道和圆梁山铁路隧道中尝试过使用音频大地电磁法（AMT）进行工程应用，取得了显著的效果；中南大学在邵怀高速公路雪峰山隧道中成功运用高频大地电磁法划分地层、寻找隐伏构造；云南水富至麻柳湾段高速公路地质工作中将音频大地电磁法用于公路隧道勘察，为国内首次公路隧道应用公开报道，并取得了不错的效果，以后在五指山隧道、南贡山隧道等公路隧道勘察中逐渐推广；2007 年该法在雅西高速泥巴山隧道勘察中的应用为四川省首次引入音频大地电磁法进行高速公路深埋隧道勘探；赵虎等将音频大地电磁法成功用于世界上海拔最高的公路特长隧道——雀儿山隧道勘察中，为高海拔公路隧道的综合勘察提供了新思路。随着技术的发展，音频大地电磁法逐步成为目前公路深埋隧道物探工作最重要的方法，也成为深埋隧道综合地质勘察中必不可少的重要手段。

1.3.2 时间域电磁法国内外研究现状

时间域电磁法通常叫作瞬变电磁法（TEM）。早在 20 世纪 50 年代，国外就开始对时间域电磁法进行研究，并尝试进行实际应用。J.R.Wait（1951）最早提出将瞬变电磁法应用到实际生产领域，在此期间，相关研究人员研究了 TEM 理论并以此为基础建立了较为完善的工作模式，同时也对一维正反演进行了成功计算。欧美发达国家对 TEM 的研究走在了世界前列，1970—1980 期间多个国家进行过大面积的 TEM 勘察工作。

从 20 世纪 60 年代开始，TEM 发展迅速，相关研究人员发现了收发距与 TEM 的探测深度之间的关系，并逐渐研究出其规律。电子技术的进步推动着 TEM 突飞猛进，突破了许多关键技术，出现了大批成果。其中：以 A.A.Kaufuman 为代表的研究者完善了 TEM 一维研究；20 世纪 60 年代末 70 年代初，H.F.Morrison（1969）等对半空间层状瞬变电磁场的定量解释进行了研究，多种定量或半定量解释方法也不断被推出并完善；20 世纪 80 年代后，TEM 继续高速发展，并且有了更为广泛的应用。当前，对 TEM 正反演算法、地形改正等研究仍然是该领域的热点和难点。

虽然 TEM 在国内的研究起步晚于欧美等发达国家，但自从引入该方法后，仍有不少学者投身于 TEM 的研究，并取得了丰富的研究成果。20 世纪七八十年代以来，国内部分高校及科研院所对瞬变电磁相关方法进行了系统研究，形成了一整套从理论到实践的完善技术，目前国内在理论研究方面已达到世界主流水平。随着科学技术的进步，TEM 的相关仪器设备也越来越成熟稳定。与方法、理论研究一样，发达国家在相关设备研发制造中优势明显、市场占有率高，主要代表性设备有：UTEM 瞬变电磁仪、V5 和 V8 多功能电法仪（加拿大）、Terra TEM（澳大利亚）。这些设备性能稳定，操作便捷，在我国地矿、煤田等系统中应用较多。同时，为了更好地服务于生产，结合各行业需求及特点，国内自行研制了各种型号的瞬变电磁设备，国内部分仪器厂家如重庆地质仪器厂、重庆奔腾地质仪器厂等分别生产了深层及浅层瞬变电磁仪器。朴化荣、牛之链、李貅、薛国强等大量相关专家及学者扎根于 TEM 相关技术的研究，为我国 TEM 的发展及应用做出了显著贡献。

其中：朴化荣通过对 TEM 的持续研究，创新性地利用汉克尔（Hankel）变换对层状大地频率域瞬变响应进行求解；牛之链终身投入瞬变电磁理论及应用研究，对瞬变电磁数据、采集及技术处理均有所研究，为国内瞬变电磁技术进步及应用推广做出了贡献；薛国强、李貅等研究了新的计算方法用于瞬变电磁成像，提高了对地下介质的识别能力，并对正反演问题以及在相关工程中的应用做了大量研究，对 TEM 的实际工作具有较大意义；李貅对 TEM 的波场变换原理进行了长期研究，其应用瞬变电磁法对煤矿隐患进行探测的相关研究成果丰硕。除此之外，国内众多相关研究人员对 TEM 信号源关断时间的改进和校正方法、不同装置下最大及最小探测深度等相关技术均有不同程度的研究分析。

当前在公路深埋隧道勘察应用中，常规 TEM 存在以下缺陷：①受地形影响，为达到目标深度，往往需要布设较大发射线圈，工作效率低；②反演获得的电阻率受诸多影响因素，较难准确提供探测深度；③ 由于电磁互感问题，在 0～50 m 范围内存在不同程度的勘探盲区，传统的瞬变电磁法始终没有好的解决办法。直至中南大学提出等值反磁通（OCTEM）理论并成功研制相关仪器，从理论上解决了电磁互感的问题，才将国内瞬变电磁技术推向了世界先进水平，随后，OCTEM 迅速应用于铁路、机场、矿产等领域。

1.4 电磁装备国内外研发现状

随着工程需要的不断变化和增长，电磁装备得到了长足的发展。根据仪器原理的不同，可以把电磁装备分为频率域电磁装备和时间域电磁装备两大类。

1.4.1 频率域电磁装备国内外研发现状

大地电磁测深在本质上是一门观测的科学，它必须采集大量的信息。因此，可靠信息和信息量的缺乏或不足，是任何数学技巧和图像显示所无法弥补的。一流的大地电磁法仪器必须是硬件和软件的完美结合，以达到：高分辨率，高信噪比；宽频带，大动态范围；高集成，多功能，低功耗；操作简单，轻便灵活，现场实时显示结果。

原始资料的采集是所有物探工作中最为关键的一步，大地电磁测深工作尤其如此。因此，选择一台合适的仪器并配合正确合理的操作是相当重要的。目前，代表性的大地电磁测深仪器主要有：加拿大 Phoenix 公司的 V 系列（V5-2000 或 V8）、德国 Metronix 公司的 GMS 系列（GMS-06 或 GMS-07）、美国 Zonge 公司的 GDP 系列（GDP-16 或 GDP-32）以及美国 Geotronics 与 EMI 公司联合生产的 EH-4。近年来国内的相关设备也蓬勃发展，重庆国科的 Z4 电磁系统、湖南五维地科的 MPMT-18 电磁系统等设备也逐渐取得了一定市场份额。

1. V8 电法系统

V8 是加拿大凤凰公司自 1975 年以来研制开发的第八代多功能电法系统。该设备总体由四大系统组成：发射系统、采集（接收）系统、定位系统和数据记录处理系统。在非常成熟的 V5-2000 系统基础上，V8 更趋向于尽善尽美，包括轻便坚固的采集系统和全球定位系统（GPS）同步系统，以及触摸式防水 ASCII 键盘和彩色的阳光下可视屏幕（图 1.4.1），让操作员可以轻松地对可控源和自然源采集的数据进行处理。

图 1.4.1　V8 多功能电法系统主机

V8 有 3 个磁道和 7 个电道。磁道既可以连接标准的磁棒，也可以和 1～3 个轴向的时间域电磁法（TDEM）探头连接。V8 还可以单机工作（通常用于 AMT 和 MT）。另外，它可以作为辅助的两个电道数据采集的局域网络中心，其通信方式可以无线也可以有线。所有的记录单元均通过 GPS 时间（±0.2 μs）保持同步，发射机也是通过 GPS 时间保持同步。无论是网络化的记录单元之间，还是接收机和发射机之间，均可通过无线方式保持通信，其勘探深度可达 50 km 或更深。

V8 多功能电法仪应用范围很广，在石油和天然气勘探、金属矿和矿产调查、地下水调查、地热资源储藏调查、环境工程调查以及地震研究等方面都有广泛的应用。

2. GMS-07e

GMS-07e 综合电磁法仪器是德国 Metronix 公司在过去 30 多年设计和生产地球物理电磁仪器方面所积累经验的基础上，研制开发出的新一代产品，其主机如图 1.4.2 所示。磁场和电场传感器直接与主机 ADU-07e 连接，组成完整的 GMS-07e 观测系统。多个 ADU-07e 或多个 GMS-07e 可用轻便的网线、无线局域网或内置的 GPS 连接一起，组成多道、同时采集电磁场信号的仪器系统。

图 1.4.2　GMS-07e 电磁法系统主机

该系统可实现的电磁法功能主要包括：单台 MT 和 AMT 观测；远参考道观测；电磁阵列剖面法（EMAP）观测和网络式观测；人工源音频大地电磁法（CSAMT）和多道可控源电磁测绘（CSEMM）观测。

在实际的野外工作中，当采用 MFS-07e 磁场传感器时（频带为 0.001～50 Hz），其勘探深度为数米至 30 km；当该系统与 MFS-06e 磁场传感器连接时（频带为 10 000～10 000 Hz），其勘探深度为 20 m 至上地幔软流圈内部；当该系统与 MFS-07e 磁场传感器连接时（频带为 1 000～50 000 Hz），其勘探深度为 1 m 至 16 km；当该系统与三分量超高频磁场传感器 SHFT-02 连接时（频带为 1 Hz～300 kHz），其勘探深度为 0～40 m，主要应用于浅层和超浅层勘探；当该系统与 TXM-22 发射机配合时，可实现 CSAMT 勘探；当该系统与 FGS-03 磁通门磁力仪连接时，可实现 20～20 万秒的超低频观测，用于研究地壳和上地幔软流圈内部的电性结构。其主要应用范围有：石油、天然气资源勘探；矿产资源勘探；工程和环境勘探；地下水和地热资源勘探；地下溶洞和采空区勘探；监视地下电阻率变化，进行地震预报和深部构造探测。

3. GDP-32 Ⅱ

GDP-32 Ⅱ多功能电测系统是美国 Zonge 公司生产的第四代人工场源及天然场源的电法和电磁法勘探系统，如图 1.4.3 所示。该系统几乎具备了全部中频段到低频段的电测功能，其主要方法包括直流电阻率法、直流激发极化法、交流激发极化法、复电阻率法、可控源音频大地电磁法、音频大地电磁法、大地电磁法和瞬变电磁法等。因此，它可以被广泛用于固体矿产勘探、工程物探和油气勘探等各个方面。此外，该系统今后还有望在环境地质调查和环境监控等方面发挥作用。

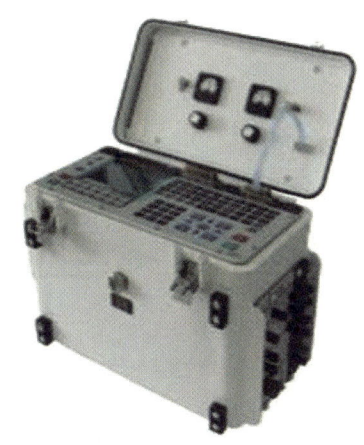

图 1.4.3　GDP-32 Ⅱ电法系统主机

由于 GDP-32 Ⅱ多功能电测系统具备电阻率法、激发极化法、可控源音频大地电磁法和瞬变电磁法等功能，加上它具有高稳流精度、高相位测量精度和极强的抗干扰能力等优点，它在固体矿产勘探中常常可以获得满意的效果。国内外的固体矿产勘探成果表明，GDP-32 Ⅱ多功能电测系统在找矿方面硕果累累。GDP-32 Ⅱ多功能电测系统具备 MT 和电偶源 TEM 功能，故它可用于较大深度（数百米至数千米）的探测项目，如油气勘探和构造地质填图等。无论是浅至不足 1 m 还是深至数千米，只要被探测的地质对象存在电性差异，都能使用 GDP-32 Ⅱ多功能电测系统进行探测。

GDP-32 Ⅱ地球物理数据处理器实际上是一个万用、多通道的接收机，其设计目的在于采集任何类型的电磁或电场数据，其带宽为直流（DC）~ 8 kHz。GDP-32 Ⅱ的设计，积累了从先前的 GDP-12、GDP-16、GDP-32 等多代产品发展的经验，其设计强调软件的灵活性、最佳的数据质量以及恶劣野外条件下的坚固性。

4. EH-4

EH-4 电磁系统是美国著名的 Geometrics 公司和 EMI 公司联合研制的双源型电磁/地震系统。仪器设计精巧、坚实，特别适合地面二维连续张量式电导率测量，在技术上率先突破传统单点测量壁垒，走向电磁测量拟地震化、联合二维连续观测和资料解释，并实现了 0.1 Hz ~ 100 kHz 范围内电磁信号的连续采集。该系统轻便灵活，分辨率高，不受高阻覆盖层的影响，可以用于单点和连续剖面测量，完成各测点测量后，可获得电场功率谱、视电阻率、相位、相关度、一维反演等资料；在现场取得 3 个以上连续测点资料时可以提供拟二维反演成果。

EH-4 具备一些其他传统仪器所不具备的特点，总括起来大致有如下几点：

① 应用大地电磁法的原理，使用人工电磁场和天然电磁场两种场源。

② 具有有源电探法稳定性的优点，同时又具有无源电磁法节能和轻便的优点。

③ 能同时接收和分析 x、y 两个方向的电场和磁场，反演 xy 电导率张量剖面，对判断二维构造特别有利。

④ 仪器设备轻，观测时间短，完成一个近 1 000 m 深度的测深点只需 15～20 min，这使它可以轻而易举地实现密点连续测量（首尾相连），进行 EMAP 连续观察（图 1.4.4）。

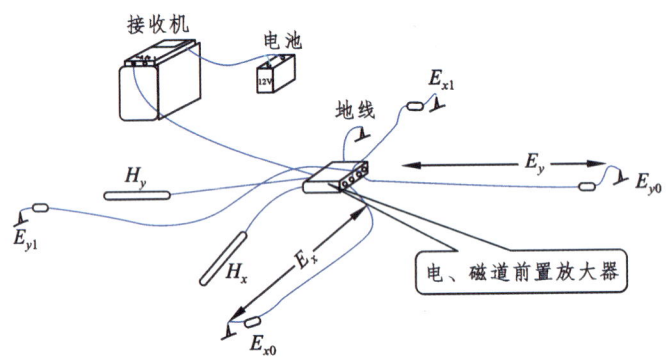

图 1.4.4　野外数据采集装置示意图

⑤ 在 EH-4 的采集控制主机中插入两块附加的地震采集板，就可使一台 EH-4 兼作地震仪和电导率测量仪，为一机实现综合勘探首创先例。

⑥ 实时数据处理和显示，资料解释简捷，图像直观。

EH-4 电磁系统野外工作有两种工作方式：一种是单点测深，另一种是连续剖面测深。选用何种方式由研究任务确定。该系统通常采用天然场源，只有在天然场信号很弱或者根本没有信号的频点上，才使用人工场源，用以改进数据质量，提高数据信噪比。鉴于效率和磁感应传感器频谱范围的限制，EH-4 的测量频段为 10 Hz～100 kHz，其探测深度大致为 10～800 m。如果配置了低频磁探头，其频段可延伸至 0.1 Hz，探测深度通常可达到 1 200～1 500 m，在特殊高电阻率地区，甚至可达到 2 000 m。

总之，EH-4 能观测到离地表几米至 1 000 m 深度内地质断面的电性变化信息，基于对这些电性信息的分析研究，以解决工程地质勘察、环境监测、地下水研究以及矿产与地热的勘查等地质问题。该系统适用于各种不同的地质条件和比较恶劣的野外环境。

1.4.2　时间域电磁装备国内外研发现状

目前，国内外投入生产的电磁装备主要是时域脉冲电磁装备，这是因为时间域地质雷达系统图像效果比较直观。随着 TEM 在国内的发展，其应用逐渐增多，也产生了对瞬变电磁设备的需求，国内的 TEM 设备也就应运而生。相关设备多数由相关高校、研究机构与设备厂商合作研发，较为成熟的有 GETTEM-20 型号（地球物理所研制）、CLEM-V（重庆地质仪器厂）、WTEM 系列（重庆奔腾）等。这些设备各具特色，是国内 TEM 设备的代表。虽然国内设备进步明显，但与已经发展几十年的国外主流设备对比，尚存在一些不足，在仪器稳定性、相关配件及产品工艺方面需要进一步提升。目前，常用的电磁装备主要有俄罗斯

GEOTECH 公司的 OKO 系列、美国 GSSI 公司的 SIR 系列、中国光电二十二所的 LTD 系列、瑞典 MALA 公司的 RAMAC 系列等。

其中，瑞典的 RAMAC 系列电磁装备在工程中得到了较多的应用。它的显示设备采用了外接电脑的方式，能够充分利用计算机技术快速发展的优势；主机和天线功耗较低，集成化高；天线与主机之间采用光纤连接，抗干扰能力强，频带宽。ProEx 系统屏蔽天线的主频主要有 1 600 MHz、1 200 MHz、1 000 MHz、800 MHz、500 MHz、250 MHz 和 100 MHz。为了保证探测深度和屏蔽干扰，隧道超前预报一般选择主频为 100 MHz 的屏蔽天线，如图 1.4.5（a）所示，主机如图 1.4.5（b）所示，系统结构如图 1.4.6 所示。

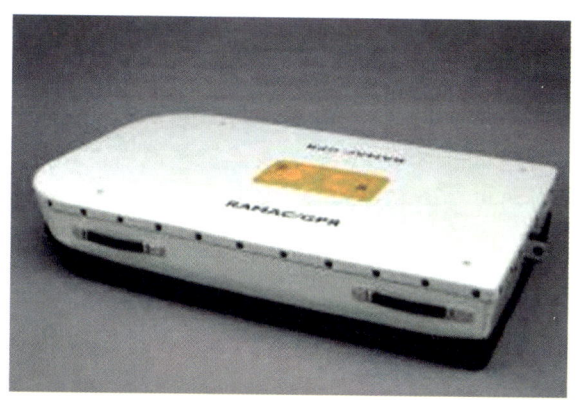

（a）100 MHz 天线　　　　　　　　　（b）主机

图 1.4.5　RAMAC 地质雷达

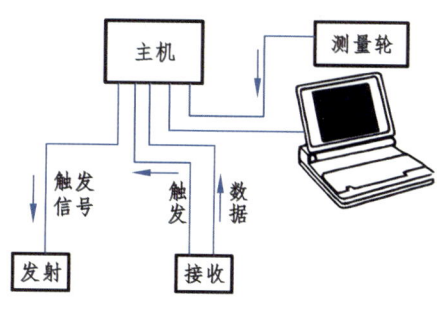

图 1.4.6　RAMAC ProEx 系统结构

第 2 章
电磁场基本理论

众所周知,麦克斯韦(Maxwell)方程组是完整统一的电磁场的理论基础。电磁测深法一般采用偶极子场源,它产生的电磁场理所当然地由 Maxwell 方程组完整地描述。因此,求解偶极子场的分布,就是求这种场源在一定边界条件下 Maxwell 方程的解。

2.1 电磁场的基本方程

2.1.1 麦克斯韦方程组与基本电磁量

真空或介质中宏观电磁场的 Maxwell 方程组是描述电磁场的一组基本实验公式,含有以下 4 个方程,分别反映了 4 条基本的物理定律:

$$\nabla \times \boldsymbol{E} = -\frac{\partial \boldsymbol{B}}{\partial t} \quad (\text{法拉第定律}) \tag{2.1.1a}$$

$$\nabla \times \boldsymbol{H} = \boldsymbol{J} + \frac{\partial \boldsymbol{D}}{\partial t} \quad (\text{安培定律}) \tag{2.1.1b}$$

$$\nabla \cdot \boldsymbol{D} = \rho \quad (\text{库仑定律}) \tag{2.1.1c}$$

$$\nabla \cdot \boldsymbol{B} = 0 \quad (\text{磁通量连续性定律}) \tag{2.1.1d}$$

电荷和电流在 Maxwell 方程组中是作为源项出现的。电荷密度 ρ 和电流密度 $\boldsymbol{J}$ 通过电流连续性方程相互联系:

$$\nabla \cdot \boldsymbol{J} + \frac{\partial \rho}{\partial t} = 0 \tag{2.1.2}$$

作为确定电磁场和电荷、电流系统运动的完整方程组,除了 Maxwell 方程组和电流连续性方程之外还必须补充几个关系式以给出电场强度 $\boldsymbol{E}$ 和电位移矢量 $\boldsymbol{D}$、电场强度 $\boldsymbol{E}$ 和电流密度 $\boldsymbol{J}$ 以及磁场强度 $\boldsymbol{H}$ 和磁感应强度 $\boldsymbol{B}$ 之间的关系。这几个关系与介质的性质有关,称为物质的结构关系。

对于各向同性的电磁介质,在实际上通常遇到的场强值范围内其结构关系是简单的线性关系:

$$\begin{cases} \boldsymbol{D} = \varepsilon_0 \boldsymbol{E} + \boldsymbol{P} = \varepsilon_0(1+\chi_e)\boldsymbol{E} = \varepsilon_0\varepsilon_r \boldsymbol{E} = \varepsilon \boldsymbol{E} \\ \boldsymbol{B} = \mu_0(\boldsymbol{H}+\boldsymbol{M}) = \mu_0(1+\chi_m)\boldsymbol{H} = \mu_0\mu_r \boldsymbol{H} = \mu \boldsymbol{H} \\ \boldsymbol{J} = \sigma \boldsymbol{E} \end{cases} \quad (2.1.3)$$

式中：$\boldsymbol{P}$ 和 $\boldsymbol{M}$ 分别是介质的宏观电极化强度和磁化强度；ε、μ、σ 分别是介质的介电常数、磁导率、电导率。在真空中，$\varepsilon_0 = 8.85 \times 10^{-12}\,\text{F/m}$，$\mu_0 = 4\pi \times 10^{-7}\,\text{H/m}$。但是，对结构比较复杂的介质，例如晶体，这种简单的线性关系不再成立，介电常数和磁导率及电导率需要用张量表示，这种介质称为各向异性介质。

电场强度 $\boldsymbol{E}$、电位移矢量（电感应强度）$\boldsymbol{D}$、磁场强度 $\boldsymbol{H}$、磁感应强度 $\boldsymbol{B}$、介电常数 ε、磁导率 μ、电导率 σ、电流密度 $\boldsymbol{J}$、电荷密度 ρ 便是描述电磁场的基本物理量。

2.1.2 磁荷及磁流、电磁场方程的对偶性

对于随时间简谐变化的电磁场使用复数表示是方便的。从 20 世纪 40 年代开始引入的虚构磁荷和磁流概念已被证明对于解决许多应用电磁学的实际问题是有益的。使用 $e^{-i\omega t}$ 并且在对应的位置加上虚构的磁荷密度 ρ_m 及磁流密度 $\boldsymbol{J}_m$ 后，Maxwell 方程组（2.1.1）就变成：

$$\begin{cases} \nabla \times \boldsymbol{E} - i\omega \boldsymbol{B} = \boldsymbol{J}_m, \nabla \times \boldsymbol{H} + i\omega \boldsymbol{D} = \boldsymbol{J} \\ \nabla \cdot \boldsymbol{D} = \rho, \nabla \cdot \boldsymbol{B} = \rho_m \end{cases} \quad (2.1.4)$$

尽管磁荷和磁流不像电荷和电流那样是物理上可以观察的，但将它们作为源项引入后，Maxwell 方程组的数学形式变得对称，从而可以给某些电磁场问题的求解带来便利。

当只存在电性源 ρ、$\boldsymbol{J}$ 或只存在磁性源 ρ_m、$\boldsymbol{J}_m$ 时，可逐一写出均匀各向同性介质中的 Maxwell 方程式和电流连续性方程（在虚构源 ρ_m、$\boldsymbol{J}_m$ 之间存在着与真实源 ρ、$\boldsymbol{J}$ 之间相同的连续性方程）：

电性源	磁性源
$\nabla \times \boldsymbol{E} - i\omega\mu \boldsymbol{H} = \boldsymbol{0}$	$\nabla \times \boldsymbol{E} - i\omega\mu \boldsymbol{H} = \boldsymbol{J}_m$
$\nabla \times \boldsymbol{H} + i\omega\varepsilon \boldsymbol{E} = \boldsymbol{J}$	$\nabla \times \boldsymbol{H} + i\omega\varepsilon \boldsymbol{E} = \boldsymbol{0}$
$\nabla \cdot \boldsymbol{E} = \rho/\varepsilon$	$\nabla \cdot \boldsymbol{E} = 0$
$\nabla \cdot \boldsymbol{H} = 0$	$\nabla \cdot \boldsymbol{H} = \rho_m/\mu$
$\nabla \cdot \boldsymbol{J} - i\omega\rho = 0$	$\nabla \cdot \boldsymbol{J} - i\omega\rho_m = 0$

不难看出这两组方程式之间存在着明显的对应关系，也就是说如果将上面两组方程式中的场量和源量作如下的代换：

$\boldsymbol{E} \to -\boldsymbol{H}$	$\boldsymbol{E} \to \boldsymbol{H}$
$\boldsymbol{H} \to \boldsymbol{E}$	$\boldsymbol{H} \to -\boldsymbol{E}$
$\varepsilon \to \mu$	$\varepsilon \to \mu$
$\mu \to \varepsilon$	$\mu \to \varepsilon$
$\rho \to \rho_m$	$\rho_m \to \rho$
$\boldsymbol{J} \to \boldsymbol{J}_m$	$\boldsymbol{J}_m \to \boldsymbol{J}$

电性源方程就变为磁性源方程，而磁性源方程则变为电性源方程。电性源方程式和磁性源方程式的这种对应关系称为对偶性（duality）。电磁场方程式的对偶性提供了这样一种便利：如果知道一个问题（例如电性源问题）的解就可以由对偶关系得出它的对偶问题（磁性源问题）的解，而无须重复求解过程。

2.1.3 电磁场的边界条件

在不同介质分界面两侧电磁场发生不连续变化，应用与式（2.1.4）对应的积分形式，可导出在介质分界面两侧场应当满足的下列边界条件：

$$\begin{cases} \boldsymbol{n} \times (\boldsymbol{E}_1 - \boldsymbol{E}_2) = -\boldsymbol{J}_{ms}, \ \boldsymbol{n} \times (\boldsymbol{H}_1 - \boldsymbol{H}_2) = \boldsymbol{J}_s \\ \boldsymbol{n} \cdot (\boldsymbol{D}_1 - \boldsymbol{D}_2) = \rho_s, \ \boldsymbol{n} \cdot (\boldsymbol{B}_1 - \boldsymbol{B}_2) = \rho_{ms} \end{cases} \quad (2.1.5)$$

式中：$\boldsymbol{n}$ 为介质分界面的单位法线向量，方向由介质2指向介质1；ρ_s、ρ_{ms}、$\boldsymbol{J}_s$ 和 $\boldsymbol{J}_{ms}$ 分别表示电荷、磁荷、电流以及磁流的面密度。

式（2.1.5）为基本的电磁场边界条件，由它可以导出电磁势函数所满足的边界条件。在某些情况下，定解问题还必须利用所谓的自然边界条件，如位函数在远离场源处有限等。

2.1.4 电磁场波动方程

可以证明，在均匀介质中，除场源处外，电荷密度 ρ 等于零。因此，在场源以外的区域（2.1.1c）变为：

$$\nabla \cdot \boldsymbol{E} = 0 \quad (2.1.6)$$

为导出电场或磁场所满足的方程，有必要从（2.1.1）中消去磁场或电场矢量。为此，对式（2.1.1a）取旋度：

$$\nabla \times \nabla \times \boldsymbol{E} = -\mu \frac{\partial}{\partial t}(\nabla \times \boldsymbol{H}) \quad (2.1.7)$$

将式（2.1.1b）代入式（2.1.7），并注意到式（2.1.6）及：

$$\nabla \times \nabla \times \boldsymbol{E} = \nabla \nabla \cdot \boldsymbol{E} - \nabla^2 \boldsymbol{E}$$

得到：

$$\nabla^2 \boldsymbol{E} = \varepsilon \mu \frac{\partial^2 \boldsymbol{E}}{\partial t^2} + \sigma \mu \frac{\partial \boldsymbol{E}}{\partial t} \quad (2.1.8)$$

同样可得到：

$$\nabla^2 \boldsymbol{H} = \varepsilon \mu \frac{\partial^2 \boldsymbol{H}}{\partial t^2} + \sigma \mu \frac{\partial \boldsymbol{H}}{\partial t} \quad (2.1.9)$$

式（2.1.8）和式（2.1.9）称为电磁场的波动方程。它将场矢量随空间的变化和随时间的变化联系起来。式中第一项为时间的二阶导数项，物理上表征了场的波动性；第二项为时间的一阶导数项，表征了场的扩散性。因此，电磁波场以波动和扩散两种形式在空间传播。

2.1.5 亥姆霍兹方程

设场源为时谐变化的，则其产生的电磁场也同样是时谐变化的。因此，在时谐场源时，式（2.1.8）和式（2.1.9）变为：

$$\nabla^2 \boldsymbol{E} + k^2 \boldsymbol{E} = \boldsymbol{0} \qquad (2.1.10)$$

$$\nabla^2 \boldsymbol{H} + k^2 \boldsymbol{H} = \boldsymbol{0} \qquad (2.1.11)$$

其中：

$$k^2 = \varepsilon\mu\omega + \mathrm{i}\sigma\mu\omega \qquad (2.1.12)$$

式（2.1.10）和式（2.1.11）称为亥姆霍兹（Helmholtz）方程，式中 k 称为波数或传播常数。

2.1.6 几个重要概念

1. 衰减常数和相位常数

在式（2.1.12）中，右边第一项含有介质的介电常数，是由位移电流决定的，称为位移项，它是由时间的二阶导数产生的，代表了电磁波的波动性；第二项含有介质的电导率 σ，是由传导电流所决定的，称为传导项，它是由时间的一阶导数产生的，代表了电磁场的扩散特性。将波数 k 分解为：

$$k = a + \mathrm{i}b \qquad (2.1.13)$$

在一维情况下，(2.1.10) 的通解为：

$$E = E_0 \mathrm{e}^{-\mathrm{i}(\omega t - kz)} = E_0 \mathrm{e}^{-bz} \mathrm{e}^{-\mathrm{i}(\omega t - az)} \qquad (2.1.14)$$

即电磁波传播时，既随时间也随距离波动，同时其振幅随传播距离衰减。由于 a 表征了电磁波传播过程中相位的变化，故称为相位常数；而 b 则表征了电磁波传播幅值的衰减，故称为衰减常数。

定义

$$\alpha = \frac{\sigma}{\omega\varepsilon} \qquad (2.1.15)$$

表示介质中传导电流和位移电流之比，称之损耗角正切。

2. 相位和相速度

在式（2.1.14）中，令

$$\varphi = -(\omega t - az) \qquad (2.1.16)$$

称为波的相位，它是决定波的运动状态的物理量。由式（2.1.16）可知，在空间每一点上，电磁波的相位是随时间变化的。如果电磁波传播的速度为 V_p，那么相位不随时间而改变的面（等相面）也应该以速度 V_p 向外传播。相位不随时间而改变的条件可写为：

$$\varphi = -(\omega t - az) = 常数 \qquad (2.1.17)$$

对式（2.1.17）微分，可得：

$$V_p = \frac{dz}{dt} = \frac{\omega}{a} \quad (2.1.18)$$

V_p 称为相速度。

3. 波长、波数和趋肤深度

设电磁波的频率为 f，则 $\omega = 2\pi f$，于是电磁波的波长为：

$$\lambda = \frac{V_p}{f} = \frac{2\pi}{a} \quad (2.1.19)$$

在理想电介质中，$\varepsilon\omega \gg \sigma$，此时传导电流可以忽略，$k$ 为实数，

$$k = a = \omega\sqrt{\varepsilon\mu} \quad (2.1.20)$$

由式（2.1.19）和式（2.1.20）有

$$k = \frac{2\pi}{\lambda} \quad (2.1.21)$$

由此可见，k 表示在单位距离内波的个数的 2π 倍，这就是将 k 称为波数的原因。

由式（2.1.14）可知，波在导电介质中传播时，其幅值按指数规律衰减，也就是说，其能量将随传播距离 z 的增加而逐渐被吸收。当 $Z = \frac{1}{b}$ 时，波的振幅衰减到原来的 $\frac{1}{e}$（约为原来的 37%）。令

$$\delta = \frac{1}{b} \quad (2.1.22)$$

称为"趋肤深度"，又叫作"穿透深度"或"透入深度"。它的物理意义是：当电磁波传播到这种深度时其大部分能量（约 63%）已被吸收；或者说，介质中电磁波的能量主要集中在深度为 δ 的表面内，频率越高，δ 越小，表示电磁波的能量越集中。所以，δ 可以表征电磁波透入介质的深度。b 则称为吸收系数或衰减常数。

4. 准静态极限（$\sigma \gg \varepsilon\omega$）和介电极限（$\sigma \ll \varepsilon\omega$）

当大地中传导电流占支配地位时，即 $\sigma \gg \varepsilon\omega$ 时，称为准静态极限。此时，电磁波方程（2.1.8）、（2.1.9）中以扩散项（时间的一阶导数项）占主导地位。

在这种情况下，在式（2.1.15）中，$\alpha \gg 1$，相位常数 a 和衰减常数 b 相等。

$$a = b = \sqrt{\frac{\mu\omega\sigma}{2}} \quad (2.1.23)$$

传播常数简化为

$$k = (1+i)\sqrt{\frac{\mu\omega\sigma}{2}} \quad (2.1.24)$$

波数 k 与介电常数 ε 无关，电磁场以扩散项占主导地位。

在准静态条件下，趋肤深度与波长分别为：

$$\delta = \sqrt{\frac{2}{\mu\omega\sigma}} \tag{2.1.25}$$

$$\lambda = 2\pi\delta$$

如果取大地中 μ 的常见值为 $\mu_0 = 1.256 \times 10^{-6} H/m$，并以 $2\pi f$ 和 $\frac{1}{\rho}$ 分别代替上式中的 ω 和 σ，则可把趋肤深度 δ 写成

$$\delta = 503\sqrt{\frac{\rho}{f}} (\mathrm{m}) \tag{2.1.26}$$

虽然趋肤深度在某种意义上说与电磁波在介质中穿透的深度有关，但它并不代表电磁勘探中实际的有效勘探深度。勘探深度 D 是一个比较模糊的概念，如果将电磁波能量衰减到 50% 时的深度称为"勘探深度"，则

$$D \approx 0.693\,2\delta \approx \delta/\sqrt{2} = 356\sqrt{\frac{\rho}{f}} (\mathrm{m}) \tag{2.1.27}$$

该式说明，随着电阻率的减小或频率增高，勘探深度变浅；反之，随着电阻率增大或频率降低，勘探深度加深。因此，当大地电阻率一定时，改变信号频率，便可以得到由浅至深的电阻率变化关系，这就是频率电磁测深的基本原理。

或许有人会以为，如果用足够低的频率，CSAMT 法就能达到与 MT 法同样深的勘探深度。事实上并非如此。最大穿透深度通常受到场源的近场效应和信号强度的制约，这在后面还要讨论。按照通常的经验，一般情况下，CSAMT 法最大勘探深度为 2~3 km。

当大地中位移电流占支配地位时，即 $\sigma \ll \varepsilon\omega$，电磁波方程中以波动项（时间的二阶导数项）占主导地位。此时：

$$a \approx \omega(\mu\varepsilon)^{1/2}\left[1 + \frac{1}{8}\left(\frac{\sigma}{\varepsilon\omega}\right)^2\right]$$

$$b = \frac{\sigma}{2}\sqrt{\frac{\mu}{\varepsilon}}$$

$$V_\mathrm{p} \approx \frac{\omega}{a} = \frac{1}{\sqrt{\varepsilon\mu}}\left[1 - \frac{1}{8}\left(\frac{\sigma}{\varepsilon\omega}\right)^2\right]$$

$$\delta \approx \frac{1}{b} = \frac{2}{\sigma}\sqrt{\frac{\varepsilon}{\mu}}$$

可见在良好的电介质中，波的传播速度十分接近于理想电介质（$\sigma = 0$）中的传播速度 $\frac{1}{\sqrt{\varepsilon\mu}}$。由于在实际介质中略有能量损耗，所以波的传播速度比理想介质中略小。又由于吸收系数 b 与 σ 成正比，σ 小则吸收少，因而透入深度较大。

对于理想电介质，$\sigma = 0$，无传导电流存在，以上各式化为：

$$k^2 = \varepsilon\mu\omega^2$$

$$a = \omega\sqrt{\varepsilon\mu}$$

$$b = 0$$

$$V_p = \frac{1}{\sqrt{\varepsilon\mu}} = c$$

$$\delta \to \infty$$

其中 $c = 3.0 \times 10^8$ m/s，表示光速。这就是说，电磁波不被吸收，没有能量损耗。

为更好地理解准静态极限和介电极限的物理意义，需要讨论电介质的色散理论。一般而言，电介质的极化方式可分为电子极化、离子极化（晶体）和某些电介质（如水）的固有极化。对于电导体，电子极化占主导地位。然而，即使轻如电子，在外电场中极化时也有其固有的弛豫频率（v）。当外加电场频率 $\omega \ll v$（微波及以下频段）时，电子的极化每次都从外电场吸收能量，此时电磁波将产生强烈的衰减。当 $\omega \gg v$ 时，对应于紫外或更短波长的电磁波，此时电子极化也跟不上外电场的变化，导电介质对电磁波几乎是"透明"的。而当 $\omega \approx v$ 时，对应于红外波段电磁波（探地雷达的频率），此时导电介质使电磁波产生强烈衰减，趋肤深度很小，同时其表面对电磁波又产生强烈的反射。

由于在通常条件下，如大地电阻率不大于 $1\,000\,\Omega\cdot m$、电磁波频率不高于 100 kHz 时，$\sigma \gg \varepsilon\omega$，所以除特别标明外，本书讨论的都是准静态极限。

2.2 格林函数和局域分布源的电磁场

2.2.1 洛伦兹势和洛伦兹规范

在均匀媒质中由 Maxwell 方程组中磁感应强度的散度方程可以引入矢势 $\boldsymbol{A}$：

$$\boldsymbol{H} = \nabla \times \boldsymbol{A} \tag{2.2.1}$$

将式（2.2.1）代入法拉第（Faraday）电磁感应定律得：

$$\nabla \times \boldsymbol{E} + \mu\frac{\partial}{\partial t}(\nabla \times \boldsymbol{A}) = \boldsymbol{0}$$

式中对坐标的微分和时间的微分互不相关，可以交换它们的顺序。又考虑到任何标量函数的梯度的旋度恒为零，故可将上式改写为：

$$\nabla \times \boldsymbol{E} + \nabla \times \left(\mu\frac{\partial \boldsymbol{A}}{\partial t} + \nabla\varphi\right) = \boldsymbol{0} \tag{2.2.2}$$

$$\boldsymbol{E} = -\mu\frac{\partial \boldsymbol{A}}{\partial t} - \nabla\varphi$$

式中：φ 为任意选择的标量函数。

将式（2.2.1）和式（2.2.2）代入 H 的旋度方程得：

$$\nabla \times \nabla \times A = -\mu\sigma\frac{\partial A}{\partial t} - \sigma\nabla\varphi - \mu\varepsilon\frac{\partial^2 A}{\partial t^2} - \varepsilon\frac{\partial}{\partial t}\nabla\varphi$$

利用矢量公式 $\nabla \times \nabla \times A = \nabla(\nabla \cdot A) - \nabla^2 A$，代入上式得：

$$\nabla(\nabla \cdot A) - \nabla^2 A = -\mu\sigma\frac{\partial A}{\partial t} - \sigma\nabla\varphi - \mu\varepsilon\frac{\partial^2 A}{\partial t^2} - \varepsilon\nabla\frac{\partial\varphi}{\partial t}$$

因为 φ 是任意的，所以可以选择 φ，使

$$\nabla \cdot A + \sigma\varphi + \varepsilon\frac{\partial\varphi}{\partial t} = 0 \tag{2.2.3}$$

式（2.2.3）称为洛伦兹（Lorentz）规范条件。从而：

$$\nabla^2 A = \mu\sigma\frac{\partial A}{\partial t} + \mu\varepsilon\frac{\partial^2 A}{\partial t^2} \tag{2.2.4}$$

对谐变场，式（2.2.4）变为亥姆霍兹方程。

$$\nabla^2 A + k^2 A = 0 \tag{2.2.5}$$

A 称为电性 Lorentz 势。

并且电磁场各矢量也可只用 A 表示：

$$H = \nabla \times A \tag{2.2.6}$$

$$E = i\omega\mu\left[A + \frac{1}{k^2}\nabla(\nabla \cdot A)\right]$$

2.2.2 无界空间三维标量波动方程的格林函数

格林（Green）函数是求解边值问题的有效工具。在引进 Green 函数之前先介绍为表述点的密度所必需的狄拉克 δ 函数（Dirac δ 函数，简称 δ 函数）。δ 函数不是通常意义下的数学函数，因为不能给出它的函数值。它的定义是通过它和其他函数的积分给出的。对于 δ 函数的严格处理需要用到广义函数或分布理论，在这里仅给出常用的定义和在正交曲线坐标系中的表达式。

三维空间中的 δ 函数可以用它的积分定义为：

$$\iiint_V f(\boldsymbol{r}')\delta(\boldsymbol{r}-\boldsymbol{r}')\mathrm{d}V' = \begin{cases} 0, \boldsymbol{r} \notin V \\ f(\boldsymbol{r}), \boldsymbol{r} \in V \end{cases} \tag{2.2.7}$$

式中：$f(\boldsymbol{r})$ 是 $\boldsymbol{r}$ 的任意正常函数。在直角坐标系中，$\delta(\boldsymbol{r}-\boldsymbol{r}')$ 可以表示为：

$$\delta(\boldsymbol{r}-\boldsymbol{r}') = \delta(x-x')\delta(y-y')\delta(z-z') \tag{2.2.8}$$

其中的每一个一维 δ 函数都可以用与式（2.2.7）相类似的一维区间上的积分定义。在正交曲线坐标系（u_1, u_2, u_3）中，$\delta(\boldsymbol{r}-\boldsymbol{r}')$ 应表示为：

$$\delta(\boldsymbol{r}-\boldsymbol{r}') = \frac{\delta(u_1-u_1')\delta(u_2-u_2')\delta(u_3-u_3')}{J(x',y',z')} \tag{2.2.9}$$

这里 J 是从直角坐标系变换到正交曲线坐标系（u_1,u_2,u_3）的佳可比（Jacobi）行列式。但在奇异点，例如球坐标系的原点，$x'=r'=z'=0$，$J(x',y',z')=0$，直解坐标系与曲线坐标系之间一对一的变换关系不再成立。这里需用到下列形式的δ函数的表示式：

$$\delta(\boldsymbol{r}) = \delta(x)\delta(y)\delta(z) \quad 直角坐标系（x,\ y,\ z） \tag{2.2.10a}$$

$$= \frac{\delta(\rho)\delta(z)}{2\pi\rho} \quad 柱坐标系（\rho,\ \varphi,\ z） \tag{2.2.10b}$$

$$= \frac{\delta(r)}{4\pi r^2} \quad 球坐标系（r,\ \theta,\ \varphi） \tag{2.2.10c}$$

利用定义式（2.2.7）容易证明：

$$\nabla^2\left(\frac{1}{|\boldsymbol{r}-\boldsymbol{r}'|}\right) = -4\pi\delta(\boldsymbol{r}-\boldsymbol{r}') \tag{2.2.11}$$

现在来导出无界空间中三维标量波动方程的 Green 函数，该函数用 $g(\boldsymbol{r},\boldsymbol{r}')$ 表示，这是一个最常用到的 Green 函数，定义为下面点源的非齐次 Helmholtz 方程的解：

$$(\nabla^2+k^2)g(\boldsymbol{r},\boldsymbol{r}') = -\delta(\boldsymbol{r}-\boldsymbol{r}') \tag{2.2.12}$$

为便于求解，先将方程（2.2.12）变换到以 $\boldsymbol{r}'$ 为球心的球坐标系中，令 $R=|\boldsymbol{r}-\boldsymbol{r}'|$，由（2.2.10c）得：

$$(\nabla^2+k^2)g(R) = -\frac{\delta(R)}{4\pi R^2} \tag{2.2.13}$$

在 $R\neq 0$ 的点，这个方程变成为零阶球贝塞尔（Bessel）方程：

$$\frac{1}{R^2}\cdot\frac{\mathrm{d}}{\mathrm{d}r}\left[R^2\frac{\mathrm{d}}{\mathrm{d}R}g(R)\right]+k^2 g(R) = 0$$

它的出射球波解为零阶第二类球 Bessel 函数 $h_0^{(2)}$，所以可以将式（2.2.13）的解写作：

$$g(R) = A h_0^{(2)}(kR) = A\frac{\mathrm{e}^{-\mathrm{i}kR}}{-\mathrm{i}kR} \tag{2.2.14}$$

这里 A 为待定常数。考虑以原点为球心、半径为 a 的小球体，在这个球体上对方程式（2.2.12）积分，将左侧体积分的第一项应用散度定理化成面积分，得：

$$4\pi R^2\frac{\mathrm{d}}{\mathrm{d}R}g(R)\bigg|_{R=a}+k^2\int_0^a g(R)4\pi R^2\mathrm{d}R = -1$$

将解（2.2.14）代入上式就可定出常数

$$A = -\mathrm{i}k/4\pi$$

这样就得到了在以 r' 为原点的球坐标系中方程式（2.2.13）的解，再变换回原来的球坐标系，得到：

$$g(\boldsymbol{r},\boldsymbol{r}') = \frac{\mathrm{e}^{-\mathrm{i}k|\boldsymbol{r}-\boldsymbol{r}'|}}{4\pi|\boldsymbol{r}-\boldsymbol{r}'|} \qquad (2.2.15)$$

这是一个最经常遇到的 Green 函数，利用它可以很方便地将无界空间中局域分布源的势表示成积分形式。

2.2.3 无界空间中任意局域分布源的势

如果所有的源均分布于空间中的有限区域，这样的源分布称为局域分布。利用标量 Green 函数式（2.2.15），局域分布源在无界空间中产生的势可以简单地表示为源分布与 Green 函数的积分。根据定义，标量 Green 函数 $g(\boldsymbol{r},\boldsymbol{r}')$ 是处于 $\boldsymbol{r}'$ 的单位点源在无界空间中产生的势，由于势函数所满足的（非齐次）Helmholtz 方程是线性的，此方程式的解可以由解

$$g(\boldsymbol{r},\boldsymbol{r}')\rho(\boldsymbol{r}')\mathrm{d}V' = \frac{\mathrm{e}^{-\mathrm{i}k|\boldsymbol{r}-\boldsymbol{r}'|}}{4\pi|\boldsymbol{r}-\boldsymbol{r}'|}\rho(\boldsymbol{r}')\mathrm{d}V'$$

的叠加构成，所以

$$\begin{aligned}\varphi(\boldsymbol{r}) &= \iiint_V g(\boldsymbol{r},\boldsymbol{r}')\rho(\boldsymbol{r}')\mathrm{d}V' \\ &= \iiint_V \frac{\mathrm{e}^{-\mathrm{i}k|\boldsymbol{r}-\boldsymbol{r}'|}}{4\pi|\boldsymbol{r}-\boldsymbol{r}'|}\rho(\boldsymbol{r}')\mathrm{d}V'\end{aligned} \qquad (2.2.16)$$

积分区域 V 为包围所有源分布的任意形状区域。矢势 $\boldsymbol{A}$ 满足的矢量 Helmholtz 方程在直角坐标系中可分解为标量方程式，因此可同样地用 $g(\boldsymbol{r},\boldsymbol{r}')$ 的积分构成解，于是有

$$\begin{aligned}\boldsymbol{A}(\boldsymbol{r}) &= \iiint_V g(\boldsymbol{r},\boldsymbol{r}')\boldsymbol{J}(\boldsymbol{r}')\mathrm{d}V' \\ &= \iiint_V \frac{\mathrm{e}^{-\mathrm{i}k|\boldsymbol{r}-\boldsymbol{r}'|}}{4\pi|\boldsymbol{r}-\boldsymbol{r}'|}\boldsymbol{J}(\boldsymbol{r}')\mathrm{d}V'\end{aligned} \qquad (2.2.17)$$

同样，对磁矢势和标量势，有：

$$\begin{aligned}\varphi_{\mathrm{m}}(\boldsymbol{r}) &= \iiint_V g(\boldsymbol{r},\boldsymbol{r}')\rho_{\mathrm{m}}(\boldsymbol{r}')\mathrm{d}V' \\ &= \iiint_V \frac{\mathrm{e}^{-\mathrm{i}k|\boldsymbol{r}-\boldsymbol{r}'|}}{4\pi|\boldsymbol{r}-\boldsymbol{r}'|}\rho_{\mathrm{m}}(\boldsymbol{r}')\mathrm{d}V'\end{aligned} \qquad (2.2.18)$$

$$\begin{aligned}\boldsymbol{A}_{\mathrm{m}}(\boldsymbol{r}) &= \iiint_V g(\boldsymbol{r},\boldsymbol{r}')\boldsymbol{J}_{\mathrm{m}}(\boldsymbol{r}')\mathrm{d}V' \\ &= \iiint_V \frac{\mathrm{e}^{-\mathrm{i}k|\boldsymbol{r}-\boldsymbol{r}'|}}{4\pi|\boldsymbol{r}-\boldsymbol{r}'|}\boldsymbol{J}_{\mathrm{m}}(\boldsymbol{r}')\mathrm{d}V'\end{aligned} \qquad (2.2.19)$$

2.2.4 自由空间并矢格林函数

电磁辐射的基本问题是局限于空间局部区域内的源在远离源的空间区域所产生的场的问题，这个问题原则上可以先利用自由空间三维标量波动方程的 Green 函数 $g(r,r')$ 由非齐次波动方程解出 Lorentz 势，然后再通过势函数求出电磁场。但是在许多实际问题中，人们常常希望直接得到电磁场的矢量表达式。为了直接给出电磁场的矢量表达式，需要用到矢量波动方程的矢量点源的影响函数，这种函数称为并矢格林函数（Dyadic Green's Functions）。

例如，考虑电性简谐源在无界的自由空间区域产生的场，由 Maxwell 方程组

$$\begin{cases} \nabla \times \boldsymbol{E} = \mathrm{i}\omega\mu_0 \boldsymbol{H}, \nabla \cdot \boldsymbol{E} = \dfrac{\rho}{\varepsilon} \\ \nabla \times \boldsymbol{H} = \mathrm{i}\omega\varepsilon_0 \boldsymbol{E}, \nabla \cdot \boldsymbol{H} = 0 \end{cases} \quad (2.2.20)$$

可导出电磁场矢量所满足的波动方程式：

$$\nabla \times \nabla \times \boldsymbol{E} - k_0^2 \boldsymbol{E} = \mathrm{i}\omega\mu_0 \boldsymbol{J}(\boldsymbol{r}) \quad (2.2.21)$$

$$\nabla \times \nabla \times \boldsymbol{H} - k_0^2 \boldsymbol{H} = \nabla \times \boldsymbol{J}(\boldsymbol{r}) \quad (2.2.22)$$

其中：$k_0^2 = \omega^2 \mu_0 \varepsilon_0$。由于矢量波动方程（2.2.21）和（2.2.22）的直接求解相当困难，可用矢势 $\boldsymbol{A}$ 表示电磁场

$$\begin{cases} \boldsymbol{E}(\boldsymbol{r}) = \mathrm{i}\omega\mu\left(1 + \dfrac{1}{k_0^2}\nabla\nabla\cdot\right)\boldsymbol{A}(\boldsymbol{r}) \\ \boldsymbol{H}(\boldsymbol{r}) = \nabla \times \boldsymbol{A}(\boldsymbol{r}) \end{cases} \quad (2.2.23)$$

而 $\boldsymbol{A}(\boldsymbol{r})$ 则可通过式（2.2.14）给出的自由空间标量 Green 函数 $g(\boldsymbol{r},\boldsymbol{r}')$ 的积分表示为式（2.2.17），即：

$$\boldsymbol{A}(\boldsymbol{r}) = \iiint_V g(\boldsymbol{r},\boldsymbol{r}')\boldsymbol{J}(\boldsymbol{r}')\mathrm{d}V'$$

现在设 $\boldsymbol{J}(\boldsymbol{r}')$ 是位于 $\boldsymbol{r}_0'$ 点的 x 方向点源：

$$\boldsymbol{J}(\boldsymbol{r}') = -\dfrac{1}{\mathrm{i}\omega}\delta(\boldsymbol{r}-\boldsymbol{r}_0')\boldsymbol{e}_x$$

代入式（2.2.17）积分可得：

$$\boldsymbol{A}(\boldsymbol{r}) = -\dfrac{1}{\mathrm{i}\omega}g(\boldsymbol{r},\boldsymbol{r}_0')\boldsymbol{e}_x$$

将上式代入式（2.2.23）第一式，求出的电场可用符号表示为：

$$\boldsymbol{G}_0^{(x)}(\boldsymbol{r},\boldsymbol{r}') = \left(1 + \dfrac{1}{k_0^2}\nabla\nabla\cdot\right)g(\boldsymbol{r},\boldsymbol{r}')\boldsymbol{e}_x \quad (2.2.24\mathrm{a})$$

这里为了方便起见，已将源点坐标 $\boldsymbol{r}_0'$ 改为 $\boldsymbol{r}'$，式（2.2.24a）是矢量波动方程

$$\nabla \times \nabla \times \boldsymbol{G}_0^{(x)}(\boldsymbol{r},\boldsymbol{r}') - k_0^2 \boldsymbol{G}_0^{(x)}(\boldsymbol{r},\boldsymbol{r}') = \delta(\boldsymbol{r},\boldsymbol{r}')\boldsymbol{e}_x \quad (2.2.25\mathrm{a})$$

的解，$G_0^{(x)}(r,r')$ 可以称为当点源的指向沿 x 方向时矢量波动方程的矢量 Green 函数。相似地也可以作出沿 y 方向和 z 方向取向的点源的矢量 Green 函数：

$$G_0^{(y)}(r,r') = \left(1 + \frac{1}{k_0^2}\nabla\nabla\cdot\right)g(r,r')e_y \tag{2.2.24b}$$

$$G_0^{(z)}(r,r') = \left(1 + \frac{1}{k_0^2}\nabla\nabla\cdot\right)g(r,r')e_z \tag{2.2.24c}$$

它们分别是相应的矢量波动方程

$$\nabla\times\nabla\times G_0^{(y)}(r,r') - k_0^2 G_0^{(y)}(r,r') = \delta(r-r')e_y \tag{2.2.25b}$$

$$\nabla\times\nabla\times G_0^{(z)}(r,r') - k_0^2 G_0^{(z)}(r,r') = \delta(r-r')e_z \tag{2.2.25c}$$

的解。

用上面的 3 个矢量 Green 函数（2.2.24）可以按如下方式构成一个并矢函数：

$$G_0(r,r') = G_0^{(x)}(r,r')e_x + G_0^{(y)}(r,r')e_y + G_0^{(z)}(r,r')e_z \tag{2.2.26}$$

$G_0(r,r')$ 称为自由空间并矢 Green 函数。将 $G_0^{(x)}$、$G_0^{(y)}$、$G_0^{(z)}$ 所满足的矢量波动方程（2.2.25）分别从右方外乘以 e_x、e_y、e_z，将所得的 3 个方程相加就得到 G_0 所满足的方程式：

$$\nabla\times\nabla\times G_0(r,r') - k_0^2 G_0(r,r') = I\delta(r-r') \tag{2.2.27}$$

这里 I 为单位并矢，将式（2.2.24）代入式（2.2.26）不难得到 $G_0(r,r')$ 的表示式：

$$G_0(r,r') = \left(1 + \frac{1}{k_0^2}\nabla\nabla\cdot\right)g(r,r')I$$

$$= \left(I + \frac{1}{k_0^2}\nabla\nabla\cdot\right)g(r,r') \tag{2.2.28}$$

在本节的下一段中将用 $G_0(r,r')$ 构成矢量波动方程（2.2.21）的无界区域解。

值得注意的是，波动方程在无界区域中的解不是唯一的，因为指数取 $e^{ik_0|r-r'|}$ 形式的解仍然满足波动方程。为保证波动方程在无界区域中解的唯一性，索末菲（Sommerfeld）建议了一个在 ∞ 远处解应当满足的附加条件，这个条件现在通称为 Sommerfeld 辐射条件。例如，对于 $G_0^{(x)}(r,r')$ 所满足的矢量波动方程（2.2.25a），辐射条件可写为：

$$\lim_{|r-r'|\to\infty}|r-r'|[\nabla\times G_0^{(x)}(r,r') + ik_0 e_r \times G_0^{(x)}(r,r')] = 0 \tag{2.2.29}$$

这个条件只能被

$$\frac{e^{-ik_0|r-r'|}}{|r-r'|}$$

形式的解满足，但不能被

$$\frac{\mathrm{e}^{+\mathrm{i}k_0|\boldsymbol{r}-\boldsymbol{r}'|}}{|\boldsymbol{r}-\boldsymbol{r}'|}$$

形式的解满足，所以辐射条件可保证解为物理上合理的出射球波。类似地，自由空间的并矢 Green 函数 $\boldsymbol{G}_0(\boldsymbol{r},\boldsymbol{r}')$ 所满足的并矢波动方程（2.2.27）的辐射条件为：

$$\lim_{|\boldsymbol{r}-\boldsymbol{r}'|\to\infty}|\boldsymbol{r}-\boldsymbol{r}'|[\nabla\times\boldsymbol{G}_0(\boldsymbol{r},\boldsymbol{r}')+\mathrm{i}k_0\boldsymbol{e}_r\times\boldsymbol{G}_0(\boldsymbol{r},\boldsymbol{r}')]=0 \qquad (2.2.30)$$

由于所选用的自由空间标量 Green 函数 $g(\boldsymbol{r},\boldsymbol{r}')$ 为出射球波解，故式（2.2.28）给出的 $\boldsymbol{G}_0(\boldsymbol{r},\boldsymbol{r}')$ 满足辐射条件式（2.2.30）。

2.2.5 局域分布源的电磁场

电场的矢量波动方程（2.2.21）

$$\nabla\times\nabla\times\boldsymbol{E}-k_0^2\boldsymbol{E}=\mathrm{i}\omega\mu_0\boldsymbol{J}(\boldsymbol{r})$$

的无界区域解容易利用 $\boldsymbol{G}_0(\boldsymbol{r},\boldsymbol{r}')$ 得出，为此将上式右方的电流表示成：

$$\boldsymbol{J}(\boldsymbol{r})=\iiint_V \boldsymbol{J}(\boldsymbol{r}')\delta(\boldsymbol{r}-\boldsymbol{r}')\mathrm{d}V'$$
$$=\iiint_V \delta(\boldsymbol{r}-\boldsymbol{r}')\boldsymbol{I}\cdot\boldsymbol{J}(\boldsymbol{r}')\mathrm{d}V'$$

然后将方程式（2.2.27）代入上式，与式（2.2.26）比较后即可得出：

$$\boldsymbol{E}(\boldsymbol{r})=\mathrm{i}\omega\mu_0\iiint_V \boldsymbol{G}_0(\boldsymbol{r},\boldsymbol{r}')\cdot\boldsymbol{J}(\boldsymbol{r}')\mathrm{d}V'$$
$$=\mathrm{i}\omega\mu_0\left(1+\frac{1}{k_0^2}\nabla\nabla\cdot\right)\iiint_V \frac{\mathrm{e}^{-\mathrm{i}k_0|\boldsymbol{r}-\boldsymbol{r}'|}}{4\pi|\boldsymbol{r}-\boldsymbol{r}'|}\boldsymbol{J}(\boldsymbol{r}')\mathrm{d}V' \qquad (2.2.31)$$

下面利用式（2.2.31）来求出分布于空间有限区域内的电性源的辐射场。当辐射源限于小区域内而观察点远离源区时，由坐标原点引向观察点的矢径 $\boldsymbol{r}$ 和由源点 $\boldsymbol{r}'$ 引向观察点的矢径 $\boldsymbol{r}-\boldsymbol{r}'$ 几乎是平行的（图 2.2.1），在 $r\gg r'$ 的条件下有

$$|\boldsymbol{r}-\boldsymbol{r}'|\approx r-\boldsymbol{r}'\cdot\boldsymbol{e}_r$$

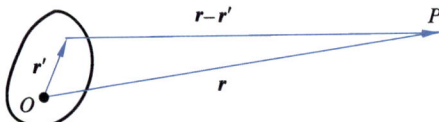

图 2.2.1　观察点远离源区时的矢径比较

将式（2.2.32）代入式（2.2.31）的积分，在 $k_0 r\gg 1$ 的条件下这个积分简化为

$$\iiint_V \frac{\mathrm{e}^{-\mathrm{i}k_0|\boldsymbol{r}-\boldsymbol{r}'|}}{4\pi|\boldsymbol{r}-\boldsymbol{r}'|}\boldsymbol{J}(\boldsymbol{r}')\mathrm{d}V'\approx\frac{\mathrm{e}^{-\mathrm{i}k_0 r}}{4\pi r}\iiint_V \boldsymbol{J}(\boldsymbol{r}')\mathrm{e}^{-\mathrm{i}k_0\boldsymbol{r}'\cdot\boldsymbol{e}_r}\mathrm{d}V' \qquad (2.2.32)$$

得到这个近似时，对于指数项中的 $|r-r'|$ 保留了近似式（2.2.32）的第二项，但对于分母中 $|r-r'|$ 则略去了第二项，定义式（2.2.32）右方的矢量积分为

$$N(\theta,\varphi) = \iiint_V J(r') e^{-ik_0 r' \cdot e_r} dV' \qquad (2.2.33)$$

$N(\theta,\varphi)$ 称为辐射积分。满足条件 $r \gg r'$ 及 $k_0 r \gg 1$ 的空间区域称为远区，局域源在远区产生的电场可用辐射积分表示为：

$$E(r) = i\omega\mu_0 \left(1 + \frac{1}{k_0^2}\nabla\nabla\cdot\right) \frac{e^{-ik_0 r}}{4\pi r} N(\theta,\varphi) \qquad (2.2.34)$$

在 $k_0 r \gg 1$ 的条件下（2.2.34）式中求散度时可以只保留最大的项，即 $1/r$ 项，这个近似求散度的运算可简化为：

$$\nabla \cdot \frac{e^{-ik_0 r}}{4\pi r} N(\theta,\varphi) \approx \frac{e^{-ik_0 r}}{4\pi r} [-ik_0 r' \cdot e_r \cdot N(\theta,\varphi)]$$

在远区场中也可仅保留 $1/r$ 项，此时利用辐射积分求远区电场的运算过程就很简单，结果为：

$$\begin{aligned} E(r) &\approx -i\omega\mu_0 \frac{e^{-ik_0 r}}{4\pi r} (I - e_r e_r) \cdot N(\theta,\varphi) \\ &= -i\omega\mu_0 \frac{e^{-ik_0 r}}{4\pi r} [e_\theta N_\theta(\theta,\varphi) + e_\varphi N_\varphi(\theta,\varphi)] \end{aligned} \qquad (2.2.35)$$

远区中的磁场则可通过 Maxwell 方程式由式（2.2.35）求出：

$$\begin{aligned} H(r) &= \frac{1}{-i\omega\mu_0} \nabla \times E \approx -ik_0 \frac{e^{-ik_0 r}}{4\pi r} e_r \times (e_\theta N_\theta + e_\varphi N_\varphi) \\ &= -ik_0 \frac{e^{-ik_0 r}}{4\pi r} (e_\varphi N_\theta - e_\theta N_\varphi) = \frac{1}{z_0} e_r \times E \end{aligned} \qquad (2.2.36)$$

其中

$$z_0 = \sqrt{\mu_0/\varepsilon_0} = 370\,(\Omega) \qquad (2.2.37)$$

为电磁场振幅之比，称为自由空间的波阻抗。式（2.2.36）和式（2.2.37）表明 E、H 和矢径 r 是彼此正交的，因此坡印亭（Poynting）矢量方向与 r 方向一致。由于 E 和 H 均仅含有 $1/r$ 项，电磁波所携带的能量最终可以离开源而辐射至无穷远处，所以称为辐射电磁波。另外，可看出，在远区的电场 E 和磁场 H 振幅之比等于平面波阻抗，这也是 MT 法的理论基础之一。

2.3 场等效原理和互易定理

2.3.1 唯一性原理

唯一性原理是建立场等效原理的基础，它可以表述如下：如果给定某区域内的电荷、电流分布，并且在包围此区域的闭合曲面上的电场强度和磁场强度的值（即边界条件），以及此

区域内任一点在 $t=0$ 的电场和磁场的值（即初始条件）为已知，那么这个区域内任一点、任一时刻的 Maxwell 方程组的解是唯一的。用反证法证明如下：假设在闭合面 S 包围的空间区域 V 内，Maxwell 方程组有两组解 E_1、H_1 和 E_2、H_2，因为区域内的电流、电荷分布是给定的，因此这两组场之差 E_2-E_1、H_2-H_1 在 V 内满足无源的 Maxwell 方程组。

利用坡印亭定理，写出：

$$\oiint_S [(E_2-E_1)\times(H_2-H_1)]\cdot dS$$
$$=-\frac{\partial}{\partial t}\iiint_V \frac{1}{2}(\varepsilon|E_2-E_1|^2+\mu|H_2-H_1|^2)dV$$

因为在 S 面上电场和磁场已知，故上式左方的面积分为零。考虑到初始时刻 $t=0$ 时电磁场是已知的，且在右方体积分的被积函数 $|E_2-E_1|^2$ 及 $|H_2-H_1|^2$ 为非负函数，使等式右方为零的唯一可能是 $|E_2-E_1|^2$ 及 $|H_2-H_1|^2$ 均为零，这意味着区域 V 内的场只有唯一的一组解。

应当指出，上面给出的边界条件的要求太强了。由反证过程知道，只需 $[(E_2-E_1)\times(H_2-H_1)]\cdot n$ 在 S 面上为零，唯一性定理就成立。这意味着只要求在所有时刻给定 E 或 H 中间的一个矢量在 S 面上的切向矢量，或者给定部分 S 面的电场切向矢量、另一部分 S 面上的磁场切向矢量就够了。

总之，唯一性定理是求解电磁场问题的基础。它指出了不论用什么计算方法或手段，只要能找到在给出区域内满足 Maxwell 方程组及相应边界条件和初始条件的解，唯一性定理就能够保证这个解是唯一的正确解。

2.3.2 镜像原理

镜像原理的实质是，对于求解区域内的场，用镜像源代替区域边界面上的面分布源，因此是一种场等效原理。根据电磁场的唯一性定理，为确定一个空间给定区域的电磁场，只需要给定这个区域边界面上的切线分量电场或磁场，而不必顾及场是由怎样的源产生的。这就为建立场等效原理提供了必要的基础。场等效原理是在一个给定空间区域内由确定场源产生的电磁场可以看作由另外的等效源产生的。不论等效源是否实际存在，只要它们在给定的同一空间区域内产生的场相同即可。通常，等效源问题较原问题更容易求解，这就有利于解决某些困难的电磁场边值问题。

由于作出等效源的方式可以是多样的，既可以使用真实的电性源，也可以使用虚构的磁性源，所以场等效原理可以有不同的形式。即使等效源是电性源，它也只是在场等效意义下的等效源，而不是物理真实源。在这个意义下，作为等效源的电性源和虚构的磁性源并没有什么区别，使用磁性等效源通常是更方便的。值得注意的是对于静电场问题镜像原理适用于任何导体，但对于交变场，镜像原理只适用于理想导体的边界面。

2.3.3 场等效原理

现在来具体导出场等效原理的一般形式。设在原问题中，源局限于闭合面 S 包围的区域 V_1 内部，源在 S 内、外区域片和片中产生的场用 E、H 表示，如图 2.3.1（a）所示。可这样

来作出对于 S 面外的空间区域片的场等效问题，在这个等效问题中，S 面内的空间区 V_1 中无源而且场为零，但在 S 面上有面电流和面磁流

$$J_s = n \times H, \quad J_{ms} = -n \times E \tag{2.3.1}$$

这里 n 是 S 的单位外法线向量，E 和 H 是原问题中 S 面上的场强分布，如图 2.3.1（b）所示。由唯一性定理可知，在等效问题中，S 面外的空间区域片中的场分布应和原问题相同。这种等效形式可以追溯到 Love（1901）的工作，常称为勒夫（Love）场等效形式。

在 Love 的场等效形式中需要使用两种等效源，这会增加实际计算的复杂性，更方便的等效形式是只使用一种等效源。由于唯一性定理并不要求在边界面上给定 E、H 两者的切向分量，而只要求给定两者中任一个的切向分量，所以导出只使用一种等效源的场等效形式是可能的。

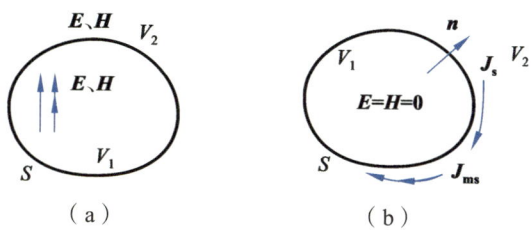

图 2.3.1　等效源示意

2.3.4　互易定理

电磁互易定理反映两组不同的场源之间的影响和相应关系。先来导出它的数学公式，然后再解释它的意义。

考虑同一线性介质中的两组频率相同的简谐源 J^a、J_m^a 和 J^b、J_m^b。用 E^a、H^a 表示源 a 产生的场，用 E^b、H^b 表示源 b 产生的场，写出相应的场方程式

$$\nabla \times E^a = -i\omega\mu H^a - J_m^a, \quad \nabla \times H^a = i\omega\varepsilon_0 E^a + J^a \tag{2.3.2a}$$

和

$$\nabla \times E^b = -i\omega\mu H^b - J_m^b, \quad \nabla \times H^b = i\omega\varepsilon_0 E^b + J^b \tag{2.3.2b}$$

以 E^b 标乘 $\nabla \times H^a$ 的方程、H^a 标乘 $\nabla \times E^b$ 的方程，所得的两式相减后为：

$$-\nabla \cdot (E^b \times H^a) = i\omega\varepsilon_0 E^b \cdot E^a + i\omega\mu H^a \cdot H^b + E^b \cdot J^a + H^a \cdot J_m^b$$

再将上式的 a 和 b 互换得：

$$-\nabla \cdot (E^a \times H^b) = i\omega\varepsilon_0 E^a \cdot E^b + i\omega\mu H^b \cdot H^a + E^a \cdot J^b + H^b \cdot J_m^a$$

上面得到的后一式减前一式有：

$$\begin{aligned} &-\nabla \cdot (E^a \times H^b - E^b \times H^a) \\ &= E^a \cdot J^b + H^b \cdot J_m^a - E^b \cdot J^a + H^a \cdot J_m^b \end{aligned} \tag{2.3.3}$$

如果在区域 V 内无源，则 $J = J_m = 0$，式（2.3.3）化为：

$$-\nabla \cdot (\boldsymbol{E}^a \times \boldsymbol{H}^b - \boldsymbol{E}^b \times \boldsymbol{H}^a) = 0$$

此式在 V 上积分，应用散度定理化为面积分后得：

$$\oiint_S (\boldsymbol{E}^a \times \boldsymbol{H}^b - \boldsymbol{E}^b \times \boldsymbol{H}^a) \cdot \mathrm{d}\boldsymbol{S} = 0 \tag{2.3.4}$$

式（2.3.4）称为 Lorentz 引理，或 Lorentz 互易定理。如果区域 V 内有源，对式（2.3.3）积分后得：

$$-\oiint_S (\boldsymbol{E}^a \times \boldsymbol{H}^b - \boldsymbol{E}^b \times \boldsymbol{H}^a) \cdot \mathrm{d}\boldsymbol{S}$$
$$= \iiint_V (\boldsymbol{E}^a \cdot \boldsymbol{J}^b - \boldsymbol{H}^a \cdot \boldsymbol{J}_\mathrm{m}^b - \boldsymbol{E}^b \cdot \boldsymbol{J}^a + \boldsymbol{H}^b \cdot \boldsymbol{J}_\mathrm{m}^a) \mathrm{d}V \tag{2.3.5}$$

在实际问题中，源总是局限于有限空间内的，前面已证明局限于有限空间区域内的源在无穷远处的电场与磁场之间的关系为：

$$\boldsymbol{E}_\theta = Z\boldsymbol{H}_\varphi, \quad \boldsymbol{E}_\varphi = -Z\boldsymbol{H}_\theta \tag{2.3.6}$$

这里，$Z = \sqrt{\mu/\varepsilon}$ 为介质波阻抗。如果将式（2.3.5）的积分区域扩展至全空间，则面 S 变成半径为无穷大的球面，利用式（2.3.6）可以证明式（2.3.5）左方 S 面上的积分为零，由此可得互易定理

$$\iiint_V (\boldsymbol{E}^a \cdot \boldsymbol{J}^b - \boldsymbol{H}^a \cdot \boldsymbol{J}_\mathrm{m}^b) \mathrm{d}V = \iiint_V (\boldsymbol{E}^b \cdot \boldsymbol{J}^a - \boldsymbol{H}^b \cdot \boldsymbol{J}_\mathrm{m}^a) \mathrm{d}V \tag{2.3.7}$$

式（2.3.7）的积分区域 V 是全空间。如果在有界区域的边界面上式（2.3.5）左方的面积分为零，例如被理想导体包围的闭合区域，那么互易定理式（2.3.7）也适用于这样的区域。

现在来解释互易定理式（2.3.7）的物理意义。首先注意积分中的量不是共轭量，因此一般来说式（2.3.7）中的积分并不表示功率，Rumsey 将这两个积分称为反应，例如，式（2.3.7）左方的积分是场 a 对于源 b 的反应，用符号表示为 $<a,b>$：

$$<a,b> = \iiint_V (\boldsymbol{E}^a \cdot \boldsymbol{J}^b - \boldsymbol{H}^a \cdot \boldsymbol{J}_\mathrm{m}^b) \mathrm{d}V \tag{2.3.8}$$

而式（2.3.7）右方的积分是场 b 对于源 a 的反应，用符号 $<b,a>$ 表示。互易定理式（2.3.7）可以用反应表示为

$$<a,b> = <b,a> \tag{2.3.9}$$

它表明场源和场量之间的反应是可以互换的。

第 3 章 PART THREE
频率域电磁方法

3.1 大地电磁法

3.1.1 一维模型大地电磁场及正演模拟

1. 均匀半空间中的大地电磁场

1) 均匀介质中的平面电磁波

利用傅里叶变换可将任意随时间变化的电磁场分解为一系列谐变场的组合，取时域中的谐变因子为 $e^{-i\omega t}$，其电场强度和磁场强度可表示为：

$$\boldsymbol{E} = \boldsymbol{E}_0 e^{-i\omega t}$$

$$\boldsymbol{H} = \boldsymbol{H}_0 e^{-i\omega t}$$

在大地电磁测深方法中，考虑到应用的观测频率范围一般为 $10^{-4} \sim 10^3$ Hz，构成地壳浅部介质的电阻率一般取为 $1 \sim 1\,000\,\Omega \cdot m$，估算位移电流与传导电流的最大比值 $\dfrac{\omega\varepsilon}{\sigma} \approx \dfrac{\rho}{2T} \times 10^{-10} = 5\times10^{-3}$。故在大地介质中可忽略位移电流对场分布的影响，即在大地电磁测深正演中研究的是似稳电磁场问题。于是，谐变场的 Maxwell 方程组表示为：

$$\nabla \times \boldsymbol{E} = i\mu\omega \boldsymbol{H} \quad (3.1.1)$$

$$\nabla \times \boldsymbol{H} = \sigma \boldsymbol{E} \quad (3.1.2)$$

$$\nabla \cdot \boldsymbol{E} = 0$$

$$\nabla \cdot \boldsymbol{H} = 0$$

在笛卡儿坐标系中，令 z 轴垂直向下，x、y 轴在地表水平面内，我们把 Maxwell 方程的式（3.1.1）和式（3.1.2）展成分量形式：

$$\frac{\partial E_z}{\partial y} - \frac{\partial E_y}{\partial z} = i\omega\mu H_x \quad (3.1.3)$$

$$\frac{\partial E_x}{\partial z} - \frac{\partial E_z}{\partial x} = i\omega\mu H_y \quad (3.1.4)$$

$$\frac{\partial E_y}{\partial x} - \frac{\partial E_x}{\partial y} = i\omega\mu H_z \quad (3.1.5)$$

$$\frac{\partial H_z}{\partial y} - \frac{\partial H_y}{\partial z} = \sigma E_x \quad (3.1.6)$$

$$\frac{\partial H_x}{\partial z} - \frac{\partial H_z}{\partial x} = \sigma E_y \quad (3.1.7)$$

$$\frac{\partial H_y}{\partial x} - \frac{\partial H_x}{\partial y} = \sigma E_z \quad (3.1.8)$$

当平面电磁波垂直射入均匀各向同性的大地介质中时,其电磁场在水平方向上是均匀的:

$$\frac{\partial E_z}{\partial x} = \frac{\partial E_z}{\partial y} = 0, \quad \frac{\partial E_z}{\partial x} = \frac{\partial E_z}{\partial y} = 0$$

将它们代入式(3.1.1)~式(3.1.8)中,有

$$-\frac{\partial E_y}{\partial z} = i\omega\mu H_x \quad (3.1.9)$$

$$\frac{\partial E_x}{\partial z} = i\omega\mu H_y \quad (3.1.10)$$

$$H_z = 0 \quad (3.1.11)$$

$$-\frac{\partial H_y}{\partial z} = \sigma E_x \quad (3.1.12)$$

$$\frac{\partial H_x}{\partial z} = \sigma E_y \quad (3.1.13)$$

$$E_z = 0 \quad (3.1.14)$$

由式(3.1.9)~式(3.1.14)可以看出:E_x只和H_y有关,H_x只和E_y有关,它们都沿z轴传播。在y、z坐标平面内考虑问题,即假设真空中波前与x轴平行,这时的平面电磁波可以分解成电场仅有水平分量的 $E//$极化方式[TE(横电)波型]和磁场仅有水平分量的 $H//$极化方式[TM(横磁)波型],它们的关系式为:

TE 极化方式(E_x-H_y)

$$\frac{\partial E_x}{\partial z} = i\omega\mu H_y \quad (3.1.15)$$

$$-\frac{\partial H_y}{\partial z} = \frac{1}{\rho} E_x \quad (3.1.16)$$

$$\frac{\partial E_x^2}{\partial z^2} - k^2 E_x = 0 \tag{3.1.17}$$

$$\frac{\partial H_y^2}{\partial z^2} - k^2 H_y = 0 \tag{3.1.18}$$

TM 极化方式 (H_x-E_y)

$$\frac{\partial H_x}{\partial z} = \mathrm{i}\omega\mu E_y \tag{3.1.19}$$

$$-\frac{\partial E_y}{\partial z} = \frac{1}{\rho} H_x \tag{3.1.20}$$

$$\frac{\partial H_x^2}{\partial z^2} - k^2 H_x = 0 \tag{3.1.21}$$

$$\frac{\partial E_y^2}{\partial z^2} - k^2 E_y = 0 \tag{3.1.22}$$

同时，两组极化波中场的垂直分量均为零，即 $E_Z = H_Z = 0$。

2）介质的电阻率和波阻抗

为了研究均匀各向同性大地介质的电阻率和地面电磁场测量值之间的关系，我们引入波阻抗的概念。平面电磁波的波阻抗定义为：

$$Z = \frac{E}{H}$$

在实用单位制中波阻抗的单位为：

$$[Z] = \frac{[E]}{[H]} = \frac{\mathrm{V/m}}{\mathrm{A/m}} = \Omega$$

它与电阻具有相同的单位。

在均匀各向同性介质中，由于 E_x 和 H_y 以及 H_x 和 E_y 之间是正交的，故在地表上沿任意测量轴 x 和 y 有如下关系（图 3.1.1）：

$$Z_{xy} = \frac{E_x}{H_y} = \frac{E\cos\theta}{H\cos\theta} = \frac{E}{H} \tag{3.1.23}$$

$$Z_{yx} = \frac{E_y}{H_x} = \frac{E\sin\theta}{H\sin\theta} = -\frac{E}{H} \tag{3.1.24}$$

于是可知

$$Z_{xy} = -Z_{yx} \tag{3.1.25}$$

式中：Z_{xy} 和 Z_{yx} 为标量阻抗；θ 为电场与 x 轴的夹角。

这表明，沿任意正交测量轴上测得的波阻抗的数值都相等，即均匀各向同性介质中波阻抗是与测量轴方位无关的标量，具有这种性质的阻抗称为标量阻抗。

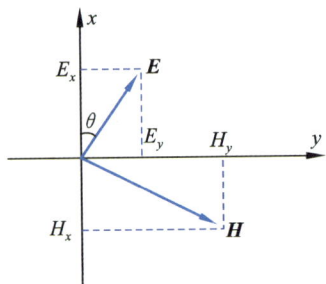

图 3.1.1 平面电磁波在地面正交坐标系上的分解

下面，我们根据 TE 极化波来讨论波阻抗与介质电阻率的关系。根据 TE 极化波方程有：

$$\frac{\partial E_x^2}{\partial z^2} - k^2 E_z = 0 \tag{3.1.26}$$

这是一个二阶常微分方程，它的一般解为：

$$E_x = A\mathrm{e}^{-kx} + B\mathrm{e}^{kx} \tag{3.1.27}$$

式中：A 和 B 为边界条件确定的积分常数。在均匀半空间的无限远处，即 $Z \to \infty$ 时，应有 $E_x = 0$，于是有 $B = 0$，因此有

$$E_x = A\mathrm{e}^{-kz} \tag{3.1.28}$$

再根据 $\dfrac{\partial E_x}{\partial z} = \mathrm{i}\omega\mu H_y$，有

$$H_y = \frac{1}{\sqrt{-\mathrm{i}\omega\mu\rho}} A\mathrm{e}^{-kz} \tag{3.1.29}$$

因此

$$Z_{xy} = \frac{E_x}{H_y} = \sqrt{-\mathrm{i}\omega\mu\rho} = \sqrt{\omega\mu\rho} \cdot \mathrm{e}^{-\mathrm{i}\frac{\pi}{4}} \tag{3.1.30}$$

同理有

$$Z_{yx} = \frac{E_y}{H_x} = \sqrt{-\mathrm{i}\omega\mu\rho} \cdot \mathrm{e}^{\mathrm{i}\left(\pi - \frac{\pi}{4}\right)} \tag{3.1.31}$$

两组波阻抗的振幅值相等，并且包含有介质电阻率信息

$$|Z| = |Z_{xy}| = |Z_{yx}| = \sqrt{\omega\mu\rho}$$

$$\rho = \frac{1}{\omega\mu}|Z|^2 \tag{3.1.32}$$

Z 是地面上任意正交的电磁场分量之比,又称为输入阻抗或表面阻抗。式(3.1.32)是大地电磁测深中非常重要的公式,通过它可建立表面阻抗与地下介质电阻率之间的关系,也就是说地下介质的电性完全可以通过地表电磁场的观测而确定。在非均匀空间下,由该式所计算的电阻率与模型的真实电阻率并不相等,但大体反映了模型随深度的变化规律,因此被称为视电阻率。另外,上述结果还说明,在均匀半空间情况下,相互垂直的电磁场水平分量之间的相位差恒为 $-\pi/4(E_x 与 H_y)$ 或 $\pi-\pi/4(E_y 与 H_x)$。

3)趋肤深度

我们再来讨论式(3.1.28),当 $z=0$ 时

$$E_x^0 = A \tag{3.1.33}$$

它是大地表面的电场强度,按假定应为谐变场,可令

$$A = E_x^0 \mathrm{e}^{-\mathrm{i}\omega t} \tag{3.1.34}$$

另一方面,复波数可以写为

$$k = \sqrt{-\mathrm{i}\omega\mu\sigma} = \frac{(1-\mathrm{i})}{\sqrt{2}}\sqrt{\omega\mu\sigma} \tag{3.1.35}$$

因此,在深度 z 处时,电场强度可写成

$$E_x(z) = A\mathrm{e}^{-kz} = E_x^0 \mathrm{e}^{-\mathrm{i}\left(\omega t - \sqrt{\frac{\omega\mu\sigma}{2}}z\right)}\mathrm{e}^{-\sqrt{\frac{\omega\mu\sigma}{2}}z} \tag{3.1.36}$$

式(3.1.36)即为均匀半空间中电场的衰减表达式。图 3.1.2 给出了电阻率为 10 Ω·m 的均匀半空间中电场随频率衰减变化的情况,即高频波衰减得快,低频波衰减得慢。

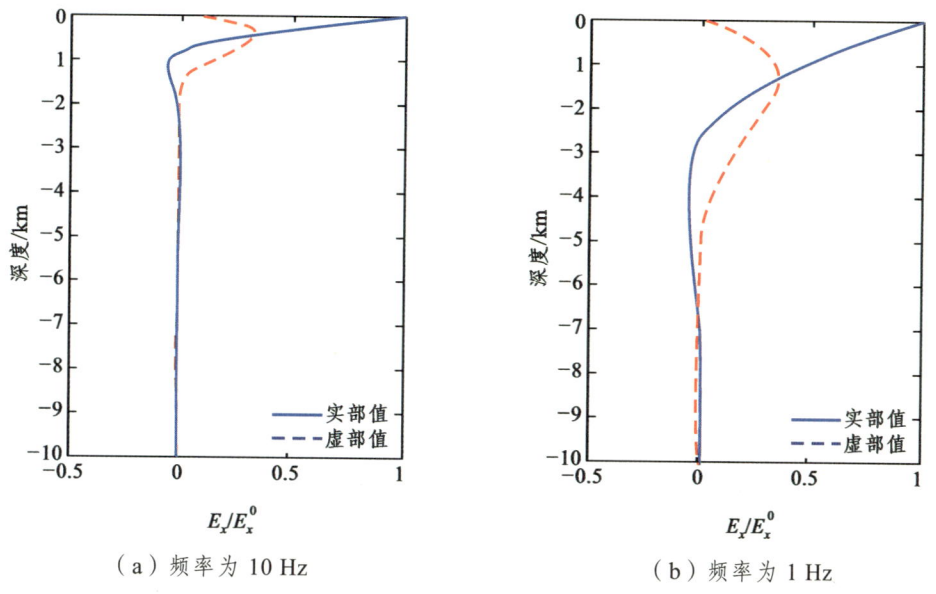

(a)频率为 10 Hz   (b)频率为 1 Hz

图 3.1.2 电阻率为 10 Ω·m 的均匀半空间中电场衰减情况

我们把波在地下介质传播中振幅衰减到地面处幅值的 $\frac{1}{e}$ 时的深度定义为趋肤深度或穿透深度 δ，即有

$$e^{-\sqrt{\frac{\omega\mu\sigma}{2}}\delta} = e^{-1} \tag{3.1.37}$$

因此，趋肤深度可以表示为：

$$\delta = \sqrt{\frac{2}{\omega\mu\sigma}} \approx 503\sqrt{\frac{\rho}{f}} \text{ (m)} \tag{3.1.38}$$

式中：f 为电磁场谐变的频率。式（3.1.38）说明，电磁场变化的频率越低，介质的电阻率越高，电磁场能量在传播过程中的损耗越小，因而穿透得越深。这一点构成了大地电磁测深法，以及频率域电磁测深勘探方法的物理基础。图 3.1.3 给出了趋肤深度随频率和介质电阻率变化的情况，这是开展大地电磁测深勘探工作设计的基础。

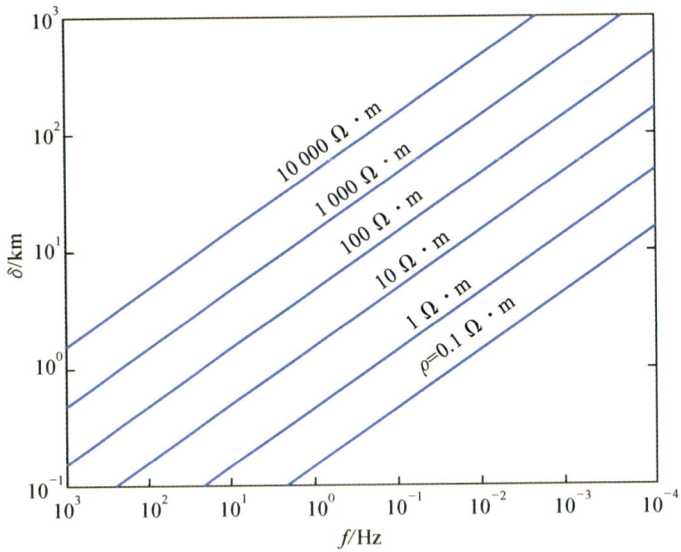

图 3.1.3　趋肤深度与频率及介质电阻率之间的关系

在上面的讨论中是将介质电阻率看成一个常数，也就是均匀半空间。下面进一步讨论层状介质中的大地电磁场。

2. 二层介质的大地电磁场

1）阻抗公式推导

在如图 3.1.4 所示的二层介质情况下，设第一层的电阻率和厚度分别为 ρ_1 和 h_1，第二层的电阻率为 ρ_2。

根据式（3.1.27）和式（3.1.28），第一层和第二层中的电场强度分别为（注：略去时间因子 $e^{-i\omega t}$）

$$E_x^{(1)} = A_1 e^{-k_1 z} + B_1 e^{k_1 z}, \ 0 \leq z \leq h_1 \tag{3.1.39}$$

$$E_x^{2} = A_2 e^{-k_2 z}, \ z \geq h_1 \tag{3.1.40}$$

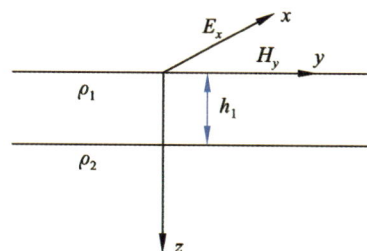

图 3.1.4　二层介质模型

这里用上角标表示层位，并且有 $k_1 = \sqrt{-\mathrm{i}\omega\mu/\rho_1}$，$k_2 = \sqrt{-\mathrm{i}\omega\mu/\rho_2}$。再根据 $\dfrac{\partial E_x}{\partial z} = \mathrm{i}\omega\mu H_y$，即 $H_y = \dfrac{1}{\mathrm{i}\omega\mu} \cdot \dfrac{\partial E_x}{\partial z}$，可得

$$H_y^{(1)} = \frac{-k_1}{\mathrm{i}\omega\mu}(A_1 \mathrm{e}^{-k_1 z} - B_1 \mathrm{e}^{k_1 z}) \tag{3.1.41}$$

$$H_y^{(2)} = \frac{-k_2}{\mathrm{i}\omega\mu} A_2 \mathrm{e}^{-k_2 z} \tag{3.1.42}$$

由电场切线分量连续的条件 $E_x^{(1)}\big|_{z=h_1} = E_x^{(2)}\big|_{z=h_1}$，有

$$A_1 \mathrm{e}^{-k_1 h_1} + B_1 \mathrm{e}^{k_1 h_1} = A_2 \mathrm{e}^{-k_2 h_1} \tag{3.1.43}$$

由磁场切线分量连续的条件 $H_y^{(1)}\big|_{z=h_1} = H_y^{(2)}\big|_{z=h_1}$，有

$$\frac{-k_1}{\mathrm{i}\omega\mu}(A_1 \mathrm{e}^{-k_1 h_1} - B_1 \mathrm{e}^{k_1 h_1}) = \frac{-k_2}{\mathrm{i}\omega\mu} A_2 \mathrm{e}^{-k_2 h_1}$$

即

$$\frac{k_1}{k_2}(A_1 \mathrm{e}^{-k_1 h_1} - B_1 \mathrm{e}^{k_1 h_1}) = A_2 \mathrm{e}^{-k_2 h_1} \tag{3.1.44}$$

由式（3.1.43）和式（3.1.44），可得

$$k_2(A_1 \mathrm{e}^{-k_1 h_1} + B_1 \mathrm{e}^{k_1 h_1}) = k_1(A_1 \mathrm{e}^{-k_1 h_1} - B_1 \mathrm{e}^{k_1 h_1})$$

从上式解出

$$B_1 = \frac{k_1 - k_2}{k_1 + k_2} \mathrm{e}^{-2k_1 h_1} A_1 \tag{3.1.45}$$

将式（3.1.45）代入式（3.1.39）和式（3.1.41），得到第一层电磁场水平分量表达式为：

$$E_x^{(1)} = \left(\mathrm{e}^{-k_1 x} + \frac{k_1 - k_2}{k_1 + k_2} \mathrm{e}^{-2k_1 h_1} \mathrm{e}^{k_1 z} \right) A_1 \tag{3.1.46}$$

$$H_y^{(1)} = \frac{-k_1}{\mathrm{i}\omega\mu}\left(\mathrm{e}^{-k_1 z} - \frac{k_1 - k_2}{k_1 + k_2} \mathrm{e}^{-2k_1 h_1} \mathrm{e}^{k_1 z} \right) A_1 \tag{3.1.47}$$

在地面 $z=0$ 处，上面二式可以简化为：

$$E_x^{(1)}(0) = \left(1 + \frac{k_1 - k_2}{k_1 + k_2} e^{-2k_1 h_1}\right) A_1 \quad (3.1.48)$$

$$H_y^{(1)}(0) = \frac{-k_1}{i\omega\mu}\left(e^{-k_1 z} - \frac{k_1 - k_2}{k_1 + k_2} e^{-2k_1 h_1} e^{k_1 z}\right) A_1 \quad (3.1.49)$$

这样，地面处的阻抗值可以写成：

$$Z_2(0) = Z_{xy} = \frac{E_x^{(1)}(0)}{H_y^{(1)}(0)} = -\frac{i\omega\mu}{k_1} \cdot \frac{[(k_1+k_2)+(k_1-k_2)e^{-2k_1 h_1}]}{[(k_1+k_2)-(k_1-k_2)e^{-2k_1 h_1}]} \quad (3.1.50)$$

$Z_2(0)$ 表示地面的阻抗，下角标 2 表示地电模型的层数，括号中的 0 表示地面。

下面我们对式（3.1.50）做进一步分析。

（1）地面阻抗的渐进性质。

首先考虑高频段的性质，当 $f \to \infty$ 时（电磁能量主要集中在第一层），$k_1 \to \infty$，故 $e^{-2k_1 h_1} \to 0$，于是从式（3.1.50）看出

$$Z_2(0) = -\frac{i\omega\mu}{k_1} \frac{[(k_1+k_2)+(k_1-k_2)e^{-2k_1 h_1}]}{[(k_1+k_2)-(k_1-k_2)e^{-2k_1 h_1}]} \approx -\frac{i\omega\mu}{k_1} = Z_{01}$$

其中，$Z_{01} = -\frac{i\omega\mu}{k_1}$ 表示第一层介质的特征阻抗，即第一层扩展到整个下半空间时的地面阻抗值。$Z_2(0) \to Z_{01}$，这就是说，在高频时二层介质的地面阻抗接近于第一层的地面阻抗，第二层影响很小。

在低频段，当 $f \to 0$ 时，$k_1 \to 0$，所以 $e^{-2k_1 h_1} \to 1$，于是由式（3.1.50）得到：

$$Z_2(0) = -\frac{i\omega\mu}{k_1} \frac{[(k_1+k_2)+(k_1-k_2)e^{-2k_1 h_1}]}{[(k_1+k_2)-(k_1-k_2)e^{-2k_1 h_1}]} \approx -\frac{i\omega\mu}{k_2} = Z_{02}$$

其中，$Z_{02} = -\frac{i\omega\mu}{k_2}$ 表示第二层介质的特征阻抗。这时，第一层的影响相对变小，所以尽管测量是在第一层的表面上进行的，但地面阻抗主要由下面一层的电性参数决定。地面阻抗的渐近性质证实了大地电磁测深方法的工作原理是正确的，即随着工作频率的降低，勘探深度会逐渐增加，因而在地面上测量到的不同频率的阻抗值可以用来获取地下介质电阻率随深度变化的信息。

（2）基底的两种极限情况。

首先考虑高阻基底低频的情况，当 $\rho_2 \gg \rho_1$ 时，$k_2 \ll k_1$。我们研究低频端的渐近性质，这时趋肤深度 $\delta \gg h_1$，从而有 $|2k_1 h_1| \ll 1$，于是式（3.1.50）中的指数函数可展成泰勒级数，取前两项得

$$e^{-2k_1 h_1} \approx 1 - 2k_1 h_1$$

于是可以得到：

$$Z_2(0) = -\frac{i\omega\mu}{k_1} \cdot \frac{[(k_1+k_2)+(k_1-k_2)e^{-2k_1h_1}]}{[(k_1+k_2)-(k_1-k_2)e^{-2k_1h_1}]}$$

$$\approx -\frac{i\omega\mu}{k_1} \cdot \frac{1+e^{-2k_1h_1}}{1-e^{-2k_1h_1}} \approx -\frac{i\omega\mu}{k_1} \cdot \frac{1+1-2k_1h_1}{1-1+2k_1h_1}$$

$$\approx -\frac{i\omega\mu}{k_1} \cdot \frac{1}{k_1h_1} = \frac{1}{\sigma_1 h_1} = \frac{1}{S_1} \tag{3.1.51}$$

式中：$S_1 = \sigma_1 h_1$ 为第一层的纵向电导。

工作频率一旦落入式（3.1.51）成立的区间，阻抗就具有下列三个特点：① 只与第一层的纵向电导有关，但不能单独地反映出这两个参数（σ_1 和 h_1）；② 是一个常数，不随频率变化；③ 阻抗的相位为零。

下面分析良导体基底的情况。这时 $\rho_2 \ll \rho_1$，$k_2 \gg k_1$，式（3.1.50）简化成

$$Z_2(0) \approx -\frac{i\omega\mu}{k_1} \cdot \frac{1-e^{-2k_1h_1}}{1+e^{-2k_1h_1}}$$

在低频段，$|2k_1h_1| \ll 1$，类似前述，指数函数展成泰勒级数，并取前两项，代入上式得到：

$$Z_2(0) \approx -\frac{i\omega\mu}{k_1} \cdot \frac{1-(1-2k_1h_1)}{1+(1-2k_1h_1)} = -\frac{i\omega\mu}{k_1} \cdot k_1 h_1$$

$$= -i\omega\mu h_1 = 8\pi^2 \cdot 10^{-7} \cdot \frac{h_1}{T} e^{-i\frac{\pi}{2}} \tag{3.1.52}$$

或写成 $\quad |Z_2(0)| = 8\pi^2 \cdot 10^{-7} \cdot \frac{h_1}{T}$，$\mathrm{Arg}[Z_2(0)] = -\frac{\pi}{2}$

由此看出，在低阻基底低频时，地面阻抗与第一层的厚度成正比，而与 ρ_1 无关，与信号周期 T 成反比。

（3）阻抗值与深度的关系。

由式（3.1.46）和式（3.1.47），可得到第一层中任意深度 Z 处的阻抗为：

$$Z_2(0) = -\frac{i\omega\mu}{k_1} \cdot \frac{[(k_1+k_2)+(k_1-k_2)e^{-2k_1(h_1-z)}]}{[(k_1+k_2)-(k_1-k_2)e^{-2k_1(h_1-z)}]} \tag{3.1.53}$$

将式（3.1.53）同式（3.1.50）比较可以看出，第一层深度 Z 处的阻抗可看成第一层厚度减小为 $h = h_1 - z$，而 ρ_1、ρ_2 不变时的二层地电断面的阻抗，也就是说，深度 Z 处的阻抗与地面到 Z 处的介质无关，只与 Z 以下的介质有关。当 $Z = h_1$ 时，即第一层底部处（第二层顶面处）的阻抗，与整个第一层的介质无关，只与第二层介质有关，等于第二层顶面处的阻抗值 Z_{02}，这与界面处阻抗连续的条件是一致的。

上述讨论在海上大地电磁方法中具有特殊意义。海上大地电磁方法是在海底进行观测，因而得到的阻抗值只与海底以下的电性有关，而与海水层的电性及厚度无关。

2）二层介质的曲线类型分析

二层地电断面视电阻率曲线根据两层电阻率之间的关系可分为两种类型：①当 $\rho_1 < \rho_2$ 时为 G 型；②当 $\rho_1 > \rho_2$ 时为 D 型。

在绘制视电阻率理论曲线时，取纵坐标为 ρ_a/ρ_1，横坐标为 λ_1/h_1，即分别取第一层的参数 ρ_1 和 h_1 作为单位。已知

$$\lambda_1 = 2\pi\delta = \sqrt{10\rho_1 T}$$

在计算理论曲线时，取 ρ_1 和 h_1 作为单位，可以由上式得到：

$$\lambda_1/h_1 = \sqrt{10T}$$

即理论曲线横坐标轴取为 $\sqrt{10T}$。

图 3.1.5 中给出了二层介质上视电阻率及相位的理论响应结果，$\rho_2/\rho_1 > 1$ 时为 D 型曲线，而 $\rho_2/\rho_1 < 1$ 时为 G 型曲线。

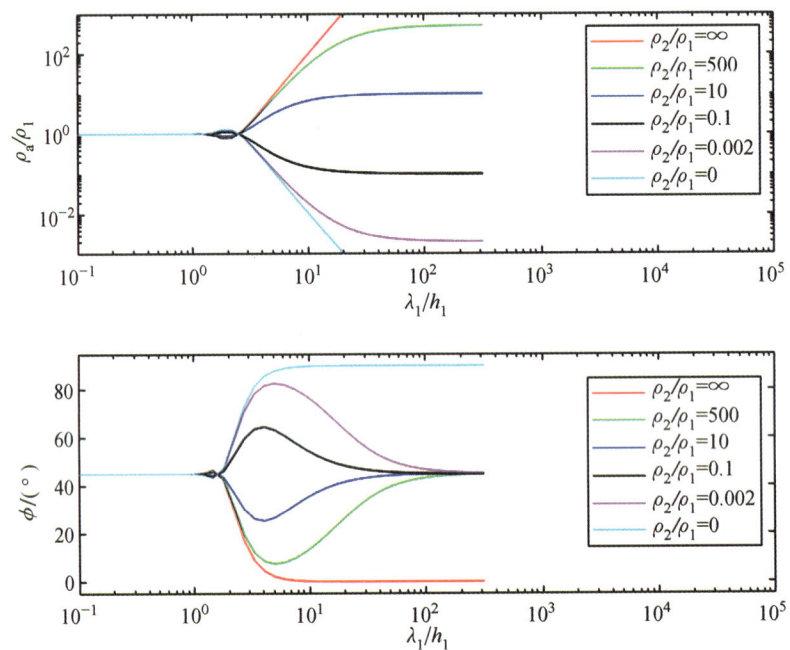

图 3.1.5 二层介质的视电阻率及相位响应曲线

3. N 层介质的大地电磁场

1）地面阻抗的递推公式

设大地由 N 层水平层状介质所组成（图 3.1.6），各层的电阻率为 $\rho_1, \rho_2, \rho_m, \cdots, \rho_{N-1}, \rho_N$，厚度为 $h_1, h_2, h_m, \cdots, h_{N-1}$。为了求得地面阻抗，采用与解二层介质问题时不同的方法，利用同一层中两个不同深度处阻抗值之间的关系及界面上阻抗连续的条件推导出地面阻抗的递推公式。

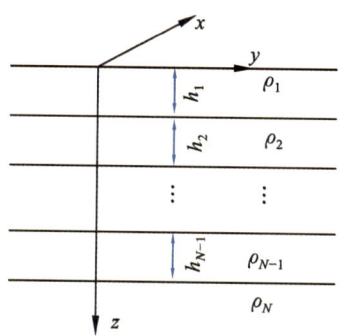

图 3.1.6　N 层介质模型

由于层状介质中各层的电阻率 ρ 和传播系数 k 不同，根据式（3.1.26），任一层介质中的波动方程为

$$\frac{\partial E_x^2}{\partial z^2} - k_m^2 E_x = 0$$

式中：k_m 是第 m 层的复波数，

$$k_m = \sqrt{-\mathrm{i}\omega\mu/\rho_m}$$

其一般解为：

$$E_x(z) = A_m \mathrm{e}^{-k_m z} + B_m \mathrm{e}^{k_m z} \tag{3.1.54}$$

利用 E_x 和 H_y 的关系式（3.1.15），得：

$$H_y(z) = -\frac{k_m}{\mathrm{i}\omega\mu}(A_m \mathrm{e}^{-k_m z} - B_m \mathrm{e}^{k_m z}) \tag{3.1.55}$$

阻抗表达式则为：

$$Z_m(z) = -\frac{\mathrm{i}\omega\mu}{k_m} \cdot \frac{A_m \mathrm{e}^{-k_m z} + B_m \mathrm{e}^{k_m z}}{A_m \mathrm{e}^{-k_m z} - B_m \mathrm{e}^{k_m z}} \tag{3.1.56}$$

取 $Z_{0m} = -\dfrac{\mathrm{i}\omega\mu}{k_m}$ 为第 m 层的特征阻抗，并假定第 m 层顶面深度为 Z_m，底面深度为 Z_{m+1}，则第 m 层中这些深度处的阻抗可以分别表示为：

$$Z_m = Z_{0m} \frac{\mathrm{e}^{-k_m z_m} + \dfrac{B_m}{A_m}\mathrm{e}^{k_m z_m}}{\mathrm{e}^{-k_m z_m} + \dfrac{B_m}{A_m}\mathrm{e}^{k_m z_m}} \tag{3.1.57}$$

$$Z_{m+1} = Z_{0m} \frac{\mathrm{e}^{-k_m z_{m+1}} + \dfrac{B_m}{A_m}\mathrm{e}^{k_m z_{m+1}}}{\mathrm{e}^{-k_m z_{m+1}} + \dfrac{B_m}{A_m}\mathrm{e}^{k_m z_{m+1}}} \tag{3.1.58}$$

由式（3.1.57）和式（3.1.58）联立，可求出 $\dfrac{B_m}{A_m}$：

$$\frac{B_m}{A_m} = \frac{z_{m+1} - z_{0m}}{z_{m+1} + z_{0m}} \mathrm{e}^{-2k_m z_{m+1}} \tag{3.1.59}$$

于是可得

$$Z_m = Z_{0m} \frac{1 + \dfrac{z_{m+1} - z_{0m}}{z_{m+1} + z_{0m}} \mathrm{e}^{-2k_m(z_{m+1}-z_m)}}{1 - \dfrac{z_{m+1} - z_{0m}}{z_{m+1} + z_{0m}} \mathrm{e}^{-2k_m(z_{m+1}-z_m)}} \tag{3.1.60}$$

令 $z_{m+1} - z_m = h_m$，即第 m 层的厚度，将其代入式（3.1.60）后得到：

$$Z_m = Z_{0m} \frac{1 + \dfrac{z_{m+1} - z_{0m}}{z_{m+1} + z_{0m}} \mathrm{e}^{-2k_m h_m}}{1 - \dfrac{z_{m+1} - z_{0m}}{z_{m+1} + z_{0m}} \mathrm{e}^{-2k_m h_m}} \tag{3.1.61}$$

也可以写成

$$Z_m = Z_{0m} \frac{z_{0m}(1 - \mathrm{e}^{-2k_m h_m}) + z_{m+1}(1 + \mathrm{e}^{-2k_m h_m})}{z_{0m}(1 + \mathrm{e}^{-2k_m h_m}) + z_{m+1}(1 - \mathrm{e}^{-2k_m h_m})} \tag{3.1.62}$$

因为电磁场的水平分量在界面上是连续的，所以阻抗 Z 也是连续的，因此，Z_{m+1} 即是 $m+1$ 层顶面的波阻抗。这样式（3.1.62）说明，对任何水平均匀层状介质而言，任一层顶面处的波阻抗 Z 均可通过其下一层顶面处的波阻抗来描述，只要知道了这一层的电阻率和厚度。对于最下面的第 N 层，则可看成均匀半空间，其波阻抗等于介质的特征阻抗 $Z_N = Z_{0N} = -\mathrm{i}\omega\mu/k_N$。这样，如地电断面电性参数已知，则可以从第 N 层逐层向上一直递推到地面，求得地面处的波阻抗 Z_1，即 $Z_N(0)$。显然，地面波阻抗是地下各层介质的电阻率、厚度和电磁波周期 T 的函数，可以写成如下一般函数关系式：

$$Z_N(0) = F(\rho_1, \rho_2, \rho_m, \cdots, \rho_{N-1}, \rho_N, h_1, h_2, h_m, \cdots, h_{N-1}, T) \tag{3.1.63}$$

下面讨论 N 层介质地面阻抗的几种极限情况：

（1）高频，即当 $\omega \to 0$ 时，阻抗渐近值为

$$Z_N(0) \to -\frac{\mathrm{i}\omega\mu}{k_1} = Z_{01} \tag{3.1.64}$$

即高频时地面阻抗趋于第一层的特征阻抗，与底层的电性无关。

（2）低频，即当 $\omega \to 0$ 时，阻抗渐近值为

$$Z_N(0) \to -\frac{\mathrm{i}\omega\mu}{k_N} = Z_{0N} \tag{3.1.65}$$

即低频时地面阻抗趋于最底层的特征阻抗，与底层的电性有关。

（3）高阻基底低频，经过推导可得阻抗渐近值为

$$Z_N(0) \approx \frac{1}{\sigma_1 h_1 + \sigma_2 h_2 + \cdots + \sigma_{N-1} h_{N-1}} = \frac{1}{s} \quad （3.1.66）$$

这时地面阻抗的低频渐近公式是一个不随频率变化的常数，其数值等于高阻基底以上各层纵向电导之和的倒数。

（4）良导基底低频，经过推导可得阻抗渐近值为

$$Z_N(0) = -\mathrm{i}\omega\mu(h_1 + h_2 + \cdots + h_{N-1}) = -\mathrm{i}\omega\mu H_{N-1} \quad （3.1.67）$$

这种情况下地面阻抗与电磁场变化的频率及良导基底以上各层的总厚度成正比。

2）多层介质曲线类型分析

首先分析 3 层介质，其参数共有 5 个，即每层的电阻率 ρ_1、ρ_2、ρ_3 以及第一、二层的厚度 h_1 和 h_2。与直流电测深曲线类似，3 层地电断面视电阻率曲线根据各层电阻率之间的关系可分为 4 种类型：① 当 $\rho_1 < \rho_2 < \rho_3$ 时为 A 型；② 当 $\rho_1 > \rho_2 < \rho_3$ 时为 H 型；③ 当 $\rho_1 < \rho_2 > \rho_3$ 时为 K 型；④ 当 $\rho_1 > \rho_2 > \rho_3$ 时为 Q 型。

A 型：$\rho_1 < \rho_2 < \rho_3$ 型地电断面的曲线，A 型曲线的特点是视电阻率值随着周期的增大递增（图 3.1.7）。

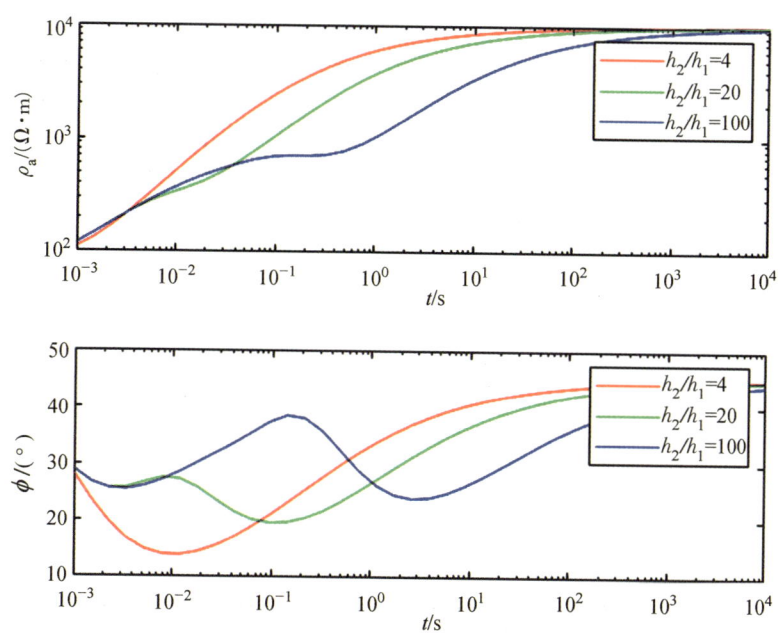

图 3.1.7　A 型 3 层介质的视电阻率和相位理论响应曲线

H 型：$\rho_1 > \rho_2 < \rho_3$ 型地电断面的曲线，H 型曲线的视电阻率在中部存在极小值（图 3.1.8）。

K 型：$\rho_1 < \rho_2 > \rho_3$ 型地电断面的曲线，K 型曲线的视电阻率在中部存在极大值（图 3.1.9）。

Q 型：$\rho_1 > \rho_2 > \rho_3$ 型地电断面的曲线，Q 型曲线的特点是视电阻率值随着周期的增大递减（图 3.1.10）。

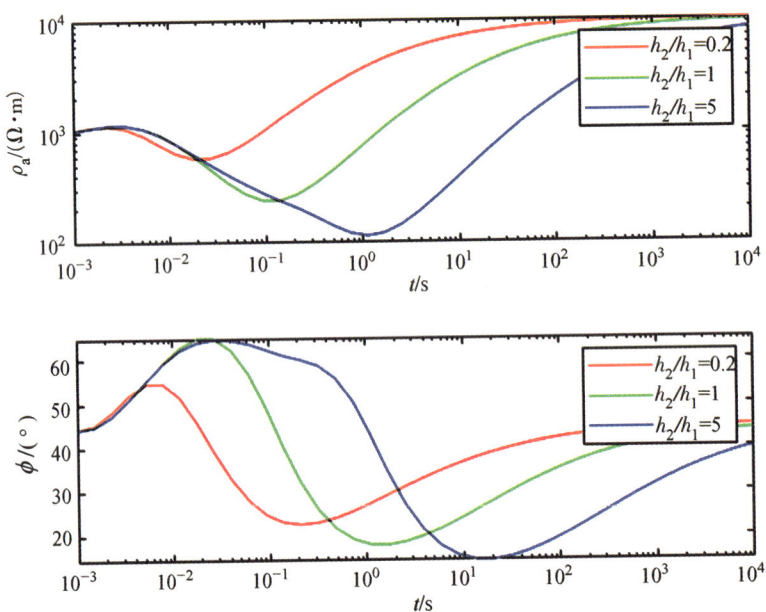

图 3.1.8　H 型 3 层介质的视电阻率和相位理论响应曲线

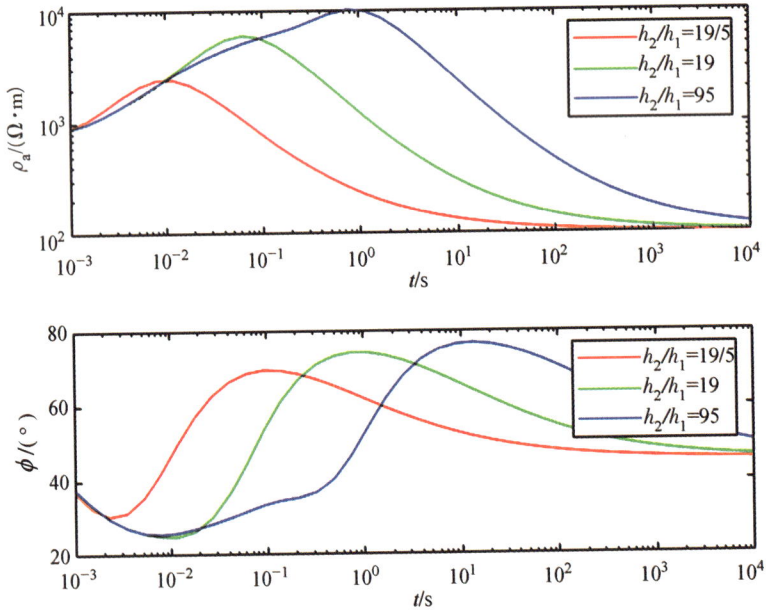

图 3.1.9　K 型 3 层介质的视电阻率和相位理论响应曲线

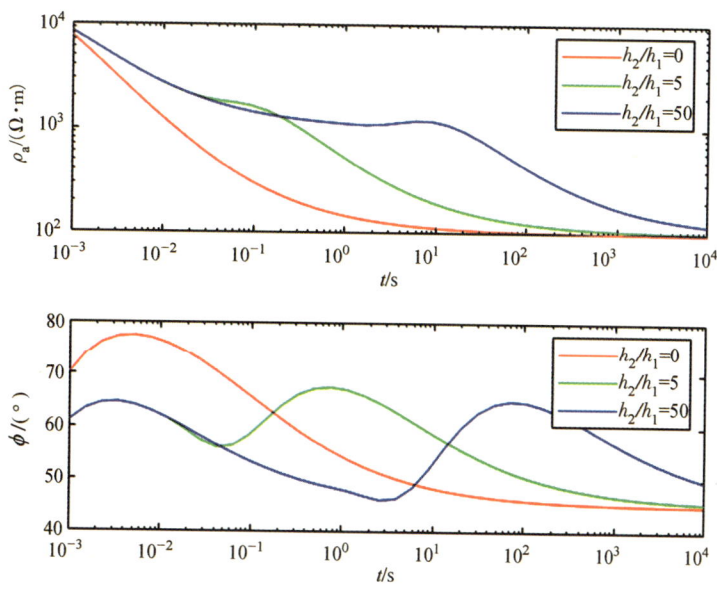

图 3.1.10　Q 型 3 层介质的视电阻率和相位理论响应曲线

另外，多层地电断面的视电阻率和相位曲线，可以看成是由一系列 3 层曲线组合成的。比如一个 7 层地电断面：$\rho_1 = 100\ \Omega \cdot m$，$\rho_2 = 50\ \Omega \cdot m$，$\rho_3 = 10\ \Omega \cdot m$，$\rho_4 = 50\ \Omega \cdot m$，$\rho_5 = 30\ \Omega \cdot m$，$\rho_6 = 15\ \Omega \cdot m$，$\rho_7 = 100\ \Omega \cdot m$，$h_1 = 450\ m$，$h_2 = 700\ m$，$h_3 = 650\ m$，$h_4 = 400\ m$，$h_5 = 1\,850\ m$，$h_6 = 3\,500\ m$，其正演响应曲线如图 3.1.11 所示，它在不同周期段分别和地下某一深度范围内相应 3 层曲线的形态相似，所列 7 层断面中 $\rho_1 < \rho_2 < \rho_3$ 是 Q 型，$\rho_2 > \rho_3 < \rho_4$ 是 H 型，$\rho_3 < \rho_4 > \rho_5$ 是 K 型，$\rho_4 < \rho_5 < \rho_6$ 是 Q 型，$\rho_5 > \rho_6 < \rho_7$ 是 H 型，所以称该曲线为 QHKQH 型。实际上任何多层曲线都可用这种方法，即自上而下把地电断面相邻三层电阻率参数的类型依次连接起来，作为该曲线类型的名称。

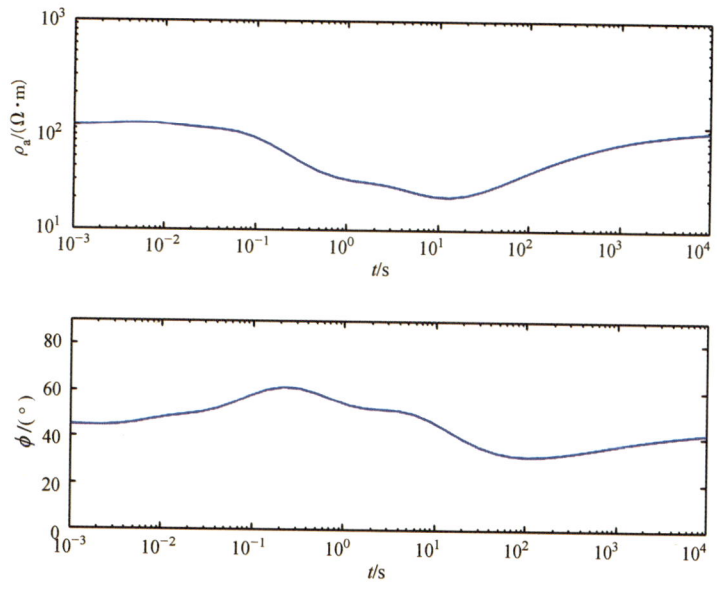

图 3.1.11　QHKQH 型 7 层介质的视电阻率和相位理论响应曲线

3.1.2 二维模型大地电磁场及正演模拟

1. 大地电磁二维方程的推导

麦克斯韦方程组中的两个方程

$$\nabla \times \boldsymbol{E} = -\frac{\partial \boldsymbol{B}}{\partial t}$$

$$\nabla \times \boldsymbol{H} = \boldsymbol{J} + \frac{\partial \boldsymbol{D}}{\partial t}$$

由关系式 $\boldsymbol{J} = \sigma \boldsymbol{E}$，$\boldsymbol{B} = \mu \boldsymbol{H}$，$\boldsymbol{D} = \varepsilon \boldsymbol{E}$，可得定态电磁场的方程：

$$\nabla \times \boldsymbol{E} = \mathrm{i}\omega\mu\boldsymbol{H} \quad \nabla \times \boldsymbol{H} = (\sigma - \mathrm{i}\omega\varepsilon)\boldsymbol{H} \tag{3.1.68}$$

其中：电导率为 σ，介质的磁导率为 μ，介电常数为 ε，角频率为 ω，时间因子为 $\mathrm{e}^{-\mathrm{i}\omega t}$。

假设地下电性结构是二维的，走向为 z 轴，x 轴与 z 轴垂直并且保持水平，y 轴垂直于 x 轴与 z 轴所构成的平面。当平面电磁波以任意角度射入地面时，地下介质中的电磁波几乎垂直地向下以平面波形式传播。将（3.1.68）中的公式展开，考虑到 $\partial / \partial z = 0$，并且以 z 分量为准，可得两个独立的方程组，分别为 TE 模式和 TM 模式。

TE 模式：

$$\frac{\partial \boldsymbol{H}_y}{\partial x} - \frac{\partial \boldsymbol{H}_x}{\partial y} = (\sigma - \mathrm{i}\omega\varepsilon)\boldsymbol{E}_z \tag{3.1.69}$$

$$\frac{\partial \boldsymbol{E}_z}{\partial x} = \mathrm{i}\omega\mu\boldsymbol{H}_x \tag{3.1.70}$$

$$-\frac{\partial \boldsymbol{E}_z}{\partial x} = \mathrm{i}\omega\mu\boldsymbol{H}_y \tag{3.1.71}$$

TM 模式：

$$\frac{\partial \boldsymbol{E}_y}{\partial x} - \frac{\partial \boldsymbol{E}_x}{\partial y} = \mathrm{i}\omega\mu\boldsymbol{H}_z \tag{3.1.72}$$

$$\frac{\partial \boldsymbol{H}_z}{\partial y} = (\sigma - \mathrm{i}\omega\varepsilon)\boldsymbol{E}_z \tag{3.1.73}$$

$$-\frac{\partial \boldsymbol{H}_z}{\partial x} = (\sigma - \mathrm{i}\omega\varepsilon)\boldsymbol{E}_y \tag{3.1.74}$$

联立解得 $\boldsymbol{E}_z$ 和 $\boldsymbol{H}_z$ 应满足的偏微分方程：

$$\frac{\partial}{\partial x}\left(\frac{1}{\mathrm{i}\omega\mu} \cdot \frac{\partial \boldsymbol{E}_z}{\partial x}\right) + \frac{\partial}{\partial y}\left(\frac{1}{\mathrm{i}\omega\mu} \cdot \frac{\partial \boldsymbol{E}_z}{\partial y}\right) + (\sigma - \mathrm{i}\omega\varepsilon)\boldsymbol{E}_z = 0 \tag{3.1.75}$$

$$\frac{\partial}{\partial x}\left(\frac{1}{\sigma - \mathrm{i}\omega\varepsilon} \cdot \frac{\partial \boldsymbol{E}_z}{\partial x}\right) + \frac{\partial}{\partial y}\left(\frac{1}{\sigma - \mathrm{i}\omega\varepsilon} \cdot \frac{\partial \boldsymbol{E}_z}{\partial y}\right) + \mathrm{i}\omega\mu\boldsymbol{H}_z = 0 \tag{3.1.76}$$

2. 有限元法

1）有限元法基本思想

首先，将一个闭合场域（目标区域）Ω 进行剖分，即把一个闭合区域划分为 N 个微小的有限单元（简称有限元或单元），即

$$\Omega = \sum_{e=1}^{N} \Omega_e \tag{3.1.77}$$

其次，在所划分出的每个子单元（Ω_e）上进行插值并构造插值函数。将待求函数 ϕ 用各个子单元 Ω_e 上的 $\phi^{(e)}$ 表示：

$$\phi(x) \approx \sum_{e=1}^{N} \phi^{(e)} \tag{3.1.78}$$

在子单元 Ω_e 上，进一步地将 $\phi^{(e)}$ 用插值函数 $N_i^e(p)$ 和节点待求函数值 ϕ_i 表示为：

$$\phi^{(e)} = \sum_{i=1}^{r} N_i^e \phi_i \tag{3.1.79}$$

其中，子单元 Ω_e 上的节点序号为 i，每个单元的总节点数为 r。然后，求得各个单元上的加权余量方程，并将各个单元上的加权余量方程相加获得代数方程组。最后，求解代数方程组即可获得场域中各节点的函数值，从而完成对函数 ϕ 的数值求解。

2）单元剖分与插值函数

（1）单元剖分。

在单元剖分过程中，通常应该遵守以下几条规则：① 目标场域应该是一个封闭的区域；② 每个单元不能跨越边界或介质交界；③ 单元上的点只能与相邻单元的点重合，不能落在相邻单元的边或面上；④ 各个单元不能共交；⑤ 全部单元应充满整个场域。

（2）单纯形单元。

在二维空间中，设 ϕ 是二维问题中场域 Ω 的解函数。场域 Ω 的边界为 $\partial\Omega$。

首先，将场域 Ω 剖分为如图 3.1.12 所示的 N 个三角形的单元 $\Omega_e(e=1,2,\cdots,N)$，即

$$\Omega = \sum_{e=1}^{N} \Omega_e$$

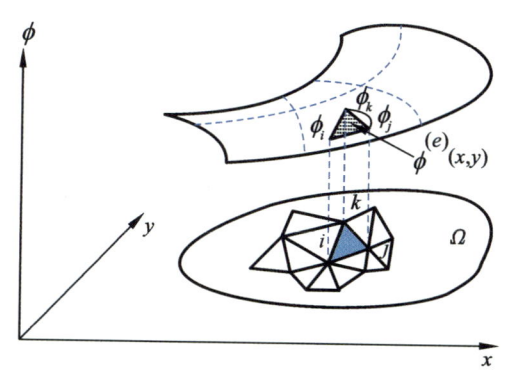

图 3.1.12　二维场域的单元剖分和线性逼近

剖分单元的形状既可以是三角形也可以是四边形或其他形状等。在二维空间中，三角形被称为二维空间中的单纯形，因为三角形是二维空间中最简单的单元形状。将三角形单元 Ω_e 上的 3 个节点函数值选为待求变量，则在单元 Ω_e 上解函数 $\phi^{(e)}(x,y)$ 可以被 3 个节点函数插值表示为：

$$\phi^{(e)}(x,y) = N_i^e(x,y)\phi_i + N_j^e(x,y)\phi_j + N_k^e(x,y)\phi_k \qquad (3.1.80)$$

其中：i、j、k 分别为单元 Ω_e 上的 3 个节点编号；$N_i^e(x)$ 称为三角形单元 Ω_e 上节点 i 的插值函数。将剖分区域中每个单元 Ω_e 的近似解组合在一起，即求得整体场域 Ω 上的近似解 $\phi(x,y) \approx \sum_{e=1}^{N} \phi^{(e)}(x,y)$。显然，$\phi_i$、$\phi_j$ 和 ϕ_k 在每个单元之间的节点上应该是连续的。因此由单元 Ω_e 上的 $\phi^{(e)}(x,y)$ 近似式，推得

当 $p = p_i$ 时，

$$\phi^{(e)}(p) = \phi_i, \quad N_i^e(p_i) = 1, \quad N_j^e(p_i) = 0, \quad N_k^e(p_i) = 0 \qquad (3.1.81)$$

当 $p = p_j$ 时，

$$\phi^{(e)}(p) = \phi_j, \quad N_i^e(p_j) = 0, \quad N_j^e(p_j) = 1, \quad N_k^e(p_j) = 0 \qquad (3.1.82)$$

当 $p = p_k$ 时，

$$\phi^{(e)}(p) = \phi_k, \quad N_i^e(p_k) = 0, \quad N_j^e(p_k) = 0, \quad N_k^e(p_k) = 1 \qquad (3.1.83)$$

在进行单元分析时，相应的计算公式和插值函数 N_i^e 的选取是关键的问题。

3）有限元单元法分析

（1）矩形单元剖分。

在矩形单元剖分中，边值问题与下列变分问题等价：

$$F(u) = \int \left[\frac{1}{2}\tau(\nabla u)^2 - \frac{1}{2}\lambda u^2 \right] d\Omega + \oint \frac{1}{2}\tau k u^2 d\Gamma, \quad u|_{AB} = 1, \quad \delta F(u) = 0 \qquad (3.1.84)$$

采用矩形单元对整个目标区域 Ω 进行剖分。对矩形单元实现双二次插值是分别在每个单元上取 8 个点——4 条边的中点和 4 个顶点进行编号。

两者的坐标关系为：

$$x = x_0 + \frac{a}{2}\xi, \quad y = y_0 + \frac{b}{2}\eta \qquad (3.1.85)$$

式中：x_0、y_0 为子单元的中点；a、b 为子单元的两条边长。两个单元的微分关系为：

$$dx = \frac{a}{2}d\xi, \quad dy = \frac{b}{2}d\eta, \quad dxdy = \frac{ab}{4}d\xi d\eta \qquad (3.1.86)$$

构造双二次插值的形函数为：

$$N_1 = \frac{1}{4}(1-\xi)(1-\eta)(-\xi-\eta-1)$$

$$N_2 = \frac{1}{4}(1-\xi)(1+\eta)(-\xi+\eta-1)$$

$$N_3 = \frac{1}{4}(1+\xi)(1+\eta)(\xi+\eta-1)$$

$$N_4 = \frac{1}{4}(1+\xi)(1-\eta)(\xi-\eta-1)$$

$$N_5 = \frac{1}{2}(1-\eta^2)(1-\xi)$$

$$N_6 = \frac{1}{2}(1-\xi^2)(1+\eta)$$

$$N_7 = \frac{1}{2}(1-\eta^2)(1+\xi)$$

$$N_8 = \frac{1}{2}(1-\xi^2)(1-\eta)$$

（3.1.87）

（2）单元分析。

式（3.1.84）的第一项积分为：

$$\int \frac{1}{2}\tau(\nabla u)^2 \mathrm{d}\Omega = \frac{1}{2}\boldsymbol{u}_e^\mathrm{T}(k_{ij})\boldsymbol{u}_e = \frac{1}{2}\boldsymbol{u}_e^\mathrm{T}\boldsymbol{K}_{1e}\boldsymbol{u}_e \quad (3.1.88)$$

式中：$\boldsymbol{K}_{1e} = (k_{ij})$，$k_{ij} = k_{ji}$。则

$$k_{ij} = \int \tau \left[\left(\frac{\mathrm{d}N_i}{\mathrm{d}\xi}\cdot\frac{\mathrm{d}\xi}{\mathrm{d}x}\right)\left(\frac{\mathrm{d}N_j}{\mathrm{d}\xi}\cdot\frac{\mathrm{d}\xi}{\mathrm{d}x}\right) + \left(\frac{\mathrm{d}N_i}{\mathrm{d}\eta}\cdot\frac{\mathrm{d}\eta}{\mathrm{d}y}\right)\left(\frac{\mathrm{d}N_j}{\mathrm{d}\eta}\cdot\frac{\mathrm{d}\eta}{\mathrm{d}y}\right) \right] \frac{ab}{4}\mathrm{d}\xi\mathrm{d}\eta \quad (3.1.89)$$

于是有

$$\boldsymbol{K}_{ie} = \frac{\tau}{90}\cdot\frac{a}{b}\begin{bmatrix} 52 & 17 & 23 & 28 & 6 & -40 & -16 & -80 \\ 17 & 52 & 28 & 23 & 6 & -80 & -6 & -40 \\ 23 & 28 & 52 & 17 & -6 & -80 & 6 & -40 \\ 28 & 23 & 17 & 52 & -6 & -80 & 6 & -40 \\ 6 & 6 & -6 & -6 & 48 & 0 & -48 & 0 \\ -40 & -80 & -80 & -80 & 0 & 160 & 0 & 80 \\ -6 & -6 & 6 & 6 & -48 & 0 & 48 & 0 \\ -80 & -40 & -40 & -40 & 0 & 80 & 0 & 160 \end{bmatrix} +$$

$$\frac{\tau}{90}\cdot\frac{b}{a}\begin{bmatrix} 52 & 28 & 23 & 17 & -80 & -6 & -40 & 6 \\ 28 & 52 & 17 & 23 & -80 & 6 & -40 & -6 \\ 23 & 17 & 52 & 28 & -40 & 6 & -80 & -6 \\ 17 & 23 & 28 & 52 & -40 & -6 & -80 & 6 \\ -80 & -80 & -40 & -40 & 160 & 0 & 80 & 0 \\ -6 & 6 & 6 & -6 & 0 & 48 & 0 & -48 \\ -40 & -40 & -80 & -80 & 80 & 0 & 160 & 0 \\ 6 & -6 & -6 & 6 & 0 & -48 & 0 & 48 \end{bmatrix}$$

式（3.1.84）的第二项积分为：

$$\int \frac{1}{2}\lambda\mu^2 \mathrm{d}\Omega = \frac{1}{2}\boldsymbol{u}_e^\mathrm{T}\boldsymbol{u}_e^\mathrm{T}(k_{ij})\boldsymbol{u}_e = \frac{1}{2}\boldsymbol{u}_e^\mathrm{T}\boldsymbol{K}_{2e}\boldsymbol{u}_e \tag{3.1.90}$$

式中：$\boldsymbol{K}_{2e} = (k_{ij})$，$k_{ij} = k_{ji}$。则

$$k_{ij} = \int \lambda N_i N_j \frac{ab}{4}\mathrm{d}\xi\mathrm{d}\eta \tag{3.1.91}$$

于是有

$$\boldsymbol{K}_{2e} = \frac{\lambda ab}{180}\begin{bmatrix} 6 & 2 & 3 & 2 & -6 & -8 & -8 & -6 \\ 2 & 6 & 2 & 3 & -6 & -6 & -8 & -8 \\ 3 & 2 & 6 & 2 & -8 & -6 & -6 & -8 \\ 2 & 3 & 2 & 6 & -8 & -8 & -6 & -6 \\ -6 & -6 & -8 & -8 & 32 & 20 & 16 & 20 \\ -8 & -6 & -6 & -8 & 20 & 32 & 20 & 16 \\ -8 & -8 & -6 & -6 & 16 & 20 & 32 & 20 \\ -6 & -8 & -8 & -6 & 20 & 16 & 20 & 32 \end{bmatrix}$$

式（3.1.84）的第三项边界积分为：

$$\int \frac{1}{2}\tau k u^2 \mathrm{d}\varGamma = \frac{1}{2} \cdot \frac{1}{2}\boldsymbol{u}_e^\mathrm{T}(k_{ij})\boldsymbol{u}_e = \frac{1}{2}\boldsymbol{u}_e^\mathrm{T}\boldsymbol{K}_{3e}\boldsymbol{u}_e \tag{3.1.92}$$

于是有

$$\boldsymbol{K}_{3e} = \frac{\tau kb}{30}\begin{bmatrix} 4 & -1 & 0 & 0 & 2 & 0 & 0 & 0 \\ -1 & 4 & 0 & 0 & 2 & 0 & 0 & 0 \\ 0 & 0 & 0 & 0 & 0 & 0 & 0 & 0 \\ 0 & 0 & 0 & 0 & 0 & 0 & 0 & 0 \\ 2 & 2 & 0 & 0 & 16 & 0 & 0 & 0 \\ 0 & 0 & 0 & 0 & 0 & 0 & 0 & 0 \\ 0 & 0 & 0 & 0 & 0 & 0 & 0 & 0 \\ 0 & 0 & 0 & 0 & 0 & 0 & 0 & 0 \end{bmatrix}$$

（3）总体合成。

将 $\boldsymbol{K}_{1e}$、$\boldsymbol{K}_{2e}$、$\boldsymbol{K}_{3e}$ 扩展成全体节点组成的矩阵，由全部单元相加得：

$$F(\boldsymbol{u}) = \sum F_e(\boldsymbol{u}) = \sum \frac{1}{2}\boldsymbol{u}_e^\mathrm{T}(\boldsymbol{K}_{1e} - \boldsymbol{K}_{2e} + \boldsymbol{K}_{3e})\boldsymbol{u}_e = \frac{1}{2}\boldsymbol{u}^\mathrm{T}\boldsymbol{K}_e\boldsymbol{u} \tag{3.1.93}$$

对式（3.1.93）求变分，使其等于零，即可得到下列方程组：

$$\boldsymbol{K}\boldsymbol{u} = \boldsymbol{0} \tag{3.1.94}$$

将上边界值代入，求解线性方程组即可得到各节点的 $\boldsymbol{u}$。它代表各节点 $\boldsymbol{E}_x$（TE 极化模式）或 $\boldsymbol{H}_x$（TM 极化模式）。

（4）视电阻率和阻抗相位计算。

求得各节点的 u 值后，再利用数值方法求出场值沿垂向的偏导数。最后再代入下面的式子中，便可求解出各个点的视电阻率和阻抗相位。

TE 极化模式：

$$Z_{TE} = \left(E_x \bigg/ \frac{1}{\mathrm{i}\omega\mu} \right) \frac{\partial E_x}{\partial z} \quad (3.1.95)$$

$$\rho_a^{TE} = \frac{1}{\omega\mu} |Z_{TE}|^2 \quad (3.1.96)$$

$$\phi^{TE} = \arctan \frac{\mathrm{Im}|Z_{TE}|}{\mathrm{Re}|Z_{TE}|} \quad (3.1.97)$$

TM 极化模式：

$$Z_{TM} = -\frac{1}{\sigma} \cdot \frac{\partial H_x}{\partial z} \bigg/ H_x \quad (3.1.98)$$

$$\rho_a^{TM} = \frac{1}{\omega\mu} |Z_{TM}|^2 \quad (3.1.99)$$

$$\phi^{TM} = \arctan \frac{\mathrm{Im}|Z_{TM}|}{\mathrm{Re}|Z_{TM}|} \quad (3.1.100)$$

为求得均匀介质中的平面电磁波，将谐变场的 Maxwell 方程组展成分量形式。当平面电磁波垂直射入均匀各向同性的大地介质中时，其电磁场在水平方向上是均匀的。在此条件下只考虑在 x、y 坐标平面内，假设真空中波前与 x 轴平行，这时电磁波可以分解成电场仅有水平分量的 TE（横电）波型和磁场仅有水平分量的 TM（横磁）波型。模拟中由于上边界离地面足够远，所以该处 μ（磁导率）为 1。下边界以下为均质岩石。局部不均匀体的异常场在下边界为 0。左右边界离局部不均匀体足够远，电磁场在边界上左右对称。

在以上边界条件下采用矩形单元对目标区域进行剖分。对每个单元进行双二次插值，将每个单元的 4 个顶点和每条边的中点按从上至下从左至右的顺序进行编号，并构造双二次插值形函数；代入边界积分公式，利用不完全 LU 分解法和稳定的双共轭梯度求解线性方程组，得到各节点对应的 μ（磁导率）值；代入视电阻率和阻抗相位的求解公式，计算出各个点的视电阻率和阻抗相位。

3. 程序实现

1）编码

（1）区域剖分。

用矩形单元对目标区域进行剖分，并对所有的单元及节点进行编号，其编码的顺序如图 3.1.13 所示。

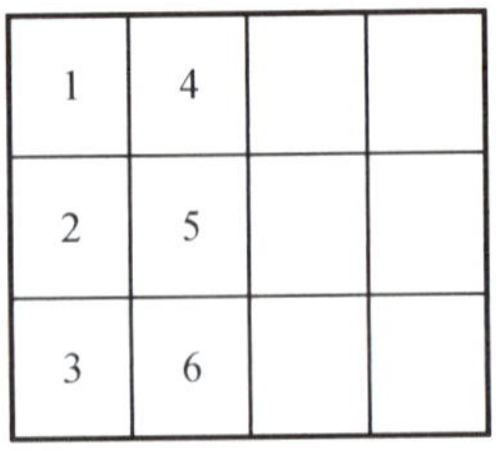

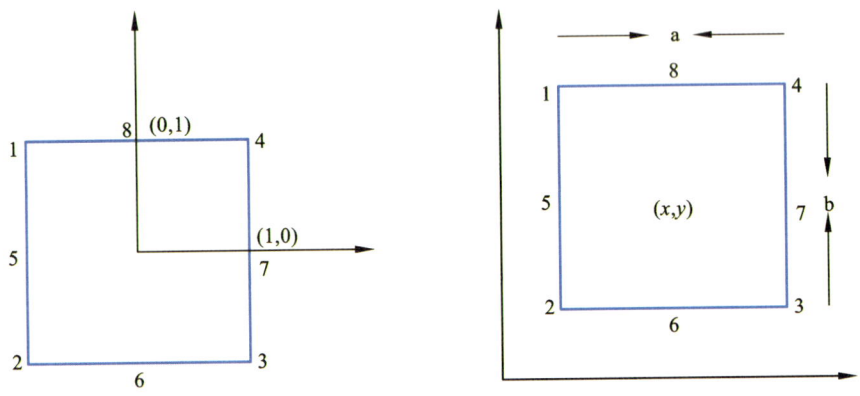

图 3.1.13 每个单元的编码顺序图

对每个独立的单元进行双二次插值，分别取单元内部的 4 个顶点和 4 条边的中点。每个独立单元内编码情况如图 3.1.14 所示。

图 3.1.14 母单元（左）与子单元（右）

在图 3.1.14（a）所表示的母单元上构造双二次插值形函数：

$$\begin{cases} N_1(\xi,\eta) = \dfrac{1}{4}(1-\xi)(1+\eta)(-\xi+\eta+1) \\ N_2(\xi,\eta) = \dfrac{1}{4}(1-\xi)(1+\eta)(-\xi-\eta-1) \\ N_3(\xi,\eta) = \dfrac{1}{4}(1+\xi)(1-\eta)(\xi-\eta-1) \\ N_4(\xi,\eta) = \dfrac{1}{4}(1+\xi)(1+\eta)(\xi+\eta-1) \\ N_5(\xi,\eta) = \dfrac{1}{2}(1-\xi)(1-\eta)^2 \\ N_6(\xi,\eta) = \dfrac{1}{2}(1-\xi^2)(1-\eta) \\ N_7(\xi,\eta) = \dfrac{1}{2}(1+\xi)(1-\eta)^2 \\ N_8(\xi,\eta) = (1-\xi^2)(1+\eta) \end{cases}$$

（2）整体编码。

对每个单元的刚度矩阵进行合成，便可得到整体刚度矩阵。各个单元中的元素在整体刚度矩阵中的位置，是由网格中的整体编码和单元中局部节点编码的关系决定的。① 单元的单元刚度矩阵中的元素在整体刚度矩阵中的位置如图 3.1.15 所示（图示模型为当整体网格数量为 30×30 时）。

局部码	总码	1	5	2	…	8	6	…	4	7	3		
		1	2	3	…	8	9	…	12	13	14	…	30
1	1	$K_{11}^{①}$	$K_{15}^{①}$	$K_{12}^{①}$	…	$K_{18}^{①}$	$K_{16}^{①}$	…	$K_{14}^{①}$	$K_{17}^{①}$	$K_{13}^{①}$	…	
5	2	$K_{51}^{①}$	$K_{55}^{①}$	$K_{52}^{①}$	…	$K_{58}^{①}$	$K_{56}^{①}$	…	$K_{54}^{①}$	$K_{57}^{①}$	$K_{53}^{①}$	…	
2	3	$K_{21}^{①}$	$K_{25}^{①}$	$K_{22}^{①}$	…	$K_{28}^{①}$	$K_{26}^{①}$	…	$K_{24}^{①}$	$K_{27}^{①}$	$K_{23}^{①}$	…	
⋮	⋮	⋮	⋮	⋮	…	⋮	⋮	…	⋮	⋮	⋮	…	⋮
8	8	$K_{81}^{①}$	$K_{85}^{①}$	$K_{82}^{①}$	…	$K_{88}^{①}$	$K_{86}^{①}$	…	$K_{84}^{①}$	$K_{87}^{①}$	$K_{83}^{①}$	…	
6		$K_{61}^{①}$	$K_{65}^{①}$	$K_{62}^{①}$	…	$K_{68}^{①}$	$K_{66}^{①}$	…	$K_{64}^{①}$	$K_{67}^{①}$	$K_{63}^{①}$	…	
⋮	⋮	⋮	⋮	⋮	…	⋮	⋮	…	⋮	⋮	⋮	…	⋮
4	12	$K_{41}^{①}$	$K_{45}^{①}$	$K_{42}^{①}$	…	$K_{48}^{①}$	$K_{46}^{①}$	…	$K_{44}^{①}$	$K_{47}^{①}$	$K_{43}^{①}$	…	
7	13	$K_{71}^{①}$	$K_{75}^{①}$	$K_{72}^{①}$	…	$K_{78}^{①}$	$K_{76}^{①}$	…	$K_{74}^{①}$	$K_{77}^{①}$	$K_{73}^{①}$	…	
3	14	$K_{31}^{①}$	$K_{35}^{①}$	$K_{32}^{①}$	…	$K_{38}^{①}$	$K_{36}^{①}$	…	$K_{34}^{①}$	$K_{37}^{①}$	$K_{33}^{①}$	…	
	⋮	⋮	⋮	⋮	…	⋮	⋮	…	⋮	⋮	⋮	…	⋮
	30				…			…				…	

图 3.1.15　局部编码和总体编码的位置关系

2）不完全 $\boldsymbol{LU}$ 分解法

预处理矩阵 $\boldsymbol{M}$ 采用不完全 $\boldsymbol{LU}$ 分解。若系数矩阵 $\boldsymbol{A}$ 的顺序主子式矩阵都是非奇异的，则矩阵 $\boldsymbol{A}$ 一定能进行 $\boldsymbol{LU}$ 分解。如果 $\boldsymbol{A}$ 是一个大型稀疏矩阵，那么它的因子 $\boldsymbol{L}$ 和 $\boldsymbol{U}$ 的下、上三角部分一般来说都是满的矩阵。若取预处理矩阵 $\boldsymbol{M}=\boldsymbol{LU}$，则理论上最好（再也用不着如何迭代），但实际上完全行不通。一种不完全 $\boldsymbol{LU}$ 分解是指把 $\boldsymbol{A}$ 分解为 $\tilde{\boldsymbol{L}}$ 和 $\tilde{\boldsymbol{U}}$，它们对应的元素与 $\boldsymbol{L}$ 和 $\boldsymbol{U}$ 相同，但两个因子分别与 $\boldsymbol{A}$ 的下、上三角部分有完全相同的非零结构。这种分解就是无填充的不完全 $\boldsymbol{LU}$ 分解，记为 ILU（0），这里的“0”代表因子分解时产生的非零元素的个数为 0。

3）稳定的双共轭梯度

稳定的双共轭梯度法主要是基于双边兰乔斯（Lanczos）算法，是基于残差正交子空间的迭代方法。对于线性方程组 $\boldsymbol{Ax}=\boldsymbol{b}$，$\boldsymbol{A}$ 为大型稀疏矩阵，其灵敏度很高，所以此方程的解 $\boldsymbol{x}$ 极不稳定，方程组为病态方程组。因此利用稳定的双共轭梯度法求解此方程。如果方程的初始近似解为 $\boldsymbol{x}_0$，第 k 次的近似解为 $\boldsymbol{x}_k$，那么第 k 次的残差为 $\boldsymbol{r}_k=\boldsymbol{b}-\boldsymbol{Ax}_k$。

运用单边 Lanczos 算法通过特定的规则在残差空间中进行迭代，并且此时迭代的次数是有限的，那么最后残差将趋于 0，便能得到方程的解。这种迭代方法基于克雷洛夫（krylov）子空间，并且具有精度高、收敛速度快、稳定性好等优点。

由有限单元法导出的线性方程组（K）主要有以下基本特征：

（1）K 一般为病态的。当 K 为病态矩阵时，求解其方程组会很困难。

（2）K 在大地电磁法二维正演中是对称的并且正定；在三维正演中不正定，但是对称。

（3）网格上每个节点的离散化方程只联系几个相邻的节点，并且除了这些节点对应的未知解的系数外，其余系数都为 0，所以系数矩阵中大量的元素为 0，因此 K 为稀疏矩阵。

4）边界处理

通常运用一般分离变量法求解亥姆霍兹方程。为取得唯一解，必须附加边界条件，才能形成定解问题。考虑到矢量位 A 在具有不同电磁学性质 $\{\varepsilon_1, \rho_1, \mu_1\}$ 和 $\{\varepsilon_2, \rho_2, \mu_2\}$ 的两种介质分界面上的边界条件，因此选择 x 轴和 y 轴位于分界面上，z 轴垂直于分界面的直角坐标系。在这种情况下，边界条件为场强切线分量 E_x、E_y、H_x、H_y、磁感应强度法线分量 B_z 及标量位 ϕ 连续，即：

$$E_{x1} = E_{x2} \qquad H_{x1} = H_{x2} \qquad B_{z1} = B_{z2}$$
$$E_{y1} = E_{y2} \qquad H_{y1} = H_{y2} \qquad \phi_1 = \phi_2 \tag{3.1.101}$$

根据（3.1.101）式，通过矢量位 A 写出边界条件如下：

$$\left.\begin{aligned} & \mu_1 \left(A_{x1} - \frac{1}{k_1^2} \frac{\partial}{\partial x} \nabla \cdot A_1 \right) = \mu_2 \left(A_{x2} - \frac{1}{k_2^2} \frac{\partial}{\partial x} \nabla \cdot A_2 \right) \\ & \mu_1 \left(A_{y1} - \frac{1}{k_1^2} \frac{\partial}{\partial y} \nabla \cdot A_1 \right) = \mu_2 \left(A_{y2} - \frac{1}{k_2^2} \frac{\partial}{\partial y} \nabla \cdot A_2 \right) \\ & (\nabla \times A_1)_x = (\nabla \times A_2)_x \\ & (\nabla \times A_1)_y = (\nabla \times A_2)_y \\ & \mu_1 (\nabla \times A_1)_z = \mu_2 (\nabla \times A_2)_z \\ & \frac{1}{\varepsilon_1'} \nabla \cdot A_1 = \frac{1}{\varepsilon_2'} \nabla \cdot A_2 \end{aligned}\right\} \tag{3.1.102}$$

利用下式确定旋度分量：

$$\nabla \times A = \begin{vmatrix} e_x & e_y & e_z \\ \dfrac{\partial}{\partial x} & \dfrac{\partial}{\partial y} & \dfrac{\partial}{\partial z} \\ A_x & A_y & A_z \end{vmatrix} \tag{3.1.103}$$

即将（3.1.102）式展开为：

$$\left.\begin{aligned}
&\mu_1 A_{x1} - \frac{\partial}{\partial x} \cdot \frac{\mu_1}{k_1^2} \nabla \cdot A_1 = \mu_2 A_{x2} - \frac{\partial}{\partial x} \cdot \frac{\mu_2}{k_2^2} \nabla \cdot A_2 \\
&\mu_1 A_{y1} - \frac{\partial}{\partial y} \cdot \frac{\mu_1}{k_1^2} \nabla \cdot A_1 = \mu_2 A_{y2} - \frac{\partial}{\partial y} \cdot \frac{\mu_2}{k_2^2} \nabla \cdot A_2 \\
&\frac{\partial A_{z1}}{\partial y} - \frac{\partial A_{y1}}{\partial z} = \frac{\partial A_{z2}}{\partial y} - \frac{\partial A_{y2}}{\partial z} \\
&\frac{\partial A_{x1}}{\partial z} - \frac{\partial A_{z1}}{\partial x} = \frac{\partial A_{x2}}{\partial z} - \frac{\partial A_{z2}}{\partial x} \\
&\mu_1 \left(\frac{\partial A_{y1}}{\partial x} - \frac{\partial A_{x1}}{\partial y} \right) = \mu_2 \left(\frac{\partial A_{y2}}{\partial x} - \frac{\partial A_{x2}}{\partial y} \right) \\
&\frac{\mu_1}{k_1^2} \nabla \cdot A_1 = \frac{\mu_2}{k_2^2} \nabla \cdot A_2
\end{aligned}\right\} \quad (3.1.104)$$

利用式（3.1.104）第 6 式的关系，从第 1、2 式能够看出：

$$\mu_1 A_{x1} = \mu_2 A_{x2} \quad (3.1.105)$$

$$\mu_1 A_{y1} = \mu_2 A_{y2} \quad (3.1.106)$$

当发射偶极子指向 x 或者 y 轴时，在（3.1.104）的第 3 和第 4 式中分别成立 $A_{y1} = A_{y2} = 0$ 或 $A_{x1} = A_{x2} = 0$，故有：

$$\frac{\partial A_{z1}}{\partial y} = \frac{\partial A_{z2}}{\partial y} \text{ 或 } \frac{\partial A_{z1}}{\partial x} = \frac{\partial A_{z2}}{\partial x}$$

积分得

$$A_{z1} = A_{z2} \quad (3.1.107)$$

由此，根据第 3、4 式可写出另外两个等式

$$\frac{\partial A_{y1}}{\partial z} = \frac{\partial A_{y2}}{\partial z} \quad (3.1.108)$$

$$\frac{\partial A_{x1}}{\partial z} = \frac{\partial A_{x2}}{\partial z} \quad (3.1.109)$$

矢量位 A 的边界条件重新整理为：

$$\left.\begin{aligned}
&A_{z1} = A_{z2} & & \frac{\partial A_{x1}}{\partial z} = \frac{\partial A_{x2}}{\partial z} \\
&\mu_1 A_{x1} = \mu_2 A_{x2} & & \frac{\partial A_{y1}}{\partial z} = \frac{\partial A_{y2}}{\partial z} \\
&\mu_1 A_{y1} = \mu_2 A_{y2} & & \frac{1}{\varepsilon_1'} \nabla \cdot A_1 = \frac{1}{\varepsilon_2'} \nabla \cdot A_2
\end{aligned}\right\} \quad (3.1.110)$$

完全类似地，从（3.1.101）式可导出 A^* 的边界条件。矢量位 A^* 和 A 的边界条件是相似的，只需要根据类比条件将式子中的 μ 替换为 ε' 即可。所以

$$\left.\begin{array}{ll} A_{z1}^{*}=A_{z2}^{*} & \dfrac{\partial A_{x1}^{*}}{\partial z}=\dfrac{\partial A_{x1}^{*}}{\partial z} \\[6pt] \varepsilon_{1}'A_{x1}^{*}=\varepsilon_{2}'A_{x2}^{*} & \dfrac{\partial A_{y1}^{*}}{\partial z}=\dfrac{\partial A_{y1}^{*}}{\partial z} \\[6pt] \varepsilon_{1}'A_{y1}^{*}=\varepsilon_{2}'A_{y2}^{*} & \dfrac{1}{\mu_{1}}\nabla\cdot A_{1}^{*}=\dfrac{1}{\mu_{2}}\nabla\cdot A_{2}^{*} \end{array}\right\} \qquad (3.1.111)$$

为了单值地求解 $A(A^*)$，除了上述的边界条件以外，还需要满足下列物理条件：

① 场源条件：当观测点与场源接近时，位函数应趋向于场论中已知的给定场源的一次场。

② 无穷远处条件：随着与场源距离的增大，矢量位应按照 e^{-br}/r 的规律衰减。其中源点到观测点之间的距离为 r，衰减系数为 b。若是在直流场情况下，则 $b=0$。

③ 在限制研究范围的表面 S 上的边界条件归结到该表面上的矢量位问题。

④ 初始条件：在所有研究范围内应给出初始时间的矢量位。

5）小结

利用 Matlab 软件编程实现对目标区域的剖分和编码。正演模拟中对大多模型采用矩形剖分，分成若干独立的单元。再对每个独立的单元按照从上至下、从左至右的顺序进行单元编码。然后对每个单元的 4 个顶点和 4 条边的中点按同样的顺序进行局部编码。最后对网格中所有的点按同样的顺序进行整体编码。根据给出的边界条件和所需要的公式，运用不完全 *LU* 分解法和稳定的双共轭梯度法对矩阵进行处理，得到视电阻率和阻抗相位的数据。

4. 正演模拟结果分析

为了将正演模拟的运用与实际相结合，我们结合实际的地质情况设计了 7 类不同的地质地球物理模型，并分别对不同模型进行了模拟，求得在 TM（横磁波型）模式下的视电阻率图和相位图；还对个别模型进行了 TE（横电波型）模式下的正演模拟，求得其对应的视电阻率图和相位图；并将两种模式的模拟结果进行了对比分析。

1）低阻模型

根据实际工程中可能遇到的在地层中存在充水溶洞、金属矿等地质情况，我们设计了在大地浅部和深部分别存在一个低阻异常体、存在两个水平分布的异常体和存在两个垂直分布的低阻异常体 4 种情况。

（1）水平均匀大地中深部有一个低阻。

水平均匀半空间中存在电阻率（ρ_2）为 $0.1\ \Omega\cdot m$ 的低阻异常体，且异常体的顶部埋深为 9 000 m，底部埋深为 11 000 m，宽度为 2 000 m。模拟网格单元数量为 30×30，网格间距均为 500 m。围岩介质电阻率（ρ_1）为 $100\ \Omega\cdot m$，模型如图 3.1.16（a）所示。用有限单元法对此模型进行 TM 模式正演模拟，所得结果如图 3.1.16（b）和图 3.1.16（c）所示。两图中低阻异常体都能被明显地反映出来，只是在形态上有所拉伸，并且相位图对异常体的位置反映较视电阻率图更为准确。

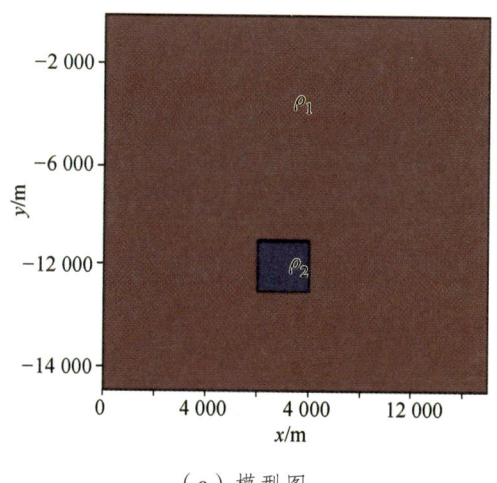

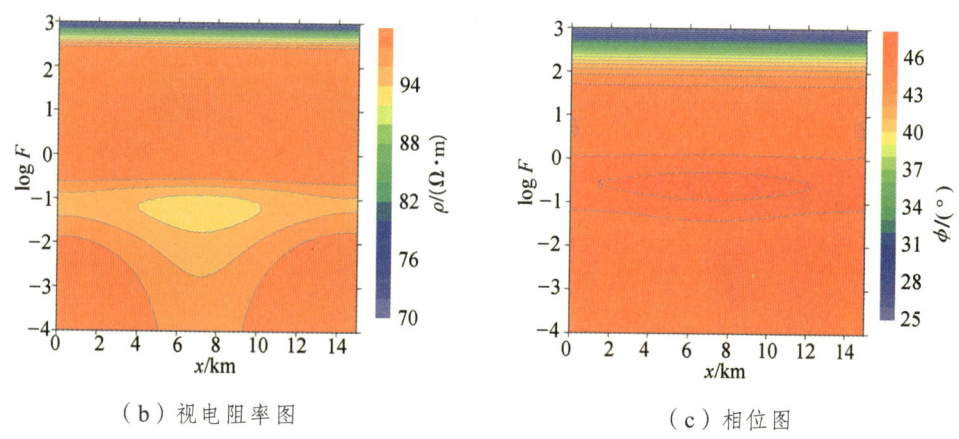

(b)视电阻率图　　　　　　　　(c)相位图

图 3.1.16　水平均匀大地中深部有一个低阻异常体的 TM 模式大地正演模拟

(2)水平均匀大地中浅部有一个低阻。

模型如图 3.1.17(a),在电阻率(ρ_1)为 10 Ω·m 的均匀大地中,存在电阻率(ρ_2)为 0.1 Ω·m 的低阻异常体。低阻异常体的顶部埋深为 800 m,底部埋深为 1 200 m,宽度为 400 m。模拟网格单元数量为 30×30,网格间距均为 100 m,模型如图 3.1.17(a)。用有限单元法进行 TM 模式正演模拟,所得结果如图 3.1.17(b)和图 3.1.17(c)所示。由视电阻率图[图 3.1.17(b)]可以看出,图中异常体能被反映出来,但其形态被向下拉伸,因此不能准确地反映出异常体的形态,同时异常体下部视电阻率的分布情况也不能够准确地测量出来。通过对比视电阻率图 3.1.17(b)与相位图 3.1.17(c),相位图能更准确地反映低阻异常体的位置与形态;同时,将模型图 3.1.17(a)与模拟结果进行对比,可以看出 TM 模式的大地电磁正演模拟对浅部异常体的测量结果较深部异常体的测量结果更加准确。

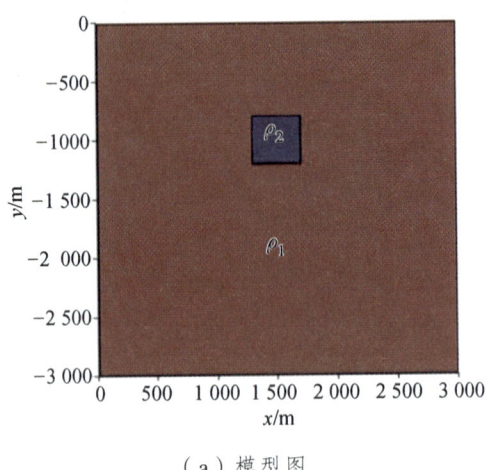

(a)模型图

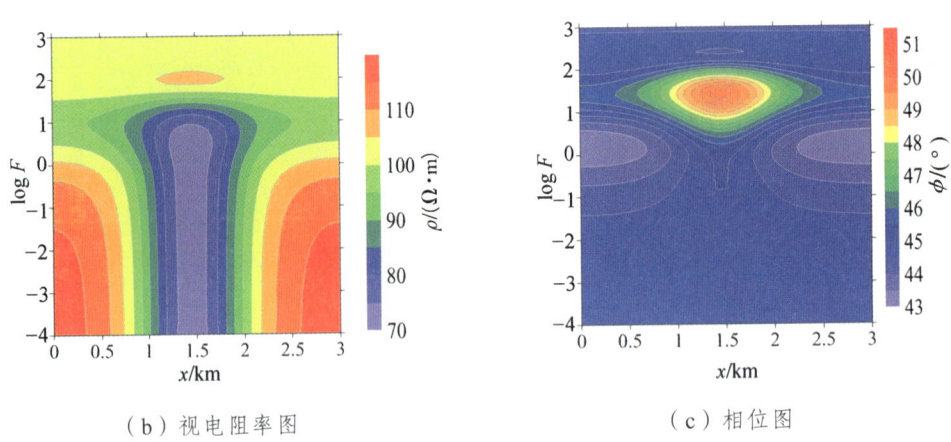

(b)视电阻率图　　　　　　　　　　(c)相位图

图 3.1.17　水平均匀大地中浅部有一个低阻异常体的 TM 模式大地正演模拟

(3)水平均匀大地中存在两个水平分布的低阻异常体。

在电阻率(ρ_1)为 100 Ω·m 的围岩介质中,存在两个水平分布的电阻率(ρ_2)为 0.1 Ω·m 的低阻异常体。异常体顶部深度为 800 m,底部深度为 1 200 m,宽度为 400 m。模拟网格单元数量为 30×30,网格间距均为 100 m,模型如图 3.1.18(a)所示。对该模型进行 TM 模式正演模拟,得到视电阻率[图 3.1.18(b)]和相位[图 3.1.18(c)],从两图中可以明显看出两个水平分布的低阻异常体的存在。与模型图 3.1.17(a)的模拟结果相似,此模型正演模拟得到的视电阻率图中异常体的形态仍然有向下的拉伸,并且相位图对其所在位置的反映仍然较视电阻率图更为准确。

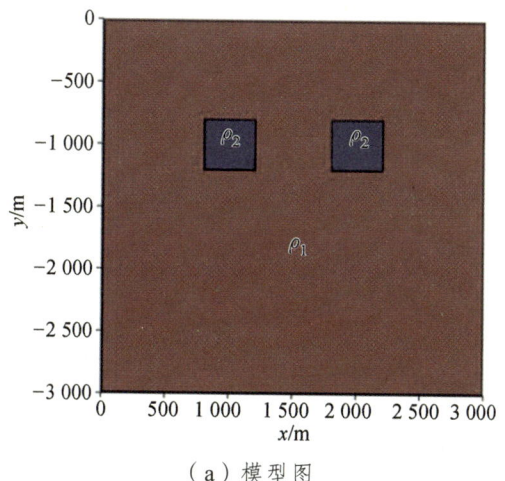

(a)模型图

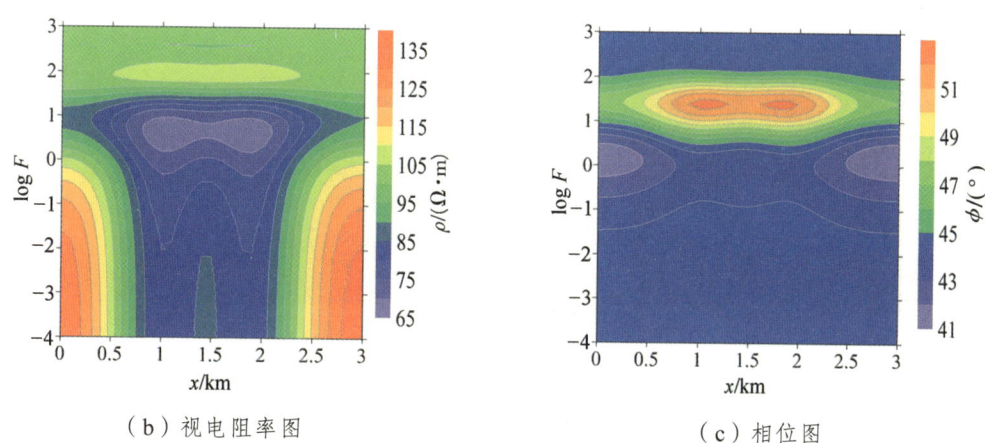

(b)视电阻率图　　　　　　　　　　　(c)相位图

图 3.1.18　水平均匀大地中存在两个水平分布的低阻异常体 TM 模式大地正演模拟

(4)水平均匀大地中存在两个上下垂直分布的低阻异常体。

在背景电阻率(ρ_1)为 100 Ω·m 围岩中，存在上下两个垂直分布的电阻率(ρ_2)为 0.1 Ω·m 的低阻异常体。两个低阻异常体顶部埋深分别为 800 m 和 1 800 m，底部埋深分别为 1 200 m 和 2 200 m，宽度均为 400 m。模拟网格单元数量为 30×30，网格间距均为 100 m，模型如图 3.1.19(a)所示。在视电阻率图 3.1.19(b)中，浅部异常体的存在，影响了其下方介质的视电阻率的测量，浅部异常体的形态向下延伸。相位图 3.1.19(c)也仅反映出了浅部的低阻异常体，未能准确地反映出深部异常体的存在，但浅部异常体的形态未出现向下的延伸。对比模型图 3.1.18(a)与模型图 3.1.19(a)的模拟结果可知，基于有限单元法的正演模拟(TM 模式)对浅部异常体的分辨率较高，并且横向分辨率比纵向分辨率更好。

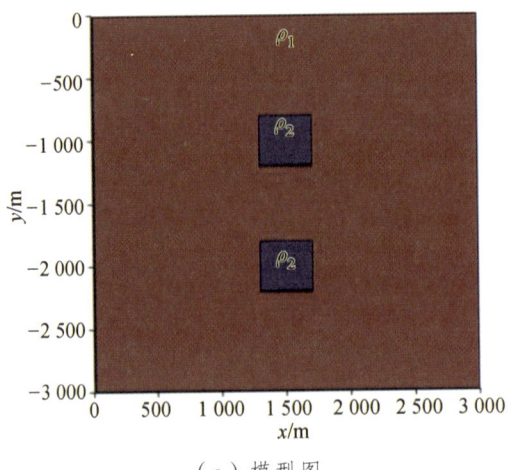

(a)模型图

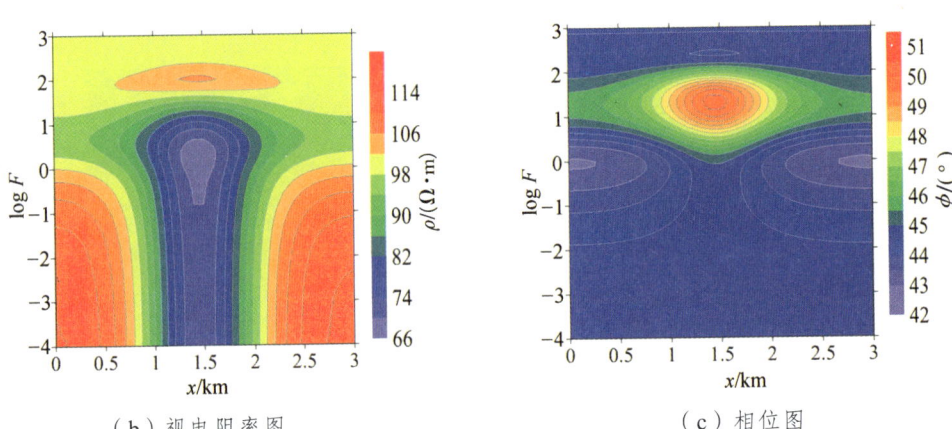

(b)视电阻率图　　　　　　　　　(c)相位图

图 3.1.19　水平均匀大地中存在两个上下垂直分布的低阻异常体的 TM 模式大地正演模拟

2）高阻模型

由于在实际工程中可能遇到地层中存在溶洞、煤矿采空区等情况,我们设计了在大地浅部和深部分别存在一个高阻异常体、存在两个水平分布的异常体和存在两个垂直分布的高阻异常体 4 种情况。

（1）水平均匀大地浅部存在一个高阻异常体。

在电阻率（ρ_1）为 100 Ω·m 的水平均匀半空间中,其浅部存在一个宽度为 400 m、电阻率（ρ_2）为 1 000 Ω·m 的高阻异常体。异常体上部埋深为 800 m,下部埋深为 1 200 m。模拟网格单元数量为 30×30,网格间距均为 100 m,模型如图 3.1.20（a）所示。通过正演模拟可得视电阻率［图 3.1.20（b）］与相位［图 3.1.20（c）］。两图都能反映出高阻异常体的存在,但对异常体的形态的反映在横向上较纵向更加准确。视电阻率图中异常体的形态出现了向下的延伸,相位图对异常体位置的反映比视电阻率图更准确。

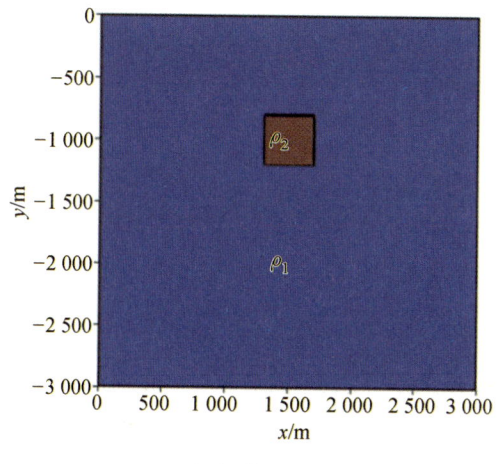

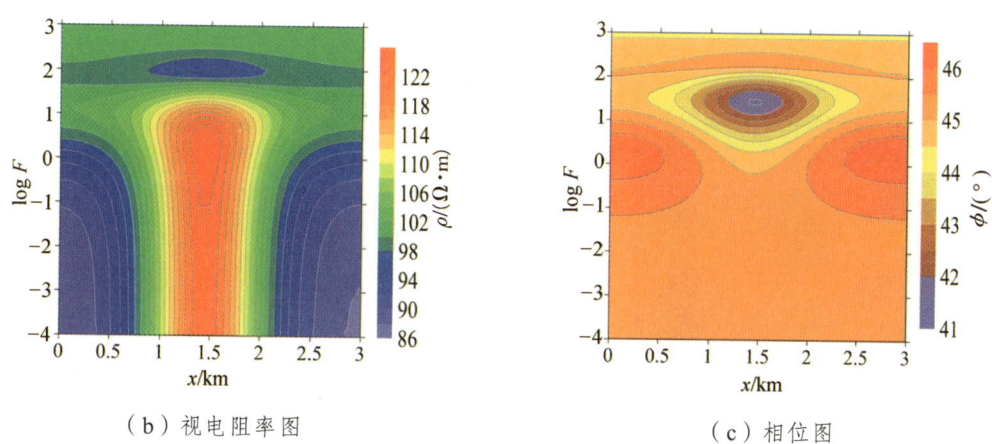

（a）模型图

（b）视电阻率图　　　　　　　　　　　（c）相位图

图 3.1.20　水平均匀介质中浅部存在一个高阻异常体的 TM 模式大地正演模拟

（2）水平均匀大地深部存在一个高阻模型。

在电阻率（ρ_1）为 100 Ω·m 的均匀半空间中，存在电阻率（ρ_2）为 1 000 Ω·m、宽度为 400 m、上表面埋深为 1 800 m、下表面埋深为 2 200 m 的一个高阻异常体。模拟网格单元数量为 30×30，网格间距均为 100 m，模型如图 3.1.21（a）所示。由模型图 3.1.20（a）与图 3.1.21（a）模拟结果的对比可知：有限单元法 TM 模式正演模拟对浅部异常体的分辨率较高，对深部异常体的分辨率较低，浅部异常体的存在对其下部介质电阻率的测量有影响；并且异常体的埋深越浅，其受静态效应影响越大，形态的向下延伸现象越严重。随着异常体埋深的增大，相位图对异常体的位置及形态的反映误差逐渐增大。由视电阻率图 3.1.21（b）可知，视电阻率图能够反映出深部的高阻异常体的存在，但无法准确反映出异常体的位置。将相位图［图 3.1.21（c）］与视电阻率图比较可知，相位图能更准确地反映异常体的位置。

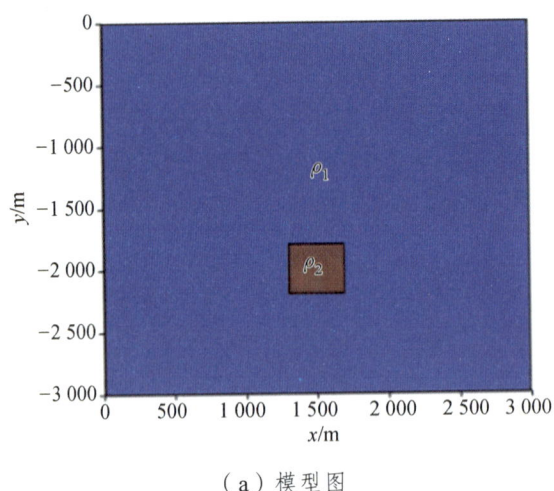

(a)模型图

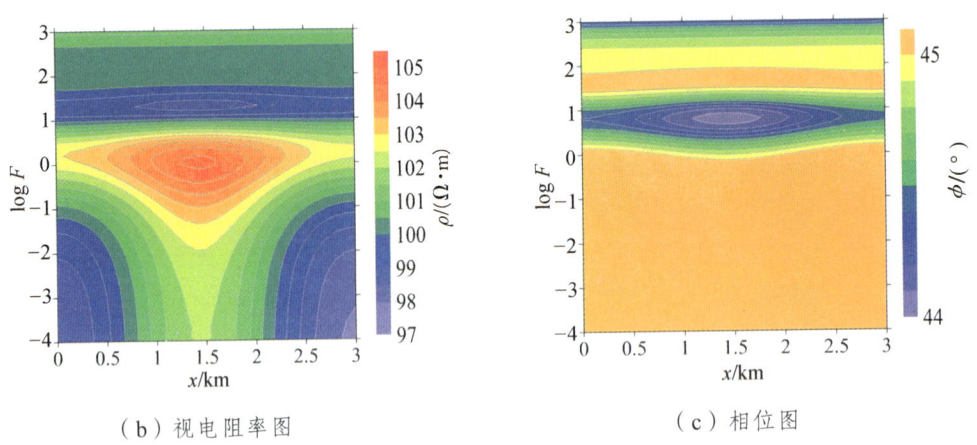

(b)视电阻率图　　　　　　　　　　　(c)相位图

图 3.1.21　水平均匀大地中深部有一个高阻异常体模型的 TM 模式大地正演模拟

(3)水平均匀大地中水平方向存在两个高阻。

在电阻率(ρ_1)为 100 Ω·m 的围岩介质中，深度为 800 m 处存在两个水平分布的电阻率(ρ_2)为 1 000 Ω·m 的高阻异常体。异常体的长宽都为 400 m。模拟网格单元数量为 30×30，网格间距均为 100 m，模型如图 3.1.22(a)所示。进行 TM 模式正演模拟可得视电阻率[图 3.1.22(b)]与相位[图 3.1.22(c)]。将图 3.1.22(b)与图 3.1.22(c)对比可知，两图都能反映出异常体的存在。相位图能更准确地反映出两个水平分布的低阻异常体的位置，而图 3.1.22(b)中，异常体的形态有向下的延伸。

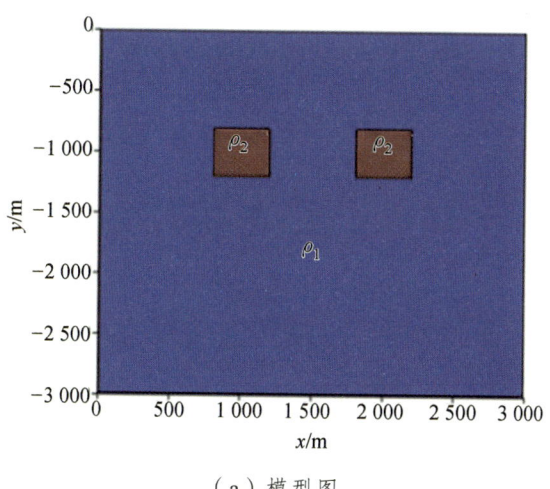

（a）模型图

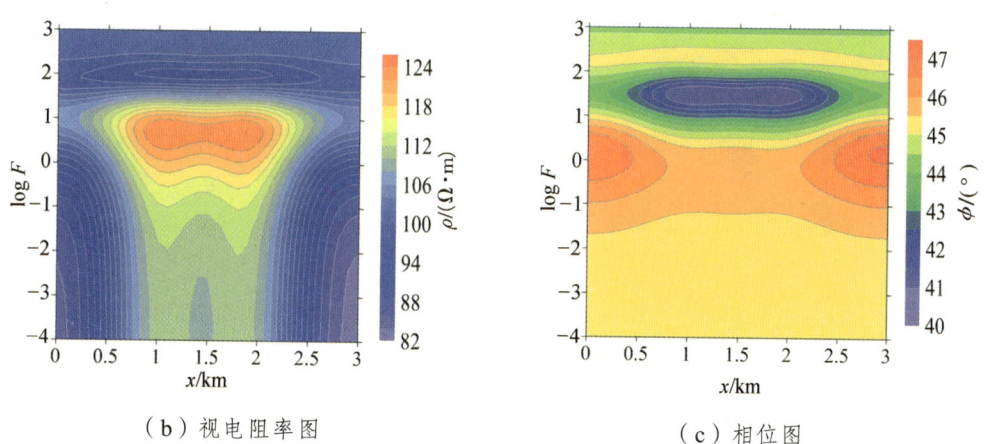

（b）视电阻率图　　　　　　　　　　　（c）相位图

图 3.1.22　水平均匀大地中存在两个水平分布的高阻异常体模型的 TM 模式大地正演模拟

（4）水平均匀大地中存在两个垂直分布的高阻模型。

在电阻率（ρ_1）为 100 Ω·m 的水平均匀半空间中，存在垂直分布的上下两个大小相同的电阻率（ρ_2）为 1 000 Ω·m 的高阻异常体。浅部异常体的埋深为 800 m，深部异常体的埋深为 1 800 m，两个异常体的长宽皆为 400 m。模拟网格单元数量为 30×30，网格间距均为 100 m，模型如图 3.1.23（a）所示。由于浅部高阻异常体的存在，视电阻率 [图 3.1.23（b）] 与相位 [图 3.1.23（c）] 都未能反映出深部高阻异常体的存在。通过对比模型图 3.1.22（a）与图 3.1.23（a）的模拟结果可知，有限单元法 TM 模式正演模拟对浅部异常体分辨率更高，并且横向分辨率比纵向分辨率好。

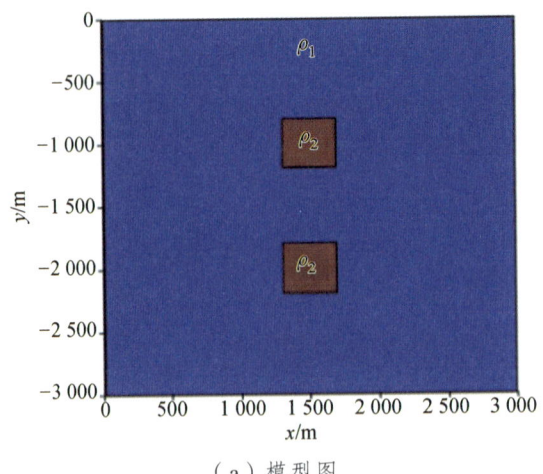

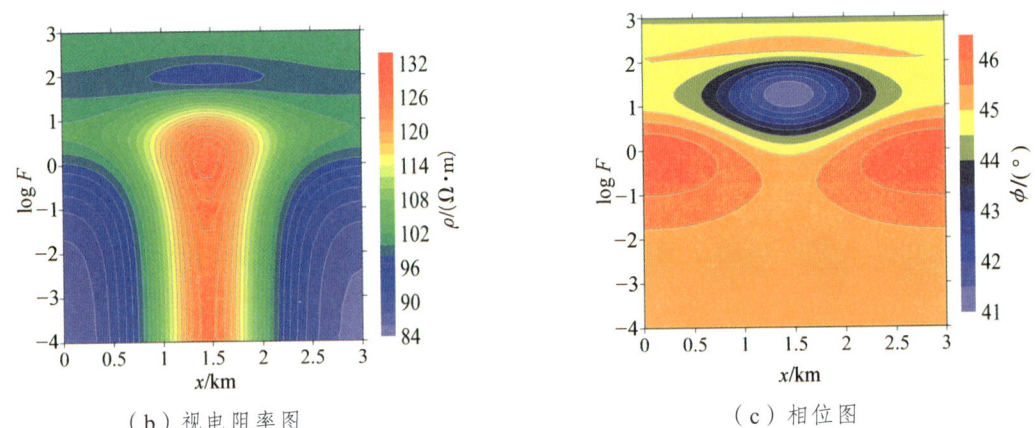

（b）视电阻率图　　　　　　　　　　（c）相位图

图 3.1.23　水平均匀大地中存在两个垂直分布的高阻异常体模型的 TM 模式大地正演模拟

3）高低组合模型

由于在实际工程中可能遇到半充水的溶洞，煤层中存在断层等情况，我们设计了在大地中既有高阻又有低阻异常体的 4 种模型。

（1）水平均匀大地中浅部存在一个高阻异常体深部存在一个低阻异常体。

在背景电阻率（ρ_1）为 100 Ω·m 的水平均匀大地中，存在上下垂直分布的两个大小规模相同的电阻率分别为 1 000 Ω·m（ρ_2）和 0.1 Ω·m（ρ_3）的异常体。其中高阻异常体在低阻异常体的正上方，且两个异常体的长度和宽度都为 400 m。高阻异常体上表面的埋深为 800 m，低阻异常体上表面的埋深为 1 800 m。模拟网格单元数量为 30×30，网格间距均为 100 m，模型如图 3.1.24（a）所示。由此模型 TM 模式下的正演模拟结果［图 3.1.24（b）］可以看出：由于受静态效应影响，浅部的高阻异常体的形态出现延伸，因此视电阻率图未能准确反映出高阻异常体下部异常的存在，与模型不相符；并且相位［图 3.1.24（c）］也未能准确反映出深部的异常体，但准确地反映出了浅部异常体的位置和形态。

但在 TE 模式的正演模拟结果［图 3.1.24（d）和图 3.1.24（e）］中，我们可以清楚地看到垂直方向上存在上下两个异常体，且 TE 模式对低阻异常体的反映更为显著。由此可知，将 TE 模式正演模拟结果与 TM 模式的正演模拟结果相比，TE 模式在纵向分辨率上效果更佳，不会受浅部其他异常体的影响，能清楚地反映浅部异常体下方其他异常体的存在，并且 TE 模式对低阻异常体更为敏感。

在 TE（横磁）模式中的是电阻率图和相位图：

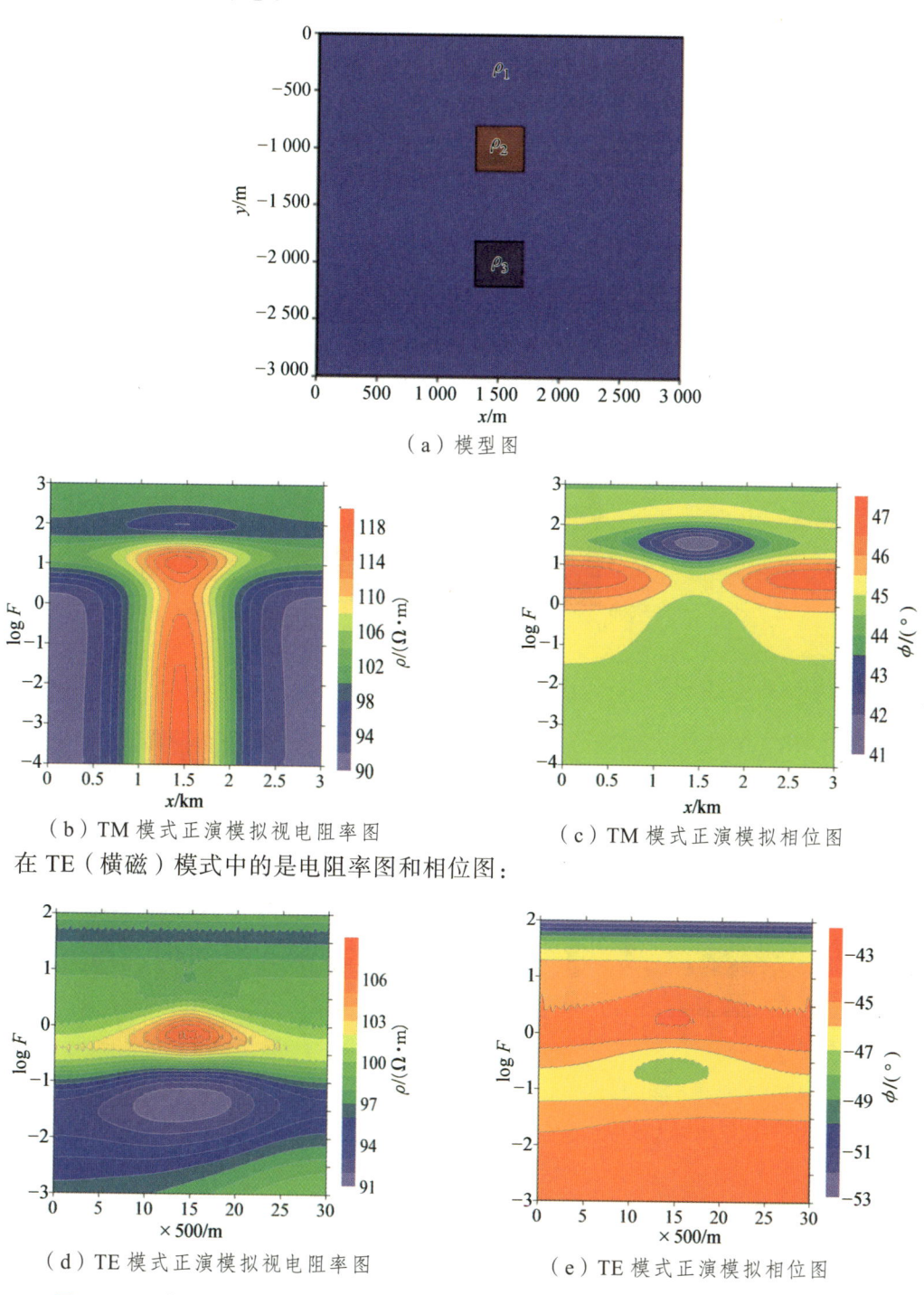

图 3.1.24 水平均匀大地浅部存在一个高阻异常体深部存在一个低阻异常体模型的 TM 和 TE 模式大地正演模拟

（2）水平均匀大地中存在上下垂直分布一个低阻异常体和一个高阻异常体。

在电阻率（ρ_1）为 100 Ω·m 的水平均匀半空间中，存在上下两个垂直分布的规模相同的电阻率分别为 0.1 Ω·m（ρ_2）和 1 000 Ω·m（ρ_3）的两个异常体。两异常体长宽都为 400 m。其中低阻异常体在高阻异常体的正上方。低阻异常体上表面埋深为 800 m，高阻异常体上表面的埋深为 1 800 m。模拟网格单元数量为 30×30，网格间距均为 100 m，模型如图 3.1.25（a）所示。由视电阻率［图 3.1.25（b）］和相位［图 3.1.25（c）］都可以看出浅部异常体的存在。但由于静态效应，视电阻率图中浅部异常体的形态向下延伸，不能反映出深部异常体的存在，与模型不符。图 3.1.25（c）相位图所反映的浅部低阻异常体的位置与形态与模型一致，但仍然未能反映出深部异常体的存在。

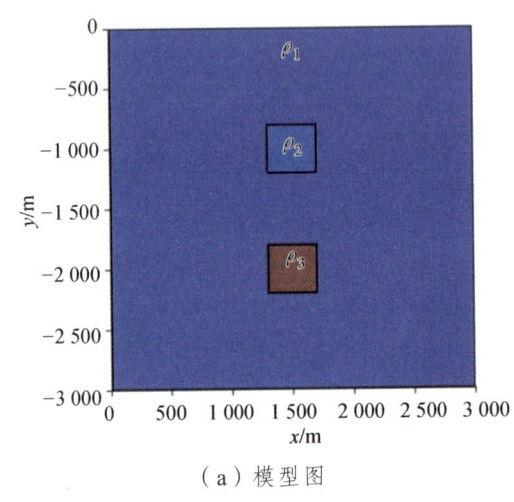

（a）模型图

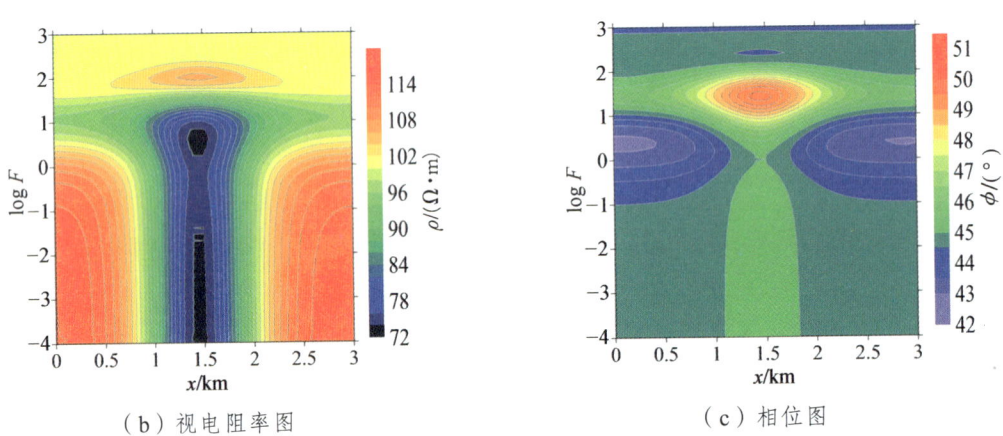

（b）视电阻率图　　　　　　　　　　（c）相位图

图 3.1.25　水平均匀大地中浅部存在一个低阻异常体深部存在一个高阻异常体模型的 TM 模式大地正演模拟

（3）水平均匀大地中水平方向上存在一高一低两个异常体。

模型如图 3.1.26（a）所示，在围岩介质中存在两个水平分布的异常体，异常体上表面的埋深为 1 300 m，下表面埋深为 1 700 m，两异常体宽度都为 400 m。左边为高阻异常体，电阻率（ρ_2）为 1 000 Ω·m；右边为低阻异常体，电阻率（ρ_3）为 10 Ω·m；围岩介质电阻率

（ρ_1）为 100 Ω·m。模拟网格单元数量为 30×30，网格间距均为 100 m。运用基于有限单元法的 TM 模式进行正演模拟，得到视电阻率图和相位图分别如图 3.1.26（b）和图 3.1.26（c）所示。由图 3.1.26（b）和图 3.1.26（c）可以看出：两图中存在一个明显的高阻异常体和一个低阻异常体，与所给模型吻合；但视电阻率图中异常体形态与所给模型不符。阻抗相位图所反映的两异常体的位置和形态与所给模型相符，并且图中对高阻异常体的反映更为显著。TM 模式的正演模拟对高阻异常体更为敏感。

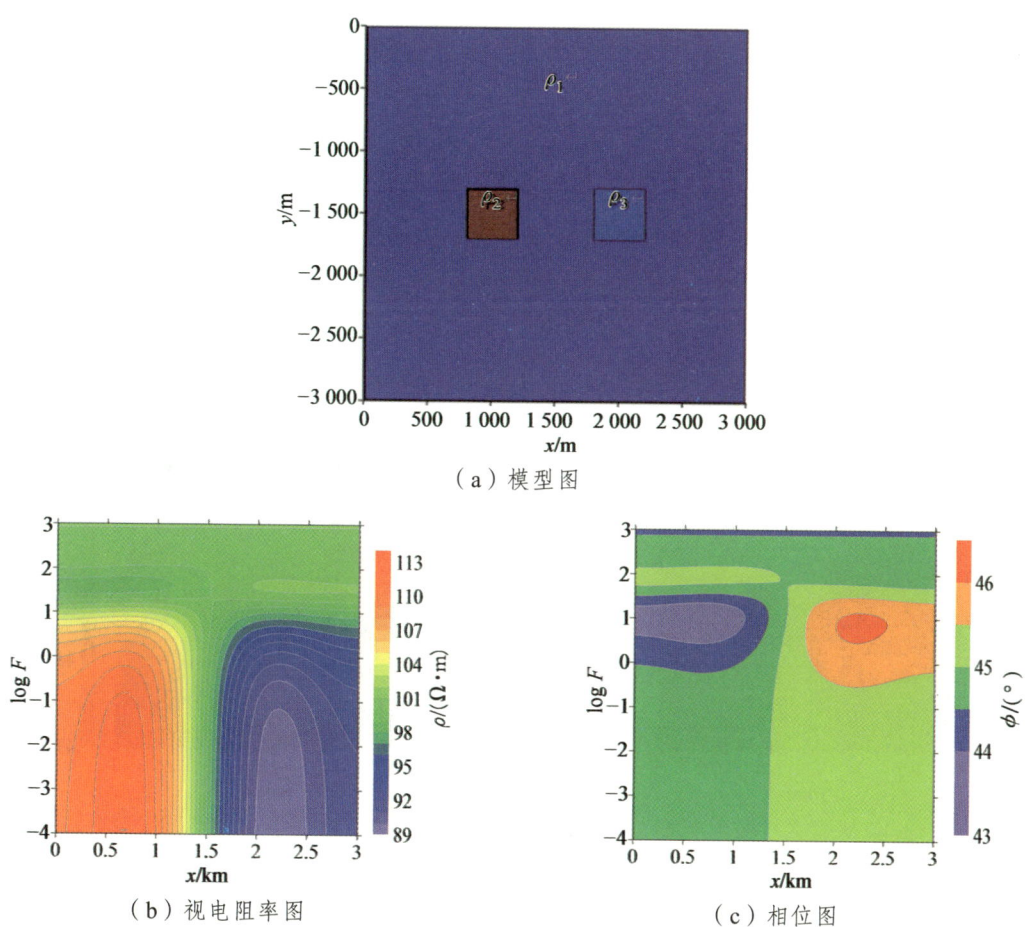

图 3.1.26 水平均匀大地中左边存在一个高阻异常体右边存在一个低阻异常体模型的 TM 模式大地正演模拟

（4）水平均匀大地中水平方向上存在一低一高两个异常体。

所给模型如图 3.1.27（a）所示，围岩介质电阻率（ρ_1）取 100 Ω·m 其中存在左右两个水平分布的异常体，左边的低阻异常体电阻率（ρ_2）为 10 Ω·m，右边的高阻异常体电阻率（ρ_3）为 1 000 Ω·m。两异常体的埋深都为 1 300 m，长度和宽度都为 400 m。模拟网格单元数量为 30×30，网格间距均为 100 m。正演模拟所得视电阻率和相位图分别为图 3.1.27（b）与图 3.1.27（c）。在图 3.1.27（b）中两个异常体均能被反映出来，但其形态都被向下拉伸。而在相位图 3.1.27（c）中，低阻异常体与高阻异常体也都能被明显反映出来，并且异常体的形态没有被拉伸，所反映的两异常体的位置也比视电阻率图准确。

运用 TE 模式进行正演模拟，由视电阻率［图 3.1.27（d）］能明显看出左右两个异常体的存在。但图中对左边低阻异常体的响应比对右边高阻异常体的响应更强烈，对高阻异常体的位置反映比低阻异常体准确。相位［图 3.1.27（e）］所反映的情况与视电阻率［图 3.1.27（d）］相似，只是会在低阻异常体的下方出现一个假的高阻异常体。

（a）模型图

（b）TM 模式视电阻率图

（c）TM 模式相位图

（d）TE 模式视电阻率图

（e）TE 模式相位图

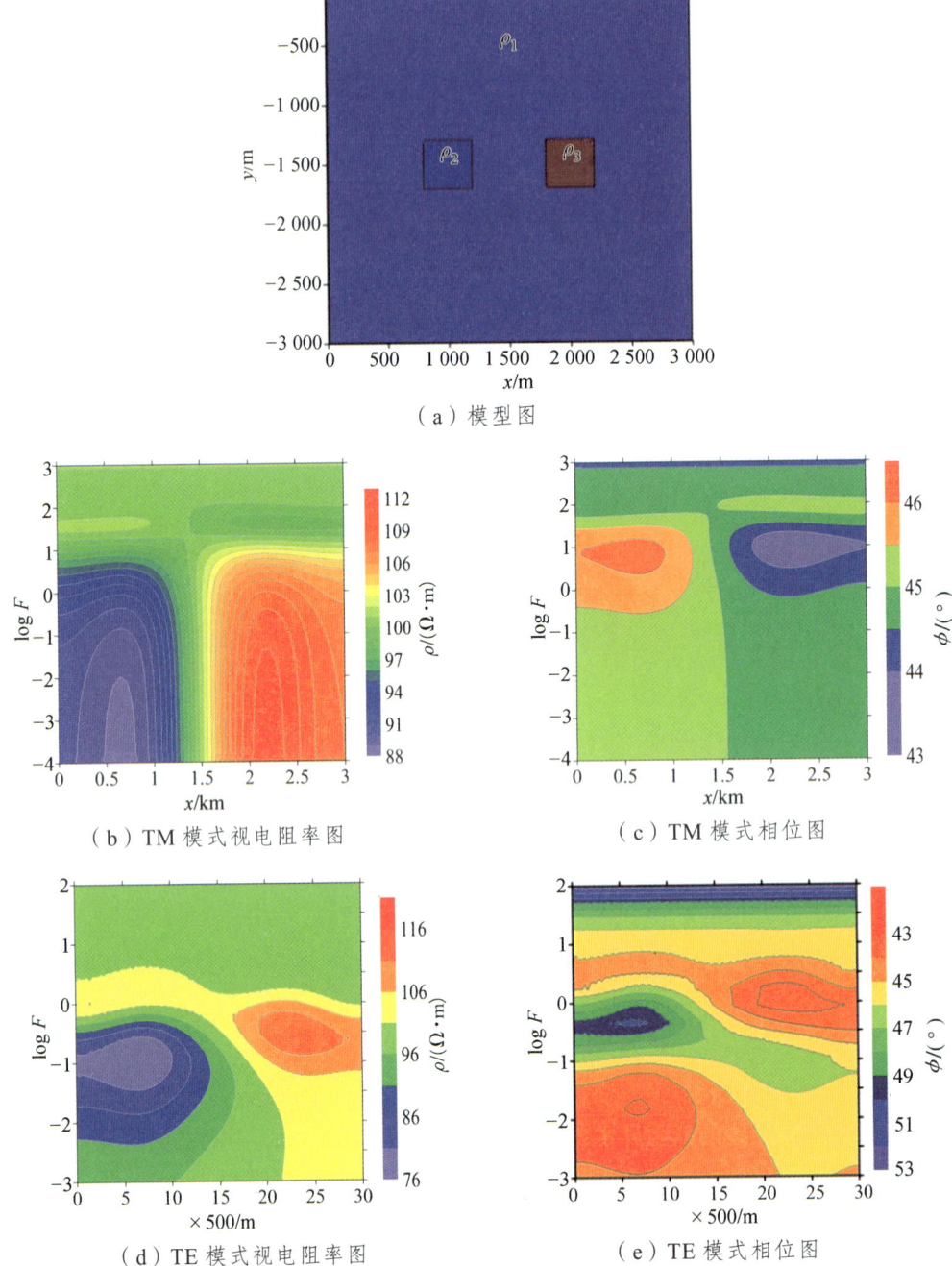

图 3.1.27　水平均匀大地中左边存在一个低阻异常体右边存在一个高阻异常体模型的 TM 和 TE 模式大地正演模拟

4）构造模型

在实际测量中，常遇到充水断裂或低阻岩脉等，基于此情况我们设计了如图 3.1.28（a）所示的模型。

水平均匀大地中存在倾斜断层时，所给模型如图 3.1.28（a）所示，低阻倾斜断层的电阻率（ρ_2）为 10 Ω·m，宽度为 100 m，其围岩电阻率（ρ_1）为 100 Ω·m。模拟网格单元数量为 22×22，网格间距均为 100 m。运用基于有限单元法的大地电磁法进行 TM 模式正演模拟得出视电阻率［图 3.1.28（b）］与相位［图 3.1.28（c）］。在其视电阻率图中，由于静态效应，异常体形态被向下拉伸，但能清晰地反映出异常体的存在。通过分析其相位图，我们能大致判断出异常体的位置和形态以及走向。

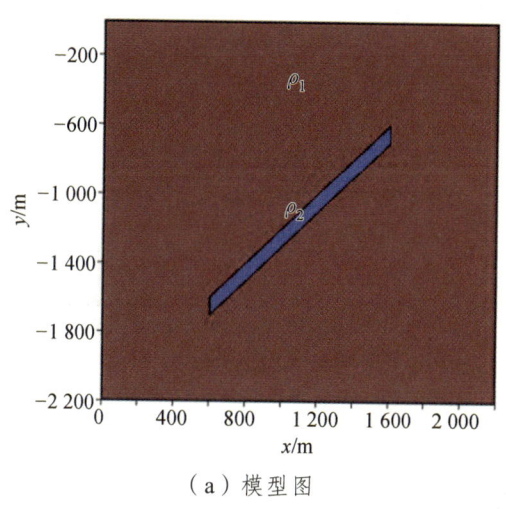

（a）模型图

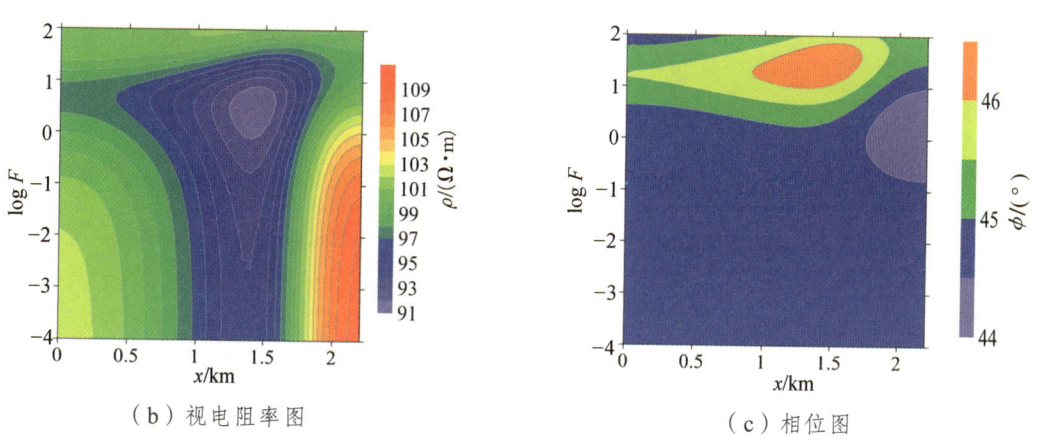

（b）视电阻率图　　　　　　　　　　（c）相位图

图 3.1.28　水平均匀大地中存在一条倾斜断层模型的 TM 模式大地正演模拟

5）水平均匀大地中浅部存在小高阻深部存在大低阻

在电阻率（ρ_1）为 100 Ω·m 的均匀大地中，其深度为 900 m 处有一长宽都为 200 m、电阻率（ρ_3）为 1 000 Ω·m 的小型高阻异常体；在其正下方埋深为 1 700 m 处有一电阻率（ρ_2）为 10 Ω·m 的体积较大的低阻异常体，其长宽都为 600 m。模拟网格单元数量为 30×30，网格间距均为 100 m，模型如图 3.1.29（a）所示。由视电阻率［图 3.1.29（b）］和相位［图 3.1.29

(c)]可知,由于上部小型高阻异常体的存在,下部大型低阻异常体的信息不能准确地反映出来,但通过与模型图 3.1.24(a)的正演模拟结果相对比,可以看出下部大型低阻异常体的存在对视电阻率图与相位图仍有一定的影响。从视电阻率[图 3.1.29(b)]中能明显地看出上部小型高阻异常体的存在;且视电阻率图的下半部分与图 3.1.24(b)有较大差异,说明视电阻率图对深部的大型低阻异常体有所感应,但图中并不能准确反映出深部低阻异常体的位置与形态。相位[图 3.1.29(c)]中高阻异常体在形态上有横向的拉伸,并且未能准确反映出浅部异常体的位置,深部的大型异常体也没有反映出来。

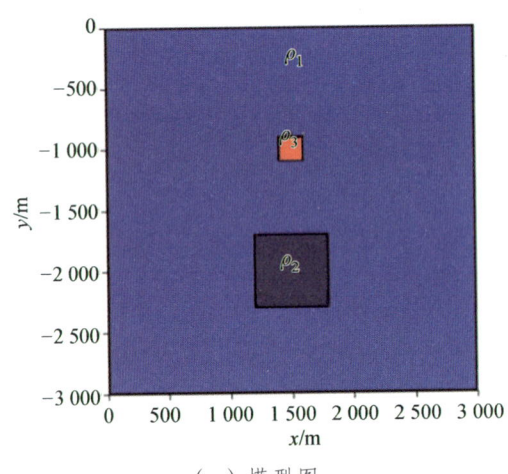

(a)模型图

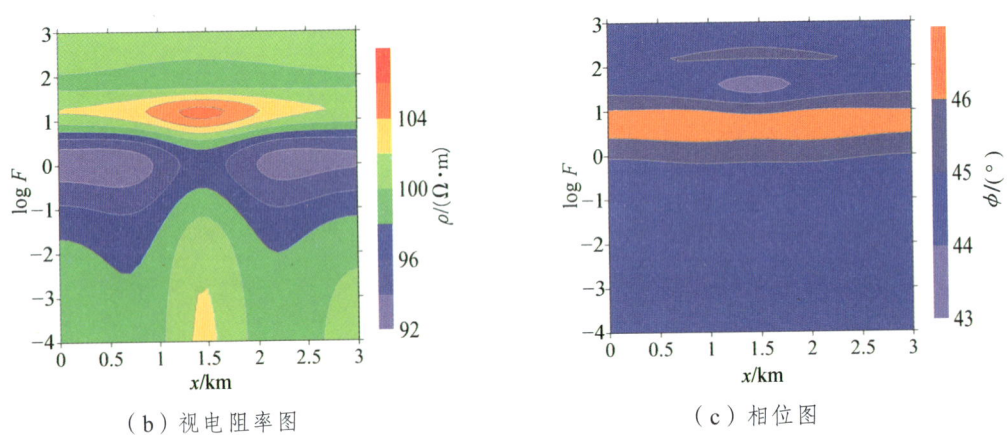

(b)视电阻率图　　　　　　　　　　(c)相位图

图 3.1.29　水平均匀大地中浅部有小型高阻异常体深部有大型低阻异常体模型的 TM 模式正演模拟

6)y 形岩脉

在测量中可能会遇到地层中存在石英脉、伟晶岩脉等高阻岩脉的情况,因此我们设计了如图 3.1.30(a)所示的模型。

在电阻率(ρ_1)为 100 Ω·m 的围岩中,存在电阻率(ρ_2)为 1 000 Ω·m 的 y 型岩脉。模拟网格单元数量为 22×22,网格间距均为 100 m。正演模拟得到视电阻率[图 3.1.30(b)]与相位[图 3.1.30(c)]。从视电阻率图 3.1.30(b)中可明显看出异常体的存在并判断出它的位置,但由于图形对异常体的形态有所拉伸,所以不能准确看出异常体的形态,只能大致判断出异常体的延伸方向。相位[图 3.1.30（c）]较视电阻率能更准确地反映异常体的位置，但对异常图形态的反映不如视电阻率图清晰。

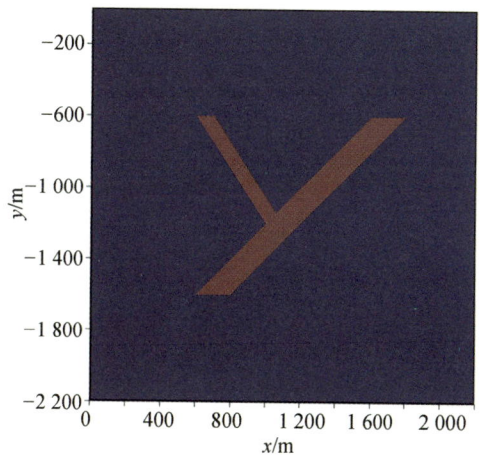

（a）模型图

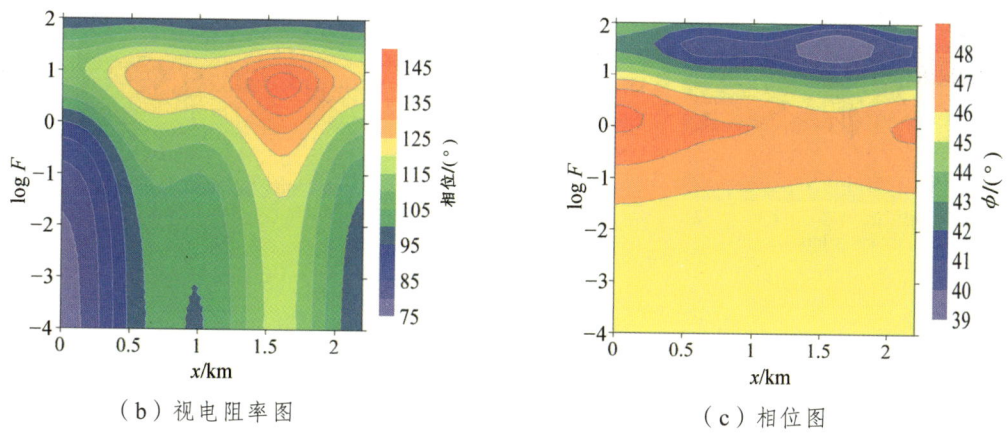

（b）视电阻率图　　　　　　　　　　（c）相位图

图 3.1.30　水平均匀大地中有 y 形岩脉模型的 TM 模式正演模拟

7）断层

在实际工程中常遇到正逆断层，因此本节对如图 3.1.31（a）与图 3.1.32（a）的模型进行了正演模拟。

（1）逆断层。

图 3.1.31（a）为逆断层模型，其浅部背景电阻率（ρ_1）为 1 000 Ω·m，深部背景电阻率（ρ_2）为 100 Ω·m，断层电阻率（ρ_3）为 10 Ω·m。模型中断层没有直接出露地表，其上部有厚度为 300 m 的覆盖层。模拟网格单元数量为 21×21，网格间距均为 100 m。通过视电阻率[图 3.1.31（b）]我们能明显看出模型中背景介质的异常与分层情况，但无法看出断层的位置、形态和走向，也无法判断出其电阻率的高低；通过其相位[图 3.1.31（c）]我们仍然不能看出断层的情况，并且不能得出围岩介质的准确分层情况。相比于相位图，视电阻率图能更准确地反映围岩介质的分层位置信息。

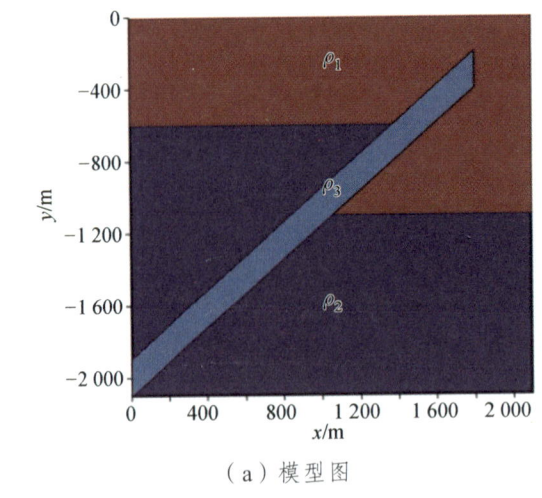

(a) 模型图

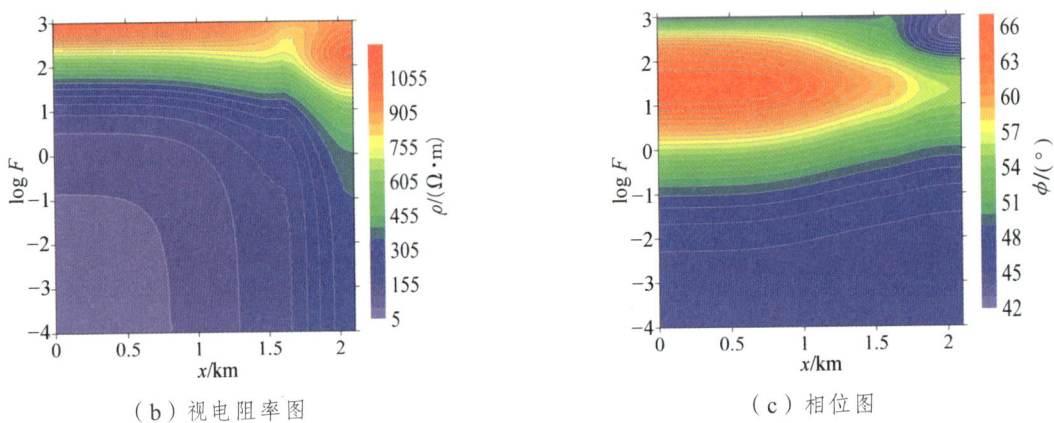

(b) 视电阻率图   (c) 相位图

图 3.1.31 逆断层模型的 TM 模式正演模拟

(2) 正断层。

图 3.1.32（a）为正断层模型，上部背景电阻率（ρ_1）为 1 000 Ω·m，下部背景电阻率（ρ_2）为 100 Ω·m，倾斜断层电阻率（ρ_3）为 10 Ω·m。模拟网格单元数量为 21×21，网格间距均为 100 m。其模拟结果与模型图 3.1.31（a）的结果相似。在视电阻率［图 3.1.32（b）］中，仍能清楚地看到层状背景介质的分层，但不能看出低阻断层的形态、位置与走向；从相位［图 3.1.32（c）］中，不但不能看出低阻断层的存在，围岩介质的分层情况也未能准确反映出来，并且受空气层影响，相位图的浅部出现局部低阻层状带。与相位图相比，视电阻率图能更准确地反映背景层状介质的分层位置信息。

8) 小结

本节对 7 类不同的简单地质模型进行了 TM 模式的正演模拟，并对部分模型进行了 TE 模式的正演模拟。总的来说，TE 模式正演模拟比 TM 模式的纵向分辨率高，而 TM 模式的横向分辨率较高。另外，通过模拟结果可以看出，TM 模式适用于异常体分布较浅且多为横向分布或层状地层的地质模型，并且 TM 模式的正演模拟对于高阻异常体更为敏感。对于埋深较深的异常体，正演模拟能大致显示出异常体的存在，但是有一定程度的误差。当异常体埋深较浅时，由于静态效应的影响，我们很难测得其下方视电阻率的分布。将模拟所得的视电阻率图与阻抗相位图进行对比，可以看出在大多数情况下，相位图较视电阻率图能更好地反映异常体的位置信息，对异常体形态的反映在大多数情况下也较视电阻率图更加准确。

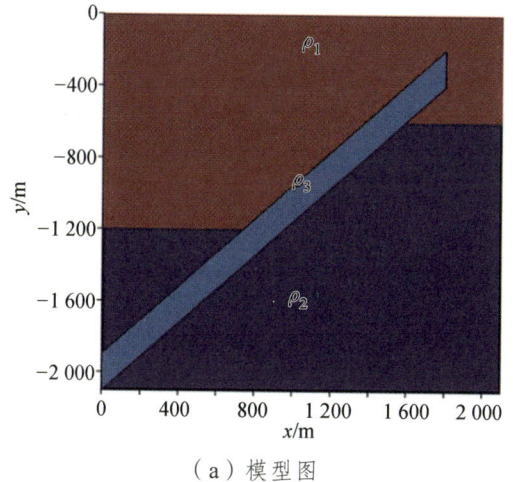

（a）模型图

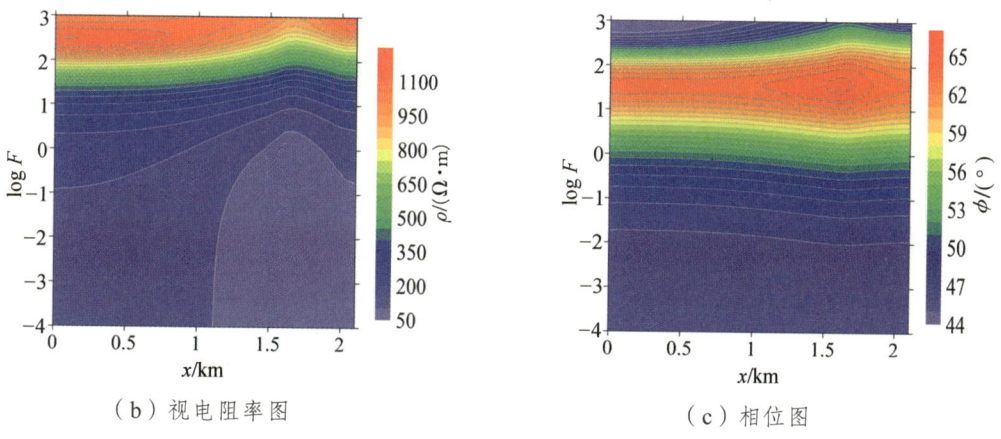

（b）视电阻率图　　　　　　　　　　　（c）相位图

图 3.1.32　正断层模型的 TM 模式正演模拟

3.1.3　三维模型大地电磁场及正演模拟

电磁法是地球物理勘探中相对成熟的方法之一，目前已经广泛应用于深部地质结构、金属矿产资源、地下水和地热及工程和环境勘察等领域。在三维电磁问题中，正演计算速度是影响反演成像效率与人机交互定量解释的关键因素。因此，大规模条件下高效、高精度电磁三维数值模拟方法仍然是当前电磁勘探的主要研究焦点之一。

目前，有关频率域电磁法三维正演方法的研究已经超过了 30 年，并取得了很大的进展。从求解方法的角度而言，目前常用的电磁三维数值模拟方法主要分为直接解法和间接解法。其中，直接解法是对电磁场强度的旋度方程再求旋度，求解二阶偏微分方程得到电磁场分布。该方法存在两个问题：一是只利用了场矢量的旋度，对散度没有规范，存在"伪解现象"；二是电场在界面上的法向分量不连续，与节点有限元对函数在求解区域内连续这一基本假设相互矛盾。一些学者在直接解法过程中通过引入散度条件和矢量有限单元法有效解决了以上问题。间接解法是先求取电磁场的势函数,进而通过差分格式求解电磁场,主要包括不加规范的矢量位标量位解法、基于库仑条件的矢量位和标量位解法、基于洛伦兹规范的矢量位和标量位解法和基于轴向规范的矢量位和标量位解法,并对比分析了它们的计算精度及计算速度。从数值方法的角度而言,目前常用的电磁三维数值模拟方法主要包括积分方程法、有限差分法、有限体积法、有限单元法和谱元法等。总体来讲,国内外相关学者关于电磁三维正演算法研究的核心仍然在于保持较高精度的同时,如何提高计算效率。

1. 大地电磁三维方程的推导

麦克斯韦(Maxwell)方程组(2.1.1),4 个式子中有 6 个未知数,它们是解不出来的。如果考虑一次场源作用,则式(2.1.1b)右端应加上一次场电流密度 j_0,式(2.1.1c)右端应加一次电荷密度 ρ_0。还应写出 3 个本构方程,即:

$$j = \sigma E \qquad B = \mu H \qquad D = \varepsilon E \tag{3.1.112}$$

在麦克斯韦方程中,作为描述电磁场状态的基本方程应有电流连续性方程。它实质上来源于上述方程组。实际上,对式(2.1.1b)两边取散度得:

$$\nabla \cdot \nabla \times H = \nabla \cdot j + \nabla \cdot \frac{\partial D}{\partial t} \tag{3.1.113}$$

由于矢量旋度的散度恒等于零,故:

$$\nabla \cdot j = -\nabla \cdot \frac{\partial D}{\partial t}$$

考虑到式(2.1.1c),上式可写为:

$$\nabla \cdot j = -\frac{\partial \rho}{\partial t} \tag{3.1.114}$$

此式描述了这样一个事实,即单位时间内通过一个封闭面流出或流入的电流量等于这一封闭面包围的体积内电荷减少或增加的数量。还应指出,式(2.1.1c)和式(2.1.1d)可由式(2.1.1a)和式(2.1.1b)导出。如在式(2.1.1a)两边取散度,得:

$$\nabla \cdot \nabla \times E = -\frac{\partial}{\partial t} \nabla \cdot B \tag{3.1.115}$$

因为一个矢量旋度的散度恒等于零,即 $\nabla \cdot \nabla \times E \equiv 0$,因此 B 的散度不随时间而变化,但 B 本身是随时间变化的,故只能是 $\nabla \cdot B = 0$。类似地,根据式(2.1.1b),由于 $\nabla \cdot \nabla \times H \equiv 0$,考虑到式(3.1.114),有:

$$\nabla \cdot j + \nabla \cdot \frac{\partial D}{\partial t} = -\frac{\partial \rho}{\partial t} + \nabla \cdot \frac{\partial D}{\partial t} = \frac{\partial}{\partial t}(\nabla \cdot D - \rho) = 0 \tag{3.1.116}$$

上式表明,$\nabla \cdot D - \rho$ 是不随时间而变化的,但 D 和 ρ 本身可以随时间变化,故有 $\nabla \cdot D - \rho = 0$,即:

$$\nabla \cdot D = \rho \tag{3.1.117}$$

式（2.1.1c）是一个较为普遍的公式。实际上，在电法勘探的野外工作中遇到的是导电介质。在这样的介质中讨论电荷密度的状态是有意义的。利用物质方程可将（3.1.117）式写为：

$$\frac{\sigma}{\varepsilon}\nabla\cdot\boldsymbol{D}+\frac{\partial}{\partial t}\nabla\cdot\boldsymbol{D}=0 \tag{3.1.118}$$

故

$$\left(\frac{\sigma}{\varepsilon}+\frac{\partial}{\partial t}\right)\rho=0 \tag{3.1.119}$$

即

$$\frac{\partial\rho}{\partial t}=-\frac{\sigma}{\varepsilon}\rho \tag{3.1.120}$$

其解为：

$$\rho=\rho_0\mathrm{e}^{-(\sigma/\varepsilon)t} \tag{3.1.121}$$

即随着时间 t 增加，在导电介质（$\sigma>0$）中电荷密度将趋于零。令 $\tau=\varepsilon/\sigma$，则

$$\rho=\rho_0\mathrm{e}^{-t/\tau} \tag{3.1.122}$$

τ 为时间常数，经过 τ 时间初始电荷密度减少为 $1/\mathrm{e}$。令 $\sigma\geqslant 0.01\,\mathrm{S/m}$，$\varepsilon=\varepsilon_t\varepsilon_0=80\times 8.85\times 10^{-12}\,\mathrm{F/m}$，则 $\tau<10^{-6}\,\mathrm{s}$。可见，在导电介质中电荷密度 ρ 会很快地消失。所以在我们所遇到的导电介质中可认为：

$$\nabla\cdot\boldsymbol{D}=0 \qquad \nabla\cdot\boldsymbol{E}=0 \qquad \nabla\cdot\boldsymbol{j}=0 \tag{3.1.123}$$

综上我们经过变化，利用 3 个本构方程，并把麦克斯韦方程组结合到地球物理的实际问题中，它们就变换成如下求解微分方程的问题：

$$\nabla\times\boldsymbol{H}=\sigma\boldsymbol{E}+\varepsilon\frac{\partial\boldsymbol{E}}{\partial t} \tag{3.1.124}$$

$$\nabla\times\boldsymbol{E}=-\varepsilon\frac{\partial\boldsymbol{H}}{\partial t} \tag{3.1.125}$$

$$\nabla\times\boldsymbol{H}=\boldsymbol{0} \tag{3.1.126}$$

$$\nabla\times\boldsymbol{E}=\boldsymbol{0} \tag{3.1.127}$$

式中：$\boldsymbol{E}$ 为电场强度（V/m）；$\boldsymbol{H}$ 为磁场强度（A/m）；σ 为电导率（S/m）；ε 为介电常数（F/m）。

导出了方程，我们就可以进行解答了。典型地，我们进行谐变场求解，即：

$$H=H_0\mathrm{e}^{-\mathrm{i}\omega t} \text{ 和 } E=E_0\mathrm{e}^{-\mathrm{i}\omega t}$$

将它们代入上面 4 式，就得到了谐变电场的基本微分方程——亥姆霍兹方程：

$$\nabla^2 H=k^2 H \tag{3.1.128}$$

$$\nabla^2 E=k^2 E \tag{3.1.129}$$

其中，由于大地电磁法的频率较低，故忽略位移电流。但是由于存在三维的问题，有 6 个电磁场分量，所以在三维问题中涉及的除了阻抗以外，还有倾子的问题。但它们的形式与二维一样。设初始大地电磁场是平面波场，初始电场 $\boldsymbol{E}$ 的偏振方向沿 x 轴（图 3.1.33）选取足够大的六面体区域，三维不均匀体产生的异常电磁场在边界区域上为零，则电磁场的边界条件为：

在 ABCD 面上：

$$E_x = 1, E_y = 1, E_z = 1 \tag{3.1.130}$$

在 4 个垂直边上，电磁场的传播方向垂直向下，与边界面的法向垂直，即：

$$\boldsymbol{E} \times \boldsymbol{H} \perp \varGamma \tag{3.1.131}$$

在 EFGH 面上，电磁场按指数规律向下衰减传播：

$$E_x = c\mathrm{e}^{-kz}, E_y = 0, E_z = 0 \tag{3.1.132}$$

其中：$k^2 = -\mathrm{i}\omega\sigma\mu$；$\sigma$ 是 EFGH 面以下的均值电导率。

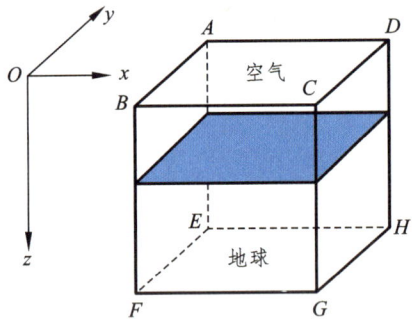

图 3.1.33　三维正演模拟示意图

一种三维正演模拟模型如图 3.1.34 所示。

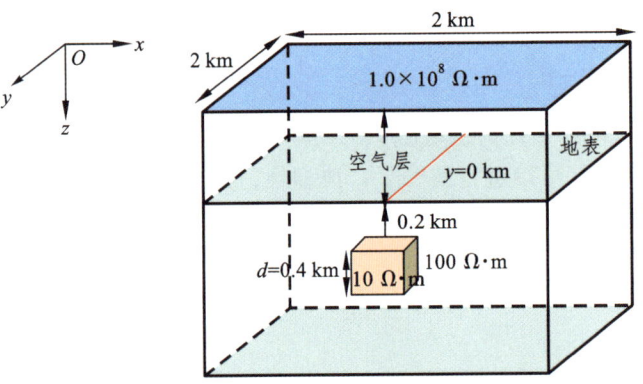

图 3.1.34　一种三维正演模拟模型示意图（戴世坤，2022）

2. 模型模拟与数值试验

对于无穷远边界条件的近似处理加大了边界对计算结果的影响，测量点距离边界越近，边界的影响就会越大，误差也越大。这就要求设置尽可能远的边界才能得到比较满意的结果，而这样势必要增加网格的数量，相应也增加了计算机内存的需求量和计算时间。为了解决这一矛盾，我们将整个区域划分为 2 个区域：目标区域和网格外延区域，如图 3.1.35 所示。目标区域为地质体赋存区域，也是数据的采集区域，以均匀网格剖分，网格外延区域的网格步长按大于 1 的倍数递增，在保证计算精度的情况下，减少网格剖分数，节省计算时间。

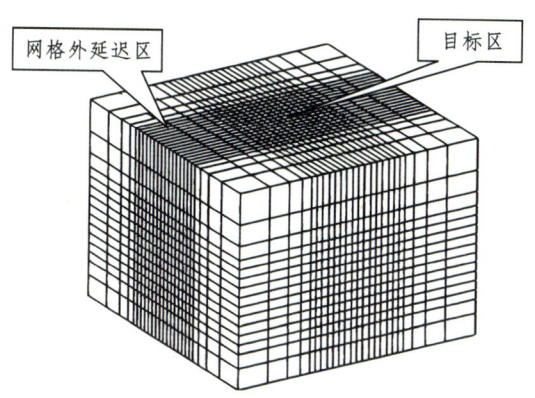

图 3.1.35　三维区域的非均匀剖分

国际通用 COMMEMI 3D-1 标准测试模型（图 3.1.36）经常被很多模拟方法作为试验模型。该模型的几何尺寸为 1 km×2 km×2 km，电阻率为 0.5 Ω·m，顶面埋深为 250 m，围岩电阻率为 100 Ω·m。

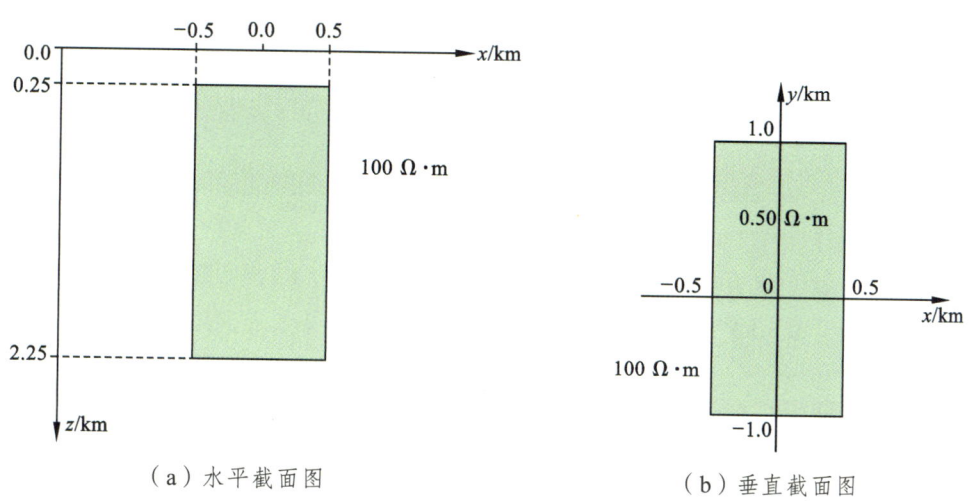

（a）水平截面图　　　　　　　　（b）垂直截面图

图 3.1.36　COMMEMI 3D-1 模型

正演模拟中，采用 24×30×22（5 个空气层）的剖分单元进行计算，延伸的空气层为 90.75 km。各网格单元沿 x 方向的剖分间隔为（单位：km）：60.75、20.25、6.75、2.25、0.75、0.25、0.25、0.25、0.25、0.25、0.25、0.25、0.25、0.25、0.25、0.25、0.25、0.25、0.25、0.25、0.75、2.25、6.75、20.25。

各网格单元沿 y 方向的剖分间隔为（单位：km）：60.75、20.25、6.75、2.25、0.75、0.25、0.25、0.25、0.25、0.25、0.25、0.25、0.25、0.25、0.25、0.25、0.25、0.25、0.25、0.25、0.25、0.25、0.25、0.25、0.75、2.25、6.75、20.25。

各网格单元沿 z 方向向下的剖分间隔为（单位：km）：0.25、0.25、0.25、0.25、0.25、0.25、0.25、0.25、0.25、0.25、0.25、0.75、2.25、6.75、20.25。

延伸空气层的单元间隔为（单位：km）：0.75、2.25、6.75、20.25、60.75。

分别模拟了频率为 0.1 Hz 和 10 Hz 的大地电磁响应，其中图 3.1.37 所示为频率为 0.1 Hz 时 XY 和 YX 模式的视电阻率和阻抗相位等值线图，图 3.1.38 所示为频率为 10 Hz 时 XY 和 YX 模式的视电阻率和阻抗相位等值线图，都准确地反映了模型的地电参数。

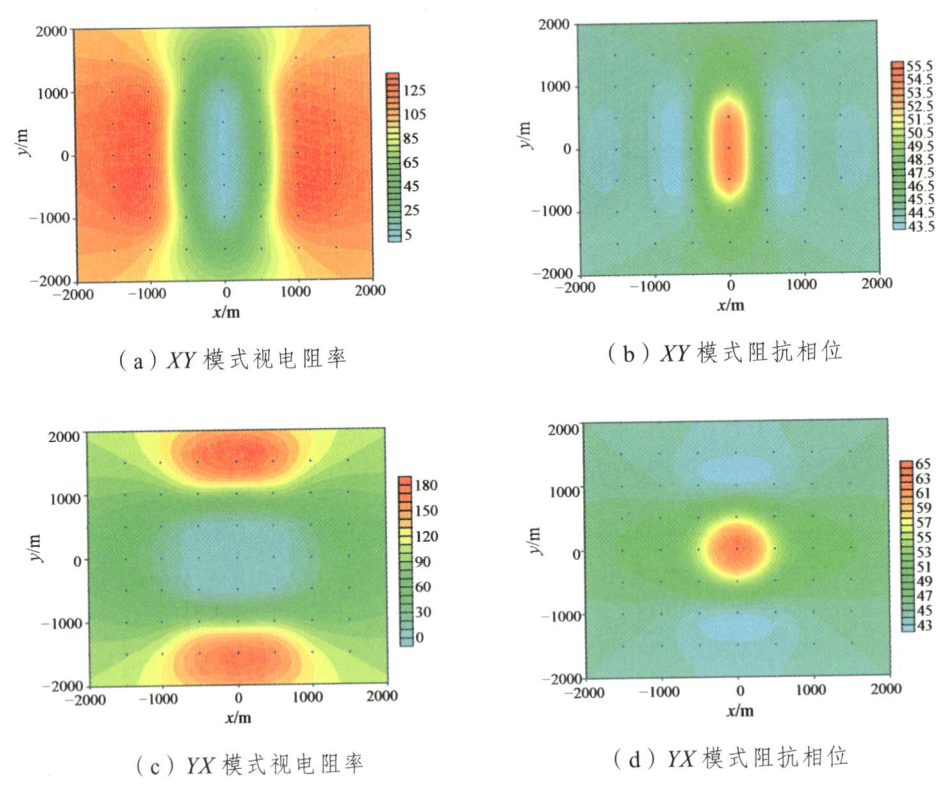

图 3.1.37　频率 f = 0.1 Hz 时 COMMEMI 3D-1 模型正演结果

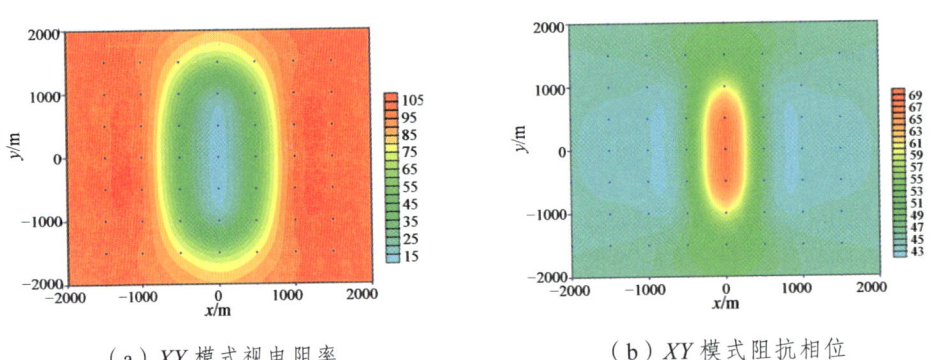

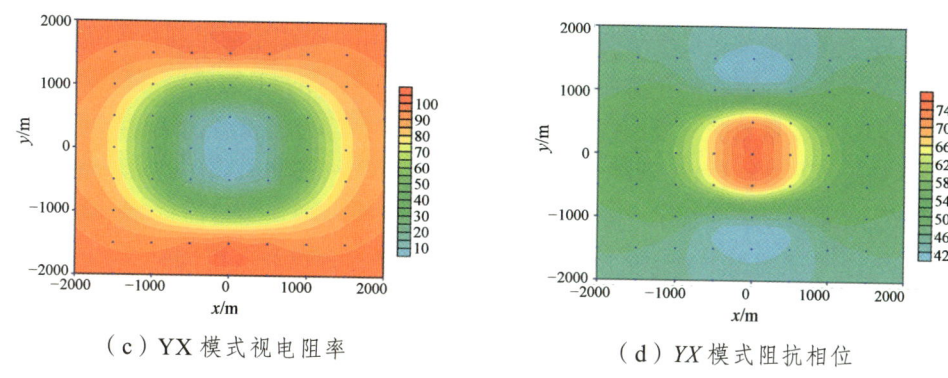

(c) YX 模式视电阻率　　　　　　(d) YX 模式阻抗相位

图 3.1.38　频率 f = 10 Hz 时 COMMEMI 3D-1 模型正演结果

将该三维正演模拟结果与 COMMEMI 组织提供的结果对比,有限单元法计算的结果吻合得很好,而阻抗相位的结果有一定的差异。这证明了本三维大地电磁测深正演算法是有效的。

3.1.4　倾子响应正演模拟

1. 倾子响应研究现状

目前,学者对倾子响应的研究尚较浅,国内外关于倾子的文献也较少。倾子资料仅仅用作定性参考,极大地浪费了 MT 的实测信息。原因在于其垂直磁信号十分微弱,并且容易受到环境的影响,造成信噪比较低。

倾子资料对构造解释具有重要作用,为了提高其在工程中的使用效率,应采用合适的数据处理方法来减少环境对它的影响;同时,对大量模型进行正演以及反演的研究来总结归纳其规律特点。除此之外,为满足实际工程的需要,我国物探学者进行了三维正反演研究。

1997 年,胡文宝等提出利用倾子资料进行构造的解释是一次尝试,综合利用模板相关匹配技术、非极值点抑制法、反演解释方法进行 MT 资料的拟二维反演,利用计算机直接进行倾子资料的处理和解释。这次尝试,证明倾子资料可以作为构造解释的科学依据。但因为倾子主要与二次场磁场的垂直分量相关,这个垂直分量十分微弱,并且容易受到环境干扰,信噪比低导致得到的倾子数据具有较大误差。这项研究也让物探学者意识到降低倾子响应的信噪比对于倾子响应能否运用于实际工程当中至关重要。

2002 年,陈小斌等讨论了倾子矢量的图示方式,提出并分析新的倾子图示矢量的定义以及倾子二维近似度的定义,更加全面地分析倾子资料。2004 年,于鹏等首次提出视倾子这一数学物理模型,利用视倾子可以直接判断电性的横向变化而不用先验条件,特别是判别断裂构造。2007 年,余年继续完善视倾子的概念,通过将倾子资料与视倾子资料作对比,发现视倾子资料能够更好地反映出断裂构造。视倾子资料的提出以及深入研究为倾子资料的研究提供了一个全新角度。为反映更多细微的异常结构,完善视倾子资料的推导和计算,2014 年,余年等采用四边形剖分有限元进行倾子正演计算,对异常体、倾斜断层、静态位移和地形等模型进行数值模拟,并在新建铁路丽香线中义隧道音频大地电磁勘探中,利用 TE 模式的视电阻率和相位,计算得到了视倾子资料。研究结果表明:倾子和视倾子资料有较好的对应性;视倾子较好地反映了隧道主要断层、破碎带的位置、规模和倾向等。

2011年，孟庆奎等在汉克尔变化法的基础上，利用2个源定向得到张量阻抗和倾子向量，之后进行模型设计并进行对比分析，为二维、三维张量CSAMT数值模拟打下了基础。同年，童孝忠等用矩形网格单元和双二次插值对MT的倾子响应进行求解，通过对2个二维地电模型的倾子响应进行数值模拟，获得了倾子响应的实部、虚部和振幅，结果很好地反映了不均匀体的横向分布情况，实现了二维MT的倾子响应正演模拟，为反演打下基础。

2012年，吴鹏等为了更好地研究出倾子响应的特点规律与适用情况，利用双二次插值有限元法计算出了倾子响应，进行大量的模型试验和计算定量分析了倾子的影响因素，并将其成功应用于多个异常体边界的识别当中。2015年，潘伟等人应用大地电磁测深法二维正演程序，对不同情况下存在横向电性分界面的模型进行了正演模拟计算，发现倾子资料对地下介质中存在的横向电性分界面反映明显，但其不同分量对横向电性分界面的反映特征和反映能力各不相同。此研究为大地电磁法中实测倾子资料的定性分析解释提供了理论依据和指导。2016年，王涛等利用麦克斯韦方程，对研究区域进行剖分，利用有限差分法得到倾子矢量与倾子散度，他们整理了几种典型模型的响应特点，证明了ZTEM（Z轴倾子电磁法）在实际应用中的高分辨率与应用价值。2018年，田郁等进行二维地电模型的正演模拟，通过研究发现倾子资料能够反映断裂构造规模和位置。同年，童效忠等通过有限差分法进行倾子响应的数值模拟计算，得到倾子的实部、虚部以及振幅，这些数据均反映出不均匀地质体的横向分布情况，定性地解释了实测数据。

野外实际的地形地貌更为复杂，利用倾子三维正反演能够反映出野外的地质情况。2011年，在对倾子响应和共轭梯度算法深入分析的基础上，林昌洪等实现了倾子资料三维共轭梯度反演算法，验证了倾子资料三维共轭梯度反演算法的有效性和稳定性。2011年，林昌洪等将张量阻抗与倾子资料结合起来进行反演，获得了良好的反演效果。2014年，张昆等成功研究出非线性共轭梯度三维倾子反演方法来对地下三维电性结构进行模拟。为了解复杂的三维地电条件，邓居智等在2015年以简要阐述大地电磁三维正演基本理论为基础，利用交错网格有限差分法进行了大地电磁三维倾子正演模拟研究。通过研究，人们进一步加深了对倾子的响应特征和规律以及倾子资料对异常体边界识别能力的认识，为倾子资料从定性解释向定量解释发展提供参考和依据。

以上学者通过解读倾子矢量图、提出视倾子概念以及运用各种数值模拟算法来提高倾子资料的使用效率，并取得了一定研究成果。

2. 倾子响应正演模拟原理

在水平非均匀介质中，磁场垂直分量 $H_z \neq 0$，H_z 与两个磁场的垂直分量 H_x 与 H_y 之间存在如下的复系数线性关系：

$$H_z = T_{zx}H_x + T_{zy}H_y = \begin{bmatrix} T_{zx} & T_{zy} \end{bmatrix} \begin{bmatrix} H_x \\ H_y \end{bmatrix} \quad (3.1.133)$$

式中：$\boldsymbol{T} = \begin{bmatrix} T_{zx} & T_{zy} \end{bmatrix}$ 称为倾子。

在二维地电模型中，H_x 只存在于TE模式中。因此对应于式（3.1.133）有：

$$H_z = T_{zy}H_y \quad (3.1.134)$$

再根据 $\frac{\partial E_x}{\partial z} = \mathrm{i}\omega\mu H_y$，可得二维 MT 倾子响应的计算公式为：

$$T_{zy} = -\frac{\dfrac{\partial E_x}{\partial y}}{\dfrac{\partial E_x}{\partial z}} \qquad (3.1.135)$$

当采用有限单元法计算出各个节点的 E_x 值以后，再利用差分方法求出电场沿垂向的偏导数 $\frac{\partial E_x}{\partial z}$ 以及电场沿横向的偏导数 $\frac{\partial E_x}{\partial y}$，代入式（3.1.135）便可计算二维 MT 的倾子响应。

3.1.5 大地电磁反演

1. 最小二乘光滑约束反演原理

MT 的反演成像问题，可以抽象地描述为观测数据的求取与建立其相对应模型的过程。假设 **d** 为观测数据向量，**m** 为模型参数向量，F 为把地球模型映射到理论数据的函数，则

$$\boldsymbol{d} = F(\boldsymbol{m}) \qquad (3.1.136)$$

这里，F 为正演响应函数。

MT 的正演成像问题是不适定的，其反演结果具有非唯一性，也就是不同的地电模型的响应数据与观测数据具有同样的拟合精度。为了改善解的稳定性和非唯一性的问题，通常引入吉洪诺夫（Tikhonov）的正则化思想：

$$P^{\alpha}(m) = \varphi(m) + \alpha s(m)$$

式中：$P^{\alpha}(m)$ 为总目标函数；α 为正则化因子；$\varphi(m)$ 为观测数据与预测数据之差的平方和（数据目标函数）；$s(m)$ 为稳定器（模型约束目标函数），这里采用基于先验模型的最光滑模型约束。

因此，MT 的反演问题的总目标函数可以表示为：

$$P^{\alpha}(m) = \left\| \boldsymbol{W}_{\mathrm{d}}[d^{\mathrm{obs}} - F(m)] \right\|^2 + \alpha \left\| \boldsymbol{W}_m(m - m^{\mathrm{ref}}) \right\|^2 \qquad (3.1.137)$$

式中：$\boldsymbol{W}_{\mathrm{d}}$ 为观测数据权系数矩阵；$\boldsymbol{W}_m$ 为光滑度矩阵，也称模型权系数矩阵；m^{ref} 为先验模型。

将 $F(m)$ 用泰勒公式展开为：

$$F(m^k + \Delta m) = F(m^k) + \boldsymbol{J}^k \Delta m + O\left\| (\Delta m)^2 \right\| \qquad (3.1.138)$$

式中：m^k 为模型的第 k 次迭代值。于是可得：

$$d^{k+1} \approx d^k + \boldsymbol{J}^k \Delta m \qquad (3.1.139)$$

这里，$d^k = F(m^2)$，$\Delta m = m^{k-1} - m^k$，J^k 是雅可比灵敏度矩阵：

$$J_{ij}^k = \frac{\partial d_i}{\partial m_j}\Big|_{m^k} \tag{3.1.140}$$

于是有：

$$P^\alpha(m^{k+1}) = P^\alpha(m) = \|W_d[d^{obs} - F(m)]\|2 + \alpha\|W_m(m^k - m^{ref})\|^2 \tag{3.1.141}$$

将上述目标函数对 Δm 求导并令其等于 0，可得线性方程组：

$$(J^{kT}W_d^T W_d J^k + \alpha W_m^T W_m)\Delta m = J^{kT}W_d^T W_d(d^{obs} - d^k) + \alpha W_m^T W_m(m^{ref} - m^k) \tag{3.1.142}$$

写成迭代形式为：

$$\begin{aligned}m^{k+1} = m^k + \Delta m = m^k + &[(J^{kT}W_d^T W_d J^k + \alpha W_m^T W_m)]^{-1} \\ &[J^{kT}W_d^T W_d(d^{obs} - d^k) + \alpha W_m^T W_m(m^{ref} - m^k)]\end{aligned} \tag{3.1.143}$$

式（3.1.143）便是模型参数带约束条件时的最小二乘反演的迭代形式。解方程组可得到模型修正量 Δm，将其加到预测模型参数矢量中，可得到新模型的参数矢量；重复该过程，直到总体目标函数符合要求为止。

2. 一维大地电磁 CNN-LSTM 反演成像

受计算条件限制，一维反演仍然是目前解决大地电磁反演问题最实用的方法。在处理大地电磁一维反演问题时，通常采用线性方法。然而，大地电磁数据反演是非线性和不适定性的，采用线性方法去逼近非线性问题通常难以保证其精度，很大程度上依赖先验信息以选择合适的初始模型。本节将引入一种具有超强非线性拟合能力的卷积长短期记忆神经网络（CNN-LSTM）混合神经网络模型对大地电磁数据进行一维反演成像。下文将详细介绍基于 CNN-LSTM 的大地电磁一维反演策略，包括数据集的构建方法、网络的构建方法和具体实施步骤。其次，将对 CNN-LSTM 混合网络的效果进行评定，包括反演效果分析、噪声测试、方法对比分析、拟二维反演和实测数据反演。

1）基于 CNN-LSTM 的大地电磁一维反演策略

（1）数据集准备。

基于深度学习的地球物理反演的样本数据集需具备足量性、多样性，满足这些条件才能让网络更具泛化性与反演精度。数据集的完备性直接影响着反演结果，当数据集中缺乏与输入数据相似的样本时，将会产生错误的预测结果。李金峰等提出了一种伪随机方法生成电阻率模型数据集，在此基础上采取了改进措施，提出了一种动态概率随机方法生成数据集，具体实现步骤如下：

第一步，确定反演总深度 H，确定反演最高分辨率 h，确定反演电阻率范围 $[R_1, R_2]$，确定随机概率范围 $[p_1, p_2] \in [0, 1]$，求出地层分割数 $n = H/h$，并将地下电阻率均等分割为 n 层。

第二步，产生一个随机概率值 $p \in [p_1, p_2]$。从第 1 层到第 n 层对电阻率进行依次赋值，初始层（第 1 层）电阻率值将会在 R_1 到 R_2 之间随机取值。下一层的电阻率值将会有随机概

率 p 和上一层相同；否则，该层电阻率值在 R_1 到 R_2 之间随机取值。以此方式产生一个 n 层的电阻率模型。

第三步，将上一步骤产生的模型进行正演获得相应的视电阻率和阻抗相位数据，并存储本次循环获得的地电模型参数和相应的视电阻率、阻抗相位数据，进行下一个电阻率模型数据集的构建则返回第二步。

值得一提的是：各层厚度是均等分割而未按照一定比例进行增加，其原因是深度学习的方法具有极高的反演精度，更小的层厚可以实现地下电阻率更高分辨率的预测，若层厚按一定比例进行厚度增加，则难以分辨地下深部的电阻率薄层；随机概率范围$[p_1, p_2]$将会决定数据集中模型的复杂程度，$[p_1, p_2]$取值越大，数据集模型相对越简单，$[p_1, p_2]$取值越小则数据集模型相对越复杂，如$[p_1, p_2]$均取值为 1，获得的将全是均匀介质模型，若$[p_1, p_2]$均取值0，则获得的将是每一层电阻率不同的模型。

样本数据集构建设置参数如下：反演总深度 $H = 4\,000$ m，反演最高分辨率 $h = 200$ m，反演电阻率范围为[1, 1 000]，随机概率范围[40%, 100%]（控制数据集模型复杂程度适中）。共获得了 350 000 个样本数据对（每一个样本数据对中均包含模型电阻率值、视电阻率值和阻抗相位值）。统计了样本数据库中的模型种类，横坐标为模型体的层数，纵坐标为该层数对应的样本个数，如图 3.1.39 所示。从图中可以看出，通过此方法所构建的数据集呈现出以 5 层电阻率为中心的正态分布特征，满足了简单~较复杂电阻率模型的完备性，与客观规律近似。

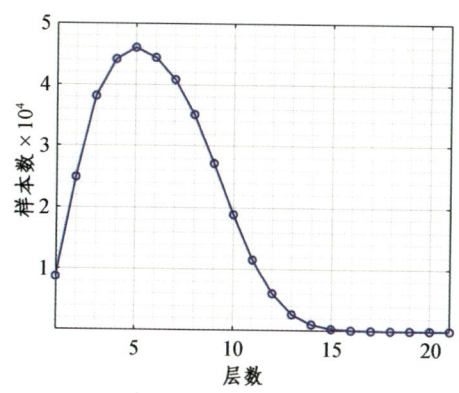

图 3.1.39　数据集中模型层数与相应样本个数（横坐标为层数，纵坐标为样本数）

（2）网络构建。

图 3.1.40 所示是 CNN-LSTM 混合网络结构示意图。LSTM 网络在时序数据建模过程中表现出色，从理论上来讲，可以直接利用 LSTM 网络对多维数据进行非线性建模。但不幸的是，实际数据经常是多变量的，并且这些变量本身就具有复杂的关系。一方面，LSTM 不会学习这种复杂的关系；另一方面，由于输入特征的数量过多，LSTM 的计算负担过大。因此，在 LSTM 之前引入 CNN 以通过卷积运算提取多元数据的复杂特征，这些 CNN 提取的特征是时间序列性质的，正好利于 LSTM 处理与建模。CNN-LSTM 网络具体参数如表 3.1.1 所示。

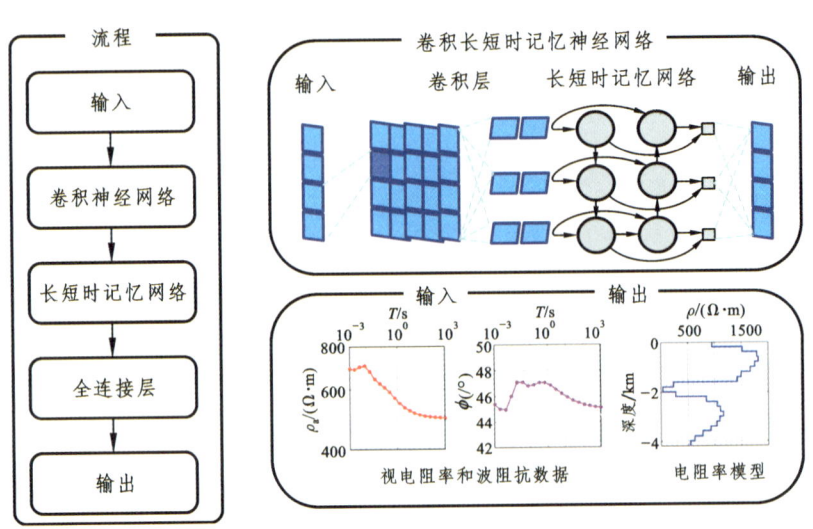

图 3.1.40　CNN-LSTM 混合网络结构示意图

表 3.1.1　CNN-LSTM 参数

分层	内核大小	步长	输出大小	参数
一维卷积层_1	3×1	1	(40, 64)	256
一维卷积层_2	3×1	1	(40, 64)	12 352
最大池化层_1	2×1	2	(13, 64)	0
一维卷积层_3	3×1	1	(13, 128)	24 704
一维卷积层_4	3×1	1	(13, 128)	49 280
最大池化层_2	2×1	2	(4, 128)	0
全连接层_1	—	—	(4, 1 000)	129 000
全连接层_2	—	—	(4, 1 000)	1 001 000
长短时记忆网络_1	—	—	(None, 64)	272 640
全连接层_3	—	—	(None, 21)	1 365

（3）实施。

样本数据随机分为训练数据，测试数据和验证数据，对应比例为 10∶1∶1（训练集 291 668 对，验证集 29 166 对，测试集 29 166 对）。在训练前，输入和输出值均被标准化在 [0，1] 范围内。此项工作中的 CNN-LSTM 混合框架是使用 Keras 构建的，并采用 Tensorflow 作为后端。在训练时，采用学习率为 0.001、动量为 0.9 和权重衰减为 1×10^{-8} 的 Adam 优化器优化网络训练过程。设置批量大小为 16，总共进行 100 轮训练，并在每次训练之后进行验证，以防止过拟合现象。设定理论模型与反演结果的均方误差为反演模型评价指标，均方误差函数表达式如下：

$$MSE = \frac{1}{n}\sum_{i=1}^{n}(m_i - \hat{m}_i)^2$$

式中：n 为反演参数个数；m_i 为归一化后测试模型电阻率参数理论值；$\hat{m}_i$ 为归一化反演电阻率参数。

图 3.1.41 展示了训练过程中训练集和验证集的损失曲线，可以看出，训练集损失曲线随着训练轮数的增加而逐渐减小，验证集损失也伴随着训练集损失振荡衰减，这表明训练过程中没有过拟合。为了检验本章提出方法的有效性，下面将对 CNN-LSTM 反演成像效果进行评价与验证。

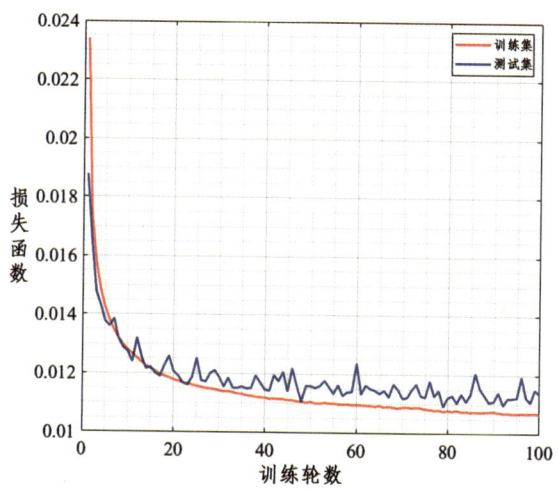

图 3.1.41　CNN-LSTM 训练损失曲线

2）CNN-LSTM 反演成像效果评价与验证

（1）反演结果分析。

为了测试网络的反演效果，将测试集中的 22 500 组数据全部进行反演，共耗时 4s 173 μs，平均每组数据反演耗时 0.005 μs。从测试集中随机抽取了一些反演结果，如图 3.1.42 所示。从图中可以看出，CNN-LSTM 反演方法对均匀电阻率模型［图 3.1.42（a）］、两层电阻率模型［图 3.1.42（b）和（c）］具有极好的反演效果，反演的电阻率值和真实模型基本一致。当模型变得复杂时，反演的效果会降低，但能完全反映出地下电阻率的变化趋势及其分层特性。从总体上而言，CNN-LSTM 反演方法具有极高的精度与反演速度。

为了进一步说明反演方法的准确性，将 CNN-LSTM 反演结果进行正演获得视电阻率和阻抗相位响应，并将其与理论响应值进行对比，如图 3.1.43 所示。用于反演的模型是从测试集中随机抽取的，按照一定顺序进行了排序（模型从简单到复杂）。从图中可以看出，无论是反演拟合的视电阻率数据还是阻抗相位数据，都与其相应的理论数据具有高度的一致性。

值得注意的是，CNN-LSTM 方法对含薄电阻率层数据的反演效果并不理想（图 3.1.42）。究其原因，是训练集中缺乏电阻率薄层数据的样本，为此进行了下一小节的研究。

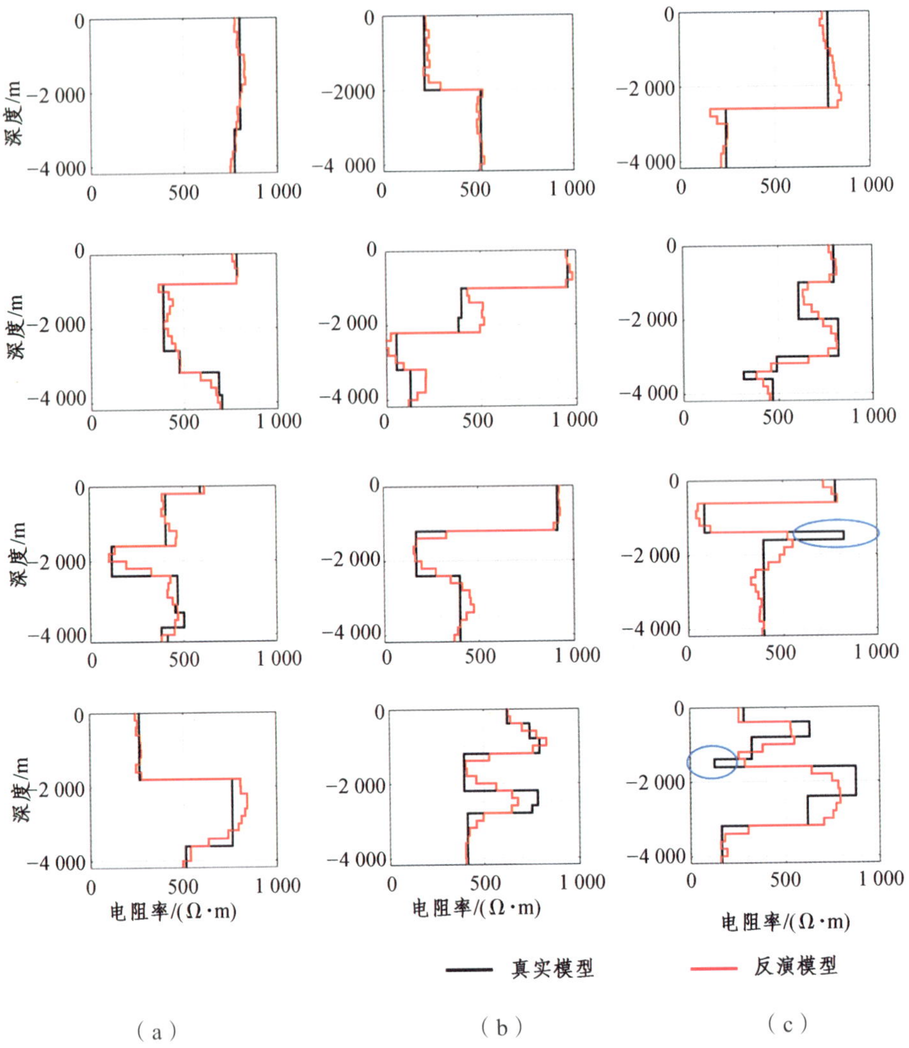

图 3.1.42 测试集中抽取的反演数据与真实值对比

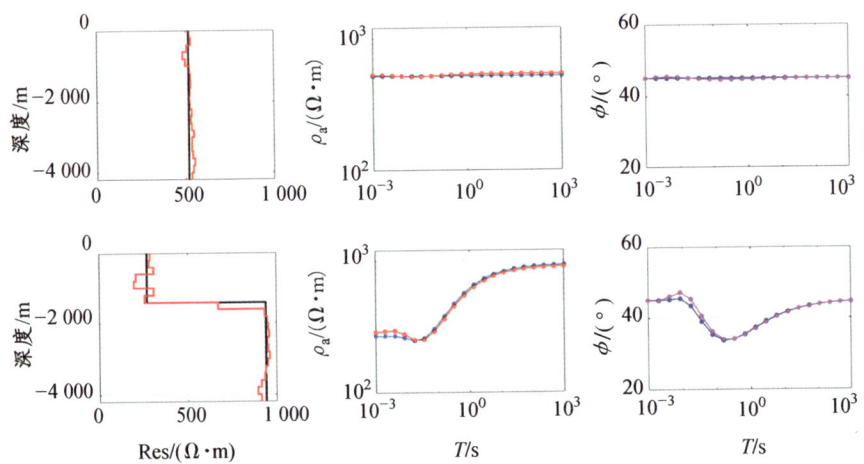

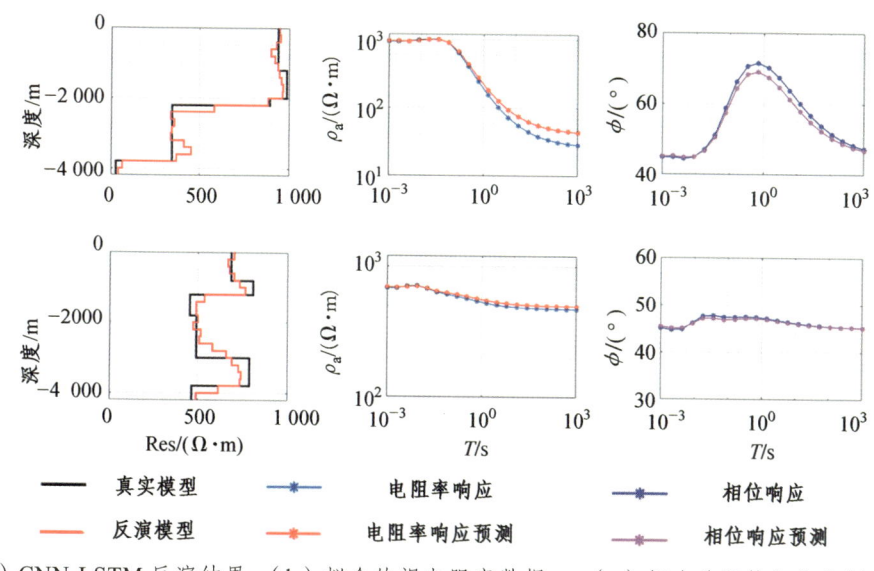

（a）CNN-LSTM 反演结果　（b）拟合的视电阻率数据　（c）拟合的阻抗相位数据

图 3.1.43　反演结果及其响应数据与真实模型的对比

（2）薄层数据的反演效果分析。

从上一小节的反演结果可以看出，CNN-LSTM 方法对电阻率薄层的反演效果并不理想。出现这种结果的原因是样本数据集中缺少对电阻率薄层数据的训练，为此特意构建了电阻率薄层的数据集，并将其加入之前的数据集中。电阻率薄层数据集的构建方法如下：在上一小节所描述方法第二步基础上，随机加入 1 到 2 个厚度（共 21 个厚度）的高阻或低阻层，其余全部按照上一小节中步骤进行计算，共获得 50 000 组含薄电阻率层的数据。将此数据集加入原始数据集中并进行训练，现在的数据集共 400 000 组，将原始数据集命名为数据集 1，含薄层的数据集命名为数据集 2。

采用相同的配置参数对该数据集进行了训练，并进行反演测试。图 3.1.44 展示了薄层数据的反演结果（用于反演的薄层数据是随机构建的）。在图 3.1.44（a）中，一个高阻薄层被嵌入均匀介质中，可以看出，采用数据集 2 进行训练得到的反演结果与真实模型更相近，采用数据集 1 训练得到的反演结果仅能反映出模型的基本趋势，对其电阻率值的预测并不准确。在图 3.1.44（b）中，两个高阻薄层数据被嵌入似均匀介质中，采用数据集 2 进行训练得到的反演结果几乎能和真实模型中的高阻薄层相吻合，而采用数据集 1 进行训练得到的反演结果仅能对浅部的高阻层进行预测，对于更深的高阻层仅能反映出大体位置，对其电阻率值的反演并不准确。在图 3.1.44（c）中，两个高阻薄层被嵌在较深的区域，采用数据集 1 进行训练得到的反演结果仅能反映出这两个高阻薄层的位置，而采用数据集 2 进行训练得到的反演结果能几乎准确得到其电阻率值和位置。在图 3.1.44（d）中，两个相邻的低阻薄层嵌入在似均匀介质中，由图可知，采用数据集 1 进行训练得到的反演结果将这两个薄层数据预测成了一个低阻层，分辨率较差，而采用数据集 2 进行训练得到的反演结有着良好的分辨率，两个低阻薄层的位置和电阻率值得到了准确的反演。通过对数据集的扩充，本小节实现了对薄层数据的高精度反演，印证了之前的猜想。

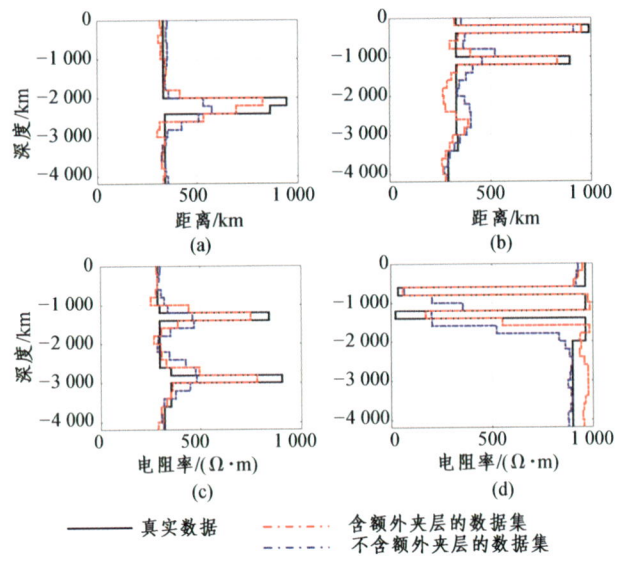

图 3.1.44　薄层数据的反演

基于深度学习的反演方法始终面临着泛化能力的挑战,通过引入新的数据集以实现对地下薄层数据的精细化反演,实质上是引用了"迁移学习"的思想。下一步将对"迁移学习"进行更加深入的研究。

(3) 噪声测试。

实际数据中总是含有噪声。因此,在本小节中,合成数据中被加入了随机噪声,以研究噪声对反演结果的影响。输入数据中分别加入了强度为最大值的 2% 和 5% 的随机噪声。图 3.1.45 所示为不同强度噪声的反演结果。可以看出,在不同噪声程度的影响下,反演效果有所不同。当噪声等级为 2% 时,反演结果已经受到了影响,但影响较小,部分模型反演的电阻率值与真实值有一定差异,反演结果的大致趋势与真实值是一致的。当噪声等级为 5% 时,反演结果受到了较大的影响,虽总体的趋势相吻合,但电阻率值出现了较大偏差。表 3.1.2 是不同噪声等级下的定量比较结果,均方误差(MSE)为图 3.1.45 中 9 个模型的均方误差的平均值。总体来说,CNN-LSTM 网络是具有一定抗噪能力的。

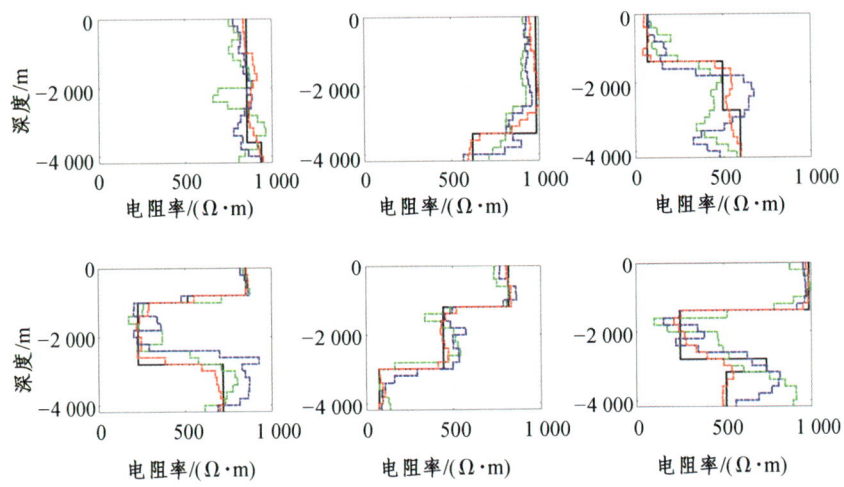

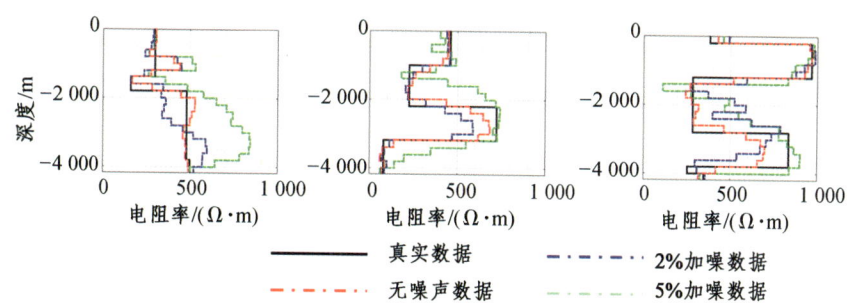

图 3.1.45 不同强度随机噪声反演结果

表 3.1.2 不同噪声等级下的定量 MSE 比较结果

噪声等级	不加噪	加噪（2%）	加噪（5%）
MSE	0.010 7	0.018 1	0.025 4

基于深度学习的反演方法，在抗噪能力上有一定的特征，并与训练次数紧密相连。数据训练时间越短，网络的反演精度就越低，但稳定性就越强，即网络的抗噪能力越强；网络的训练时间越长，网络的反演精度就越高，但稳定性会变弱，即网络的抗噪能力会变差。如何平衡训练次数与稳定性之间的关系是一个值得深思的问题。

（4）不同深度学习（Deep Learning，DL）反演方法对比分析。

在本小节中，我们将 CNN-LSTM 与卷积神经网络（Convolutional Neural Network，CNN）、全连接神经网络（Fully Connected Neural Network，FCNN）进行对比，以检验其精度。CNN 与 FCNN 的模型参数介绍如下：CNN 模型采用双卷积结构，第一卷积层含卷积核 32 个，第二卷积层含卷积核 64 个，池化层均采用最大池化法，全连接层设计为两层，神经元节点数均为 1 000 个；网络训练次数为 100 轮，损失函数为均方误差函数，训练过程中使用自适应运动估计（ADAM）优化算法，并采用修正线性单元（ReLU）激活函数与节点丢弃技术防止梯度弥散和过拟合现象。FCNN 模型采用 5 层全连接结构（含输入输出层），第二层网络节点个数为 1 000，第三层网络节点个数为 1 000，第四层网络节点个数为 500，网络训练次数为 100 轮，损失函数为均方误差函数，训练过程中同样使用 ADAM 优化算法，并采用 ReLU 激活函数与节点丢弃技术。3 种网络模型的每轮训练时间及训练参数量见表 3.1.3。

图 3.1.46 展示了这 3 种深度学习方法的反演结果，所有的数据均来自测试集，可以看出，3 种反演方法的反演结果和理论模型有着极好一致性。图 3.1.46（c）和（d）展示了 3 种不同复杂程度电阻率模型不同方法的反演结果，总体而言，3 种反演方法都能反映出真实模型的电阻率分布趋势，但在反演精度上，CNN-LSTM 反演算法明显高于 CNN 和 FCNN 算法。分别计算这 3 种反演方法训练集和测试集的均方误差，如表 3.1.4 所示，可以看出，CNN-LSTM 的均方误差在训练集和测试集上均低于 CNN、FCNN 方法，证明 CNN-LSTM 具有更高的精度。

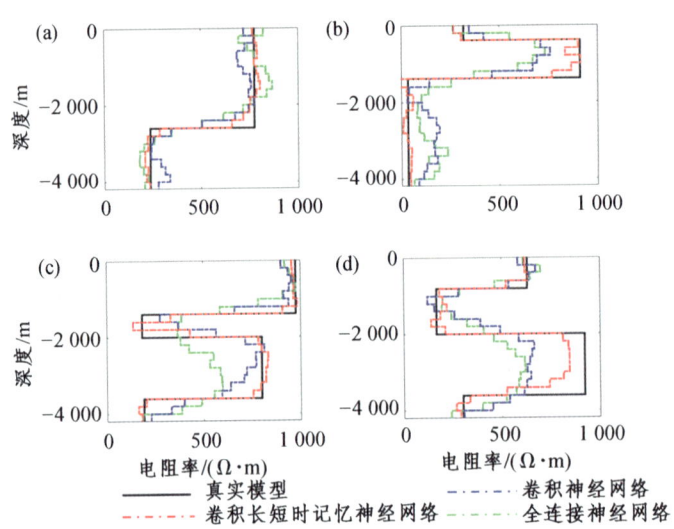

图 3.1.46 CNN-LSTM、CNN、FCNN 反演结果对比

表 3.1.3 不同 DL 模型每轮训练时间和参数数量

反演方法	训练时间/(s/单元)	参数数目
CNN-LSTM	947	1 659 113
CNN	753	1 427 863
FCNN	871	1 553 021

表 3.1.4 训练集和测试集的均方误差的定量比较

反演方法	训练集	测试集
CNN-LSTM	0.010 8	0.011 3
CNN	0.015 1	0.015 7
FCNN	0.020 1	0.021 0

（5）拟二维反演。

在本小节中，我们构建了一个二维模型对提出的方法进行验证，模型示意如图 3.1.47（a）所示。在 TE 极化模式下，通过正演获得了该模型的视电阻率和阻抗相位值，正演采用有限单元法，再利用该方法对此数据进行单点反演。图 3.1.47（b）展示了拟二维的反演结果。从图中可以看出，CNN-LSTM 反演结果能较为准确地反映出模型体中的层状介质、断裂带和模型右上角的低阻体，有着较高的分辨率。但反演结果与理论模型也有较小的差异，如右上角低阻体的厚度被压缩，右下角低阻夹层厚度被压缩，高阻体厚度得到放大。产生这种结果的原因是：反演输入数据是 TE 极化模式下二维正演得到的，而训练集数据均是通过一维正演得到的，这必然导致反演结果出现一定差异。而此方法得到了效果良好的反演结果，恰巧说明本方法中提出的网络泛化性能良好。

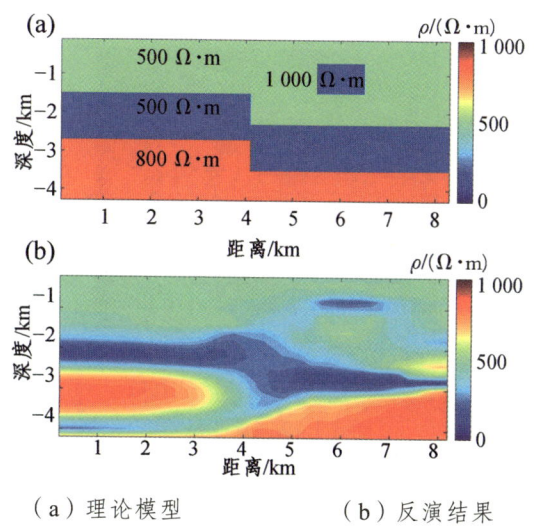

(a)理论模型　　　　　　(b)反演结果

图 3.1.47　二维模型的 CNN-LSTM 拟二维反演结果

(6)实测数据反演。

实测数据 1:云南云县某地工程勘察大地电磁资料,采用 EM3D 电磁勘测系统进行测量,测量频率范围 1.5~19 983 Hz,共采集 40 个频点的数据。

采用 CNN-LSTM 和 OCCAM 方法分别对某一测点数据进行反演。图 3.1.48 展示了反演结果。从图中可以看出,两种反演算法得到的电阻率曲线变化趋势大致是相同的。

两种算法相比,CNN-LSTM 算法更能体现出地下介质的分层特征,而 OCCAM 法的反演结果更为光滑。CNN-LSTM 反演结果显示,从地表向下大致分为 4 层:第一层为低阻层,电阻率约为 50~100 Ω·m,厚度约为 80~100 m;第二层电阻率约为 200~300 Ω·m,厚度约为 150 m;第三层为高阻层,电阻率约为 600~800 Ω·m,厚度约为 300~400 m;最后一层的电阻率变低并趋于平缓,约为 400~

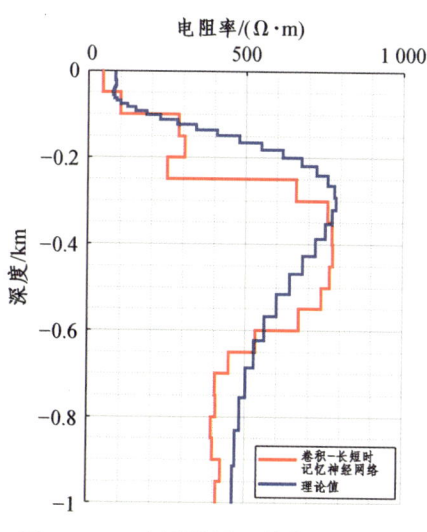

图 3.1.48　实测数据一单点反演结果

500 Ω·m。OCCAM 反演结果地下介质电阻率呈"低-高-低"分布,反演电阻率曲线光滑,很难对其具体分层位置进行判别,但总体趋势与 CNN-LSTM 是一致的。为了进一步验证反演结果,进行了钻探取样,受条件限制仅得到深度为 0~301 m 的岩芯数据,图 3.1.49 展示了部分深度的岩芯数据以进行验证。经电阻率测量,深度为 4~8.15 m 处的含砾粉质黏土的电阻率约为 80 Ω·m,深度为 150~154.15 m 处的石英片岩电阻率约为 350 Ω·m;深度为 227.5~231.6 m 处的强风化石英片岩电阻率约为 650 Ω·m。钻孔电阻率数据与反演结果基本吻合。

（a）深度 4~8.15 m　　　　（b）深度 150~154.15 m　　　　（c）深度 227.5~231.6 m
　　含砾粉质黏土　　　　　　　　石英片岩　　　　　　　　　　强风化石英片岩

图 3.1.49　岩芯数据

实测数据 2：云南某地铁路隧道工程勘查的大地电磁资料，采用加拿大凤凰（Phoenix）公司制造的 MTU-5A 系统进行采集，观测频率范围为 11.2~10 400 Hz，共采集 40 个频点的数据。

分别采用 OCCAM 和 CNN-LASTM 方法对某一测线的大地电磁数据进行单点反演，并将单点反演结果组合成拟二维剖面，如图 3.1.50 所示。从整体上来看两种反演方法所反映的地下电阻率分布较为接近，但从细节上看还存在一定差异，并且 CNN-LSTM 反演结果的电阻率值整体偏高。在 DK352+0~200 和 DK352+500~600 处，OCCAM 反演结果显示存在低阻异常区，CNN-LSTM 反演结果在这两处也显示存在低阻异常带，但范围相对较小；在 DK353+400~500 处，OCCAM 反演结果显示存在低阻破碎带（或为断层），但在 CNN-LSTM 反演结果上显示仅存在部分范围的低阻异常区。通过调查该地区的地质资料，未发现断层等构造，表明 CNN-LSTM 获得了更为准确的结果。

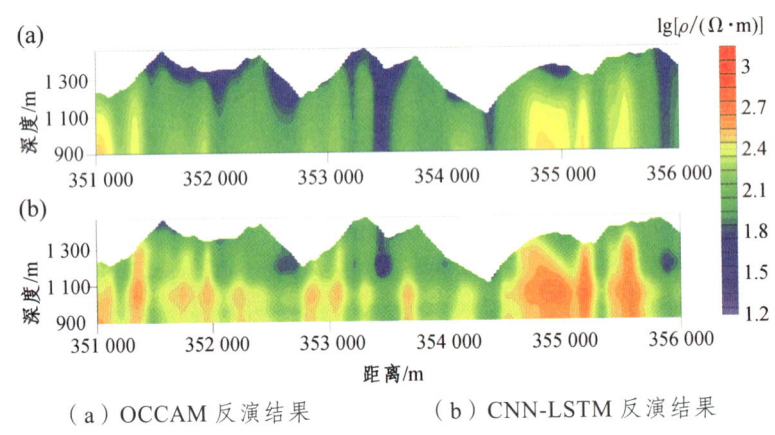

（a）OCCAM 反演结果　　　　（b）CNN-LSTM 反演结果

图 3.1.50　实测数据 2 反演结果

3）小结

本节实现了基于 CNN-LSTM 网络模型的大地电磁一维反演成像。在数据集准备阶段，通过动态随机概率数据集获取方法获得了足量、多样的数据集，并在训练数据中特意加入了薄层数据集，使网络能够适应电阻率薄层的反演任务。在网络构建阶段，将 CNN 与 LSTM 相结合，提出了 CNN-LSTM 混合模型，CNN 用于捕捉输入数据的深层次特征，LSTM 用于处理来自 CNN 层的序列数据，并重建电阻率模型。ADAM 算法被用于网络优化。反演结果展示出了 CNN-LSTM 的高精度快速的反演能力，特别是针对地下电阻率薄层的刻画。当数据含有噪声时，CNN-LSTM 的反演精度有所下降，但具备一定抗噪能力。基于深度学习的反演算法的抗噪能力与网络的训练轮数有着紧密的关系，随着网络训练轮数的增加，反演精度会增加，其容错性就会降低。拟二维的反演结果展示出了 CNN-LSTM 方法良好的泛化性能，尽管用于反演的数据是在 TE 极化模式下通过二维正演得到的。与卷积神经网络、全连接神经网络等深度学习反演方法相比，CNN-LSTM 方法具有更高的精度。两组实测数据被用于检验所提方法的有效性，获得了与 OCCAM 反演方法相一致的反演结果，并得到了钻孔验证。

3. 二维大地电磁反演成像

1）问题描述

大地电磁的二维反演研究较多、应用较广，已经取得了较为完善的发展，但反演精度与速度仍有提升的空间。与一维反演不同，大地电磁二维反演的输入和输出均是二维数据，而上一节提及的 CNN-LSTM 结构只能进行一维反演，因此在本节不再适用。

通常，地下空间中存在的电阻率异常体会在观测表面上引起大地电磁场响应异常，包括 TE 和 TM 模式下的视电阻率和阻抗相位值。不同电阻率异常引起的响应表现出不同的响应特征，这些特征是局部存在的，并且表现出与地下电阻率异常的一定空间对应，如图 3.1.51 所示。此图中，高阻和低阻块体将在一定位置产生不同的视电阻率值，且横向位置相互对应，大小不同的电阻率体产生了不同范围视电阻率响应特征。同样，阻抗相位也具有类似的特征。尽管不同的电阻率异常体引起的视电阻率和阻抗相位不尽相同，但仍保持松散的空间对应关系。总之，大地电磁反问题具有以下特点：不同电阻率异常引起的视电阻率和阻抗相位各不相同；电阻率异常与其相应的视电阻率和阻抗相位具有空间弱对应关系。这些特点可以让全卷积神经网络（Fully Convolutional Networks，FCN）从经验中学习异常特征，以建立电阻率异常与其响应数据的非线性映射。

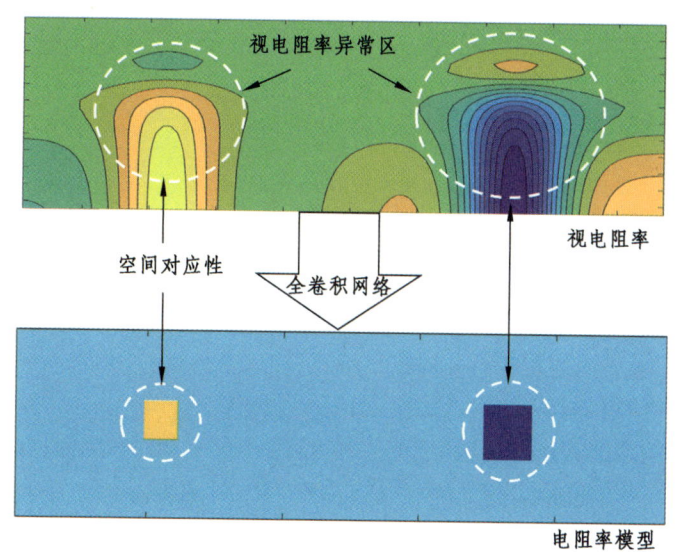

图 3.1.51 电阻率模型与视电阻率的对应关系

本节将 FCN 引入大地电磁二维反演，以直接建立从视电阻率和阻抗相位数据（输入）到电阻率模型（输出）的映射，并表示为：

$$m = f(\rho_a, \phi) \tag{3.1.144}$$

式中：m 为电阻率模型参数；f 为全卷积网络映射函数；ρ_a 为视电阻率数据；ϕ 为阻抗相位数据。

2）全卷积神经网络（Fully Convolutional Networks，FCN）反演成像

在本小节中，孤立异常体模型和组合异常体模型将用于反演测试。孤立异常体模型是从测试集中抽取的，而组合异常体模型是随机构建的，不是来自测试集。图 3.1.52 展示了测试集数据的反演结果，从图中可以看出，孤立异常体模型体的形态、尺寸和电阻率值均得到了较好的成像效果。如图 3.1.53（a）所示，将 4 个不同的电阻率模型（一个 10 Ω·m 的低电阻率矩形体，一个 20 Ω·m 的低电阻率台阶模型体，一个 1 200 Ω·m 的高电阻率台阶模型体和一个 1 500 Ω·m 的高电阻率矩形体）嵌入均匀介质中，用来进行组合异常体模型的反演测试。图 3.1.53（b）展示了 TE 和 TM 联合模式 FCN 反演结果。可以看出，组合异常体模型的位置、形状和电阻率值得到了很好的反转。图 3.1.53（c）展示出了 TM 模式 FCN 反演结果，模型中最左侧的低电阻率模型的位置略有偏移，低阻台阶体、高阻台阶体和高阻矩形体的成像效果较好。图 3.1.53（d）展示了 TE 模式 FCN 的反演结果，可以看出，模型中高电阻率台阶模型体和高电阻率矩形体的反演形态变得模糊，低阻矩形体的反演效果较好，低阻台阶模型次之。为了更直观地可视化反演结果中异常体的位置、形状和电阻率值，在图 3.1.53（e）中绘制了每个反演结果在 0.9 km 深度处的水平电阻率截断线。整体上来看，无论采用何种模式反演，反演结果与理论模型的电阻率曲线都基本吻合。但是，与单一的 TM 或 TE 模式相比，TE 和 TM 联合模式 FCN 反演结果的电阻率曲线更接近真实模型。

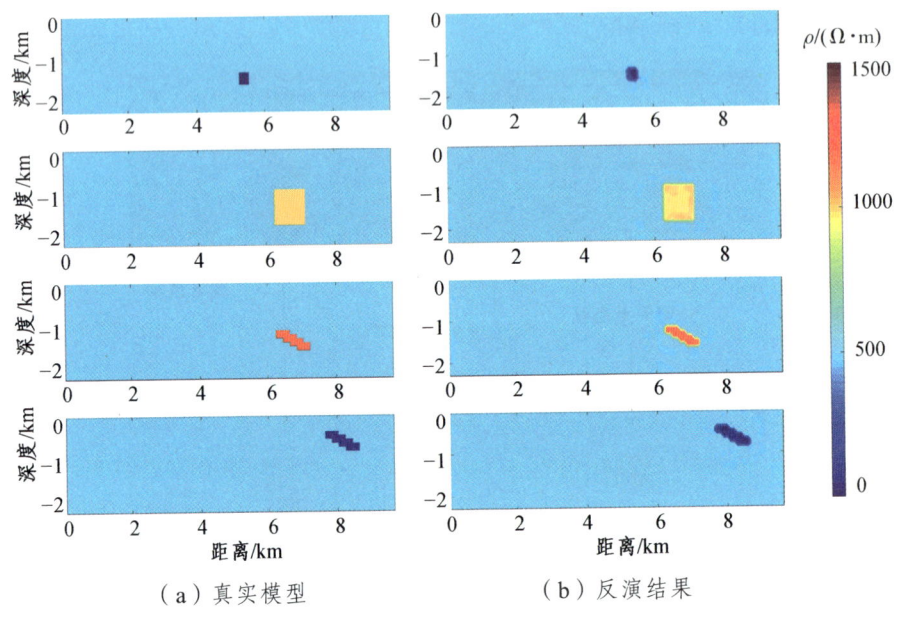

（a）真实模型　　　　　　（b）反演结果

图 3.1.52　测试集数据反演结果

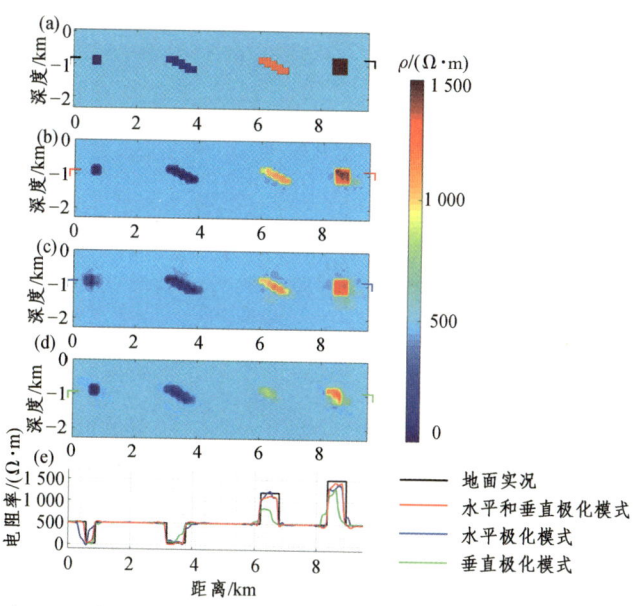

(a)理论模型　　(b)TE 与 TM 联合模式反演结果　　(c)TM 模式反演结果
(d)TE 模式反演结果　　(e)各反演结果在 0.9 km 处的电阻率截线图

图 3.1.53　组合模型在不同极化模式下的反演结果

图 3.1.54 展示了理论孤立异常体模型与反演结果的正演数据对比，图 3.1.55 展示了理论组合异常体模型与反演结果的正演数据对比。其中：图 3.1.54（a）和（c）为高阻矩形模型［图 3.1.52（a）第 2 行］的视电阻率和阻抗相位数据；图 3.1.54（b）和（d）为反演模型［图 3.1.52（b）第 2 行］的视电阻率和阻抗相位；图 3.1.55（a）和（c）为组合模型［图 3.1.53（a）］的视电阻率和阻抗相位数据，图 3.1.55（b）和（d）为反演模型［图 3.1.53（b）］的视电阻率和阻抗相位。通过对比可以看出，反演模型的拟合视电阻率数据和阻抗相位数据与理论正演数据基本吻合，表明了该反演方法的准确性。

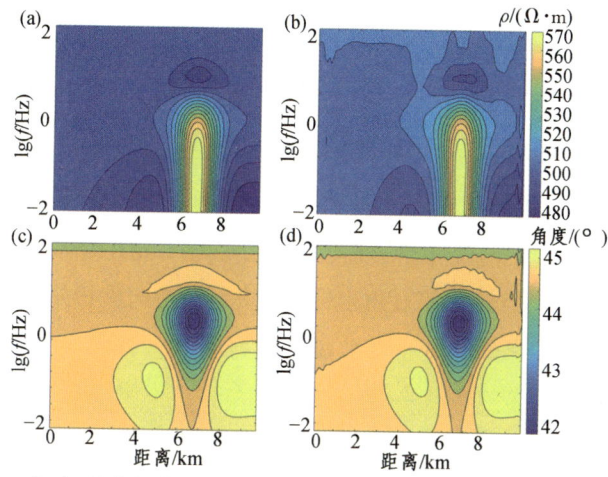

(a)理论视电阻率　(b)反演结果拟合的视电阻率
(c)理论阻抗相位　(d)反演结果拟合的阻抗相位

图 3.1.54　理论孤立模型与反演结果的正演数据对比

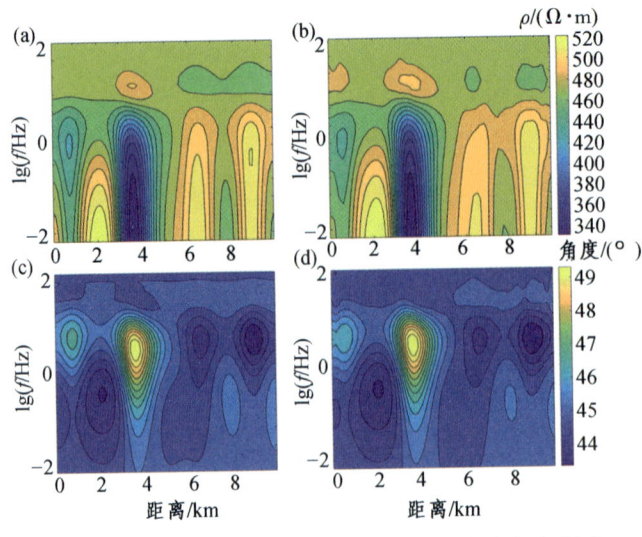

(a) 理论视电阻率　　(b) 反演结果拟合的视电阻率
(c) 理论阻抗相位　　(d) 反演结果拟合的阻抗相位

图 3.1.55　理论组合模型与反演结果的正演数据对比

3) 小结

本节通过 FCN 建立了视电阻率和相位数据（输入）到电阻率模型（输出）的映射，成功地将深度学习方法应用于 MT 反演。实验证明，该方法具有良好的反演效果和极快的收敛速度。TE 和 TM 联合模式的 FCN 反演效果优于单一的 TE 或 TM 模式，其原因是联合模式反演的输入包含两种模式的视电阻率和相位数据，为 FCN 提供了更多的判别信息，更有利于网络训练。当输入数据包含不同程度的噪声时，FCN 的反演效果将受影响，本节提出的反演方法具有一定的抗噪能力。与最小二乘平滑约束反演相比，该方法具有更好的反演成像效果，特别是对异常体模型边界的刻画。

3.2　人工源电磁法

3.2.1　一维模型水平电偶极子电磁场及正演模拟

如图 3.2.1 所示，N 层水平层状介质中第 n 层的电阻率和层厚度分别记为 ρ_n 和 h_n。一水平电偶极子（接地导线）位于层状介质表面，偶极矩为 $P = IdL$（I 为谐变电流）。选取公共坐标原点位于偶极子中心的柱坐标系和直角坐标系，使 x 轴指向偶极矩方向（即 $\varphi = 0$ 的方向），z 轴垂直向下，则地表面的电磁场分布可通过直接求解场所满足的非齐次亥姆霍兹方程或通过求电性 Lorentz 势所满足的方程（2.2.5）和边界条件来求解。略去烦冗的数学推导，此处直接写出准静态极限下柱坐标系中地表电磁场各分量的表达式：

$$E_r = \frac{IdL}{2\pi}\cos\varphi\left[\frac{i\omega\mu}{r}\int_0^\infty \frac{1}{m+m_1/R^*}J_1(mr)dm - \rho_1\int_0^\infty \frac{mm_1}{R}J_0(mr)dm + \frac{\rho_1}{r}\int_0^\infty \frac{m_1}{R}J_1(mr)dm\right] \quad (3.2.1\text{a})$$

$$E_\varphi = \frac{IdL}{2\pi}\sin\varphi\left[\frac{\rho_1}{r}\int_0^\infty \frac{m_1}{R}J_1(mr)\mathrm{d}m - \mathrm{i}\omega\mu\int_0^\infty \frac{m}{m+m_1/R^*}J_0(mr)\mathrm{d}m + \frac{\mathrm{i}\omega\mu}{r}\int_0^\infty \frac{1}{m+m_1/R^*}J_1(mr)\mathrm{d}m\right]$$
（3.2.1b）

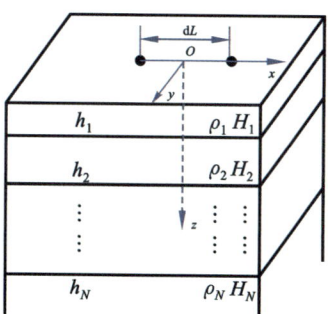

图 3.2.1　水平层状介质上的水平电偶极子

$$H_r = -\frac{IdL}{2\pi}\sin\varphi\left[\int_0^\infty \frac{m}{m+m_1/R^*}J_1(mr)\mathrm{d}m + r\int_0^\infty m_1/R^* \frac{m}{m+m_1/R^*}J_0(mr)\mathrm{d}m\right] \quad (3.2.1c)$$

$$H_\varphi = \frac{IdL}{2\pi}\cos\varphi\int_0^\infty \frac{m}{m+m_1/R^*}J_1(mr)\mathrm{d}m \quad (3.2.1d)$$

$$H_z = \frac{IdL}{2\pi}\sin\varphi\int_0^\infty \frac{m^2}{m+m_1/R^*}J_1(mr)\mathrm{d}m \quad (3.2.1e)$$

式中：

$$R^* = \coth\left[m_1 h_1 + \operatorname{arc\,coth}\frac{m_1}{m_2}\coth\left(m_2 h_2 + \cdots + \operatorname{arc\,coth}\frac{m_{N-1}}{m_N}\right)\right]$$

$$R = \coth\left[m_1 h_1 + \operatorname{arc\,coth}\frac{m_1\rho_1}{m_2\rho_2}\coth\left(m_2 h_2 + \cdots + \operatorname{arc\,coth}\frac{m_{N-1}\rho_{N-1}}{m_N\rho_N}\right)\right]$$

$$m_j = \sqrt{m^2 - k_j^2},\ k_j^2 = \frac{\mathrm{i}\omega\mu}{\rho_j},\ \coth x = \frac{\mathrm{e}^x + \mathrm{e}^{-x}}{\mathrm{e}^x - \mathrm{e}^{-x}}$$

m 称为空间频率，它具有距离倒数的量纲。

特别地，当 $N=1$ 时，可得到均匀半空间表面电磁场各分量的表达式：

$$E_r = \frac{IdL}{2\pi\sigma r^3}\cos\varphi[1+\mathrm{e}^{\mathrm{i}kr}(1-\mathrm{i}kr)] \quad (3.2.2a)$$

$$E_\varphi = \frac{IdL}{2\pi\sigma r^3}\sin\varphi[2-\mathrm{e}^{\mathrm{i}kr}(1-\mathrm{i}kr)] \quad (3.2.2b)$$

$$H_r = -\frac{3IdL}{2\pi r^2}\sin\varphi\left\{I_1\left(\frac{\mathrm{i}kr}{2}\right)K_1\left(\frac{\mathrm{i}kr}{2}\right)+\frac{\mathrm{i}kr}{6}\left[I_1\left(\frac{\mathrm{i}kr}{2}\right)K_0\left(\frac{\mathrm{i}kr}{2}\right)-I_0\left(\frac{\mathrm{i}kr}{2}\right)K_1\left(\frac{\mathrm{i}kr}{2}\right)\right]\right\} \quad (3.2.2c)$$

$$H_\varphi = \frac{IdL}{2\pi r^2}\cos\varphi I_1\left(\frac{ikr}{2}\right)K_1\left(\frac{ikr}{2}\right) \quad (3.2.2d)$$

$$H_z = -\frac{3IdL}{2\pi k^2 r^4}\sin\varphi\left[1-e^{ikr}\left(1-ikr-\frac{1}{3}k^2r^2\right)\right] \quad (3.2.2e)$$

以上各式中：μ 为磁导率；ω 为谐变电流的圆频率；$I_0\left(\frac{ikr}{2}\right)$、$I_1\left(\frac{ikr}{2}\right)$ 和 $K_0\left(\frac{ikr}{2}\right)$、$K_1\left(\frac{ikr}{2}\right)$ 分别为以 $\frac{ikr}{2}$ 为宗量的第一和第二类虚宗量贝塞尔函数，下标"0"或"1"表示贝塞尔函数的阶数，k 为波数。在准静态条件下：

$$k = (1+i)\sqrt{\frac{\mu\omega\sigma}{2}}$$

从（3.2.2）各式可以看出，电磁场各分量的强度和观察点到偶极源中心的距离 r 和波数 k 的乘积有关，而波数 k 中又包含了介质电性和频率等参数，并且以趋肤深度的形式表现出来。显然

$$kr = (1+i)r/\delta$$

令

$$p = r/\delta \quad (3.2.3)$$

称为"电距离"或者"感应数"，它实质上是以趋肤深度 δ 为单位来表示的观察点到场源的距离。于是

$$ikr = p(-1+i) = p\sqrt{2}e^{i\frac{3}{4}\pi} \quad (3.2.4)$$

现在，可借助参数 p 对距场源的远近、介质电性和频率作综合性的统一考虑，把

$p \ll 1$，即电距离"近"时的区域称为"近区"；

$p \gg 1$，即电距离"远"时的区域称为"远区"或"平面波场区"；

$p \approx 1$，即介于前两者之间的区域称为"过渡带"或"中间区"。

由于 $p = r/\delta = r\sqrt{\frac{\sigma\mu\omega}{2}}$，不难理解，感应数 p 的"大"或"小"，也就是场区的"远"或"近"，不但与观察点到场源的距离有关，而且与大地的电导率和使用的频率有关。在不改变发收距和大地电导率 σ 的条件下，改变频率 ω，可以获得不同的趋肤深度以便满足"远区"或"近区"的要求；当介质为低阻时，不大的发收距 r 就可以满足"远区"条件，反之，在高阻介质中，即使使用高频，也不得不使 r 相当大才能满足"远区"的条件。

在 CSAMT 法中，测量的是彼此正交的电场和磁场水平分量，并且据此计算它们的模的比，这个模的比值称为波阻抗，用符号 $|Z|$ 表示波阻抗 Z 的模，记作

$$|Z| = \frac{|E|}{|H|} \quad (3.2.5)$$

而 Z 的相位则定义为 E 和 H 间的相位差。

1. 近区响应（$p \ll 1$）

当 $r \ll \delta$ 即 $p \ll 1$ 时，式（3.2.2）各式的渐进表达式是：

$$E_r \approx \frac{IdL}{\pi\sigma r^3}\cos\varphi \qquad (3.2.6a)$$

$$E_\varphi \approx \frac{IdL}{2\pi\sigma r^3}\sin\varphi \qquad (3.2.6b)$$

$$H_r \approx -\frac{IdL\sin\varphi}{4\pi r^2} \qquad (3.2.6c)$$

$$H_\varphi \approx \frac{IdL\cos\varphi}{4\pi r^2} \qquad (3.2.6d)$$

$$H_z \approx \frac{2IdL\sin\varphi}{4\pi r^2} \qquad (3.2.6e)$$

比较式（3.2.6）各式可以看出，在近区，电场水平分量按 $\frac{1}{r^3}$ 衰减，而磁场按 $\frac{1}{r^2}$ 衰减。此时波抗阻的模为

$$|Z| = \frac{|E_\varphi|}{|H_r|} = \frac{2}{\sigma r} \qquad (3.2.7)$$

或者写成视电阻率的形式

$$\rho = \frac{r|E_\varphi|}{2|H_r|} \qquad (3.2.8)$$

可见在近区，视电阻率与几何因素有关。

表达式（3.2.8）说明，电场 E 的水平分量在近区直接正比于地下电阻率，并且与频率无关；与此相对比，磁场 H 与电阻率和频率二者均无关。E 和 H 与频率无关的现象称为饱和。阻抗与频率无关的事实指出，从式（3.2.7）的意义来说，阻抗的数据不再是测深。因此，在近区进行 CSAMT 测量是有问题的，除非只是根据电场数据来计算视电阻率。而且，近区视电阻率是 r 的函数，因为 E 和 H 分别按 $\frac{1}{r^3}$ 和 $\frac{1}{r^2}$ 衰减；近区测量的实际结果与直流电阻率测深相类似，测量结果和穿透深度，由排列的几何参数决定。所以在真正的近区最好是不测 H 只测 E，就像在标准电阻率法和激发极化法中那样，改变排列的几何尺寸来改变测深深度。

2. 远区响应（$p \gg 1$）

当 $r \gg \delta$ 即 $p \gg 1$ 时，式（3.2.2）各式的渐进表达式是：

$$E_r \approx \frac{IdL}{2\pi\sigma r^3}\cos\varphi \qquad (3.2.9a)$$

$$E_\varphi \approx \frac{IdL}{\pi\sigma r^3}\sin\varphi \qquad (3.2.9b)$$

$$H_r \approx \frac{IdL\sin\varphi}{\pi r^3 \sqrt{\sigma w \mu}} e^{-i\frac{\pi}{4}} \qquad (3.2.9c)$$

$$H_\varphi \approx -\frac{IdL\cos\varphi}{2\pi r^3 \sqrt{\sigma w \mu}} e^{-i\frac{\pi}{4}} \qquad (3.2.9d)$$

$$H_z \approx -\frac{3IdL\sin\varphi}{2\pi r^4 \sigma w \mu} e^{-i\frac{\pi}{4}} \qquad (3.2.9e)$$

比较式（3.2.9）各式可以发现，E 的水平分量与频率无关，直接与电阻率成正比。远区的 E_r 分量为近区的 $\frac{1}{2}$，但 E_φ 分量却为近区的两倍。与近区磁场不同，远区水平磁场与频率有关，并且与电阻率的平方根成正比。因此在远区磁场是不会"饱和"的。

从远区 E_r、E_φ 和 H_r、H_φ 的表达式还可看出，所有的水平场都按 $\frac{1}{r^3}$ 衰减。因此阻抗与发收距无关，与大地电阻率的平方根成正比。

$$|Z| = \frac{|E_\varphi|}{|H_r|} = \sqrt{\frac{\mu\omega}{\sigma}} = \sqrt{\mu\omega\rho} \qquad (3.2.10)$$

故对于导电大地来说，在低频时阻抗是很小的。例如，当地下电阻率为 10 Ω·m 和频率等于 1 Hz 时，阻抗为 0.003 Ω。相反，对于电阻率很高的介质或高的频率，阻抗很大。例如，当大地电阻率为 1 000 Ω·m、频率为 10 kHz 时，阻抗是 8.9 Ω。

式（3.2.10）说明，远区视电阻率 ρ 可以用正交的水平电场和水平磁场强度来定义：

$$\rho = \frac{1}{\mu\omega} \frac{|E_\varphi|^2}{|H_r|^2} \qquad (3.2.11)$$

在均匀大地条件下，电场和磁场之间的相位差是 π/4 或 785.4 mrad。

应该说明的是，虽然在 MT 法和 CSAMT 法中常常是按式（3.2.11）来定义视电阻率的，但它并不是最好的定义方式。例如，也可以将视电阻率写成阻抗的实部和虚部。Spies 和 Eggers（1986）曾指出，用阻抗实部定义的视电阻率会产生更好特性的视电阻率数据，它与真的反演剖面更加近似。关于视电阻率的定义，我们将在下节更详细地讨论。

当采用直角坐标时，

$$E_x = E_r\cos\varphi - E_\varphi\sin\varphi = \frac{I\rho dL}{2\pi r^3}(1-3\sin^2\varphi) \qquad (3.2.12)$$

$$H_y = H_r\sin\varphi + H_\varphi\cos\varphi = \frac{-IdLe^{-i\frac{\pi}{4}}}{2\pi\sqrt{\sigma\mu\omega}r^3}(1-3\sin^2\varphi) \qquad (3.2.13)$$

$$|Z| = \frac{|E_x|}{|H_y|} = +\sqrt{\mu\omega\rho} \qquad (3.2.14)$$

也可以得到同样的视电阻率定义：

$$\rho = \frac{1}{\mu\omega}\frac{|E_x|^2}{|H_y|^2} = \frac{1}{2\pi\mu f}\frac{|E_x|^2}{|H_y|^2} \qquad (3.2.15)$$

在实际工作中，多用 $m-kg-s$ 制单位。此时 E 以 mV/km 为单位，H 以 $\gamma(1\gamma = 10^{-2}/4\pi \text{ A/m})$ 为单位，这对野外工作是很方便的。此时

$$\rho = \frac{1}{5f}\frac{|E_x|^2}{|H_y|^2} \quad (\Omega \cdot \text{m}) \qquad (3.2.16)$$

式（3.2.16）就是以卡尼亚（Cagniard）命名的计算视电阻率的公式。卡尼亚是一位法国地球物理学家，他在 20 世纪 50 年代对发展大地电磁法作出了开拓性的贡献（Cagniard，1953）。卡尼亚电阻率对远区，也就是说在满足平面波的条件下是有效的，并且是在 MT 法和满足远区条件的 CSAMT 法中常用的关系式。利用 E_y 和 H_x 分量，可定义类似的视电阻率。

3. 过渡带响应（$p \approx 1$）

此时 $r \approx \delta$，$p \approx 1$，电磁场各分量由式（3.2.2）严格地描述。当大地为均匀导电介质时，在这个带场强各分量从近场的特性均匀地过渡到远场的特性。对于非均匀大地，过渡带场的性质变得很复杂，与受地质条件制约的电性分布有关。此时波阻抗性质也很复杂，与发收距 r、大地电阻率 ρ、频率 f 及方位角 φ 都有关系。

利用电磁场的对偶关系，可容易地写出水平磁偶极源产生的电磁场。由于实际应用较少，此处不作讨论。

3.2.2 一维模型垂直磁偶极子电磁场及正演模拟

设水平层状介质分布和图 3.2.1 相同，移去水平电偶极子，放置一个中心在坐标原点、磁矩为 M 的垂直磁偶极子。同样选择有公共原点的一个柱坐标系和一个直角坐标系，使 z 轴垂直向下，即与磁偶极子磁矩方向相同。在准静态极限下，可写出电磁场各分量表达式为：

$$E_\varphi = \frac{M}{2\pi} i\omega\mu \int_0^\infty \frac{m^2}{m+m_1/R^*} J_1(mr) \mathrm{d}m \qquad (3.2.17a)$$

$$H_r = \frac{M}{2\pi} \int_0^\infty m_1/R^* \frac{m^2}{m+m_1/R^*} J_1(mr) \mathrm{d}m \qquad (3.2.17b)$$

$$H_z = \frac{M}{2\pi} \int_0^\infty \frac{m^3}{m+m_1/R^*} J_0(mr) \mathrm{d}m \qquad (3.2.17c)$$

特别地，当 $N = 1$ 时，可以得到均匀半空间表面的电磁场为：

$$E_\varphi = -\frac{M\rho}{2\pi r^4}[3 - e^{ikr}(3 - 3ikr - k^2r^2)] \qquad (3.2.18a)$$

$$H_r = -\frac{Mk^2}{4\pi r}\left[I_1\left(\frac{ikr}{2}\right)K_1\left(\frac{ikr}{2}\right) - I_2\left(\frac{ikr}{2}\right)K_2\left(\frac{ikr}{2}\right)\right] \qquad (3.2.18b)$$

$$H_z = \frac{M}{2\pi k^2 r^5}[9 - e^{ikr}(9 - 9ikr - 4k^2r^2 + ik^3r^3)] \qquad (3.2.18c)$$

与对水平电偶极子的讨论相类似，可按不同场区讨论垂直磁偶极子场的分布特点。

1. 近区响应（$p \ll 1$，$r \ll \delta$）

此时电磁场各分量的近似表达式为：

$$E_\varphi \approx \frac{iM\mu\omega}{4\pi r^2} \qquad (3.2.19a)$$

$$H_r \approx \frac{-iM\mu\sigma\omega}{16\pi r} \qquad (3.2.19b)$$

$$H_z \approx \frac{-M}{4\pi r^3} \qquad (3.2.19c)$$

将式（3.2.19）与式（3.2.6）互相比较可以看出：在近区，垂直磁偶极子的电场 E_φ 与大地电导率无关，而与频率成正比；与此相反，水平电偶极子的电场 E_φ 与频率无关，而与电导率成反比。垂直磁偶极子的水平磁场 H_r 是电导率和频率二者的函数，而接地电偶极子的水平磁场与二者都无关。两种场源的垂直磁场与频率和电导率均无关。在本段后面的部分将对产生这种现象的根源做进一步的解释。对直流的情形，取 $\omega = 0$ 时的极限，得到：

$$E_\varphi = 0 \qquad (3.2.20a)$$

$$H_r = 0 \qquad (3.2.20b)$$

$$H_z \approx \frac{-M}{4\pi r^3} \qquad (3.2.20c)$$

可见 H_z 是在直流情形下仅有的分量，且与大地电导率无关。由于 E 场和 H 场可考虑为接地电偶极水平场的时间导数，在频率为零（即不随时间而变化）的情形下，E_φ 和 H_r 为零是显而易见的。

用式（3.2.19a）和式（3.2.19b）之比来确定在 z 方向（垂直向下）波传播的阻抗：

$$|Z| = \frac{|E_\varphi|}{|H_r|} = \frac{4}{\sigma r} \qquad (3.2.21)$$

于是视电阻率

$$\rho = \frac{r}{4}\frac{|E_\varphi|}{|H_r|} \qquad (3.2.22)$$

它是接地电偶极子视电阻率［参见式（3.2.8）］的一半。也就是说，假设大地是均匀的，则在近区用线圈所得的电阻率是用电偶极子测得的一半。

2. 远区响应（$p \gg 1$，$r \gg \delta$）

这时电磁场各分量在地表的近似表达式为：

$$E_\varphi \approx -\frac{3M}{2\pi\sigma r^4} \qquad (3.2.23\text{a})$$

$$H_r \approx \frac{3M}{2\pi\sqrt{\sigma\mu\omega}\, r^4} \qquad (3.2.23\text{b})$$

$$H_z \approx \frac{9M}{2\pi\mu\omega\sigma r^5} \qquad (3.2.23\text{c})$$

将式（3.2.23）与式（3.2.9）互相比较，不难看出，磁偶极（线圈）产生的场随 r 的增大而衰减的速度比电偶极的快。当然，严格的对比还要考虑到源的尺寸大小、导线中的电流强度以及偏离偶极子中垂线的角度。所以，也会遇到某些电偶极子的信号实际上比线圈的要差一些的情况。

由式（3.2.23a）和式（3.2.23b）解出波阻抗为

$$|Z| = \frac{|E_\varphi|}{|H_r|} = \sqrt{\frac{\mu\omega}{\sigma}} \qquad (3.2.24)$$

则视电阻率

$$\rho = \frac{1}{\mu\omega} \frac{|E_\varphi|^2}{|H_r|^2} \qquad (3.2.25)$$

变换到直角坐标系统

$$\rho = \frac{1}{5f} \frac{|E_\varphi|^2}{|H_r|^2} \quad (\Omega \cdot \text{m}) \qquad (3.2.26)$$

该式与水平电偶极子的相同。也就是说，在"大"的"电距离"上，用磁偶极子做场源所测的电阻率与电偶极子所得的一样。

3. 过渡带响应（$p \approx 1$，$r \approx \delta$）

如同电偶极子的情形一样，磁偶极子的过渡带响应由式（3.2.18）严格地描述，没有比较合适的近似表达式。在此情形下，当大地均匀时，垂直磁偶极子电磁场的过滤带特性从远到近光滑地变化。对于非均匀大地，场的性质将变得更加复杂。

3.2.3 一维模型偶极子场全区视电阻率分析

可以证明，对于任意一种场源，当观察点与场源相距一定距离时，其切向电场和磁场将具有类似的函数关系。此时，它们的比值不再依赖于发收距。而且，该比值几乎准确地等于垂直向下入射的平面波的波阻抗，具有这种关系的区域称为电磁场的波区。

波区是电磁测深理论最简单的一种逼近，利用电磁场在波区的渐近表达式，可以定义各种波区视电阻率，分述如下。

1. 水平电偶极子源的波区视电阻率

利用均匀大地表面水平电偶极子源的电磁场的远区渐近表达式（3.2.9），将其转换为直角坐标分量后，可定义如下 7 种波区视电阻率：

$$\rho_w^{|E_x|} = \frac{2\pi r^3}{IdL} \left|3\frac{E_x}{\cos^2\varphi - 2}\right| \quad (3.2.27a)$$

$$\rho_w^{|E_y|} = \frac{2\pi r^3}{3IdL} \left|\frac{E_y}{\sin\varphi\cos\varphi}\right| \quad (3.2.27b)$$

$$\rho_w^{|H_y|} = \left(\frac{2\pi r^3}{IdL}\right)^2 \mu\omega \left|3\frac{H_y}{\cos^2\varphi - 2}\right|^2 \quad (3.2.27c)$$

$$\rho_w^{|H_x|} = \left(\frac{2\pi r^3}{3IdL}\right)^2 \mu w \left|3\frac{H_x}{\cos\varphi\sin\varphi}\right|^2 \quad (3.2.27d)$$

$$\rho_w^{|Hz|} = \left(\frac{2\pi r^4}{3IdL\sin\varphi}\right) \mu\omega |H_z| \quad (\varphi \neq 0°) \quad (3.2.27e)$$

$$\rho_w^{|Z_{xy}|} = \frac{1}{\mu w}|Z_{xy}|^2 = \frac{1}{\mu w}\left|\frac{E_x}{H_y}\right|^2 \quad (3.2.27f)$$

$$\rho_w^{\left|\frac{H_z}{H_y}\right|} = \frac{r^2\mu\omega}{9}\left(\frac{3\cos^2\varphi - 2}{\sin\varphi}\right)^2 \left|\frac{H_x}{H_y}\right|^2 \quad (\varphi \neq 0°) \quad (3.2.27g)$$

式中：$\rho_w^{|E_x|}$、$\rho_w^{|H_y|}$、$\rho_w^{|Hz|}$、$\rho_w^{|Z_{xy}|}$、$\rho_w^{\left|\frac{H_z}{H_y}\right|}$ 分别是用电场水平分量 $|E_x|$、磁场水平分量 $|H_y|$、磁场垂直分量 $|H_z|$、电磁波阻抗 $\left|\frac{E_x}{H_y}\right|$ 和磁场比值 $\left|\frac{H_z}{H_y}\right|$ 定义的波区视电阻率。同时，这些分量对应的相位（差）也是可以利用的参数。其中 $\rho_w^{|Z_{xy}|}$ 也称作卡尼亚电阻率。

波阻抗视电阻率在一定条件下，能反映地电断面的电性变化，但它在高频段出现振荡，且逼近各电性层真电阻率的速度较慢，因此并不是理想的定义方法。所以相关学者提出了利用波阻抗的实、虚部定义以下的视电阻率：

$$\rho_w^{\text{Re}(Z_{xy})} = \frac{2}{\mu\omega}\text{Re}^2(Z_{xy}) \quad (3.2.28a)$$

$$\rho_w^{\text{Im}(Z_{xy})} = \frac{2}{\mu\omega}\text{Im}^2(Z_{xy}) \quad (3.2.28b)$$

$$\rho_w^{\text{Im}(Z^2_{xy})} = \frac{1}{\mu\omega}\text{Im}(Z^2_{xy}) \quad (3.2.28c)$$

$$\rho_w^{|Z^2_{xy}|} = \frac{1}{\mu\omega}|Z^2_{xy}| \quad (3.2.28d)$$

由实、虚部定义的视电阻率可得出以下结论：波阻抗实部定义的视电阻率能充分接近各层真电阻率，范围较窄，假极值较小，类似于时间域定义的视电阻率，是较为理想的视电阻率定义方法；波阻抗虚部定义的视电阻率效果最差、范围最宽且出现明显的假极值；其他方法定义的视电阻率介于两者之间。

波区各视电阻率数值模拟如下：

1）均匀大地情况下各视电阻率的计算结果

从图 3.2.2 中可以看出，$\rho_w^{|E_x|}$、$\rho_w^{|E_y|}$、$\rho_w^{|H_y|}$、$\rho_w^{|H_x|}$、$\rho_w^{|H_z|}$、$\rho_w^{|Z_{xy}|}$、$\rho_w^{\left|\frac{H_z}{H_y}\right|}$、$\rho_w^{|H_x|}$、$\rho_w^{|Z^2_{xy}|}$ 和实、虚部视电阻率这 11 种视电阻率在高频阶段为一条直线，且接近地层的真电阻率值，能反映出地层为均匀介质的情况，但都出现了假极值的现象，这是由于电磁波在界面上反射所产生的干涉效应；而在进入中频阶段以后，几条曲线发生畸变，这是由于卡尼亚视电阻率计算公式是通过远区推导出来的，即使在此种均匀大地的情况下，算出的卡尼亚视电阻率也明显偏离大地的真电阻率，这也叫作近场效应。这 11 种视电阻率不能适用于全区，需要经过矫正。

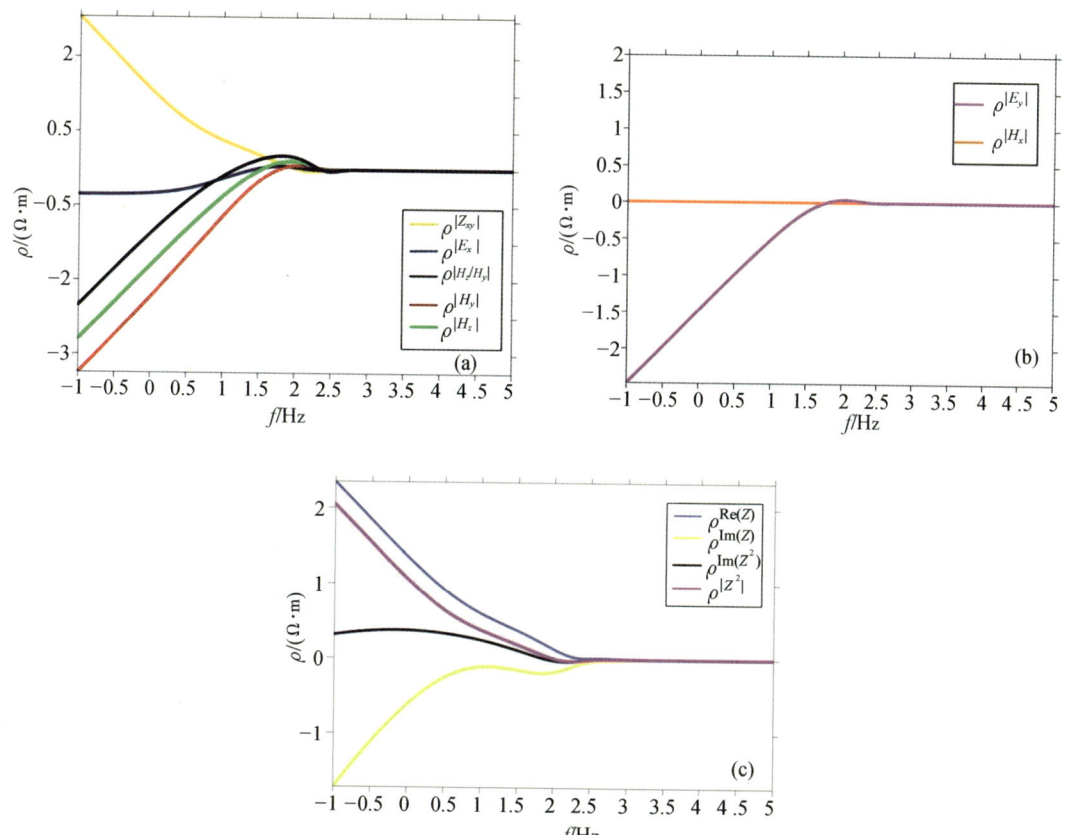

((a), (b), (c) 三图均为均匀大地的地层，$h_1 = h_2 = 500\ \mathrm{m}$，$h_3$ 无限长，$\rho_1 = \rho_2 = \rho_3 = 100\ \Omega \cdot \mathrm{m}$)

图 3.2.2　均匀大地情况下各视电阻率的计算结果示意图

2）两层地层情况下各视电阻率的计算结果

（1）G 型（图 3.2.3）。

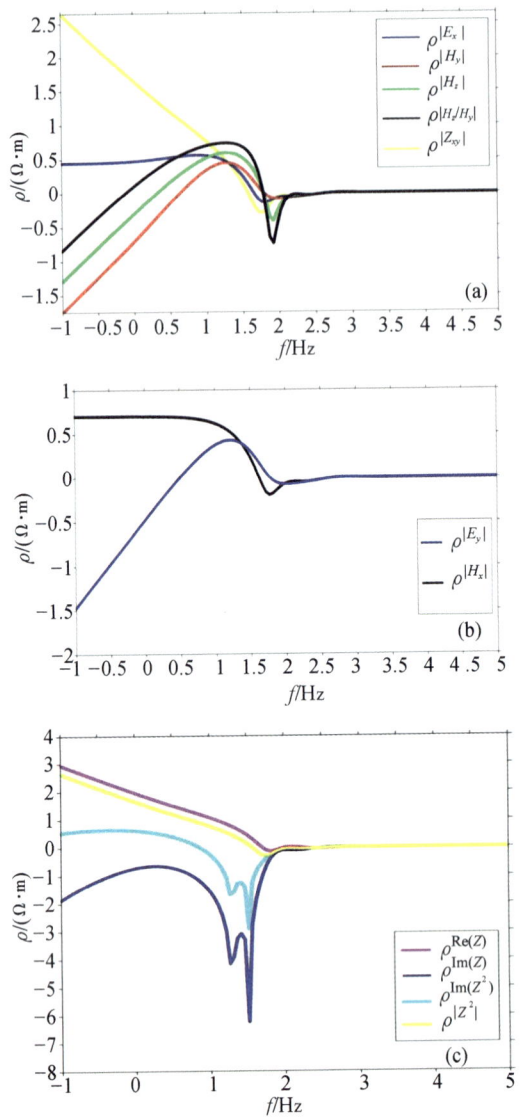

（(a)、(b)、(c) 三图，$h_1 = h_2 = 500\ \text{m}$，$\rho_1 = 100\ \Omega\cdot\text{m}$，$\rho_2 = 1\,000\ \Omega\cdot\text{m}$）

图 3.2.3　G 型情况下各视电阻率的计算结果示意图

从图 3.2.3（a）中可以看出，$\rho_w^{|Z_{xy}|}$ 大致能反映出地层的情况，从高频到低频曲线逐渐升高，$\rho_w^{|H_x|}$、$\rho_w^{|H_z|}$、$\rho_w^{|E_x|}$、$\rho_w^{\left|\frac{H_z}{H_y}\right|}$ 这几个视电阻率在进入低频阶段后，却呈现下降趋势；从图 3.2.3（b）中可以看出，$\rho_w^{|E_y|}$、$\rho_w^{|H_x|}$ 能大致反映出地层的情况，但在进入低频阶段后也呈现下降趋势；从图 3.2.3（c）中可以看出，$\rho_w^{|Z^2_{xy}|}$ 和 $\rho_w^{\text{Re}(Z_{xy})}$ 大致能反映出地层的情况，虚部的视电阻率不能有效地反映出地层信息。综上发现 $\rho_w^{|Z_{xy}|}$ 对地层情况的反映效果最好。

（2）D型（图3.2.4）。

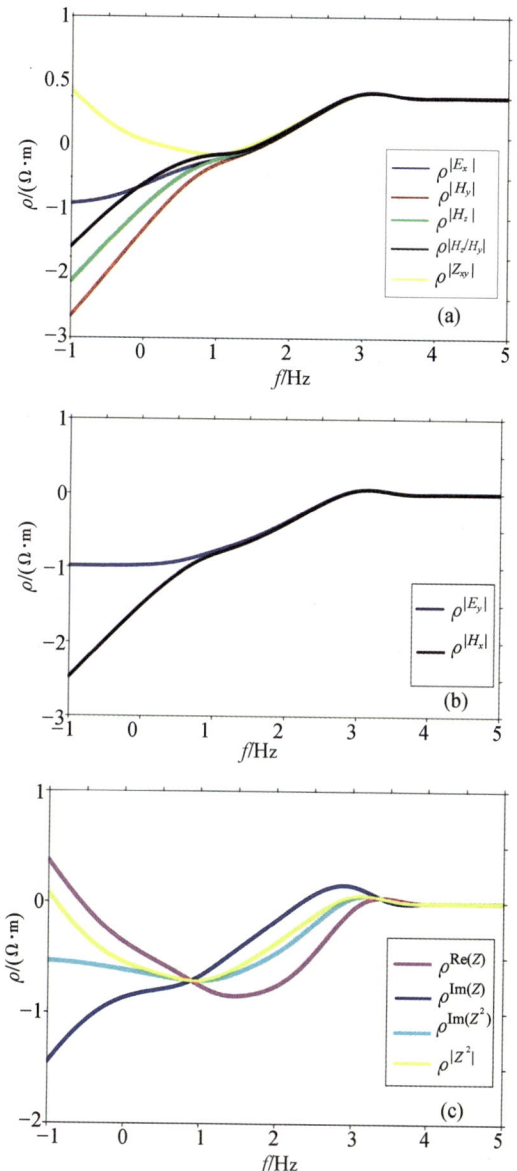

((a),(b),(c) 三图, $h_1 = h_2 = 500$ m, $\rho_1 = 1\ 000\ \Omega \cdot$m, $\rho_2 = 100\ \Omega \cdot$m)

图 3.2.4　D型情况下各视电阻率的计算结果示意图

从图 3.2.4（a）中可以看出，$\rho_w^{|H_x|}$、$\rho_w^{|H_z|}$、$\rho_w^{|E_x|}$、$\rho_w^{\left|\frac{H_z}{H_y}\right|}$这几个视电阻率大致能反映出地层的情况，从高频到低频曲线逐渐降低，但在进入低频阶段后，$\rho_w^{|Z_{xy}|}$却呈现上升趋势；在图 3.2.4（b）中，$\rho_w^{|E_y|}$、$\rho_w^{|H_x|}$能大致反映出地层的情况，从高频到低频曲线逐渐降低；在图 3.2.4（c）中，$\rho_w^{|Z_{xy}^2|}$、$\rho_w^{\text{Re}(Z_{xy})}$，实、虚部的视电阻率在进入低频阶段后，都呈现上升趋势，不能有效地反映出地层信息。

3）三层地层情况下各视电阻率的计算结果

（1）H 型（图 3.2.5）。

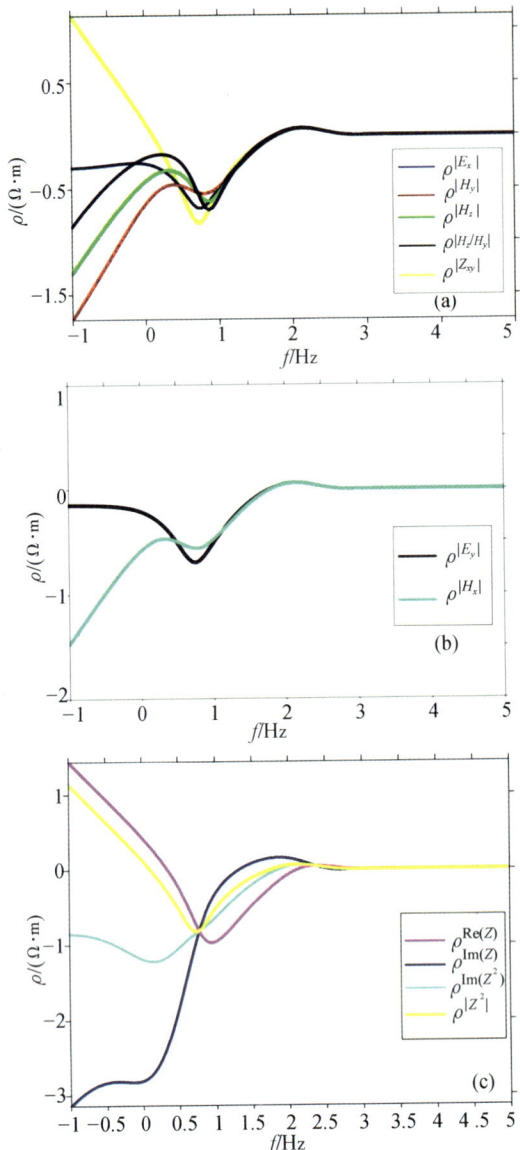

((a)、(b)、(c) 三图，$h_1 = h_2 = 500$ m，h_3 无限长，$\rho_1 = 100\ \Omega\cdot m$，$\rho_2 = 10\ \Omega\cdot m$，$\rho_3 = 1\,000\ \Omega\cdot m$)

图 3.2.5　H 型情况下各视电阻率的计算结果示意图

从图 3.2.5 中可以看出，$\rho_w^{|E_x|}$、$\rho_w^{|H_x|}$、$\rho_w^{|H_z|}$、$\rho_w^{|Z_{xy}|}$、$\rho_w^{\left|\frac{H_z}{H_y}\right|}$ 这 5 种视电阻率大致能反映出地层的情况，几条曲线呈 V 字形，但在进入低频阶段后，除了 $\rho_w^{|Z_{xy}|}$，其余视电阻率都呈现下降趋势；从图 3.2.5（b）中可以看出，$\rho_w^{|E_y|}$、$\rho_w^{|H_x|}$ 能大致反映出地层的情况，但在进入低频阶段后也呈现下降趋势；从图 3.2.5（c）中可以看出，$\rho_w^{|Z_{xy}^2|}$ 和 $\rho_w^{\mathrm{Re}(Z_{xy})}$ 大致能反映出地层的情况，虚部的视电阻率不能有效地反映出地层信息。

（2）A 型（图 3.2.6）。

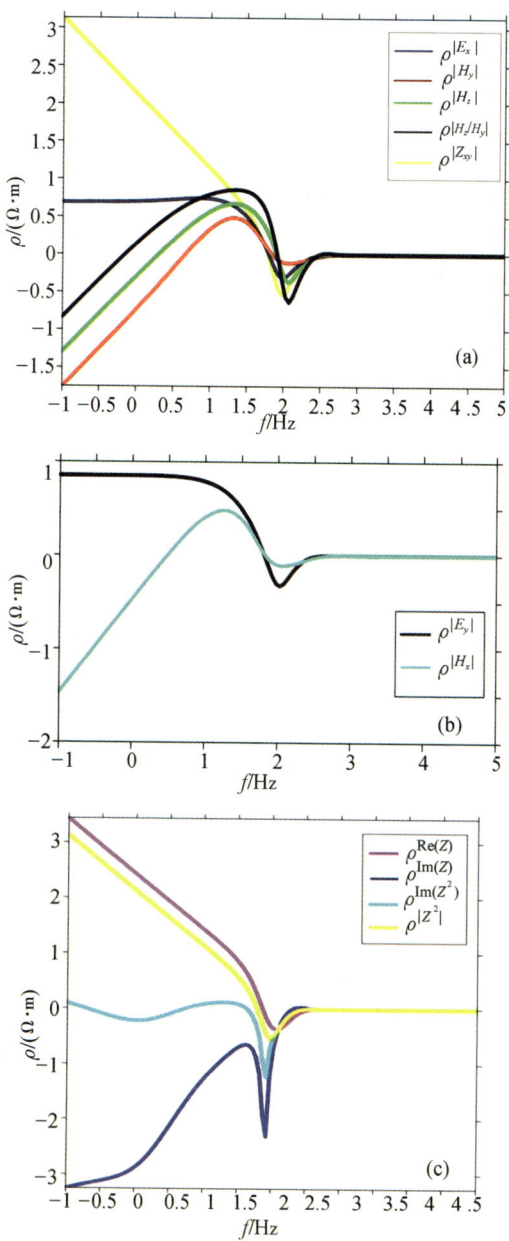

（(a)，(b)，(c)三图，$h_1 = h_2 = 500$ m，h_3 无限长，$\rho_1 = 100$ Ω·m，$\rho_2 = 1000$ Ω·m，$\rho_3 = 10000$ Ω·m）

图 3.2.6 A 型情况下各视电阻率的计算结果示意图

从图 3.2.6（a）中可以看出，除了 $\rho_w^{|Z_{xy}|}$ 曲线呈现逐渐上升的趋势外，其余的视电阻率在进入中低频阶段后都呈现下降趋势，不能反映出地层信息；从图 3.2.6（b）中可以看出，$\rho_w^{|E_y|}$ 大致能反映出地层的情况，而 $\rho_w^{|H_x|}$ 不能；从图 3.2.6（c）中可以看出，$\rho_w^{|Z_{xy}^2|}$ 和 $\rho_w^{\text{Re}(Z_{xy})}$ 大致能反映出地层的情况，虚部的视电阻率不能有效地反映出地层信息。

（3）K型（图3.2.7）。

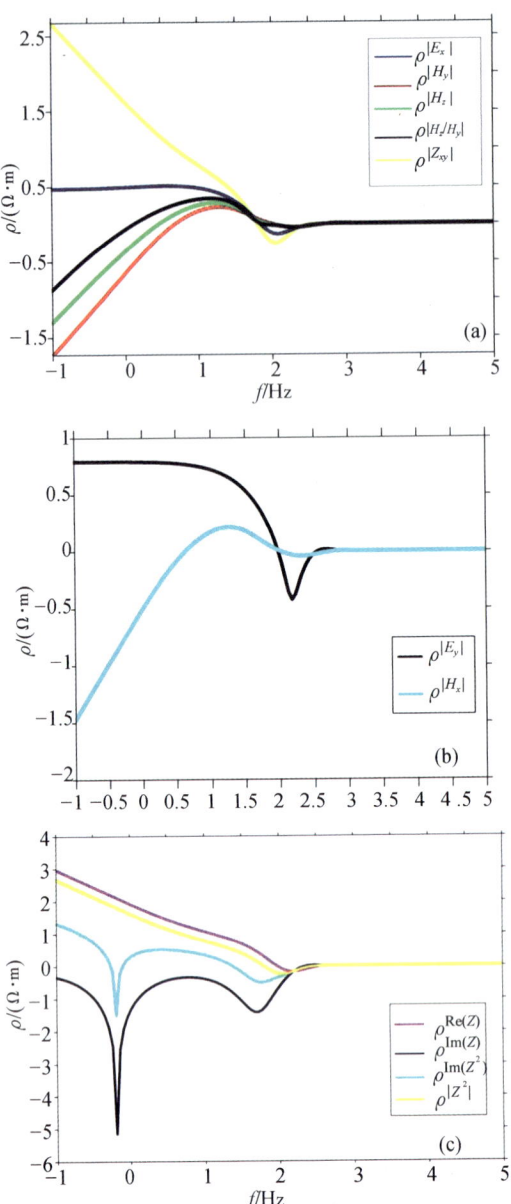

（(a),(b),(c)三图, $h_1 = h_2 = 500$ m, h_3 无限长, $\rho_1 = 100$ Ω·m, $\rho_2 = 10\,000$ Ω·m, $\rho_3 = 100$ Ω·m）

图3.2.7　K型情况下各视电阻率的计算结果示意图

从图3.2.7（a）中可以看出，除了 $\rho_w^{|Z_{xy}|}$ 和 $\rho_w^{|E_x|}$，$\rho_w^{|H_x|}$、$\rho_w^{|Hz|}$、$\rho_w^{\left|\frac{H_z}{H_y}\right|}$ 这3种视电阻率大致能反映出地层的情况，呈现出"凸"字形；从图3.2.7（b）中可以看出，$\rho_w^{|Hx|}$ 能大致反映出地层的情况，但 $\rho_w^{|E_y|}$ 不能；从图3.2.7（c）中可以看出，$\rho_w^{|Z_{xy}^2|}$ 和实、虚部的视电阻率都不能有效地反映出地层信息。

（4）Q 型（图 3.2.8）。

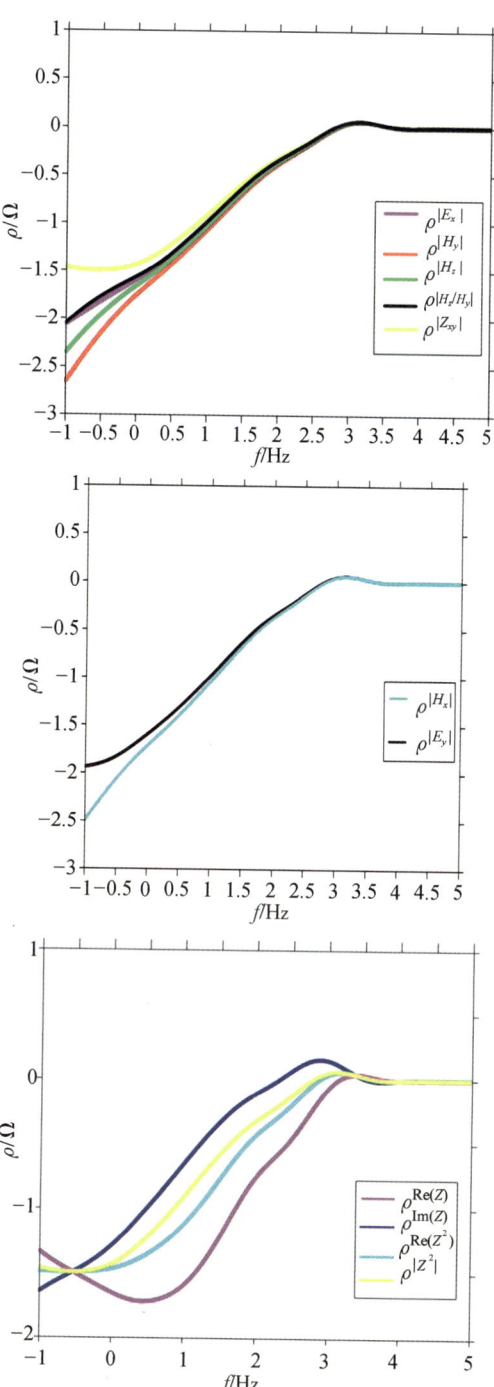

((a),(b),(c) 三图, $h_1 = h_2 = 500$ m, h_3 无限长, $\rho_1 = 1\,000\ \Omega \cdot$m, $\rho_2 = 100\ \Omega \cdot$m, $\rho_3 = 10\ \Omega \cdot$m)

图 3.2.8　Q 型情况下各视电阻率的计算结果示意图

从图 3.2.8 中可以看出，$\rho_w^{|E_x|}$、$\rho_w^{|E_y|}$、$\rho_w^{|H_y|}$、$\rho_w^{|H_x|}$、$\rho_w^{|H_z|}$、$\rho_w^{|Z_{xy}|}$、$\rho_w^{\left|\frac{H_z}{H_y}\right|}$、$\rho_w^{|H_x|}$、$\rho_w^{|Z^2_{xy}|}$ 和

虚部视电阻率这 10 种视电阻率均能反映出地层的情况，整体都呈现逐渐下降趋势，但 $\rho_w^{\mathrm{Re}(Z_{xy})}$ 的曲线在低频阶段发生了上翘，效果不太好。

4）地下含（不同厚度）低阻薄层

（1）E_x 的视电阻率（图 3.2.9）。

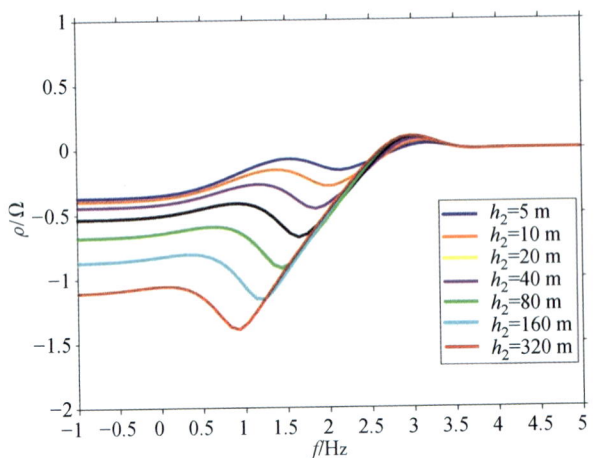

（模型为地下存在不同厚度低阻薄层的地层，$h_1 = 600$ m，$h_2 = $（5 10 20 40 80 160 320）m，h_3 无限长，$\rho_1 = 1\,000\ \Omega \cdot$m，$\rho_2 = 10\ \Omega \cdot$m，$\rho_3 = 1\,000\ \Omega \cdot$m）

图 3.2.9　低阻薄层

由于地层中含有低阻层的存在，理论上应呈现出"凹"字形。从图中可以看出，当低阻薄层的厚度不断增加时，$\rho_w^{|E_x|}$ 视电阻率能反映地层的变化情况，且随厚度不断增加，效果越明显。

（2）Z_{xy} 的视电阻率（图 3.2.10）。

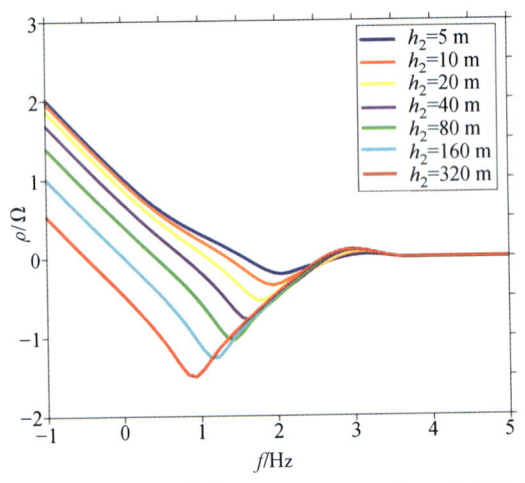

（模型为地下存在不同厚度低阻薄层的地层，$h_1 = 600$ m，$h_2 = $（5 10 20 40 80 160 320）m，h_3 无限长，$\rho_1 = 1\,000\ \Omega \cdot$m，$\rho_2 = 10\ \Omega \cdot$m，$\rho_3 = 1\,000\ \Omega \cdot$m）

图 3.2.10　Z_{xy} 的视电阻率

从图中可以看出，当低阻薄层的厚度不断增加时，$\rho_w^{|Z_{xy}|}$ 视电阻率大致能反映地层的变化情况，且随厚度不断增加，"凹"的程度越明显，但在低频阶段发生了上翘现象。

（3）Z_{xy} 实部的视电阻率（图 3.2.11）。

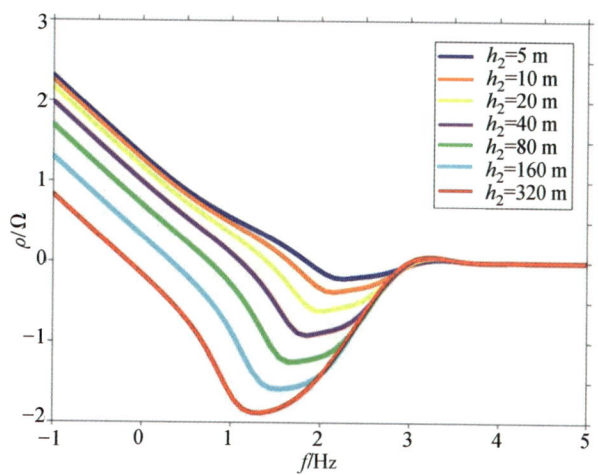

（模型为地下存在不同厚度低阻薄层的地层，$h_1 = 600$ m，$h_2 =$（5 10 20 40 80 160 320）m，h_3 无限长，$\rho_1 = 1\,000$ Ω·m，$\rho_2 = 10$ Ω·m，$\rho_3 = 1\,000$ Ω·m）

图 3.2.11 Z_{xy} 实部的视电阻率

从图中可以看出，当低阻薄层的厚度不断增加时，$\rho_w^{\text{Re}(Z_{xy})}$ 视电阻率能反映地层的变化情况，且随厚度不断增加，效果越明显。

5）地下存在（不同电阻率）低阻薄层

（1）Z_{xy} 的视电阻率（图 3.2.12）。

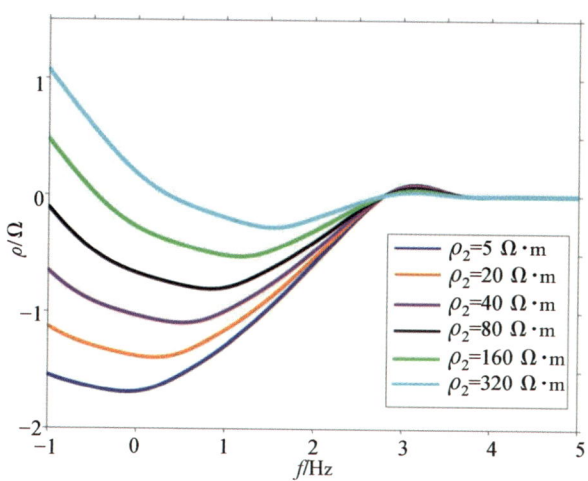

（模型为地下存在不同电阻率低阻薄层的地层，$h_1 = 500$ m，$h_2 = 50$ m，h_3 无限长，$\rho_1 = 1\,000$ Ω·m，$\rho_2 =$（5 20 40 80 160 320）Ω·m，$\rho_3 = 1\,000$ Ω·m）

图 3.2.12 Z_{xy} 的视电阻率

从图中可以看出，当低阻薄层的电阻率较小时，$\rho_w^{|Z_{xy}|}$ 视电阻率反映地层的变化情况不是很好，但当低阻薄层的电阻率逐渐增加后，$\rho_w^{|Z_{xy}|}$ 视电阻率能反映出地层的变化情况。

（2）Z_{xy} 实部的视电阻率（图 3.2.13）。

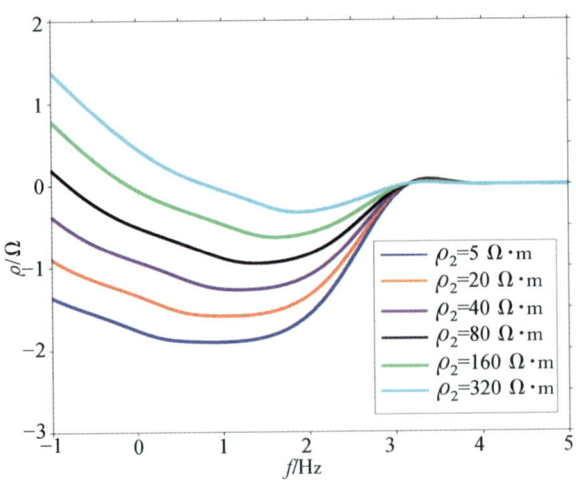

（模型为地下存在不同电阻率低阻薄层的地层，$h_1 = 500$ m，$h_2 = 50$ m，h_3 无限长，$\rho_1 = 1\,000\ \Omega \cdot m$，$\rho_2 = (5\ 20\ 40\ 80\ 160\ 320)\ \Omega \cdot m$，$\rho_3 = 1\,000\ \Omega \cdot m$）

图 3.2.13　Z_{xy} 实部的视电阻率

从图中可以看出，$\rho_w^{\text{Re}(Z_{xy})}$ 视电阻率基本能反映地层的变化情况，在同一个模型情况下，比 $\rho_w^{|Z_{xy}|}$ 视电阻率的效果更好。

6）低阻薄层覆盖 H 型（不同厚度）

Z_{xy} 的视电阻率如图 3.2.14 所示。

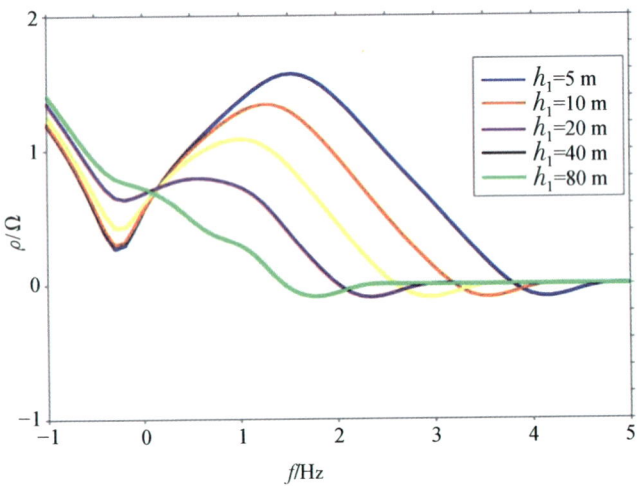

（模型为上层覆盖不同厚度薄层的 H 型地层，$h_1 = (5\ 10\ 20\ 40\ 80)$ m，$h_2 = h_3 = 500$ m，h_4 无限长，$\rho_1 = 1\ \Omega \cdot m$，$\rho_2 = 100\ \Omega \cdot m$，$\rho_3 = 1\ \Omega \cdot m$，$\rho_4 = 100\ \Omega \cdot m$）

图 3.2.14　Z_{xy} 的视电阻率

从图中可以看出，当覆盖层厚度较小时，$\rho_w^{|Z_{xy}|}$ 视电阻率可以反映出地层的变化情况，但当覆盖层厚度增加到一定程度后，$\rho_w^{|Z_{xy}|}$ 视电阻率不能反映出地层的变化情况。

2. 垂直磁偶极子源的波区视电阻率

可以证明,对于任意一种场源,当观察点与场源相距一定距离时,其切向电场和磁场将具有类似的函数关系。此时,它们的比值不再依赖于收发距。而且,该比值几乎准确地等于垂直向下入射的平面波的波阻抗,具有这种关系的区域称为电磁场的波区。

$$\rho_\omega^{|E_y|} = \frac{2\pi r^4}{3M} |E_y| \tag{3.2.29a}$$

$$\rho_\omega^{|H_x|} = \left(\frac{2\pi r^4}{3M}\right)^2 \mu\omega |H_x|^2 \tag{3.2.29b}$$

$$\rho_\omega^{|H_z|} = \frac{2\pi r^5}{3M} \mu\omega |H_z| \tag{3.2.29c}$$

$$\rho_\omega^{|Z_{yx}|} = \frac{1}{\mu\omega} |Z_{yx}|^2 = \frac{1}{\mu\omega} \left|\frac{E_y}{H_x}\right|^2 \tag{3.2.29d}$$

$$\rho_\omega^{|H_z/H_x|} = \frac{r^2\mu\omega}{9} \left|\frac{H_z}{H_x}\right|^2 \tag{3.2.29e}$$

必须指出的是,由于电磁场在近区具有不同的渐进特性,因此,在双对数坐标中,波区视电阻率和近区必然产生畸变,因而不能客观反映地电断面的电性变化,这种畸变现象也称为非波区效应。

波区各视电阻率数值模拟如下:

1)均匀半空间

图 3.2.15 是均匀半空间垂直磁偶极子时磁场视电阻率的计算对比。图 3.2.15 表明,在波区,3 种视电阻率都收敛于真电阻率;在近区,则呈现不同的畸变,表现为不同的上升或下降渐近线;在过渡带,3 种视电阻率有明显的不同,单分量视电阻率表现为凹陷上升后快速地进入近区,而比值视电阻率表现为凹陷后上升,经过一段较为平缓的变化后进入近区。这种过渡区的平缓变化是垂直磁偶源磁场比值视电阻率所特有的。这种过渡带向低频段的扩展可以扩大频率测深的频率范围。

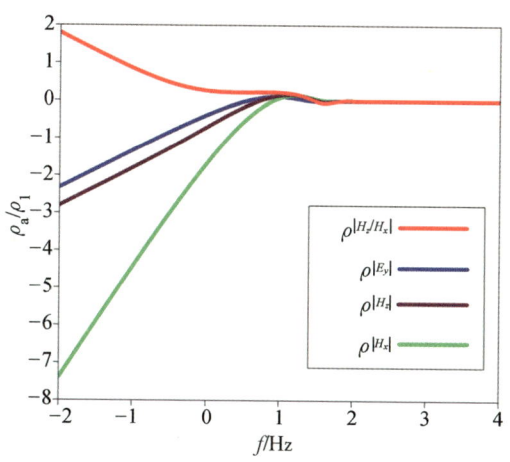

图 3.2.15 均匀半空间($\rho_1 = 100\ \Omega\cdot m$)

2）两层介质

图 3.2.16 为两层 D 型断面（$\rho_1 = 100\ \Omega\cdot m$，$h_1 = 500\ m$，$\rho_2 = 1\ \Omega\cdot m$）垂直磁偶极子的视电阻率的计算对比图。由图可知：在波区，3 种视电阻率都收敛于真电阻率；在近区，表现为不同的上升渐近线；在过渡带，3 种视电阻率的变化基本相同，均表现为出现凹陷后，快速下降。

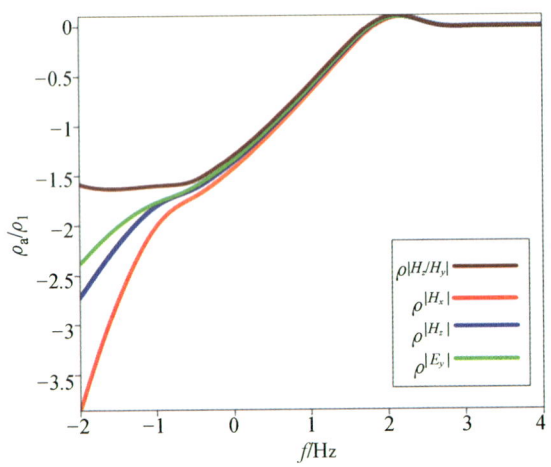

图 3.2.16　两层 D 型断面（$\rho_1 = 100\ \Omega\cdot m$，$h_1 = 500\ m$，$\rho_2 = 1\ \Omega\cdot m$）

图 3.2.17 为两层 G 型断面（$\rho_1 = 1\ \Omega\cdot m$，$h_1 = 500\ m$，$\rho_2 = 100\ \Omega\cdot m$）垂直磁偶极子的视电阻率的计算对比图。由图可知：在波区，3 种视电阻率都收敛于真电阻率；在近区，表现为不同的上升或下降的渐近线；在过渡带，3 种视电阻率的变化基本相同，均表现为出现向下凹陷后，快速上升。其中，比值视电阻率的凹陷和上升速度较快，单分量的视电阻率也表现出相同的变化，但是变化的程度有所不同。

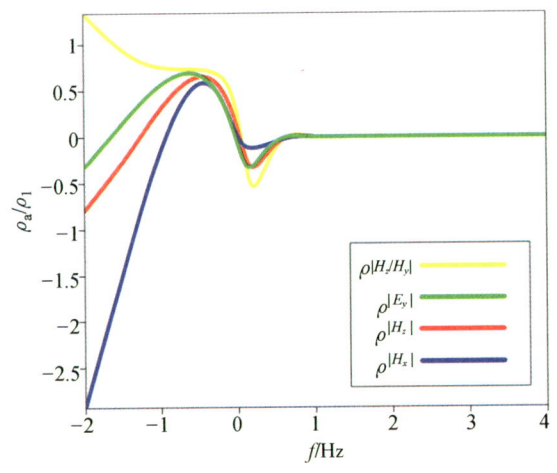

图 3.2.17　两层 G 型断面（$\rho_1 = 1\ \Omega\cdot m$，$h_1 = 500\ m$，$\rho_2 = 100\ \Omega\cdot m$）

3）三层介质

图 3.2.18 是三层 H 型断面（$\rho_1 = 100\ \Omega \cdot m$，$\rho_2 = 1\ \Omega \cdot m$，$\rho_3 = 100\ \Omega \cdot m$，$h_1 = h_2 = 500\ m$）上，磁偶极子源的视电阻率的计算对比。由图可见：在远区，3 种视电阻率具有相同的特征，反映了地电面的客观变化；在近区，3 种视电阻率具有不同的上升或下降渐进线；由于层状介质中场的复杂性，过渡带 3 种电阻率曲线也较为复杂。由于过渡带凹陷和中间低阻层的调谐叠加，磁场比值视电阻率的极小值小于第二层的真电阻率。同样在进入近区之前，磁场比值视电阻率经历了较平缓的变化，其他断面上的结果也表现出类似的特征。

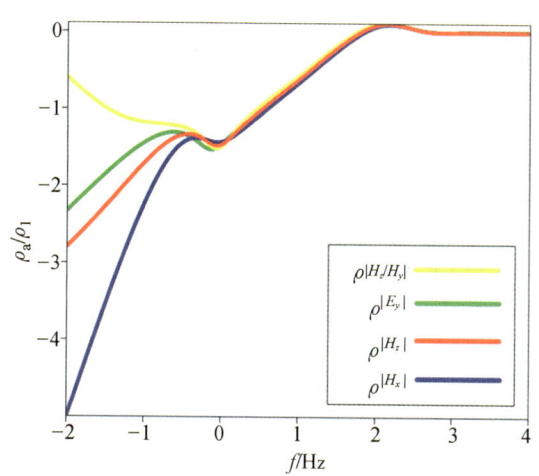

图 3.2.18　三层 H 型断面（$\rho_1 = 100\ \Omega \cdot m$，$\rho_2 = 1\ \Omega \cdot m$，$\rho_3 = 100\ \Omega \cdot m$，$h_1 = h_2 = 500\ m$）

图 3.2.19 是三层 K 型断面（$\rho_1 = 1\ \Omega \cdot m$，$\rho_2 = 100\ \Omega \cdot m$，$\rho_3 = 10\ \Omega \cdot m$，$h_1 = h_2 = 500\ m$）上磁偶极子源的视电阻率的计算对比。由图可见：在远区，3 种视电阻率具有相同的特征，均收敛于第一层大地的电阻率；在近区，3 种视电阻率具有不同的上升或下降渐进线；由于层状介质中场的复杂性，过渡带 3 种电阻率曲线也较为复杂。在过渡带，中间层为一高阻层，由于调谐叠加，在视电阻率图像上出现了假极小值，之后快速上升进入近区。

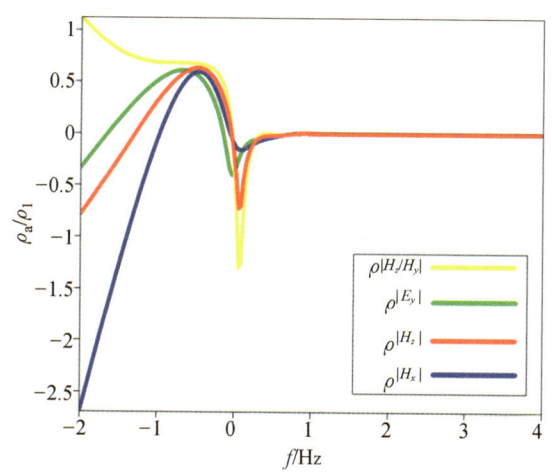

图 3.2.19　三层 K 型断面（$\rho_1 = 1\ \Omega \cdot m$，$\rho_2 = 100\ \Omega \cdot m$，$\rho_3 = 10\ \Omega \cdot m$，$h_1 = h_2 = 500\ m$）

图 3.2.20 为 A 型断面（$\rho_1 = 1\ \Omega\cdot m$, $\rho_2 = 10\ \Omega\cdot m$, $\rho_3 = 100\ \Omega\cdot m$, $h_1 = h_2 = 500\ m$）上垂直磁偶极子的视电阻率的计算对比。其特征和两层 G 型断面有所相似：在波区，3 种视电阻率都收敛于真电阻率；在近区，表现为不同的上升或下降的渐近线；在过渡带，3 种视电阻率的变化基本相同，均表现为出现向下凹陷后，快速上升。其中，比值视电阻率的凹陷和上升速度较快，单分量的视电阻率也表现出相同的变化，但是变化的程度有所不同。

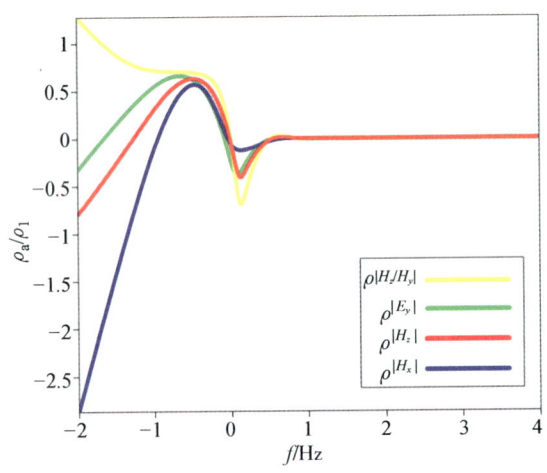

图 3.2.20　三层 A 型断面（$\rho_1 = 1\ \Omega\cdot m$, $\rho_2 = 10\ \Omega\cdot m$, $\rho_3 = 100\ \Omega\cdot m$, $h_1 = h_2 = 500\ m$）

图 3.2.21 为三层 Q 型断面（$\rho_1 = 100\ \Omega\cdot m$, $\rho_2 = 10\ \Omega\cdot m$, $\rho_3 = 1\ \Omega\cdot m$, $h_1 = h_2 = 500\ m$）上垂直磁偶极子的视电阻率的计算对比图。其特征同两层 D 型电阻率曲线相似，但曲线变化更为平缓：在波区，3 种视电阻率都收敛于真电阻率；在近区，表现为不同的上升渐近线；在过渡带，3 种视电阻率的变化基本相同，均表现为出现凹陷后，快速下降。

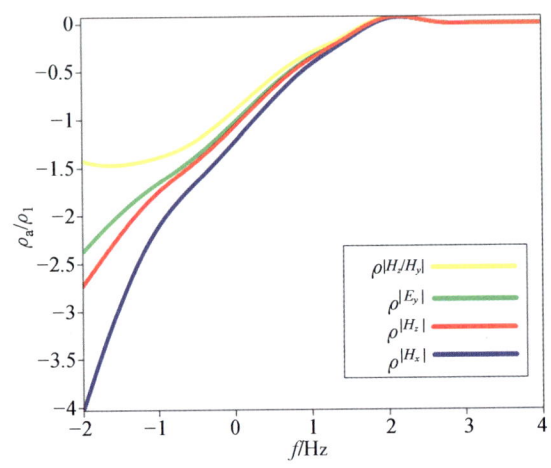

图 3.2.21　三层 Q 型断面（$\rho_1 = 100\ \Omega\cdot m$, $\rho_2 = 10\ \Omega\cdot m$, $\rho_3 = 1\ \Omega\cdot m$, $h_1 = h_2 = 500\ m$）

4）不同厚度低阻层的视电阻率

图 3.2.22 ~ 图 3.2.25 是不同厚度的低阻层的视电阻率对比图。其中 $\rho_1 = 100\,\Omega\cdot m$，$\rho_2 = 1\,\Omega\cdot m$，$\rho_3 = 100\,\Omega\cdot m$，$h_1 = 500\,m$，$h_2 = 100\,m$，$200\,m$，$300\,m$，$400\,m$，$500\,m$。在视电阻率图（$E_y$）上，随着中间层的厚度不断增加，曲线的形态并没有发生改变，但在过渡区视电阻的值在增加。在视电阻率图（H_x）上，随着中间层的厚度不断增加，过渡区视电阻的值在减小，近区视电阻率在增加。在视电阻率图（H_z）上，随着中间层的厚度不断增加，过渡区视电阻的值在减小，近区视电阻率并未发生改变。在比值视电阻率的图中，随着中间层的厚度不断增加，近区和过渡区的电阻率均有所上升。

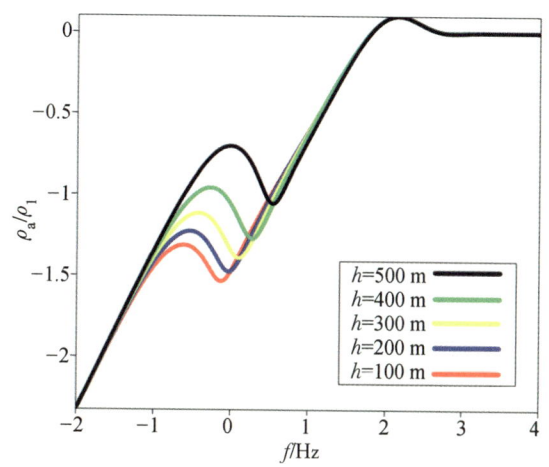

图 3.2.22　不同层厚的低阻薄层的视电阻率（E_y）对比

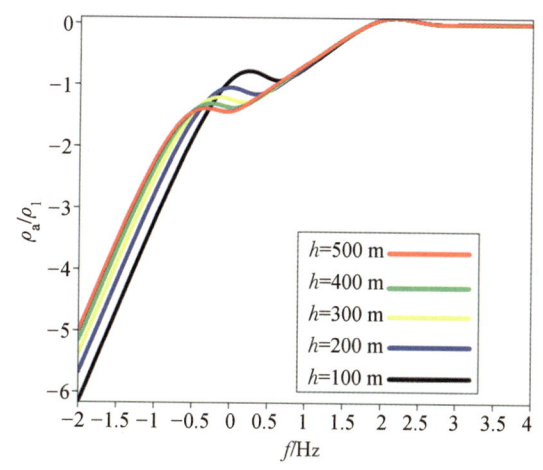

图 3.2.23　不同层厚的高阻薄层的视电阻率（H_x）对比

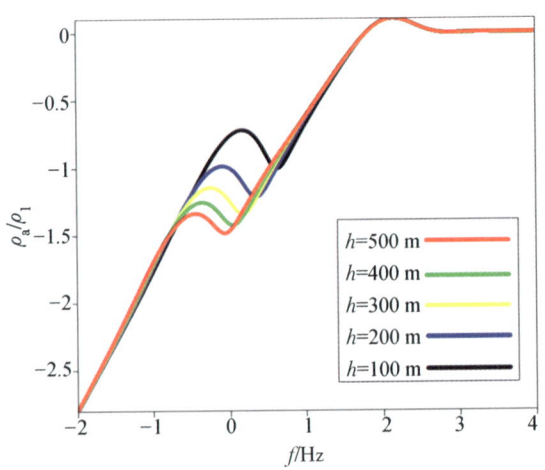

图 3.2.24　不同层厚的高阻薄层的视电阻率（H_z）对比

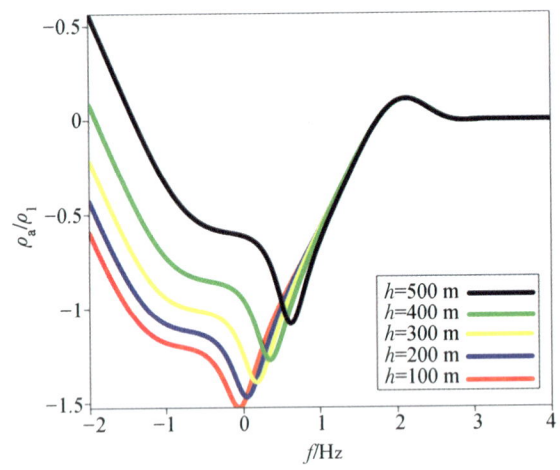

图 3.2.25　不同层厚的低阻薄层的视电阻率（H_z/H_x）对比

5）不同厚度高阻层的视电阻率

图 3.2.26 ~ 图 3.2.29 是不同厚度的高阻层的视电阻率对比。其中，$\rho_1 = 1\,\Omega\cdot m$，$\rho_2 = 100\,\Omega\cdot m$，$\rho_3 = 1\,\Omega\cdot m$，$h_1 = 500\,m$，$h_2 = 100\,m$，$200\,m$，$300\,m$，$400\,m$，$500\,m$。在视电阻率图（$E_y$）上，随着中间层的厚度不断增加，曲线的形态并没有发生改变，在过渡区视电阻的值在增加。在视电阻率图（H_x）上，随着中间层的厚度不断增加，过渡区视电阻的值增加。在视电阻率图（H_z）上，随着中间层的厚度不断增加，过渡区视电阻的值在增加，近区视电阻率并未发生改变。在比值视电阻率的图中，随着中间层的厚度不断增加，近区电阻率均有所上升，过渡区电阻率减小。

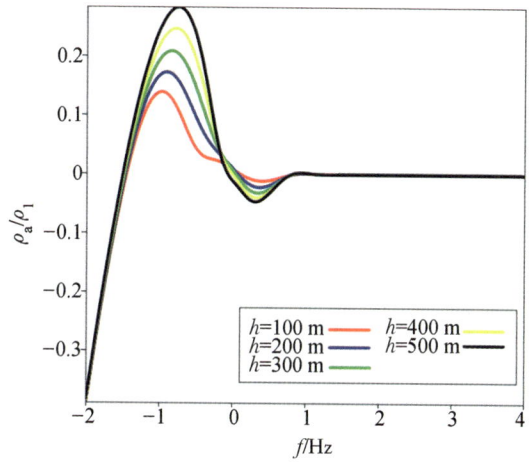

图 3.2.26　不同层厚的高阻薄层的视电阻率（E_y）对比

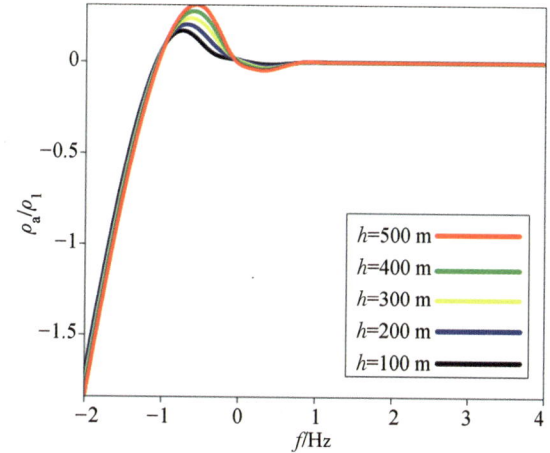

图 3.2.27　不同层厚的高阻薄层的视电阻率（H_x）对比

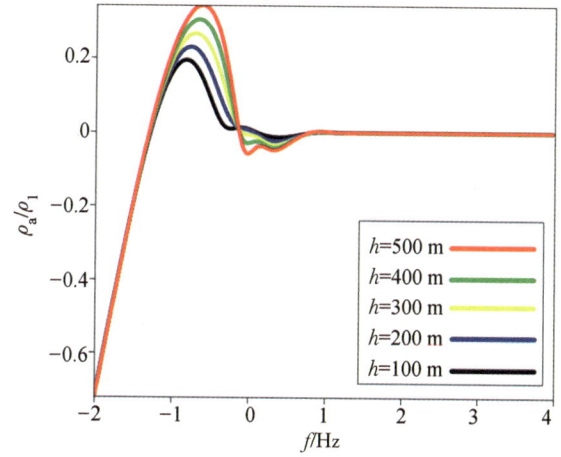

图 3.2.28　不同层厚的高阻薄层的视电阻率（H_z）对比

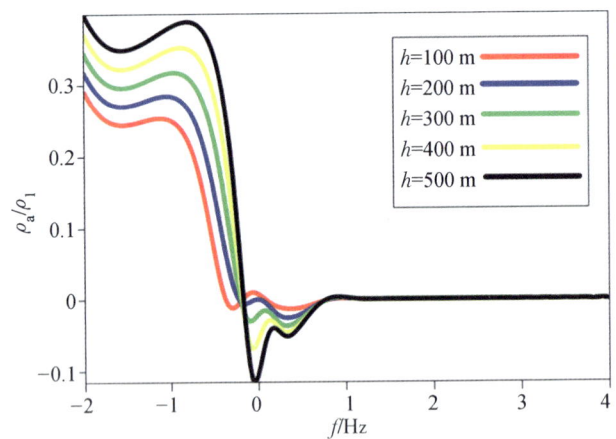

图 3.2.29　不同层厚的高阻薄层的视电阻率（H_z/H_x）对比

与不同厚度低阻层的探测效果相对比，可以发现相同的厚度变化，地下低阻体明显具有较好的分辨率。

6）不同电阻率低阻层视电阻率

图 3.2.30～图 3.2.33 是不同电阻率的低阻层的视电阻率对比图。其中 $\rho_1 = 100\,\Omega\cdot\mathrm{m}$，$\rho_3 = 100\,\Omega\cdot\mathrm{m}$，$h_1 = h_2 = 500\,\mathrm{m}$，$\rho_2 = 1\,\Omega\cdot\mathrm{m}$、$10\,\Omega\cdot\mathrm{m}$、$20\,\Omega\cdot\mathrm{m}$、$50\,\Omega\cdot\mathrm{m}$、$100\,\Omega\cdot\mathrm{m}$。在视电阻率图（$E_y$）上，随着中间层的电阻率不断增加，过渡区视电阻的值在增加。在视电阻率图（H_x）上，随着中间层的电阻率不断增加，过渡区视电阻的值在增加，但近区视电阻率值在减小。视电阻率图（H_x）与 E_y 视电阻率图有相似特征。在比值视电阻率图（H_z/H_x）上，随着中间层的电阻率不断增加，在过渡区和近区视电阻的值在增加。可以看出，随着中间层电阻率增加，视电阻率的差异慢慢减小，当中间层电阻率大于 $50\,\Omega\cdot\mathrm{m}$ 时，电阻率差异已很小，则可近视认为对中间层电阻率小于 $50\,\Omega\cdot\mathrm{m}$ 的低阻层有较好的分辨率。

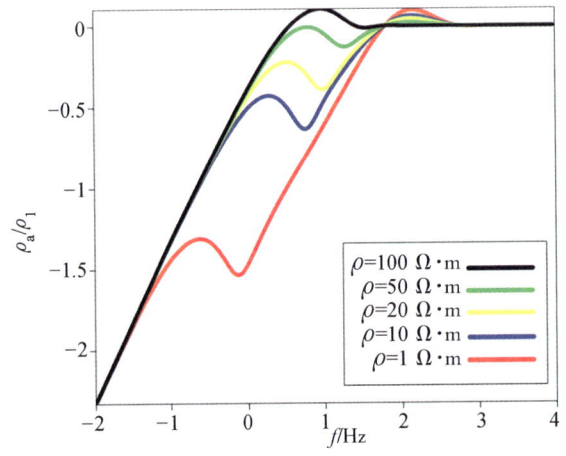

图 3.2.30　不同电阻率的低阻层的视电阻率（E_y）对比

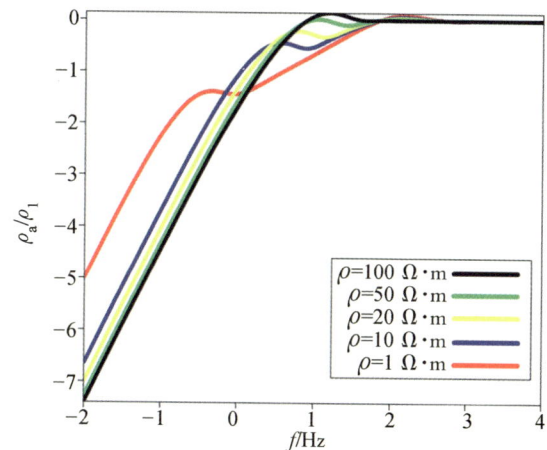

图 3.2.31 不同电阻率的低阻层的视电阻率（H_x）对比

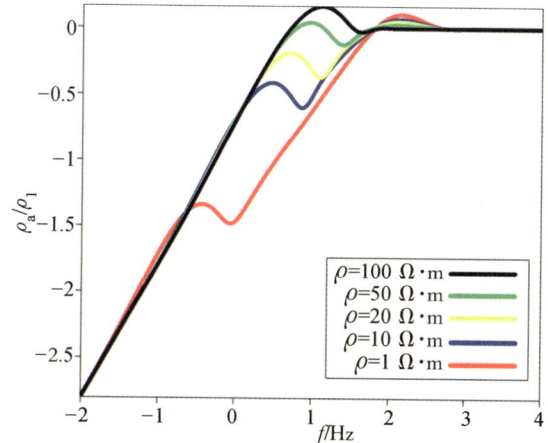

图 3.2.32 不同电阻率的低阻层的视电阻率（H_z）对比

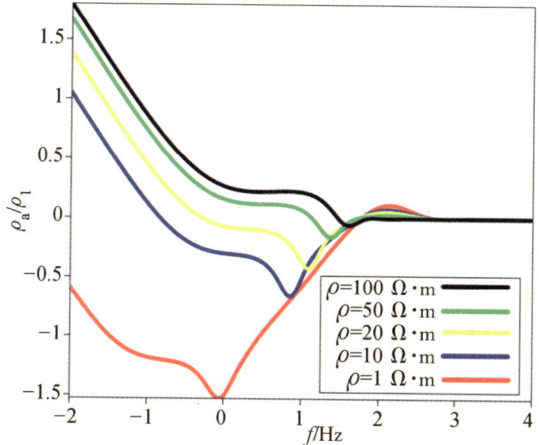

图 3.2.33 不同电阻率的低阻层的视电阻率（H_z/H_x）对比

7）不同电阻率高阻层视电阻率

图 3.2.34～图 3.2.37 是不同电阻率的高阻层的视电阻率对比图。其中，$\rho_1 = 1\,\Omega\cdot m$，$\rho_3 = 1\,\Omega\cdot m$，$h_1 = h_2 = 500\,m$，$\rho_2 = 1\,\Omega\cdot m$、$10\,\Omega\cdot m$、$20\,\Omega\cdot m$、$50\,\Omega\cdot m$、$100\,\Omega\cdot m$。在视电阻率图（$E_y$）上，随着中间层的电阻率不断增加，过渡区视电阻的值在增加。在视电阻率图（H_x）上，随着中间层的电阻率不断增加，过渡区视电阻的值在增加，但近区视电阻率值在减小。视电阻率图（H_x）与 E_y 视电阻率图有相似特征。在比值视电阻率图（H_z/H_x）上，随着中间层的电阻率不断增加，近区视电阻的值在增加，过渡区视电阻率值在减小。由图可知，当电阻率大于 $10\,\Omega\cdot m$ 时，视电阻率图像已分辨不清。可以认为，对地下高阻体探测 ρ 低于 $10\,\Omega\cdot m$ 能较好地分辨。

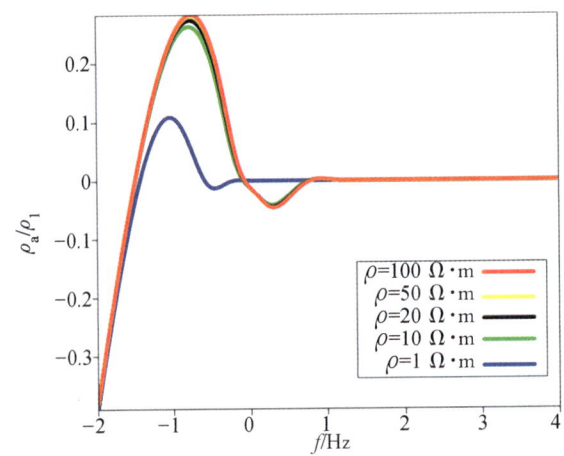

图 3.2.34　不同电阻率的高阻阻层的视电阻率（E_y）对比

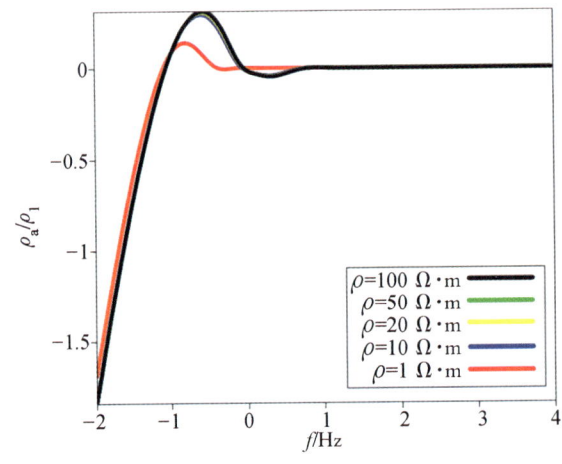

图 3.2.35　不同电阻率的高阻阻层的视电阻率（H_x）对比

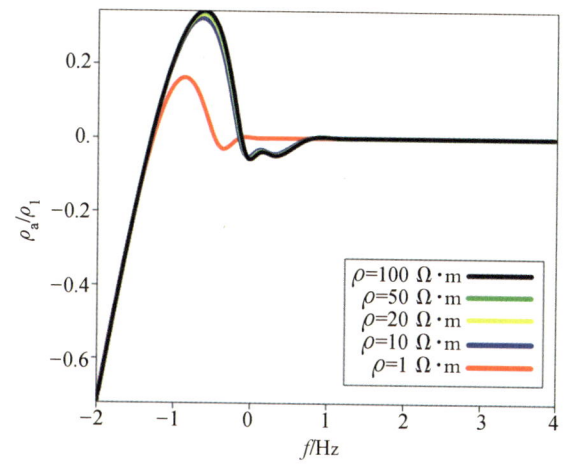

图 3.2.36 不同电阻率的高阻阻层的视电阻率（H_z）对比

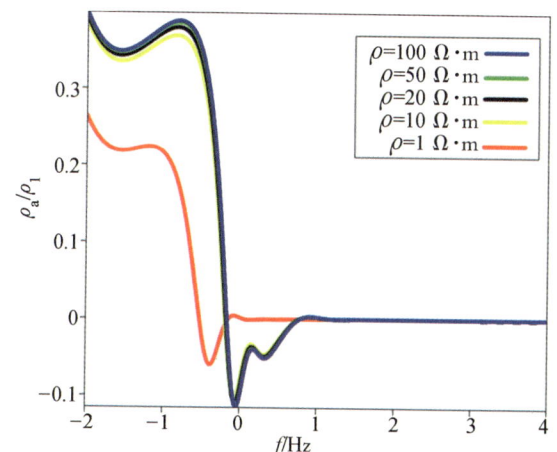

图 3.2.37 不同电阻率的高阻层的视电阻率（H_z/H_x）对比

8) 小结

均匀介质中，在波区，3 种视电阻率都收敛于大地表层真电阻率；在近区，则呈现不同的畸变，表现为不同的上升或下降渐近线；在过渡带，3 种视电阻率有明显的不同，单分量视电阻率表现为凹陷上升后快速地进入近区，而比值视电阻率表现为凹陷后上升。在两层介质中，D 型断面表现为单调上升曲线，靠近波区出现假极大值，进入波区收敛于大地表层电阻率。G 型断面在靠近波区出现假极小值，进入波区则趋于真电阻率。在三层介质中，随着中间层厚度增加，曲线形态不会改变，但视电阻率会增大，同时曲线极大值增大，而极小值减小。随着中间层的电阻率增加，曲线也会出现相同的现象。不论何种地下模型，在波区，视电阻率均收敛于大地的真电阻率。在近区，单分量的视电阻率表现为下降，比值视电阻率表现为上升；在过渡区，情况较为复杂，一般会出现一段假的极小值。

（1）不同类型的视电阻率曲线在高频段都趋于真值，过渡带存在假极值，低频段都有一定的渐近线特征。

（2）固定地电模型的层厚，夹层相对上覆层下垫层的电性差异越大，视电阻率曲线特征越明显，并且低阻夹层较高阻夹层更灵敏。

（3）固定地电模型的电性差异，随着夹层层厚的增加，分辨率越好，其中低阻夹层更明显。

（4）在表层具有低阻覆盖层的情况下，各类型电阻率曲线特征更复杂。

（5）磁偶极子源在不同低阻夹层的 H_x 视电阻率曲线相比其他类型视电阻率曲线更具有丰富的特征。

（6）不论何种模型中，在波区，视电阻率均收敛于大地表层真电阻率；在近区，视电阻率曲线具有相同的变化，在过渡区则各有差异。

（7）垂直磁偶极子对地下低阻层探测分辨率优于地下高阻层。具体的探测分辨率依赖于相邻地层的电阻率与厚度。

3.2.4 二维模型电偶极子场及正演模拟

一切电磁场问题，严格说来都应在三维空间内进行分析和讨论，电磁法勘探也是如此。由于地层的结构在许多情况下可看成是无限大的水平均匀分层媒质，因此可作为一维情况下的电磁场进行分析计算，这种近似取得了很好的效果。对于有源电磁法勘探来讲，当把一维情况下得出的结论应用到二维、三维时，则出现了各种各样的问题，如静态效应、场源效应、地形影响、记录点等，这就有了各种校正的要求与方法。实际上这些校正都是从一维角度出发的，就是将实际由二维、三维（更多的是三维）情况下得到的电磁场数据校正到一维时的响应形态，然后再用一维的方法去解释，得出地质结论。这些校正方法都取得了不少研究成果，也取得了很好的实用效果，同时也存在一些问题。因此应进一步研究二维、三维情况下电磁场的响应特征，以适应日趋复杂的地质勘探任务。作为向三维的过渡，我们探讨一下二维地电断面的情况。

1. 电磁场方程的建立

对于水平电偶极子电磁勘探来讲，场是三维的；当地电模型为二维时，场仍是三维的，这就是二维模型三维场即维半问题。此时需在平行于构造方向作傅里叶变换，将二维模型三维场变换为二维模型二维场，进而求解。然后再通过傅里叶逆变换将求解结果变成二维模型三维场响应。而如果将水平电偶极沿地层走向延伸到无限远，电偶极源变成了线源，那么对于二维地电模型来说场也就是二维的了，如图 3.2.38 所示。

此问题的求解区域包括空中与地下两部分。其中设大地为分区均匀、线性、各向同性、时不变的导电媒质，则含源情况下谐变电磁场（取谐变因子为 $e^{i\omega t}$）微分形式的麦克斯韦方程组为：

$$\nabla = \boldsymbol{H} = \boldsymbol{J} + \boldsymbol{J}_c - i\omega \boldsymbol{D} \qquad (3.2.30a)$$

$$\nabla \times \boldsymbol{E} = i\omega \boldsymbol{B} \qquad (3.2.30b)$$

$$\nabla \cdot \boldsymbol{B} = 0 \qquad (3.2.30c)$$

$$\nabla \cdot \boldsymbol{D} = 0 \qquad (3.2.30d)$$

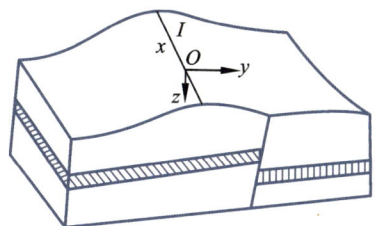

图 3.2.38　二维地电模型与坐标系

媒质特征方程为：

$$\boldsymbol{D} = \varepsilon \boldsymbol{E} \tag{3.2.31a}$$

$$\boldsymbol{B} = \mu \boldsymbol{H} \tag{3.2.31b}$$

$$\boldsymbol{J}_c = \sigma \boldsymbol{E} \tag{3.2.31c}$$

媒质分界面上的边界条件为：

$$H_{2t} - H_{1t} = 0 \tag{3.2.32a}$$

$$E_{2t} - E_{1t} = 0 \tag{3.2.32b}$$

$$B_{2n} - B_{1n} = 0 \tag{3.2.32c}$$

$$D_{2n} - D_{1n} = 0 \tag{3.2.32d}$$

对式（3.2.30b）两边取旋度，并考虑（3.2.30a）及式（3.2.30d）、式（3.2.31）后可得电场的矢量非齐次亥姆霍兹方程：

$$\nabla^2 \boldsymbol{E} + k^2 \boldsymbol{E} = -\mathrm{i}\omega\mu \boldsymbol{J} \tag{3.2.33}$$

式中：$k^2 = \omega^2 \mu\varepsilon + \mathrm{i}\omega\mu\sigma$。

取直角坐标，如图 3.2.28 所示，电场 E_x 分量的标量非齐次亥姆霍兹方程为：

$$\frac{\partial^2 E_x}{\partial y^2} + \frac{\partial^2 E_x}{\partial z^2} + k^2 E_x = -\mathrm{i}\omega\mu J_x \tag{3.2.34}$$

式（3.2.34）中电流密度 J_x 可用供入地下的电流 I 和 δ 函数表示，那么最后有：

$$\frac{\partial^2 E_x}{\partial y^2} + \frac{\partial^2 E_x}{\partial z^2} + k^2 E_x = -\mathrm{i}\omega\mu I \delta(y)\delta(z) \tag{3.2.35}$$

2. 对应的等价变分问题

根据变分原理，对于公式（3.2.35）可构造如下泛函：

$$\begin{aligned} I[E_x] &= -\int_\Omega \frac{1}{\mu}\left(\frac{\partial^2 E_x}{\partial y^2} + \frac{\partial^2 E_x}{\partial z^2} + k^2 E_x\right)E_x \mathrm{d}\Omega - \int_\Omega 2E_x[\mathrm{i}\omega I \delta(y)\delta(z)]\mathrm{d}\Omega \\ &= -\int_\Omega \frac{1}{\mu}(\nabla^2 E_x + k^2 E_x)E_x \mathrm{d}\Omega - 2\mathrm{i}\omega I \int_\Omega \delta(y)\delta(z)E_x \mathrm{d}\Omega \\ &= -\int_\Omega \frac{1}{\mu}(E_x \nabla^2 E_x + k^2 E_x)\mathrm{d}\Omega - 2\mathrm{i}\omega I \int_\Omega \delta(y)\delta(z)E_x \mathrm{d}\Omega \end{aligned} \tag{3.2.36}$$

式中的右端项对应于亥姆霍兹方程的泛函。若函数 $E_x \nabla E_x$ 具有一阶连续导数，则可应用格林定理，使式（3.2.36）中的被积函数降阶。

对恒等式

$$\frac{1}{\mu}\nabla \cdot E_x \nabla E_x = \frac{1}{\mu} E_x \nabla \cdot \nabla E_x + \frac{1}{\mu} \nabla E_x \cdot \nabla E_x = \frac{1}{\mu} E_x \nabla^2 E_x + \frac{1}{\mu}|\nabla E_x|^2 \quad (3.2.37)$$

的两边进行面积分，且应用高斯散度定理，有

$$\frac{1}{\mu}\int_\Omega \nabla \cdot E_x \nabla E_x \mathrm{d}\Omega = \frac{1}{\mu}\int_L E_x \nabla E_x \cdot \mathrm{d}\bar{l} = \frac{1}{\mu}\int_\Omega (E_x \nabla^2 E_x \cdot \mathrm{d}\bar{l} + |\nabla E_x|^2)\mathrm{d}\Omega \quad (3.2.38)$$

经移项有

$$-\int_\Omega \frac{1}{\mu} E_x \nabla^2 E_x \mathrm{d}\Omega = \int_\Omega \frac{1}{\mu}|\nabla E_x|^2 \mathrm{d}\Omega - \frac{1}{\mu}\int_L E_x \Delta E_x \cdot \mathrm{d}\bar{l} \quad (3.2.39)$$

将公式（3.2.39）代入上面泛函式（3.2.36）中，经整理后有：

$$I[E_x] = \frac{1}{\mu}\int_\Omega [|\nabla E_x|^2 - k^2 E_x^2 - 2\mathrm{i}\omega\mu I\delta(y)\delta(z)E_x]\mathrm{d}\Omega - \frac{1}{\mu}\int_L E_x \nabla E_x \cdot \mathrm{d}\bar{l}$$

$$= \frac{1}{\mu}\int_\Omega [|\nabla E_x|^2 - k^2 E_x^2 - 2\mathrm{i}\omega\mu I\delta(y)\delta(z)E_x]\mathrm{d}\Omega - \frac{1}{\mu}\int_L E_x \Delta E_x \cdot \hat{n}\mathrm{d}\bar{l}$$

$$= \frac{1}{\mu}\int_\Omega \left[\left(\frac{\partial E_x}{\partial y}\right)^2 + \left(\frac{\partial E_x}{\partial z}\right)^2 + k^2 E_x^2 - 2\mathrm{i}\omega\mu I\delta(y)\delta(z)E_x\right]\mathrm{d}y\mathrm{d}z - \frac{1}{\mu}\int_L E_x \frac{\partial E_x}{n}\mathrm{d}l \quad (3.2.40)$$

上面的推导是在均匀媒质中进行的。在我们所研究的场域中，存在有分区均匀媒质情况，这时单一媒质区域仍可用方程（3.2.40）描述，但在媒质分界面上应通过界面上的边界条件相联系。

在图 3.2.39 所示的两种均匀媒质中，分别使用恒等式（3.2.37）和高斯散度定理。

在区域 Ω_1 中有：

$$\frac{1}{\mu_2}\int_{\Omega_1} \nabla \cdot E_{x1}\nabla E_{x1}\mathrm{d}\Omega = \int_{L_1+L_0^-} \frac{1}{\mu_2} E_{x1}\nabla E_{x1}\cdot \mathrm{d}\bar{l}$$

$$= \int_{\Omega_1} \frac{1}{\mu}[E_{x1}\nabla^2 E_{x1} + |\nabla E_{x1}|^2]\mathrm{d}\Omega \quad (3.2.41)$$

在区域 Ω_2 中有：

$$\frac{1}{\mu_2}\int_{\Omega_2} \nabla \cdot E_{x2}\nabla E_{x2}\mathrm{d}\Omega = \int_{L_2+L_0^+} \frac{1}{\mu_2} E_{x2}\nabla E_{x2}\cdot \mathrm{d}\bar{l}$$

$$= \int_{\Omega_2} \frac{1}{\mu_2}[E_{x2}\nabla^2 E_{x2} + |\nabla E_{x2}|^2]\mathrm{d}\Omega \quad (3.2.42)$$

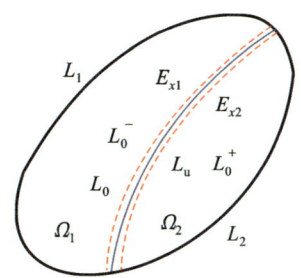

图 3.2.39　两种媒质的分界面

在上面式（3.2.41）、（3.2.42）两式中：L_0 表示两种媒质的分界面；L_0^- 表示位于 Ω_1 内无限接近于 L_0 的分界面；L_0^+ 表示位于 Ω_2 内无限接近于 L_0 的分界面。由于 L_0^- 和 L_0^+ 的正法线方向相反，那么将式（3.2.41）、（3.2.42）两式中的线积分项相加后有

$$\int_{L_1+L_0^-} \frac{1}{\mu_1} E_{x1} \nabla E_{x1} \cdot \mathrm{d}\bar{l} + \int_{L_2+L_0^+} \frac{1}{\mu_2} E_{x2} \nabla E_{x2} \cdot \mathrm{d}\bar{l}$$

$$= \int_{L_1} E_{x1} \frac{1}{\mu_1} \cdot \frac{\partial E_{x1}}{\partial n} \mathrm{d}l + \int_{L_2} E_{x2} \frac{1}{\mu_2} \cdot \frac{\partial E_{x2}}{\partial n} \mathrm{d}l + \int_{L_0} \left(E_{x1} \frac{1}{\mu_1} \cdot \frac{\partial E_{x1}}{\partial n} - E_{x2} \frac{1}{\mu_2} \cdot \frac{\partial E_{x2}}{\partial n} \right) \mathrm{d}l \quad (3.2.43)$$

由前面麦克斯韦方程组中式（3.2.30b）可知：

$$\boldsymbol{H} = \frac{1}{\mathrm{i}\omega\mu} \nabla \times \boldsymbol{E} = \frac{1}{\mathrm{i}\omega\mu} \left[\left(\frac{\partial E_z}{\partial y} - \frac{\partial E_y}{\partial z} \right) \hat{x} \right.$$

$$= \frac{1}{\mathrm{i}\omega\mu} \left[\left(\frac{\partial E_z}{\partial y} - \frac{\partial E_y}{\partial z} \right) \hat{x} + \left(\frac{\partial E_y}{\partial x} - \frac{\partial E_x}{\partial y} \right) \hat{z} \right] \quad (3.2.44)$$

对于二维线源场在 x 方向上无变化，故有

$$\left. \begin{aligned} H_y &= \frac{1}{\mathrm{i}\omega\mu} \cdot \frac{\partial E_x}{\partial z} \\ H_z &= -\frac{1}{\mathrm{i}\omega\mu} \cdot \frac{\partial E_x}{\partial y} \end{aligned} \right\} \quad (3.2.45)$$

由图 3.2.40 可见 $\angle 1 = 90° - \alpha$，$\beta = 90° - \alpha$，
则

$$\angle 1 = \beta$$

$$\angle 3 = 90° - \angle 1 = 90° - \beta, \quad \alpha = 90° - \beta,$$

则

$$\angle 3 = \alpha$$

那么

$$\angle 2 = 180° - \angle 3 = 180° - \alpha$$

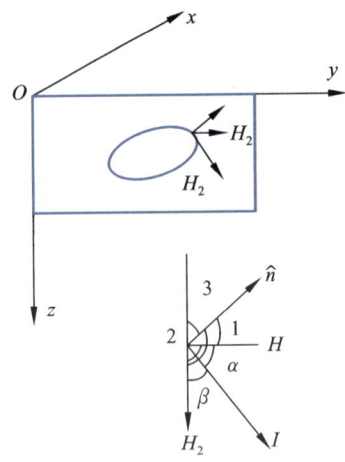

图 3.2.40 几何关系

由方向导数定义并考虑到上述关系可写出

$$\frac{\partial E_x}{\partial n} = \frac{\partial E_y}{\partial y}\cos\angle 1 + \frac{\partial E_x}{\partial z}\cos\angle 2$$
$$= \frac{\partial E_x}{\partial y}\cos\beta - \frac{\partial E_x}{\partial z}\cos\alpha \qquad (3.2.46)$$

又因 $H_t = H_z\cos\beta + H_y\cos\alpha$,将式(3.2.44)、(3.2.45)、(3.2.46)依次代入后有

$$H_t = -\frac{1}{\mathrm{i}\omega\mu}\frac{\partial E_x}{\partial y}\cos\beta + \frac{1}{\mathrm{i}\omega\mu}\frac{\partial E_x}{\partial z}\cos\alpha$$
$$= -\frac{1}{\mathrm{i}\omega\mu}\left(\frac{\partial E_x}{\partial y}\cos\beta - \frac{\partial E_x}{\partial z}\cos\alpha\right)$$
$$= -\frac{1}{\mathrm{i}\omega\mu}\frac{\partial E_x}{\partial n} \qquad (3.2.47)$$

由前面边界条件式(3.2.32a) $H_{2t} - H_{1t} = 0$ 及式(3.2.47),可写出

$$\frac{1}{\mu_2}\cdot\frac{\partial E_{x2}}{\partial n} = \frac{1}{\mu_1}\cdot\frac{\partial E_{x1}}{\partial n} \qquad (3.2.48)$$

再考虑到边界条件式(3.2.32b) $E_{2t} - E_{1t} = 0$,可以看出式(3.2.43)右边第 3 项内边界上的积分为零。由此可见,对于频率电磁测深及可控源声频大地电磁测深(CSAMT),当满足边界条件 $H_{2t} - H_{1t} = 0$,即媒质分界面上的表面电流 $J_S = 0$ 时,不必考虑内边界。对于绝大多数情况,$J_S = 0$ 是满足的。这样式(3.2.41)、(3.2.42)两式合并写成:

$$-\int_{\Omega_1+\Omega_2}\frac{1}{\mu}\nabla\cdot E_x\nabla E_x\mathrm{d}\Omega - \int_{L_1+L_2}\frac{1}{\mu}E_x\nabla E_x\cdot\mathrm{d}\vec{l} = \int_{\Omega_1+\Omega_2}\frac{1}{\mu}(E_x\nabla^2 E_x + |\nabla E_x|^2)\mathrm{d}\Omega$$

经移项得:

$$-\int_{\Omega_1+\Omega_2}\frac{1}{\mu}E_x\nabla^2 E_x\mathrm{d}\Omega = \int_{\Omega_1+\Omega_2}\frac{1}{\mu}|\nabla E_x|^2\mathrm{d}\Omega - \int_{L_1+L_2}\frac{1}{\mu}E_x\nabla E_x\cdot\mathrm{d}\vec{l}$$

可见上式和式（3.2.39）完全相似。

由此，二维线源谐变电磁场方程对应的变分问题为：

$$I(E_x) = \frac{1}{\mu} \int_\Omega \left[\left(\frac{\partial E_x}{\partial y} \right)^2 + \left(\frac{\partial E_x}{\partial z} \right)^2 - k^2 E_x - 2\mathrm{i}\omega\mu\delta(y)\delta(z)E_x \right] \mathrm{d}y\mathrm{d}z -$$
$$\frac{1}{\mu} \int_L E_x \frac{\partial E_x}{\partial n} \mathrm{d}l = \min \tag{3.2.49}$$

3. 人工边界条件

地球物理场问题是一个分布在无限空间的开放域问题，当用有限元这种场域无法解开放域问题时，需将无限空间截断为有限空间，在截断处设定人工边界形成外边界。在求频率测深二维正演问题的数值解时，可将外边界取为矩形，如图3.2.41所示，在人工边界上确定边界条件，进而求解。

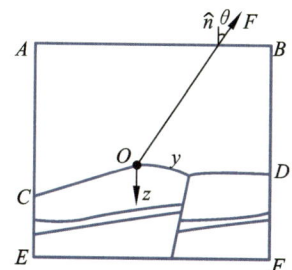

图 3.2.41　坐标系和矩形区域

（1）下边界 EF：在相当深的地下，认为电磁场已衰减为零，因此将下边界取为第一类边界条件。

$$E_x|_{EF} = 0 \tag{3.2.50}$$

（2）地中侧边界 CE、DF：对于地中侧边界，在离源足够远的地方，也就是远区，可认为是近于均匀的平面波，这时地中侧边界取为第二类边界条件。

$$\left. \frac{\partial E_x}{\partial n} \right|_{CE、DF} = 0 \tag{3.2.51}$$

（3）空中边界 $CABD$：在空中离地下二维地质异常体足够远处，可将大地的影响作为水平分层大地（一维情况）来考虑，此时在空中边界上可采用一维吸收边界条件。设在边界上

$$BE_x|_{CABD} = 0 \tag{3.2.52}$$

式中：B 是边界算子；设在空中边界上的场为强度是 1 的向外传播的波与经大地反射的波的叠加：

$$E_x = \mathrm{e}^{\mathrm{i}k_0 r} + R\mathrm{e}^{\mathrm{i}k_0 r} \tag{3.2.53}$$

R 是反射系数。将上式求导后有

$$\frac{\partial E_x}{\partial n} = \mathrm{i}k_0 \mathrm{e}^{\mathrm{i}k_0 r}\frac{\partial r}{\partial n} + \mathrm{i}k_0 R\, \mathrm{e}^{\mathrm{i}k_0 r}\frac{\partial r}{\partial n} \qquad （3.2.54）$$

用 $-\mathrm{i}k_0\dfrac{\partial r}{\partial n}$ 乘式（3.2.53）后与式（3.2.54）相加得：

$$\frac{\partial E_x}{\partial n} - \mathrm{i}k_0 \frac{\partial r}{\partial n} E_x = 0$$

$\dfrac{\partial r}{\partial n} = \cos\theta$，$\theta$ 是矢径 $\bar{r}$ 和边界外法线方向 $\hat{n}$ 之间的夹角。将上式与式（3.2.52）比较后，可知边界算子

$$\mathrm{B} = \frac{\partial}{\partial n} - \mathrm{i}k_0 \cos\theta$$

故在空中边界上取第三类边界条件

$$\left.\frac{\partial E_x}{\partial n} - \mathrm{i}k_0 E_x \cos\theta \right|_{CABD} = 0 \qquad （3.2.55）$$

边界条件式（3.2.55）满足一维情况下的 Sommerfeld 辐射条件

$$\lim_{r \to 0}\left(\frac{\partial E_x}{\partial r} - \mathrm{i}k_0 E_x\right) = 0$$

这就是吸收边界条件的物理意义。这个边界条件与文献中采用的空间边界条件

$$\frac{\partial E_x}{\partial n} - \mathrm{i}k_0 \frac{K_1(-\mathrm{i}k_0 r)}{K_0(-\mathrm{i}k_0 r)} E_x \cos\theta = 0$$

当式中修正贝塞尔函数中的宗量比较大时是一致的。

4．有限元方程

综上所述，与二维地电模型线源频率电磁测深正演问题对应的泛函极值问题为：

$$I[E_x] = \frac{1}{\mu}\int_\Omega \left[\left(\frac{\partial E_x}{\partial y}\right)^2 + \left(\frac{\partial E_x}{\partial y}\right)^2 - k^2 E_x^2\right]\mathrm{d}y\mathrm{d}z -$$

$$\int_\Omega 2\mathrm{i}\omega I \delta(y)\delta(z)\mathrm{d}y\mathrm{d}z - \frac{1}{\mu}\int_{CABD} Ik_0 E_x^2 \cos\theta \mathrm{d}l \quad \left. E_x\right|_{EF} = 0 \qquad （3.2.56）$$

在式（3.2.56）中，关于 δ 函数的积分为：

$$\int_\Omega 2\mathrm{i}\omega I \delta(y)\delta(z)\mathrm{d}y\mathrm{d}z = \mathrm{i}\omega I \qquad （3.2.57）$$

用有限元法求解泛函极值问题时，要将研究的场域剖分成互不重叠的有限个数的单元，在每一基本单元内，由节点处的场值（即要求的未知量）表示出的插值函数来逼近各单元内场的分布，由此将求泛函极值问题变成了求多元函数极值的问题。这样可把式（3.2.56）中泛函的面积分表示成每个单元上面积分的总和（如 M 个单元），将线积分表示成边界单元上边界线积分的总和（如 N 条边界），即：

$$I[E_x] = \frac{1}{\mu}\sum_{m=1}^{M}\int_{se}\left[\left(\frac{\partial E_x}{\partial y}\right)^2 + \left(\frac{\partial E_x}{\partial z}\right)^2 - k^2 E_x^2\right]dydz -$$

$$\frac{1}{\mu}\sum_{n=1}^{N}\int_{le}ik_0 E_x^2 \cos\theta dl - i\omega I \tag{3.2.58}$$

考虑到三角形单元的灵活性和有源情况下对称性的要求,可采用交叉对称网格(图 3.2.42)。其中的基本单元可取为三角形 6 节点单元,即将三角形顶点及各边中点作为节点,排列顺序是 i、j、k、l、J、K。

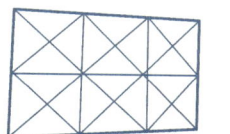
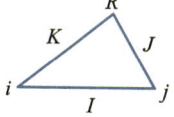

图 3.2.42　交叉对称网格与三角形 6 节点单元

在三角形 6 节点单元上取 E_x 的二次函数

$$E_x = a_1 + a_2 z + a_3 y + a_4 z^2 + a_5 zy + a_6 y^2 \tag{3.2.59}$$

经过计算可求出式(3.2.58)中的面积分为:

$$\sum_{m=1}^{M}\int_{se}\left[\left(\frac{\partial E_x}{\partial y}\right)^2 + \left(\frac{\partial E_x}{\partial z}\right)^2 - k^2 E_x^2\right]dydz$$

$$= \sum_{m=1}^{M}[E_{xm}^e]^T\left([FG] + \frac{k_m^2 \Delta_m}{180}[FG]\right)[E_{xm}^e] \tag{3.2.60}$$

为了求式(3.2.58)中的线积分,设在一段边界 l 上电场 E_x 是边长的二次函数(图 3.2.43):

$$E_x = b_0 + b_1 S + b_2 S^2$$

图 3.2.43　边界段示意图

经计算后

$$\sum_{n=1}^{N}\int_{le}ik_0 E_x^2 \cos\theta dl = \sum_{n=1}^{N}\left(\frac{ik_0 l \cos\theta}{30}[E_{xn}^e]^T W[E_{xn}^e]\right) \tag{3.2.61}$$

为了求得所讨论泛函极值问题的解,还应求出式(3.2.60)与式(3.2.61)之和相对节点上未知场值 $E_{xm}^e E_{xn}^e$ 的偏导数,并令其等于零,得到下列有限元方程:

$$\sum_{m=1}^{M}\left(\frac{1}{\mu m}[FG] - \frac{k_m^2 \Delta_m}{180}[FC]\right)\boldsymbol{E}_{xm}^e + \sum_{n=1}^{N}\left(\frac{ik_0 \cos\theta l}{30}W\boldsymbol{E}_{xn}^e\right) = i\omega I \tag{3.2.62}$$

式中：[FG]、[FC]、W、Δ_m 的具体形式见参考文献。为执行式中的求和，要将各单元矩阵扩充为总体矩阵之后，再把相同位置上的元素叠加。

在求解最终形成的线性方程组过程中，考虑到下一步三维问题巨大的计算量，我们采用了 count 分解算法。这样可将系数矩阵分块求解。只要计算机容量满足公共三角块的要求，方程组的求解就可顺利进行。

3.2.5 三维模型电偶极子场及正演模拟

地球物理电磁场的计算是一开放域问题，由于源的加入，人工截断处边界条件的确定更加困难。与线源频率电磁测深二维有限元正演相比，点源三维正演由于地电构造的几何结构和场矢量的特征使问题变得复杂化，许多二维分析中不存在的问题在三维中出现了，需要以特别的方式加以解决。

1. 三维地电模型电偶源谐变电磁场方程及定解条件

设大地仍为分区均匀、线性、各向同性、非色散的导电媒质，由含源情况下谐变电磁场（谐变因子 $e^{-i\omega t}$，ω 为圆频率）微分形式的麦克斯韦方程组出发，导出关于电场的矢量波动方程：

$$\nabla^2 \boldsymbol{E} + k^2 \boldsymbol{E} = -i\omega\mu \boldsymbol{J} \quad (3.2.63)$$

其中：$k^2 = \omega^2\mu\varepsilon + i\omega\mu\sigma$

$\boldsymbol{E}$——电场强度（V/m）；

$\boldsymbol{J}$——源电流密度（A/m^2）；

μ——磁导率（H/m）；

ε——介电常数（F/m）；

σ——电导率（S/m）。

求解在空中及地下两个区域进行，取直角坐标系如图 3.2.44 所示，图中 *CDJI* 面是空气与大地的分界面。将人工边界截成正六面体包围求解区域，且使边界远离异常体，使在边界上由异常体引起的二次场衰减为零。这样在边界上大地仍作为水平均匀分层媒质或均匀半无限媒质考虑，边界条件由一维情况下电磁场传播规律决定。

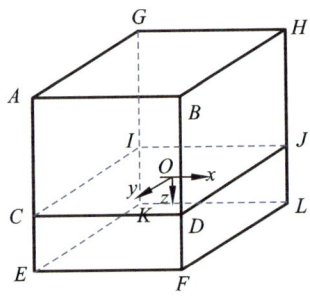

图 3.2.44 坐标系与外边界

图 3.2.45 是一放置在地表的电偶极源，它产生的电磁波按传播路径可分为天波、地面波和地层波。由于频率测深利用的电磁波频率较低（频率范围：$n \times 0.1$ Hz$<f<n \times 10^3$ Hz），故不用考虑天波，只需考虑地层波（以 S_1 表示）和地面波（以 S_0 表示）的作用。

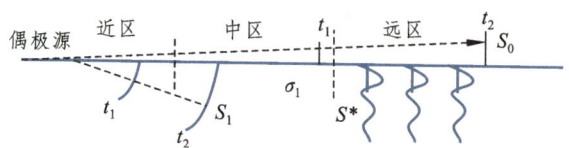

图 3.2.45　地表偶极源电磁波的传播

1）地中下边界

在相当深的地层中，可认为电磁场已衰减为零，因此在 EFLK 面上取第一类边界条件

$$E = 0$$

虽然第一类边界条件在有限元方程中不是自然满足的，还须作特别的处理，但毕竟是简单的。

2）地中侧边界

地中侧边界应选在离源足够远处。由地表偶极源电磁波传播的规律可知，地层波 S_1 离开源一段距离后会衰减殆尽，电磁波在地下的波长和速度较空气中小得多，由于某一时刻地面波 S_0 和地层波 S_1 的波程差，在地面附近会形成一个近于水平的波阵面，造成一个几乎是垂直向下传播的水平极化波 S^*。随着与场源之间距离的增加，场区从近区、中区过渡到了远区，在地中侧边界 CDFE、DJLF、JIKL、ICEK 上，电磁场的传播方向与边界面的法向垂直：

$$\boldsymbol{E} \times \boldsymbol{H} \perp \hat{n} \qquad (3.2.64)$$

由于处于远区场中的地中侧边界取在离横向不均匀体足够远的地方，该处电磁场沿深度的分布可看作与地下为一维介质时的分布相同。此时可以用两种方式给出地下侧边界上的边界条件：一种是采用齐次第二类边界条件；一种是采用强加的第一类边界条件的方式，通过计算出水平层状介质中的电磁场分布给出边界上的值。在实际的计算中，我们较多采用第一种方式。

3）空中边界

空中边界由 ABDC、BHJD、GHJI、AGIC 及 AGHB 组成。在空中由于场的衰减（空间衰减）很慢，要满足边界处场量为零的要求是比较困难的。因此对空中边界应特别加以考虑。在此引入吸收边界条件。

为方便起见，将空中边界用轴表示。设想将空中边界处的电场 E 加一算子 B 后使其为 0，即

$$\mathrm{B}E\big|_{轴} = 0 \qquad (3.2.65)$$

在空中区域内电场所满足的矢量波动方程为

$$\nabla^2 \boldsymbol{E} + k_0^2 \boldsymbol{E} = -\mathrm{i}\omega\mu_0 \boldsymbol{J} \qquad (3.2.66)$$

式中：$k_0^2 = \omega^2 \varepsilon \mu_0$。

在空中边界处 E 由源电流的辐射场和大地的反射场（散射场）组成。在边界处这两个场都是向外传播的，总场 E 是待求量，且满足辐射条件。故满足式（3.2.66）且向外传播的场以球坐标可以表示成

$$E(r,\theta,\phi) = e^{ik_0 r}\sum_{n=0}^{\infty} E(\theta,\phi)/r^{(n+1)} \tag{3.2.67}$$

类似于 N 阶标量算子的特性，定义算子 B_N 消除式（3.2.67）中的前 N 项，由此可得矢量吸收边界条件。其过程如下：

定义微分算子 L^N 为

$$L^N(\boldsymbol{E}) = \hat{\boldsymbol{r}} \times \nabla \times \boldsymbol{E} - \left(ik + \frac{N}{r}\right)\boldsymbol{E} \tag{3.2.68}$$

式中：$N = 0, 1, 2, \cdots$；$\hat{\boldsymbol{r}}$ 是辐射方向的单位矢量。将式（3.2.67）代入式（3.2.68），当 $N \geq 0$、$n \geq 0$ 时，得到

$$L^N(e^{ik_0 r} E_{nt}(\theta,\phi)/r^{n+1}) = (n-N)e^{ik_0 r}(E_{nt}(\theta,\phi)/r^{n+1}) \tag{3.2.69}$$

下标 t 表示的是 E 的 θ、ϕ 分量。同样对于 $N \geq 0$、$n \geq 0$ 时还可得到

$$L^N \nabla_t(e^{ik_0 r} E_{nt}(\theta,\phi)/r^{n+1}) = (n+1-N)\nabla_t(e^{-ik_0 r}(E_{nt}(\theta,\phi)/r^{n+2})) \tag{3.2.70}$$

下标 r 表示 E 的辐射方向。

算子 B_N 定义为

$$B^N(\boldsymbol{E}) = (L^{N-1})^N(\boldsymbol{E}_t) + Q(L^N)^{N-1}(\nabla_t E_r) \tag{3.2.71}$$

其中：$N = 1, 2, 3, \cdots$；Q 为任意常数；算子 L^{N-1}、L^N 的上标 N、$N-1$ 的意义是将相应算子应用 N 及 $N-1$ 次。将 L^N、L^{N-1} 反复作用于式（3.2.69）、（3.2.70）得到

$$B_N(e^{-ik_0 r} E(\theta,\phi)/r^{n+1}) = (n+1-N)(n+2-N)\cdots n \times (e^{-ik_0 r} E_{nt}(\theta,\phi)/r^{n+1+N}) +$$
$$Q(n+1-N)(n+2-N)\cdots(n-1) \times \nabla_t e^{-ik_0 r}(E_{nt}(\theta,\phi)/r^{n+N}) \tag{3.2.72}$$

根据文献[9]，$E_{nr} = 0$。从式（3.2.72）可见，当 $n = 1, 2, \cdots, N-1$ 时，它的右端项为零，也就是说算子 B_N 消除了式（3.2.67）中的前 N 项。因为球面坐标中算子 B_N 本身包含了因子 $1/r$，所以当 $n > N-1$ 时，式（3.2.72）中右端的每一项都正比于 $1/r^{n+N+1}$。

$B_N(E) = 0$ 就是空中边界轴上的近似吸收边界条件。随着 r 的增加，这种近似的精度提高。为了使算子 B_N 的形式更通用，下面对一阶算子 B_1、二阶算子 B_2 做如下变换：

根据式（3.2.71）对 B_N 的定义，可写出 B_1、B_2 的另一种表示式：

$$B_1(\boldsymbol{E}) = (L_0)^1(\boldsymbol{E}_t) + Q(L_1)^0(\nabla_t \boldsymbol{E}_r) \tag{3.2.73a}$$

$$B_2(\boldsymbol{E}) = (L_1)^2(\boldsymbol{E}_t) + Q(L_2)^1(\nabla_t \boldsymbol{E}_r) \tag{3.2.73b}$$

由式（3.2.69）得到

$$L_0(\boldsymbol{E}_t) = \hat{\boldsymbol{r}} \times \nabla \times \boldsymbol{E}_t$$

所以

$$\begin{aligned} B_1(E) &= \hat{\boldsymbol{r}} \times \nabla \times \boldsymbol{E}_t - ik_0 \boldsymbol{E}_r + Q\nabla_t \boldsymbol{E}_r \\ &= \hat{\boldsymbol{r}} \times \nabla \times \boldsymbol{E}_t - \hat{\boldsymbol{r}} \times \nabla \times \boldsymbol{E}_r - ik_0 \boldsymbol{E}_t + Q\nabla_t \boldsymbol{E}_r \end{aligned} \tag{3.2.74}$$

将矢量运算性质 $\hat{r} \times \nabla \times \nabla \times E_r$ 代入上式得

$$B_1(E) = \hat{r} \times \nabla \times E_t - ik_0 E_r + Q(-1)\nabla_t E \quad (3.2.75)$$

类似地，得出

$$B_2(E) = -\left(2ik_0 + \frac{2}{r}\right)\hat{r} \times \nabla \times E_t - \frac{ik_0}{2ik_0 + 2/r}E_t +$$
$$\nabla(\hat{r}\nabla \times E) + (Q-1)\nabla_t(\nabla \cdot E_t) + ik_0(2-Q)\nabla_r \times E_r \quad (3.2.76)$$

吸收边界条件的物理解释是，在人工截断的边界处，使尽可能少的功率从边界处被反射回来。至于上述吸收边界条件表达式中的任意常数 Q：当令 $Q=1$ 时，式（3.2.75）退化为三维场的索末菲（Sommerfeld）辐射条件

$$\lim_{r \to \infty}[\nabla \times E + jk_0\hat{r} \times E] = 0$$

在有限元中，较好的选择是令 $Q=2$。

2. 三维电磁场边值问题的等价变分问题

1）广义变分原理

有限元以变分原理为基础。例如对于矢量偏微分方程的边值问题

$$LE = f \quad (3.2.77)$$

如果算符 L 是自伴的，即

$$<L,E,F> = <E,L,F> \quad (3.2.78)$$

并且是正定的

$$<L,E,F>\begin{cases} > 0 & E \neq 0 \\ = 0 & E = 0 \end{cases} \quad (3.2.79)$$

那么通过求泛函 $I(E)$ 的极小值，即令

$$\delta I(E) = 0 \quad (3.2.80)$$

可求出原边值问题的解。

在上面的式子中，F 表示与 E 满足相同边界条件的任意函数，尖括号表示如下定义的内积

$$<E,F> = \int_\Omega E \cdot F^* d\Omega \quad (3.2.81)$$

Ω 表示问题的区域，*号表示复共轭。

但是，一般来讲，地球物理问题是有耗媒质的问题，我们将其矢量波动方程式（3.2.30a）重写为

$$\nabla^2 E + k^2 E = -i\omega\mu_0 J \quad (3.2.82)$$

式中算符 $L = (\nabla^2 + k^2)$ 是复数或复函数，因此是非自伴的，而且也无所谓是正定的。这意

味着式（3.2.82）的解可能并不对应着泛函的极小值。仔细考察泛函极值问题的证明过程，可以发现，虽然算符的自伴性质是必要的，但其正定性质则是不必要的。我们的最终目的是求解式（3.2.82），因此如果这种变分原理存在某种不足，则是由自伴条件引起的。对此，引入广义变分的概念。

在广义变分中，将内积重新定义为

$$<E,F> = \int_\Omega E \cdot F \mathrm{d}\Omega \tag{3.2.83}$$

这样定义的内积通常叫作对称积，而式（3.2.81）定义的内积通常称为希尔伯特（Hilbert）空间中的内积。定义式（3.2.82）的直接结果是：对于复数问题，用广义原理推导出的泛函是复数量。显然对于复泛函，其极小值、极大值及拐点都是没有意义的。因此可用"驻定的"或"驻定性"来描述条件 $\delta I(E) = 0$。

2）三维矢量波动方程的等价变分

根据广义变分原理

$$I[E] = <LE, F> - 2<E, f> \tag{3.2.84}$$

依照与文献[1]中类似的步骤，对于公式（3.2.82）可构造如下的泛函：

$$\begin{aligned}I[E] &= -\frac{1}{u}\int_V (\nabla^2 E + k^2 E) E \mathrm{d}V - 2\int_V E \cdot \omega J \mathrm{d}V \\ &= -\frac{1}{u}\int_V (E \cdot \nabla^2 E \mathrm{d}V - \frac{1}{u}\int_V k^2 E^2 \mathrm{d}V - 2\mathrm{i}\omega \int_V E \cdot J \mathrm{d}V\end{aligned} \tag{3.2.85}$$

对于恒等式

$$\frac{1}{\mu}\nabla \cdot [E \times (\nabla \times E)] = \frac{1}{\mu}[(\nabla \times E)^2 - E \cdot (\nabla \times \nabla \times E)]$$

考虑到 $\nabla \cdot E = 0$，故有

$$\frac{1}{\mu}\nabla \cdot [E \times (\nabla \times E)] = \frac{1}{\mu}[(\nabla \times E)^2 - \frac{1}{\mu}E \cdot \nabla^2 E] \tag{3.2.86}$$

对式（3.2.86）两边进行体积分，并应用高斯散度定理，有

$$-\frac{1}{\mu}\int_V E \nabla^2 E \mathrm{d}V = \frac{1}{\mu}\int_V (\nabla \times E)^2 \mathrm{d}V - \oint_S E \times (\nabla \times E) \cdot \mathrm{d}S \tag{3.2.87}$$

将式（3.2.87）代入上面泛函式（3.2.85）中有

$$I[E] = \frac{1}{\mu}\int_V [(\nabla \times E)^2 \mathrm{d}V - k^2 E^2] \mathrm{d}V - 2\mathrm{i}\omega \int_V E \cdot J \mathrm{d}V - \oint_S E \times (\nabla \times E) \cdot \mathrm{d}S \tag{3.2.88}$$

这里导出的变分问题连同上节给出的边界条件，便是有限元法解三维电磁场问题的出发点。

对于三维地电结构来讲，存在多种媒质。可将方程（3.2.88）分别应用于各分区均匀媒质中，而在媒质的分界面上通过衔接条件相联系。

设有相邻的两种媒质，区域 V_1 为媒质 1，区域 V_2 为媒质 2，$S_1 S_2$ 分别为 V_1、V_2 的外边界

面，S_0 为两种媒质的分界面。又设 S_0^- 表示位于 V_1 中无限接近 S_0 的分界面，S_0^+ 表示位于 V_2 中无限接近 S_0 的分界面，S_0^- 和 S_0^+ 的法线方向相反。在 V_1 中使用式（3.2.86）及高斯散度定理：

$$\frac{1}{\mu_1}\int_{V_1}\nabla\cdot[\boldsymbol{E}_1\times(\nabla\times\boldsymbol{E}_1)]\mathrm{d}V$$

$$=\frac{1}{\mu_1}\oint_{S_1+S_0^-}\boldsymbol{E}_1\times(\nabla\times\boldsymbol{E}_1)\cdot\mathrm{d}\boldsymbol{S}=\frac{1}{\mu_1}\int_{V_1}(\nabla\times\boldsymbol{E}_1)^2+\boldsymbol{E}_1\cdot\nabla^2\boldsymbol{E}_1]\mathrm{d}V \quad (3.2.89\mathrm{a})$$

同样，在 V_2 中有

$$\frac{1}{\mu_2}\int_{V_2}\nabla\cdot[\boldsymbol{E}_2\times(\nabla\times\boldsymbol{E}_2)]\mathrm{d}V$$

$$=\frac{1}{\mu_2}\oint_{S_2+S_0^+}\boldsymbol{E}_2\times(\nabla\times\boldsymbol{E}_2)\cdot\mathrm{d}\boldsymbol{S}=\frac{1}{\mu_2}\int_{V_2}(\nabla\times\boldsymbol{E}_2)^2+\boldsymbol{E}_2\cdot\nabla^2\boldsymbol{E}_2]\mathrm{d}V \quad (3.2.89\mathrm{b})$$

将式（3.2.89）两式中的面积分相加

$$\frac{1}{\mu_1}\oint_{S_1+S_0^-}\boldsymbol{E}_1\times(\nabla\times\boldsymbol{E}_1)\cdot\mathrm{d}\boldsymbol{S}+\frac{1}{\mu_2}\oint_{S_2+S_0^+}\boldsymbol{E}_2\times(\nabla\times\boldsymbol{E}_2)\cdot\mathrm{d}\boldsymbol{S}$$

$$=\frac{1}{\mu_1}\oint_{S_1}\boldsymbol{E}_1\times(\nabla\times\boldsymbol{E}_1)\cdot\mathrm{d}\boldsymbol{S}+\frac{1}{\mu_2}\oint_{S_2}\boldsymbol{E}_2\times(\nabla\times\boldsymbol{E}_2)\cdot\mathrm{d}\boldsymbol{S}+$$

$$\oint_{S_0}\left(\boldsymbol{E}_1\times\frac{\nabla\times\boldsymbol{E}_1}{\mu_1}-\boldsymbol{E}_2\times\frac{\nabla\times\boldsymbol{E}_2}{\mu_2}\right)\cdot\mathrm{d}\boldsymbol{S} \quad (3.2.90)$$

根据矢量混合积的性质

$$(\boldsymbol{a}\times\boldsymbol{b})\cdot\boldsymbol{c}=\boldsymbol{a}\cdot(\boldsymbol{b}\times\boldsymbol{c})$$

以及电场与磁场间的关系

$$\nabla\times\boldsymbol{E}_1=\mathrm{i}\omega\mu_1\boldsymbol{H}_1$$

$$\nabla\times\boldsymbol{E}_2=\mathrm{i}\omega\mu_2\boldsymbol{H}_2$$

则式（3.2.90）右边第三项

$$\oint_{S_0}\left(\boldsymbol{E}_1\times\frac{\nabla\times\boldsymbol{E}_1}{\mu_1}-\boldsymbol{E}_2\times\frac{\nabla\times\boldsymbol{E}_2}{\mu_2}\right)\cdot\mathrm{d}\boldsymbol{S}$$

$$=\oint_{S_0}[(\hat{\boldsymbol{n}}\times\boldsymbol{E}_1\times\frac{\nabla\times\boldsymbol{E}_1}{\mu_1}-\left(\hat{\boldsymbol{n}}\times\boldsymbol{E}_2\times\frac{\nabla\times\boldsymbol{E}_2}{\mu_2}\right)\cdot\mathrm{d}\boldsymbol{S}$$

$$=\mathrm{i}\omega\oint_{S_0}[(\hat{\boldsymbol{n}}\times\boldsymbol{E}_1\cdot\boldsymbol{H}_1)-(\hat{\boldsymbol{n}}\times\boldsymbol{E}_2\cdot\boldsymbol{H}_2]\mathrm{d}S$$

在媒质的分界面上电场的切向分量连续，如果磁场的切向分量也连续的话，则上式为零。这样式（3.2.89）两式合写成

$$\frac{1}{\mu_1}\oint_{V_1+V_2}\nabla\cdot[\boldsymbol{E}\times(\nabla\times\boldsymbol{E})]\mathrm{d}V = \oint_{V_1+V_2}\nabla\cdot\left[\boldsymbol{E}\times\frac{\nabla\times\boldsymbol{E}}{\mu}\right]\mathrm{d}V$$

$$= \oint_{S_1+S_2}\left[\boldsymbol{E}\times\frac{\nabla\times\boldsymbol{E}}{\mu}\right]\mathrm{d}\boldsymbol{S}$$

$$= \oint_{V_1+V_2}\frac{(\nabla\times\boldsymbol{E})^2+\boldsymbol{E}\nabla^2\boldsymbol{E}}{\mu}\mathrm{d}V$$

移项后得

$$-\oint_{V_1+V_2}\frac{\boldsymbol{E}\nabla^2\boldsymbol{E}_1}{\mu}\mathrm{d}V = \int_{V_1+V_2}\frac{(\nabla\times\boldsymbol{E})^2}{\mu}\mathrm{d}V = \oint_{S_1+S_2}\boldsymbol{E}\times\frac{\nabla\times\boldsymbol{E}}{\mu}\mathrm{d}\boldsymbol{S} \qquad (3.2.91)$$

由此可知，对于频率电磁测深及可控源音频大地电磁测深（CSAMT），在求电场时，虽然在不同媒质分界面上电场的切向分量总是连续的，但是由于电场与磁场之间的相互作用，还要求磁场的切向分量也连续，这样在用有限元方法求解时才能不必考虑内边界。在地球物理问题中，这个条件在大多数情况下是满足的。式（3.2.91）与式（3.2.87）完全相似，所以在单一媒质中导出的有关结论完全适合于多种媒质的情况。

当边界条件为非齐次时，可依文献[10]中的方法处理，在文献[8]中这种处理方式称为修正的变分原理。

3. 三维电磁场问题中的边元有限元

频率电磁测深三维正演与其二维正演相比，又出现了自身的问题。在求解三维电磁场时，经典的有限元法（点元有限元）存在某些缺陷，因为点元法不能保证代表电磁场的矢量所满足的连续性条件。传统的处理方法大致有两种：一种是先求中间位函数，如磁矢量位或电矢量位，再由中间位函数求电场或磁场，这样做损失了计算精度；另一种方法是罚函数的方法，通过加罚解决这个问题，但是得到的结果也往往不能完全令人满意。而边元有限元法可以有效地解决这个问题。

边元有限元是一种矢量有限元，与点元有限元不同的是，其矢量基函数与剖分单元的边相关，它有三个特点：

（1）边元有限元以待求矢量 $\boldsymbol{E}$ 在单元每条边上分量的平均值为插值离散值。

（2）边元有限元的插值函数是单元关于每条边的矢量形状函数。

（3）边元有限元规定相邻单元交界处两侧的待求矢量按其切向分量连续，这就满足了电磁场的本性边界条件，即在不同媒质的交界面上，电场的切向分量连续；当不存在面电流时，磁场的切向分量连续。

1）边元有限元法的矢量形状函数的构成

在三维边元有限元中，矩形块单元和四面体单元是最简单的两种基本单元，现以这两种单元为例说明其矢量形状函数的构成。

图 3.2.46（a）是矩形块单元，它在 x、y 和 z 方向的边长分别记为 l_x^e、l_y^e 和 l_z^e，其中心位于（x_c^e，y_c^e 和 z_c^e）。如果每条边被赋予一个常切向分量，那么该单元中的各场分量可展开为：

$$\left.\begin{aligned} E_x^e &= \sum_{i=1}^{4} N_{xi}^e E_{xi}^e \\ E_y^e &= \sum_{i=1}^{4} N_{yi}^e E_{yi}^e \\ E_z^e &= \sum_{i=1}^{4} N_{zi}^e E_{zi}^e \end{aligned}\right\} \qquad (3.2.92)$$

其中：

$$N_{x1}^e = \frac{1}{l_y^e l_z^e}\left(y_c^e + \frac{l_y^e}{2} - y\right)\left(z_c^e + \frac{l_z^e}{2} - z\right)$$

$$N_{x2}^e = \frac{1}{l_y^e l_z^e}\left(y - y_c^e + \frac{l_y^e}{2}\right)\left(z_c^e + \frac{l_z^e}{2} - z\right)$$

$$N_{x3}^e = \frac{1}{l_y^e l_z^e}\left(y_c^e + \frac{l_y^e}{2} - y\right)\left(z - z_c^e + \frac{l_z^e}{2}\right)$$

$$N_{x4}^e = \frac{1}{l_y^e l_z^e}\left(y - y_c^e + \frac{l_y^e}{2}\right)\left(z - z_c^e + \frac{l_z^e}{2}\right)$$

$$N_{y1}^e = \frac{1}{l_z^e l_x^e}\left(z_c^e + \frac{l_z^e}{2} - z\right)\left(x_c^e + \frac{l_x^e}{2} - x\right)$$

$$N_{y2}^e = \frac{1}{l_z^e l_x^e}\left(z - z_c^e + \frac{l_z^e}{2}\right)\left(x_c^e + \frac{l_x^e}{2} - x\right)$$

$$N_{y3}^e = \frac{1}{l_z^e l_x^e}\left(z_c^e + \frac{l_z^e}{2} - z\right)\left(x - x_c^e + \frac{l_x^e}{2}\right)$$

$$N_{y4}^e = \frac{1}{l_z^e l_x^e}\left(z - z_c^e + \frac{l_z^e}{2}\right)\left(x - x_c^e + \frac{l_x^e}{2}\right)$$

$$N_{z1}^e = \frac{1}{l_x^e l_y^e}\left(x_c^e + \frac{l_x^e}{2} - x\right)\left(y_c^e + \frac{l_y^e}{2} - y\right)$$

$$N_{z2}^e = \frac{1}{l_x^e l_y^e}\left(x - x_c^e + \frac{l_x^e}{2}\right)\left(y_c^e + \frac{l_y^e}{2} - y\right)$$

$$N_{z3}^e = \frac{1}{l_x^e l_y^e}\left(x_c^e + \frac{l_x^e}{2} - x\right)\left(y - y_c^e + \frac{l_y^e}{2}\right)$$

$$N_{z4}^e = \frac{1}{l_x^e l_y^e}\left(x - x_c^e + \frac{l_x^e}{2}\right)\left(y - y_c^e + \frac{l_y^e}{2}\right)$$

如用表 3.2.1 定义各棱边，则展开式（3.2.92）或用矢量表示为

$$E^e = \sum_{i=1}^{12} N_i^e E_i^e \qquad (3.2.93)$$

表 3.2.1　矩形块单元各边与端点的编码

棱边 i	节点 $i1$	节点 $i2$
1	1	2
2	4	3
3	5	6
4	8	7
5	1	4
6	5	8
7	2	3
8	6	7
9	1	5
10	2	6
11	4	8
12	3	7

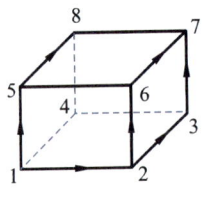
（a）矩形块单元

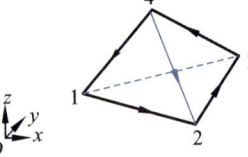
（b）四面体单元

图 3.2.46　计算单元

其中，当 $i = 1, 2, 3, 4$ 时，

$$\left.\begin{array}{l} \boldsymbol{N}_i^e = N_{xi}^e \hat{\boldsymbol{x}} \\ \boldsymbol{N}_{i+4}^e = N_{yi}^e \hat{\boldsymbol{y}} \\ \boldsymbol{N}_{i+8}^e = N_{zi}^e \hat{\boldsymbol{z}} \end{array}\right\} \qquad (3.2.94)$$

由此可见，矢量基函数具有零散度和非零旋度，而且能保证待求场量在穿越棱边与穿越单元面时的切向连续性。

矩形块单元的缺点是只适用于有限类的几何结构。当处理不规则几何形状的问题时，四面体单元有较强的适应性。与矩形块单元不同，四面体单元的棱边不必平行于 x、y 或 z 轴，因此它的矢量形状函数的展开式也较难想象。图 3.2.46（b）是四面体单元，用表 3.2.2 定义各棱边，利用一般四面体单元的线性插值函数，在此记为（L_1^e，L_2^e，L_3^e，L_4^e），考察矢量函数

$$W_{12} = L_1^e \nabla L_2^e - L_2^e \nabla L_1^e \qquad (3.2.95)$$

表 3.2.2　四面体单元各边与端点的编码

棱边 i	节点 $i1$	节点 $i2$
1	1	2
2	1	3
3	1	4
4	2	3
5	4	2
6	3	4

首先，有 $\nabla \cdot \boldsymbol{W}_{12} = 0$，$\nabla \cdot \boldsymbol{W}_{12} = 2\nabla \boldsymbol{L}_1^e \times \nabla \boldsymbol{L}_2^e$，其次设 e_1 表示从节点 1 指向节点 2 的单位矢量。由于 $\boldsymbol{L}_1^e$ 是从点 1 处的 1 变化到点 2 处的 0 的线性函数，所以

$$\hat{e}^1 \cdot \nabla \boldsymbol{L}_1^e = -1/l_1^e, \quad \hat{e}^1 \cdot \nabla \boldsymbol{L}_1^e = -1/l_1^e$$

L_1^e 表示连接点 1 和 2 的边长。因此

$$\hat{e}^1 \cdot \boldsymbol{W}_{12} = \frac{L_1^e + L_2^e}{l_1^e} = \frac{1}{l_1^e}$$

这表示 $\boldsymbol{W}_{12}$ 沿边（1，2）有一个常切向分量，而沿其他 5 个边上没有切向分量，并且只有在包含棱边（1，2）的单元及水平面上有切向分量，而在其他单元小平面上没有切向分量。由此可见，$\boldsymbol{W}_{12}$ 具有作为与棱边（1，2）相关的场的矢量基函数所需要的特性。如果定义该棱边为 1，则有

$$\boldsymbol{N}_i^e = \boldsymbol{W}_{12} l_1^e = (\boldsymbol{L}_1^e \nabla \boldsymbol{L}_2^e - \boldsymbol{L}_2^e \nabla \boldsymbol{L}_1^e) l_1^e$$

类似地，可有棱边 1 的矢量基函数

$$\boldsymbol{N}_i^e = \boldsymbol{W}_{i1i2} l_i^e = (\boldsymbol{L}_{i1}^e \nabla \boldsymbol{L}_{i2}^e - \boldsymbol{L}_{i2}^e \nabla \boldsymbol{L}_{i1}^e) l_i^e \tag{3.2.96}$$

2）单元矩阵的计算

当将边元有限元的矢量基函数用于一个矢量波动方程的三维有限元离散时，所得的单元矩阵包含下面两个积分：

$$\boldsymbol{E}_{ij} = \int_{V^e} (\nabla \times \boldsymbol{N}_i^e) \cdot (\nabla \times \boldsymbol{N}_j^e) \cdot dV \tag{3.2.97}$$

$$F_{ij} = \int_{V^e} \boldsymbol{N}_i^e \cdot \boldsymbol{N}_j^e \cdot dV \tag{3.2.98}$$

对矩形块单元和四面体单元，可解析计算这两个积分。

矩形块单元：将式（3.2.94）代入式（3.2.97），可得到

$$[E^e] = \begin{bmatrix} E_{xx}^e & E_{xy}^e & E_{xz}^e \\ E_{yx}^e & E_{yy}^e & E_{yz}^e \\ E_{zx}^e & E_{zy}^e & E_{zz}^e \end{bmatrix}$$

其中

$$[E_{xx}^e] = \iint_{V^e}\left[\frac{\partial\{N_x^e\}}{\partial y}\frac{\partial\{N_x^e\}^T}{\partial y} + \frac{\partial\{N_x^e\}}{\partial z}\frac{\partial\{N_x^e\}^T}{\partial z}\right]dV = \frac{l_x^e l_z^e}{6l_y^e}[K_1] + \frac{l_x^e l_y^e}{6l_z^e}[K_2]$$

$$[E_{yy}^e] = \iint_{V^e}\left[\frac{\partial\{N_y^e\}}{\partial z}\frac{\partial\{N_y^e\}^T}{\partial z} + \frac{\partial\{N_y^e\}}{\partial x}\frac{\partial\{N_y^e\}^T}{\partial x}\right]dV = \frac{l_x^e l_y^e}{6l_z^e}[K_1] + \frac{l_y^e l_z^e}{6l_x^e}[K_2]$$

$$[E_{zz}^e] = \iint_{V^e}\left[\frac{\partial\{N_z^e\}}{\partial x}\frac{\partial\{N_z^e\}^T}{\partial x} + \frac{\partial\{N_z^e\}}{\partial y}\frac{\partial\{N_z^e\}^T}{\partial y}\right]dV = \frac{l_y^e l_z^e}{6l_x^e}[K_1] + \frac{l_x^e l_z^e}{6l_x^e}[K_2]$$

$$[E_{xy}^e] = [E_{yx}^e]^T = -\iint_{V^e}\left[\frac{\partial\{N_x^e\}}{\partial y}\frac{\partial\{N_y^e\}^T}{\partial x}\right]dV = \frac{l_z^e}{6}[K_3]$$

$$[E_{zx}^e] = [E_{xz}^e]^T = -\iint_{V^e}\left[\frac{\partial\{N_x^e\}}{\partial z}\frac{\partial\{N_z^e\}^T}{\partial x}\right]dV = \frac{l_y^e}{6}[K_3]$$

$$[E_{yz}^e] = [E_{zy}^e]^T = -\iint_{V^e}\left[\frac{\partial\{N_y^e\}}{\partial z}\frac{\partial\{N_z^e\}^T}{\partial y}\right]dV = \frac{l_x^e}{6}[K_3]$$

且有

$$[K_1] = \begin{bmatrix} 2 & -2 & 1 & -1 \\ -2 & 2 & -1 & 1 \\ 2 & -1 & 2 & -2 \\ -1 & 1 & -2 & 2 \end{bmatrix}$$

$$[K_2] = \begin{bmatrix} 2 & 1 & -2 & 2 \\ 1 & 2 & -1 & -2 \\ -2 & -1 & 2 & 1 \\ -1 & -2 & 1 & 2 \end{bmatrix}$$

$$[K_3] = \begin{bmatrix} 2 & 1 & -2 & -1 \\ -2 & -1 & 2 & 1 \\ 1 & 2 & -1 & -2 \\ -1 & -2 & 1 & 2 \end{bmatrix}$$

对于式（3.2.98）中的积分，有

$$[F^e] = \begin{bmatrix} F_{xx}^e & 0 & 0 \\ 0 & F_{yy}^e & 0 \\ 0 & 0 & F_{zz}^e \end{bmatrix}$$

其中

$$\boldsymbol{F}_{pp}^e = \int_{V^e}\{N_p^e\}\{N_p^e\}^T dV = \frac{l_x^e l_y^e l_z^e}{36}\begin{bmatrix} 4 & 2 & 2 & 1 \\ 2 & 4 & 1 & 2 \\ 2 & 1 & 4 & 2 \\ 1 & 2 & 2 & 4 \end{bmatrix}$$

式中 $p = x, y, z$。

四面体单元：对式（3.2.96）取旋度

$$\nabla \times \pmb{N}_i^e = 2l_i^e \nabla \pmb{L}_{i1}^e \times \nabla \pmb{L}_{i2}^e$$
$$= \frac{l_i^e}{(6V^e)^2}[(c_{i1}^e d_{i2}^e - d_{i1}^e c_{i1}^e)\hat{\pmb{x}} + (d_{i1}^e b_{i2}^e - b_{i1}^e d_{i1}^e)\hat{\pmb{y}} + (b_{i1}^e c_{i2}^e - c_{i1}^e b_{i1}^e)\hat{\pmb{z}}] \quad (3.2.99)$$

其中，b_i^e、c_i^e 和 d_i^e 的定义与一般线性四面体单元中的定义相同。将式（3.2.99）代入式（3.2.97），得到

$$E_{ij}^e = \frac{l_i^e l_j^e V^e}{(6V^e)^4}[(c_{i1}^e d_{i2}^e - d_{i1}^e c_{i1}^e)(c_{j1}^e d_{j2}^e - d_{j1}^e c_{j1}^e) + $$
$$(d_{i1}^e b_{i2}^e - b_{i1}^e d_{i1}^e)(d_{j1}^e b_{j2}^e - b_{j1}^e d_{j1}^e) + $$
$$(b_{i1}^e c_{i2}^e - c_{i1}^e b_{i1}^e)(b_{j1}^e c_{j2}^e - c_{j1}^e b_{j1}^e)]$$

对式（3.2.98）中的积分，应用式（3.2.99）给出的表达式，可得

$$\pmb{N}_i^e \cdot \pmb{N}_j^e = \frac{l_i^e l_j^e}{(6V^e)^2}[L_{i1}^2 L_{j1}^2 f_{i2j2} - L_{i1}^e L_{j1}^e f_{i2j1} + L_{i2}^e L_{j1}^e f_{i1j2} + L_{i2}^e L_{j2}^e f_{i1j1}]$$

其中，$f_{ij} = b_i^e b_j^e + c_i^e c_j^e + d_i^e d_j^e$。将上式代入式（3.2.98），并利用通用积分公式

$$\int_{V^e}(N_1^e)^k (N_2^e)^l (N_3^e)^m (N_4^e)^n \mathrm{d}V = \frac{k!\,l!\,m!\,n!}{(k+l+m+n)!}6V^e$$

便可得到各 F_{ij}^e 的表达式。

第 4 章

PART FOUR

时间域电磁方法

4.1 垂直磁偶源时间域电磁场

本节公式推导基于正谐时 $e^{i\omega t}$。在准静态条件下（即忽略位移电流），一垂直磁偶源（VMD）在 N 层介质表面激发的频率域磁场垂直分量和电场切向分量分别为：

$$H_z(r) = \frac{m}{4\pi} \int_0^\infty (1 + r_{TE}) \frac{\lambda^3}{u_0} J_0(\lambda r) d\lambda \tag{4.1.1}$$

$$E_\varphi(r) = -\frac{z_0 m}{4\pi} \int_0^\infty (1 + r_{TE}) \frac{\lambda^2}{u_0} J_1(\lambda r) d\lambda \tag{4.1.2}$$

在变量 z_0 和 u_0 中，下标 0 表示空气层。m 为磁偶极矩，r 为水平收发距，空间波数 λ 等于 $\sqrt{k_x^2 + k_y^2}$，其中 k_x 和 k_y 为傅里叶变换中的空间波数 x 和 y 分量。J_0 和 J_1 为第一类 Bessel 函数的 0 阶和 1 阶表达式。r_{TE} 为反射系数，由式（4.1.3）决定：

$$r_{TE} = \frac{Y_0 - \hat{Y}_1}{Y_0 + \hat{Y}_1} \tag{4.1.3}$$

式中：$\hat{Y}_1$ 为第一层介质表层导纳。其由以下递推公式确定：

$$\hat{Y}_1 = Y_1 \frac{\hat{Y}_2 + Y_1 \tanh(u_1 h_1)}{\hat{Y}_1 + Y_2 \tanh(u_1 h_1)} \tag{4.1.4}$$

$$\hat{Y}_n = Y_n \frac{\hat{Y}_{n+1} + Y_n \tanh(u_n h_n)}{\hat{Y}_n + Y_{n+1} \tanh(u_n h_n)} \tag{4.1.5}$$

$$\hat{Y}_N = Y_N \tag{4.1.6}$$

式中：Y_n 为第 n 层介质的本征导纳，$Y_n = u_n / z_n$，其中 $u_n^2 = \lambda^2 - k_n^2$、$k_n^2 = -i\omega\mu_n\sigma_n$、$z_n = i\omega\mu_n$，$\omega$ 为角频率，μ_n、σ_n 和 h_n 分别为第 n 层介质的磁导率、电导率和层厚。本书中，磁导率设置为真空中磁导率 μ_0。

由于空气层电导率非常低，μ_0 可近似等于 λ。如果 N 等于 1，那么反射系数为

$r_{TE} \approx (\lambda - u_1)/(\lambda + u_1)$，那么，式（4.1.1）可改写为

$$H_z(r) = \frac{m}{2\pi} \int_0^{infty} \frac{\lambda^3}{\lambda + u_1} J_0(\lambda r) d\lambda \tag{4.1.7}$$

借助于利普希茨（Lipschitz）和 Sommerfeld 积分，0 阶 Bessel 函数可改写为指数形式，并代入式（4.1.7）可得

$$H_z(r) = \frac{m}{2\pi k^2 r^3}[9 - (9 + 9ikr - 4k^2r^2 - ik^3r^3)e^{-ikr}] \tag{4.1.8}$$

式中：$k^2 = -i\omega\mu_0\sigma_1$。将式（4.1.8）转换至拉普拉斯域，有

$$H_z(r) = -\frac{m}{2\pi\mu_0\sigma_1 r^5}\left[\frac{9}{s^2} - \left(\frac{9}{s^2} + \frac{9\alpha}{s^{3/2}} + \frac{4\alpha^2}{s} + \frac{\alpha^3}{s^{1/2}}\right)e^{-\alpha s^{1/2}}\right] \tag{4.1.9}$$

式中：$\alpha = (\mu_0\sigma_1)^{1/2}r$，$S$ 为拉普拉斯域变量，其等于 $i\omega$。式（4.1.9）乘以 S，再做拉普拉斯逆变换，获得磁场脉冲响应：

$$\frac{\partial h_2}{\partial t}(r) = \frac{m}{2\pi\mu_0\sigma_1 r^5}\left[9 erf(\theta r) - \frac{2\theta r}{\pi^{1/2}}(9 + 6\theta^2 r^2 + 4\theta^4 r^4)e^{-\theta^2 r^2}\right] \tag{4.1.10}$$

式中：$erf(\theta r)$ 为误差函数，变量 θ 等于 $\sqrt{\dfrac{\mu_0\sigma_1}{4t}}$，$t$ 为观测时间。本书中，式（4.1.7）采用 120 点的快速 Hankel 变换求解。

4.2 矩形回线源时间域电磁场

假设一个垂直磁偶源位于笛卡儿坐标系原点。利用柱状坐标系与笛卡儿坐标系的转换关系，在观测点 $(x, y, 0)$ 处的电场水平分量 E_x 和 E_y 可从式（4.1.2）获得，即

$$E_x(r) = \frac{z_0 m}{4\pi} \cdot \frac{y}{r} \int_0^\infty (1 + r_{TE}) \frac{\lambda^2}{u_0} J_1(\lambda r) d\lambda \tag{4.2.1}$$

$$E_y(r) = -\frac{z_0 m}{4\pi} \cdot \frac{x}{r} \int_0^\infty (1 + r_{TE}) \frac{\lambda^2}{u_0} J_1(\lambda r) d\lambda \tag{4.2.2}$$

式中：$r^2 = x^2 + y^2$。

一般来说，一个矩形回线可视为由无数多个垂直磁偶源组成。假设 z 轴垂直向下，且坐标原点位于矩形回线几何中心。$(x', y', 0)$ 表示小垂直磁偶源坐标，那么 r^2 改写为 $(x' - x)^2 + (y' - y)^2$，在式（4.2.1）和式（4.2.2）中，以 $dm = Idx'dy'$ 代替磁矩 m，并对这两式按回线面积积分，那么矩形回线在 $(x, y, 0)$ 处激发的电场水平分量为

$$E_x(r) = \frac{z_0 I}{4\pi} \int_{-W}^{W} \int_{-L}^{L} \frac{y' - y}{r} \int_0^\infty (1 + r_{TE}) \lambda J_1(\lambda r) d\lambda dy' dx' \tag{4.2.3}$$

$$E_y(r) = -\frac{z_0 I}{4\pi} \int_{-W}^{W} \int_{-L}^{L} \frac{x'-x}{r} \int_0^{\infty} (1+r_{TE})\lambda J_1(\lambda r) d\lambda dy' dx' \qquad (4.2.4)$$

式中：W 和 L 分别为矩形回线的半长和半宽。以上两式中，λ^2/u_0 已被替换为 λ。基于以下变换式：

$$\frac{\partial J_0(\lambda r)}{\partial y'} = -\lambda \frac{y'-y}{r} J_1(\lambda r) \qquad (4.2.5)$$

式（4.2.3）可写作

$$E_x(r) = -\frac{z_0 I}{4\pi} \int_{-W}^{W} \int_0^{\infty} (1+r_{TE})[J_0(\lambda r_L) - J_0(\lambda r_{-L})] d\lambda dx' \qquad (4.2.6)$$

而式（4.2.4）也可写作

$$E_y(r) = -\frac{z_0 I}{4\pi} \int_{-W}^{W} \int_0^{\infty} (1+r_{TE})[J_0(\lambda r_L) - J_0(\lambda r_{-L})] d\lambda dy' \qquad (4.2.7)$$

式中：I 为发射电流；$r_L^2 = (x'-x)^2 + (L-y)^2$，$r_{-L}^2 = (x'-x)^2 + (-L-y)^2$，$r_W^2 = (W-x)^2 + (y'-y)^2$，$r_{-W}^2 = (-W-x)^2 + (y'-y)^2$。

基于法拉第定理，磁场脉冲响应可由电场获取，如

$$\frac{\partial b_z(r)}{\partial t} = F^{-1}\left(\frac{1}{i\omega} \cdot \frac{\partial E_y(r)}{\partial x}\right) - F^{-1}\left(\frac{1}{i\omega} \cdot \frac{\partial E_x(r)}{\partial y}\right) \qquad (4.2.8)$$

式中：F^{-1} 表示傅里叶逆变换。而 $\dfrac{\partial E_y(r)}{\partial x}$ 和 $\dfrac{\partial E_x(r)}{\partial y}$ 可写作

$$\frac{\partial E_y(r)}{\partial x} = \frac{z_0 I}{4\pi} \int_{-W}^{W} \int_0^{\infty} (1+r_{TE}) \left[\frac{W-x}{r_W} J_1(\lambda r_W) - \frac{-W-x}{r_{-W}} J_1(\lambda r_{-W})\right] d\lambda dy' \qquad (4.2.9)$$

$$\frac{\partial E_x(r)}{\partial y} = -\frac{z_0 I}{4\pi} \int_{-W}^{W} \int_0^{\infty} (1+r_{TE}) \left[\frac{L-y}{r_L} J_1(\lambda r_L) - \frac{-L-y}{r_{-L}} J_1(\lambda r_{-L})\right] d\lambda dx' \qquad (4.2.10)$$

式（4.2.9）和式（4.2.10）采用 140 点的快速 Hankel 变换求解。为了稍后求解关于回线边长的积分，如式（4.2.10），我们首先将积分区间 $[-W,W]$ 分为两个子区间 $[-W,0]$ 和 $[0,W]$。然后再对每个子区间采用 12 点的高斯-勒让德（Gauss-Legendre）积分求解。

4.3 水平电偶源时间域电磁场

在准静态条件下，一个水平电偶源（HED）位于 N 层介质的第 i 层中，其激发的电场轴向水平分量为

$$E_h(r) = \int_0^\infty \left(\hat{E}_{J_0} J_0(\lambda r) + \hat{E}_{J_1} \frac{J_1(\lambda r)}{r} \right) d\lambda \tag{4.3.1}$$

其中

$$\hat{E}_{J_0}(\lambda) = -\frac{1}{2\pi\mu\sigma_i} \left(u_i^2 \hat{A}_h + \lambda^2 \frac{\partial \hat{\Lambda}_z}{\partial z} \right) \lambda \tag{4.3.2}$$

$$\hat{E}_{J_1} = \frac{1}{2\pi\mu\sigma_i} \left(\hat{A}_h + \lambda^2 \frac{\partial \hat{\Lambda}_z}{\partial z} \right) \lambda^2 \tag{4.3.3}$$

式中：$u_i^2 = \lambda^2 - i\omega\mu_0\sigma_i$；$\omega$ 为角频率；r 为收发距；σ_i 为第 i 层介质的电导率；μ 为真空中磁导率。在海洋可控源电磁法中，源和接收点均位于海水层，那么水平和垂直矢量势分别为

$$\hat{A}_h = a_i e^{u_i(z-z_{i+1})} + b_i e^{-u_i(z-z_i)} + \frac{\mu}{2u_i} e^{-u_i|z-z_s|} \tag{4.3.4}$$

$$\hat{\Lambda}_z = c_i e^{u_i(z-z_{z+1})} + d_i e^{-u_i(z-z_i)} - \frac{u_i}{\lambda^2}[a_i e^{u_i(z-z_{i+1})} - b_i e^{-u_i(z-z_i)}] \tag{4.3.5}$$

式中：z_s、z_i 和 z 分别为源的深度、第 i 层介质上界面埋深和测点深度。a_i、b_i、c_i 和 d_i 的具体表达式详见 Key（2009）的文献。

以上公式推导基于负谐时 $e^{-i\omega t}$。因此，基于拉普拉斯逆变换求取时间域响应时，拉普拉斯变量 S 应用 $-i\omega$ 代替，那么 u_i^2 仍为 $\lambda^2 + s\mu\sigma_i$。

4.4 圆形回线源时间域电磁场

1. 解析解

在采用正谐时的条件下，铺设于水平地表的圆形发射回线在其圆心处激发的磁感应强度垂直分量为

$$B_z = \frac{\mu_0 I a}{2} \int_0^\infty (1 + r_{TE}) \frac{\lambda^2}{\mu_0} J_1(\lambda a) d\lambda \tag{4.4.1}$$

式中：a 为圆形回线半径。

2. 近似解

铺设于水平地表的圆形发射回线可看作由一系列首尾相接的水平电偶源组成，那么其激发的电磁场也可由水平电偶源激发的电磁场叠加求取。位于直角坐标系原点、沿 x 方向布置、铺设于地表的水平电偶源在某点处激发的磁感应强度垂直分量为

$$B_z = \frac{\mu_0 I ds}{4\pi} \frac{y}{\rho} \int_0^\infty (1 + r_{TE}) \frac{\lambda^2}{u_0} J_1(\lambda\rho) d\lambda \tag{4.4.2}$$

式中：ds 为电偶源长度；ρ 为收发距；y 为测点 y 的坐标；其他符号含义与式（4.4.1）相同。

首先将圆形发射回线等分为 M 段，那么基于式（4.4.2），回线内外任意点的磁感应强度垂直分量为

$$B_z = \frac{\mu_0}{4\pi} \sum_{m=1}^{M} \frac{\mathrm{d}s_m y_m}{\rho_m} \int_0^\infty (1+r_{\mathrm{TE}}) \frac{\lambda^2}{u_0} J_1(\lambda \rho_m) \mathrm{d}\lambda \qquad (4.4.3)$$

式中：$\mathrm{d}s_m$、ρ_m、y_m 和分别为第 m 段电偶源长度、测点至该段电偶源的距离和垂向坐标。

如图 4.4.1（a）所示，用于近似圆形回线的 16 个电偶源均未与 x 轴或 y 轴平行。为了更好地验证上述矢量有限元单元分析理论，我们将这些电偶源进一步分解为沿 x 轴和 y 轴方向的、相互正交的两个电偶源[图 4.4.1（b）]。那么，式（4.1.28）可改写为

$$B_z = \frac{\mu_0}{4\pi} \sum_{m=1}^{M} \left[\frac{\mathrm{d}s_m^x y_m^x}{\rho_m^x} \int_0^\infty (1+r_{\mathrm{TE}}) \frac{\lambda^2}{u_0} J_1(\lambda \rho_m^x) \mathrm{d}\lambda + \frac{\mathrm{d}s_m^y y_m^y}{\rho_m^y} \int_0^\infty (1+r_{\mathrm{TE}}) \frac{\lambda^2}{u_0} J_1(\lambda \rho_m^y) \mathrm{d}\lambda \right] \qquad (4.4.4)$$

式中：$\mathrm{d}s_m^x$，$\mathrm{d}s_m^y$ 和分别为第 m 段电偶源沿 x 轴和 y 轴方向的投影；ρ_m^x 和 ρ_m^y 与 y_m^x 和 y_m^y 分别为测点至该段电偶源投影的距离和垂向坐标。

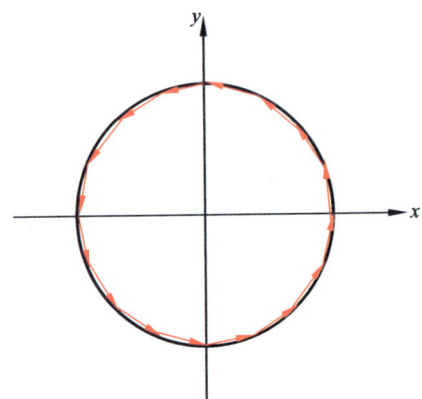

(a) 圆形回线看作 16 个首尾相接的电偶源

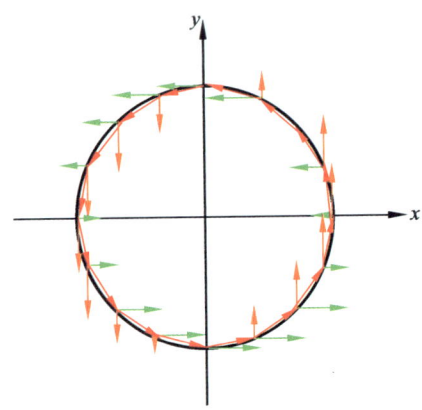

(b) 电偶源可分解为一对与轴和轴平行的正交电偶源

图 4.4.1 圆形发射回线示意图（回线内通以逆时针方向流动的电流）

第 5 章

PART FIVE

电磁探测技术应用

5.1 安石隧道"11·26"涌水突泥灾害探测

5.1.1 不良地质问题概况

在建云县至凤庆高速公路的安石隧道位于凤庆县凤山镇安石村—勐佑镇中河村，为分离式特长隧道。在建隧道呈曲线形展布，隧道总体轴线方向约 278°；左线隧道全长 5 338 m，设计高程为 1 861.745~1 812.24 m，隧道最大埋深约 453.11 m；右线隧道全长 5 263 m，设计高程为 1 863.147~181.244 m，隧道最大埋深约 449.81 m。隧道左幅未开挖长度为 3 110 m，右幅未开挖长度为 3 072 m。

2019 年 11 月 26 日 17 时 21 分许，隧道出口端右洞掌子面退回 5 至 10 m 区域突发突泥涌水，距掌子面 42 m 正在进行仰拱施工作业工人被困，工友当即自发组织现场救援。18 时 10 分许，发生二次突泥涌水，造成前去救援的工人被困，两次灾害共造成多人遇险失联、受伤。

经测算，现场突泥约 1.5×10^4 m³，涌水量 800 m³/h。因突泥涌水十分猛烈，造成掌子面至二衬台车施工位置 68 m 被突泥完全堵塞，一辆挖掘机被推翻掩埋。钢筋与石头绞裹成团被泥浆冲出，质量约 110 t 的二衬台车被从原位置推出 148 m。形成的堆积层最薄处约 2.5 m，最厚处约 5.5 m。

此次灾害有如下十分显著的特点：

（1）隐蔽性。通过与现行相关规范、规程等相符合的技术手段和分析方法，没有查明到这次地质灾害的存在。

（2）本次地质灾害事发突然，涌水突泥量巨大。

基于上述主要特点，结合地质方面的复杂成因和到目前为止已获得的地质调查结果，可以分析地质灾害有如下主要过程和特殊性：

1. 无工程扰动状态

安石隧道右线隧洞顶侧上方岩土体存在构造挤压剪切破碎带、节理密集带等地质构造，即富水构造破碎带，如图 5.1.1 所示。

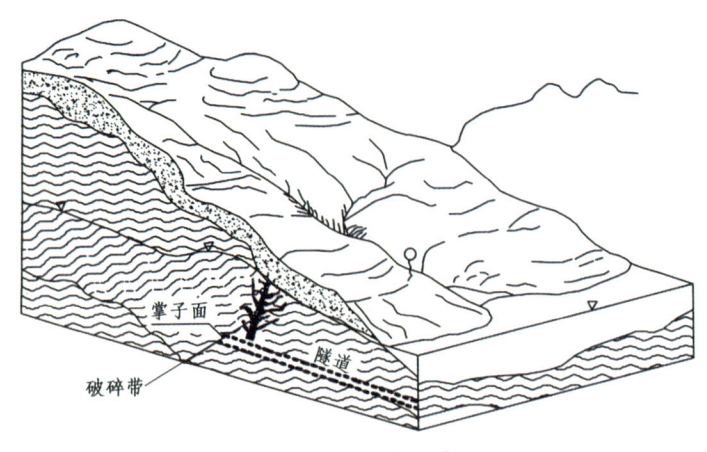

图 5.1.1 破碎带示意图

该破碎带上部与地表附近的节理裂隙等联系紧密。裂隙无充填,张开性好,通过大气降雨大量补给水源。基岩存在裂隙水和导水构造。

破碎带下部,尤其是接近隧道开挖区域内存在完整性相对较好的隧道围岩顶板,使得富水破碎带处于相对平衡状态。

无人为工程扰动时,该富水构造带处于稳定状态。

2. 隧道开挖至 K42+955 里程时的状态

2019 年 11 月 22 日,安石隧道右线开挖至 K42+955 处时,由于隧道开挖、爆破及卸荷松弛等扰动作用以及地下径流场的动静水压力,隧洞顶侧上方围岩顶板不可避免地出现变形沉降,原有封闭裂缝扩张,新裂缝出现,涌水通道出现,渗水量逐渐加大,如图 5.1.2。

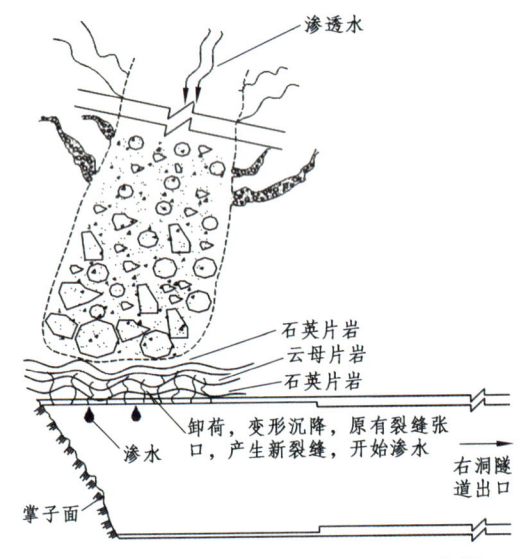

图 5.1.2 隧道开挖初期扰动阶段示意图

在此阶段中,开挖扰动产生的缝隙尚未完全贯通,渗水量有限,隧道围岩顶板云母片岩开始软化,石英片岩还处于相对完好状态,其强度足以抵抗上部富水破碎带的荷载作用,故该处围岩仍处于相对稳定的状态,没有产生明显的涌水突泥前兆现象。

3. 隧道开挖至 K42+951.6 里程时的状态

2019年11月24日—2019年11月26日，安石隧道右线开挖至K42+951.6处，隧道开挖、爆破及卸荷松弛等扰动作用加剧，沉降变形加剧，地下径流场的动静水压力增大，涌水量变大，使得隧洞顶侧上方围岩顶板处于破坏前的临界状态，如图5.1.3。

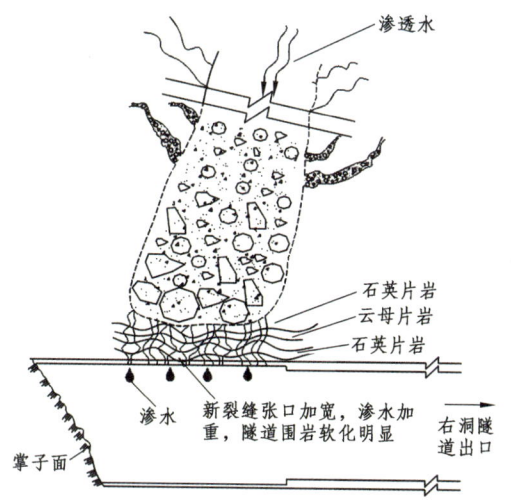

图 5.1.3　隧道涌水突泥地质灾害突发前临界状态示意图

在此阶段中，扰动产生的缝隙贯通，含水单元间渗流通道扩展、水力联系增强、渗透系数变大，隧道内渗漏量逐渐变大，隧道围岩顶板强度达到极限。

4. 第一次涌水突泥

2019年11月26日17时21分，安石隧道右线 K42+955 处，突发第一次涌水突泥，突泥量约 3 000 m³，约占突泥总量的 20%。突泥残余堆积体分布有多个岩块，最大块径约 2 m。突泥堆积体粒径悬殊，杂乱无章，物质成分主要以石英片岩、云母石英片岩、云母片岩为主，颜色以灰色、灰白色为主，差异风化明显，如图5.1.4。

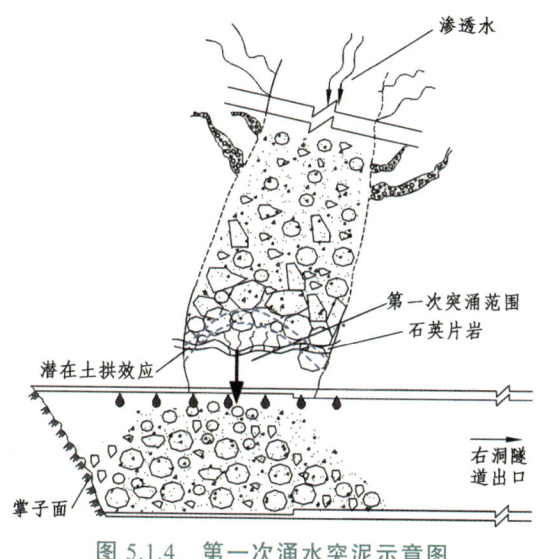

图 5.1.4　第一次涌水突泥示意图

5. 第二次涌水突泥

2019年11月26日18时10分，安石隧道右线K42+955处，突发第二次涌水突泥，突泥量约12 000 m³，约占突泥总量的80%，涌水量800 m³/h。突泥残余堆积体粒径悬殊，杂乱无章，大块径岩块所占比例小于第一次涌水突泥。物质成分主要以石英片岩、云母石英片岩、云母片岩为主，颜色以灰色、灰白色为主，差异风化明显，如图5.1.5。

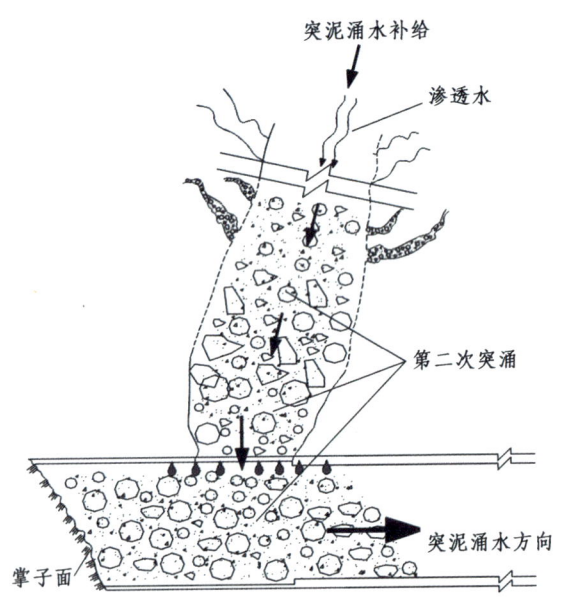

图5.1.5　第二次涌水突泥示意图

6. 涌水突泥灾害纵断面情况

两次涌水突泥叠加纵断面如图5.1.6。总突泥量约为15 000 m³，堆积体从突涌点向隧道出口方向延伸超过150 m，平均厚度为2.5 m，最厚5.5 m，粒径从突涌点到尾部逐渐变细。涌水量由初始的800 m³/h逐渐减小至一个月以后的110 m³/h。

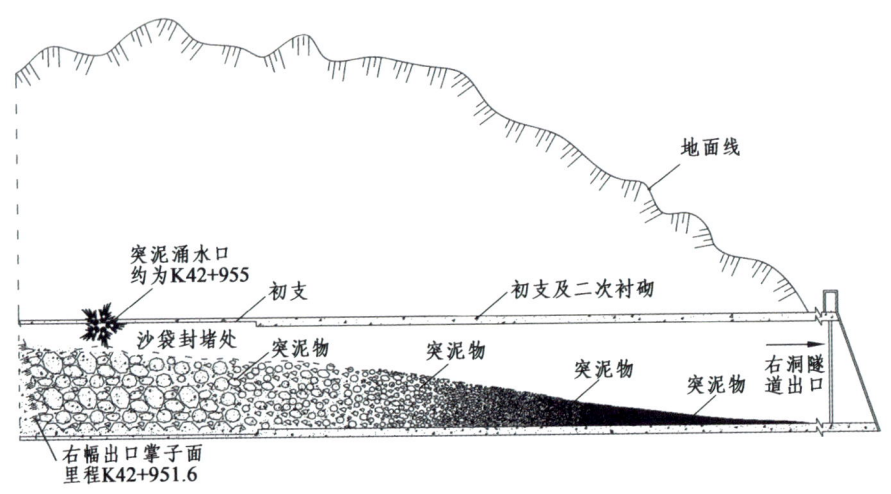

图5.1.6　涌水突泥侧剖示意图

5.1.2 区域地质地球物理特征

隧址区主要岩性为石英片岩、绢云母石英片岩、云母片岩。岩体风化破碎程度与富水性不一,遇水软化及力学强度差异明显,软硬相间,具有明显的电阻率值差异;挤压剪切破碎带岩体松散破碎含水,与周围岩体也存在明显电性差异。因此有利于大地电磁法开展。

1. 气　象

隧址区属干湿季分明的亚热带气候,因地势起伏较大,垂直分带明显,海拔 1 400 m 以上为温带气候,年平均降雨量在 1 500 mm 以上,冬季湿寒冷;其下为亚热带气候,干、雨季分明,蒸发量大于降雨量,年平均气温为 20 ℃,最高为 33.2 ℃,最低为 -0.9 ℃,年平均降雨量为 935.4 mm,年平均蒸发量为 2 377.6 mm,雨季多集中在 6—9 月,约占年降雨量的 70%。

2. 水　文

本次地质调查共涉及 20 个水文地质点,其中 5 处水文地质点水量发生变化(表 5.1.1)。地质调查点 D3、D6、D7、D8 泉水干涸,D45 泉水水量减小。水量发生变化的 5 个水文地质点均分布在北西侧,距突水位置最远为 315 m,南东侧水文地质点未发现水量变化。D3、D6、D7、D8、D45 泉水沿地表顺坡、岩层产状 140°~150°方向和陡倾角的节理裂隙向地下径流。

表 5.1.1　水文地质调查点一览表

序号	点号	位置		高程/m	性质	流量
		里程	平距			
1	D3	K42+991	右 200 m	2 000	泉 1	正常出水量 2 L/s,现干涸
2	D4	K42+859	右 422 m	2 000	泉 2	1 L/s
3	D5	K42+750	右 715 m	1 995	泥石流沟	现状估测为 0.3 m^3/s,洪水季节可达 3.0~3.5 m^3/s
4	D6	K43+150	左 35 m	1 982	泉 3	正常出水量 5 L/s,现干涸
5	D7	K43+118	左 273 m	2 036	泉 4	正常出水量 0.5 L/s,现干涸
6	D8	K43+092	左 226 m	2 027	泉 5	正常出水量 0.3 L/s,现干涸
7	D12	K42+865	右 25 m	2 100	泉 6,取水样点	0.1 L/s
8	D15	K42+410	右 414 m	2 175	人工水池	0.8~1.0 L/s
9	D22	K41+688	右 486 m	2 098	泉 7	2.0~2.5 L/s
10	D25	K42+854	左 697 m	2 013	泉 8	0.1~0.2 L/s
11	D28	K42+949	左 68 m	2 067	泉 9,取水样点	0.1~0.2 L/s
12	D30	K42+564	左 200 m	2 103	泉 10	0.6 L/s
13	D31	K42+580	左 255 m	2 072	泉 11	1.2 L/s

续表

序号	点号	位置		高程/m	性质	流量
		里程	平距			
14	D33	K42+531	左 378 m	2 053	泉 12	0.5 L/s
15	D34	K42+436	左 43 m	2 113	泉 13	0.25~0.3 L/s
16	D36	K42+529	右 1 240 m	2 208	杨梅树大沟	30~40 L/s
17	D39	K42+077	右 829 m	2 222	人工引蓄水池	
18	D43	K42+983	左 141 m	2 058	水沟	0.2 L/s
19	D44	K42+964	右 97 m	2 035	水沟	0.5 L/s
20	D45	K43+065	左 17 m	2 017	泉 14	0.1~0.15 L/s，水量减小

3. 地形地貌

安石隧道属低中山地貌，地形起伏较大，如图5.1.7所示。隧道范围内中线高程为2 276.2~1 800.7 m，最大高差约475.5 m，山体自然坡度为14°~31°，总体地势较缓。进、出口均处于山前斜坡地带，山坡处于基本稳定状态，隧址区仅有狭窄山路通过，通行条件差。依据现场地质勘察，线路附近植被较发育，以乔木、灌木丛、茶树地为主，基岩零星出露。

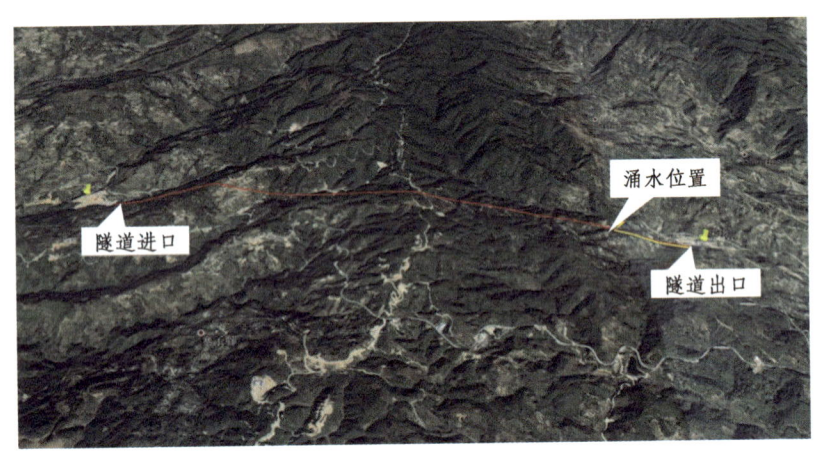

图5.1.7 安石隧道卫星图片

4. 地层岩性

据区域地质资料结合地调、钻探及物探成果，隧址区第四系覆盖层主要为全新统残坡积层（Q_4^{el+dl}）粉质黏土、砂质黏性土，下伏基岩为早奥陶系大田丫口组（O_1d）石英片岩、绢云母石英片岩、绢云母片岩和燕山期（γ_5^2）侵入花岗岩，隧址区分布的地层由新至老描述如下：

（1）第四系残坡积层（Q_4^{el+dl}）。

残坡积层分布在斜坡地带，岩性主要为粉质黏土、砂质黏性土、块石土等，厚度较小，为0.5~9.0 m。

（2）早奥陶系大田丫口组石英片岩、绢云母石英片岩、云母片岩（O_1d）。

隧道围岩为早奥陶系石英片岩、绢云母石英片岩、云母片岩，见呈互层状或渐变过渡赋存，属较软岩。岩体破碎呈碎裂状结构，岩石矿物定向排列，片理发育，受构造挤压作用明显。岩层产状倾向140°~150°，倾角30°~50°。变质是在高温、高压、热液等地质作用下物质成分、结构、构造发生改变，由一种岩石（母岩）变成另一种岩石的过程。片岩作为变质程度较深的区域变质岩，不均匀性是其最显著的特点。云母片岩和石英片岩，其抗风化抗侵蚀能力、遇水软化及力学强度差异明显，软硬相间。石英片岩硬度相对较高，绢云母石英片岩、云母片岩节理裂隙及劈理发育，遇水软化、崩解。绢云母石英片岩、云母片岩受构造挤压揉皱作用，易形成挤压剪切破碎带，地下水沿破碎带裂隙进入，赋存在破碎带中，浸泡软化岩体，使岩体产生蚀变，产生差异风化，形成风化囊、风化槽。部分芯样照片见图5.1.8和图5.1.9。

图5.1.8　较完整中风化石英片岩（ZK2钻孔56.91~60.12 m芯样）

图5.1.9　挤压剪切破碎带（ZK2钻孔93.22~100.49 m芯样）

调查发现石英片岩、云母石英片岩与花岗岩岩性分界面，追踪地质调查点得出地质界线，距离右幅掌子面1 170 m。隧道轴线上以西为石英片岩、云母石英片岩，以东为花岗岩。

（3）燕山期侵入花岗岩（γ_5^2）。

全风化花岗岩：灰白色、浅灰色，全风化呈残积土样，原岩结构基本破坏，仅具原岩外观。强风化碎屑状花岗岩：浅灰色、浅黄色，粗粒结构，块状构造，节理裂隙发育，裂隙石英充填，岩质极软，岩体极破碎。中风化花岗岩：灰白色，粗粒结构，块状构造，节理裂隙发育，岩质较硬，岩体较完整。

5. 地质构造

根据区域地质资料，隧址区大地构造位于冈瓦纳板块保山地块昌宁—孟连褶皱带北东边缘，澜沧江断裂西侧，受东部澜沧江断裂带控制，区域多发育北西向构造体系及北东向构造体系。自古生代以来，曾经历了多次构造变动，地质构造复杂。区域地质构造主要发育北西向的澜沧江断裂和昌宁断裂两条，其中澜沧江断裂为逆断层，昌宁断裂为正断层，倾角为75°，两条断层均属第四纪早~中更新世活动性断裂，相距约 30 km，断层之间岩浆活动和区域变质作用强烈，隧址区位于昌宁断裂北东约 7.5 km。从区域地质图（图 5.1.10）显示隧道未穿越区域性断裂。

图 5.1.10 安石隧道区域活动断裂分布图

6. 地　震

根据《中国地震动峰值加速度区划图》（GB 18306—2015），隧址区地震动反应谱特征周期为 0.45 s，地震动峰值加速度为 0.15g，相对应的地震基本烈度为Ⅶ度。

7. 水文地质条件

本次水文地质调查通过地表分水岭将调查区域分为两个水文地质单元，分别是北西侧羊桥河（杨梅树大沟）和南东侧黄草坝河。羊桥河水文地质单元面积约 3.3 km²，黄草坝河水文地质单元面积约 3.28 km²。羊桥河在右幅掌子面北东方向 388 m 处（高程为 1 895 m），黄草坝河在右幅掌子面南西方向 748 m 处（高程为 1 985 m），均高于隧道右幅掌子面设计标高（1 820 m）。

区内地下水来自大气降雨，其动态运移受气象水文、地形地貌、地层岩性、地质构造等因素的影响和控制，地下水的补给又与降雨等密切相关，地下水排泄总体上与地形地表水文网相一致。工作区为澜沧江水系，地下水主要通过岩性接触带、裂隙密集带、层理、节理、劈理等结构面往北西侧羊桥河、南东侧黄草坝河排泄，按地下水赋存条件可分为松散层孔隙水、基岩裂隙水两类，现分述如下：

（1）松散覆盖层孔隙水。

隧址区孔隙水主要赋存于山体残坡积层中，接受大气降水补给，部分入渗，补给基岩裂隙水或以泉水的形式补给沟谷溪流。孔隙水富水性弱，随季节变化大。

（2）基岩裂隙水。

K41+780至隧道出口岩性以云母石英片岩为主，组成构造侵蚀中山地貌，地下水主要为基岩裂隙水。地下水主要贮存于岩体风化带、节理裂隙中。该区地表溪沟发育，植被茂盛，地表浅层风化后呈松散砂粒和砂土，节理裂隙发育，裂隙无充填，张开性好，通过大气降雨大量补给水源。地下水具有山高水高、沟沟有水流的特点。

8. 不良地质现象

经现场访问、实地踏勘现状，未发现地表裂缝、沉降变形等明显地质灾害隐患点。地表发现多处第四系残坡积土小型崩塌、滑坡。其中一处为公路上方土层滑坡，长35 m、宽25 m，呈"撮箕"形，滑体厚平均1.5~2.0 m，体积约1500 m³，属第四系浅层堆积体小型牵引式滑坡，滑坡体大多堆积于公路两侧，部分已清理。经分析该滑坡为强降雨引发的第四系覆盖层浅层堆积体滑坡地质灾害，对乡村道路及村民出行安全有一定影响。无证据表明该滑坡与隧道施工存在直接联系。

5.1.3 电磁探测成果与地质解译

依据此次勘察的目的，在K42+750~K43+000段，以隧道右幅轴线为中心，在宽250 m、长250 m的方形区域呈网格状布置，点距10 m，探测深度400 m。测点总计676个，共26条大地电磁法物探测线（剖面），如图5.1.11所示。

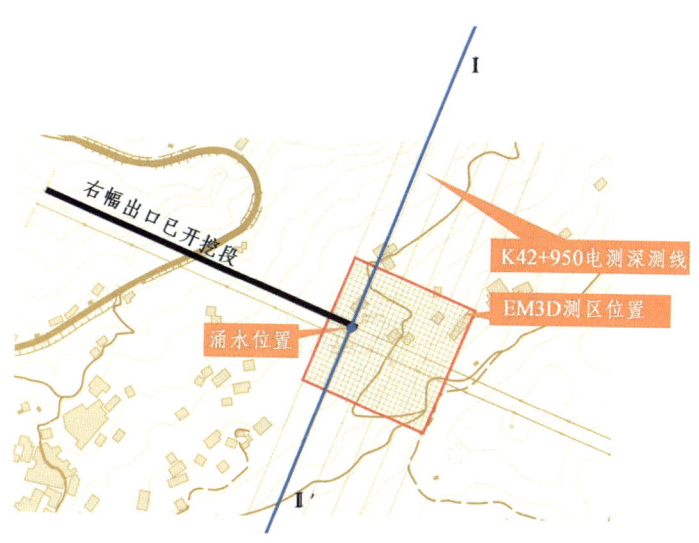

图 5.1.11　测线布置图（第一阶段）

基于光滑约束的反演结果如图5.1.12、图5.1.13所示。图中的红色、橙色和黄色区域为相对高阻区，代表岩体相对致密，完整性好，含水量小；绿色为高低阻过渡带；蓝色为相对低阻区，代表岩体含水、松散破碎或风化程度高。视电阻率分布不均的，表示岩体物性差异大，推断为岩体构造发育、松散破碎地段；电阻率横向分布均匀的，表示岩体物性均一。

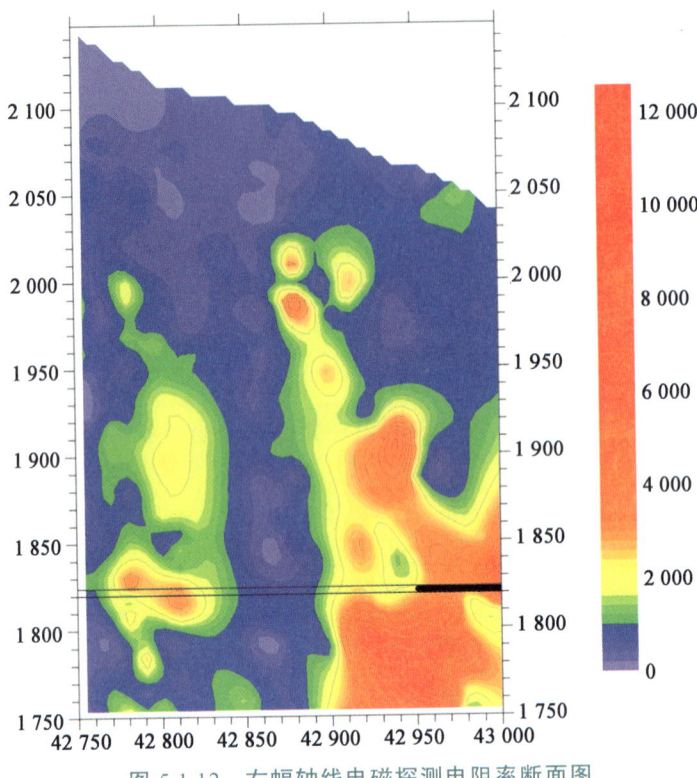
图 5.1.12 右幅轴线电磁探测电阻率断面图

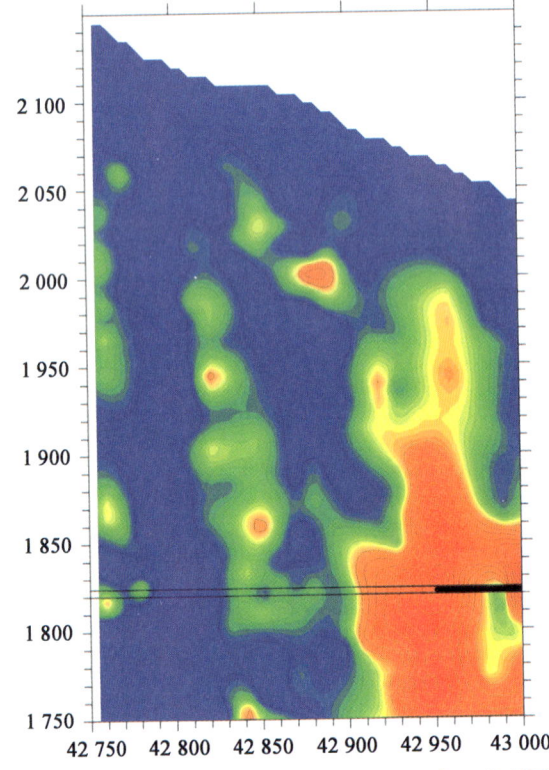
图 5.1.13 右幅轴线左侧 10 m 电磁探测电阻率断面图

图 5.1.12 为右幅轴线电磁探测电阻率断面图。从视电阻率的变化趋势大致可以分为：① 浅地表至地下 100 m 左右表现为视电阻率的低值区域，推断为地表第四系覆盖区和不同程度的风化基岩的综合效应；② 海拔 2 000 m 以下，从左至右视电阻率的分布总体表现为"高—低—高—局部低"阻异常，其中在横向上 K42+840～K42+880、纵向上 1 750～2 000 m 的低阻区推断为岩体构造发育、松散破碎地段；③ 横向上 K42+920～K43+000、纵向上 1 950～2 000 m 的低阻异常推断为基岩裂隙水发育地段，不排除其破碎程度较大，另外存在（K42+960，1 880 m）为中心，半径为 15～20 m 范围的低阻异常，推断为一定破碎程度基岩及基岩裂隙水发育，有待钻探进一步验证；④ 此外，在横向上 K42+950～K43+000、纵向上 1 820～1 850 m 的高阻异常，推断为隧道围岩含水较少与隧道空腔的综合反映；⑤ 不排除（K42+960，1 850 m）处的高阻异常为此次灾害形成的"空洞"大地电磁响应，但有待进一步验证，同时该高阻异常与以（K42+940，1 900 m）为中心的高阻异常具有一定的连通性，是否可能与"空洞"分布状态有关，有待结合地质、钻探及其他物探资料进行综合分析。

图 5.1.13 为右幅轴线左侧 10 m 电磁探测电阻率断面图。从视电阻率的变化趋势大致可以分为：① 浅地表至地下 100 m 左右表现为视电阻率的低值区域，推断为地表第四系覆盖区和不同程度的风化基岩的综合效应；② 横向上 K42+770～K42+810、纵向上 1 750～2 050 m 的低阻异常，推断该处地下含水率较高；③ 横向上 K42+900～K42+990、纵向上 1 750～2 010 m 的高阻异常，推断为隧道处含水较少的基岩与部分隧道空腔的综合反映；④ 在横向上 K42+900～K43+000、纵向上 1 750～1 900 m 为高阻异常，不排除该处的高阻异常为此次灾害形成的"空洞"响应，有待进一步验证。

5.2 恩施至广元国家高速公路某隧道不良地质探测

5.2.1 不良地质问题概况

根据本隧道所处地质背景，将隧道施工可能面临的复杂围岩情况，如软岩变形、岩溶发育、煤矿采空区、煤层瓦斯、煤层自燃性、地下水、地表水、突水突泥、高地应力等分述如下：

1. 岩 溶

隧道轴线地表出露的可溶岩为三叠系下统嘉陵江组三段～四段（T_1j^3～T_1j^4）、中统巴东组一段、三段（T_2b^1、T_2b^3），集中出露于假角山背斜核部及近核部的两翼，呈长条状沿弧形构造带延伸。由于隧址区可溶岩的分布呈条带状沿区域构造线展布，因此总的岩溶地貌为垄脊状洼地和溶丘沟谷，岩溶形态为槽谷、洼地、落水洞和溶洞。根据本次地质调查，在隧道轴线及东北方向 1 km、西南方向 3 km 范围内共发现岩溶槽谷 4 处、洼地 1 处、落水洞 8 处、溶洞 1 处。

2. 地下水

本隧道按隧址区各地层富水性强弱、含水层类型，将隧址区含水岩组划分为 4 种类型，即第四系松散岩类孔隙水含水岩组、碎屑岩类裂隙孔隙水含水岩组、碎屑岩夹碳酸盐岩类裂隙水含水岩组和碳酸盐岩类裂隙溶洞水含水岩组；按储水空隙特征，将隧址区地下水分为 3 种类型，即孔隙水、基岩裂隙水和岩溶水。分述如下：

1）孔隙水

含水介质为第四系（Q）松散堆积物、侏罗系（J_2x、$J_{1-2}z$、J_1z）和三叠系（T_3xj^1、T_3xj^2、T_3xj^3、T_3xj^4、T_3xj^5、T_3xj^6）碎屑岩类的全（强）风化带以及砂岩孔隙，主要分布于隧址区的地表或背斜两翼的斜坡地带的近地表，地下水类型为粒间孔隙型地下水，属孔隙潜水或上层滞水。其中第四系因厚度＜10 m，因此其含水性弱，其余含水层主要接受大气降水补给后沿沟谷排泄或下渗填充基岩裂隙，作为基岩裂隙水的主要补给水源。该类地下水对隧道开挖产生间接影响。

2）基岩裂隙水

含水介质为隧址区除可溶岩以外的所有基岩大小裂隙中，地层为 J_2x、$J_{1-2}z$、J_1z、T_3xj^6、T_3xj^5、T_3xj^4、T_3xj^3、T_3xj^2、T_3xj^1，细分为风化裂隙水、层间裂隙水和构造裂隙水 3 个小类。风化裂隙水赋存于隧道区坚硬较坚硬碎屑岩夹软弱薄层风化裂隙中，岩性为砂岩、泥岩、泥灰岩、粉砂岩、页岩。隧道区降雨量充沛、气候温润，植被茂盛，风化作用强，地表岩石普遍比较破碎，母岩节理裂隙分布密集，多发育横节理。裂隙间呈不规则的网状相互连接，裂隙深度可达数米到数十米，但其发育随深度而减弱，近地表的全~强风化裂隙，常被泥质、次生矿物及化学沉淀物充填，降低了风化裂隙的富水性和导水性，因此含水性总体不强，有明显的季节性和循环交替性，雨季广泛接受大气降水补给，以蒸发、泉的形式排泄或下渗补给下伏含水层。

层间裂隙水分布于隧址区所有地层层间裂隙中，层间裂隙由沉积岩固结、脱水形成层面裂隙、顺层面裂隙发育充填地下水，该类地下水以脉状含水层为主，地下水体赋存于层间裂隙中。由于其富水性受地层层位及充填情况制约，因此在不同的部位和不同的方向上，因裂隙的密度、张开程度、充填情况不同，其连通性有差异，透水性和涌水量也有较大的差别，具有不均一的特点。随深度的增大，该类型地下水在洞身段具有承压性质。

隧道区构造裂隙水埋藏于假角山背斜构造中，含水介质包括所有受背斜构造影响的地层。含水层的形态虽然不受岩层界面的控制，但总体趋势是在背斜的核部顶面及两翼均形成构造影响带。该影响区域岩石破碎，岩体空隙率大，其含水性、透水性、导水性强，在核部的顶面和两翼构造破碎区常形成富水区段，构成背斜储水构造。但因假角山背斜斜歪不对称，造成南东翼可溶岩地层地表出露范围小、地层倾角大，地下水多沿层面裂隙或构造裂隙大角度向深部径流，至地势较低的岩溶槽谷附近集中排泄；而北西翼可溶岩地层地表出露范围较南东翼广，地层倾角则较缓，在高海拔地段地下水水力坡度较南东翼小，因此地下水多以小型泉眼或面流方式排泄，岩溶槽谷附近的集中排泄区海拔也较南东翼高。

3）岩溶水

含水介质为隧址区可溶岩原生或次生孔隙、裂隙、溶孔、溶洞和岩溶管道，地层为 T_2b^1、T_2b^3、T_1j^1、T_1j^2、T_1j^3、T_1j^4、T_1d^3，含水层为：

（1）三叠系中统巴东组三、一段（T_2b^3、T_2b^1）白云岩、白云质灰岩夹含白云石硬石膏层、角砾状泥质白云岩含水层。

（2）三叠系下统嘉陵江组四段~一段（T_1j^4~T_1j^1）灰岩、盐溶角砾岩、中~厚层状白云岩及白云质灰岩含水层。

（3）三叠系下统大冶组三段（T_1d^3）灰岩含水层。

3. 煤矿及采空区

花林煤矿和大山水（玉河）煤矿，由于开采年代久远，早期开拓系统可能存在不规范、见煤采煤、巷道凌乱的情况，其分布具有随机性，规律性不强，留存资料不系统、不完整，各矿井煤层被开采后未对采空区进行专项处理，巷道内一般为自然垮塌堆积物或随机开挖的弃渣杂乱充填，较松散，由开挖的泥质岩、砂岩等组成，且充填物大多数泥质岩已风化软化成土状或碎石。井巷空间中充水的可能性非常大，基于以上物源条件，隧道揭露到采煤地层或采空区时围岩极易发生变形、片帮、坍塌和突泥涌水。

花林煤矿和大山水（玉河）煤矿开拓系统穿越的含煤地层为须家河组一~六段、珍珠冲组地层，主要岩性为砂岩、粉砂岩、泥岩、页岩及煤层，其中粉砂岩、泥岩、页岩或煤层与砂岩呈互层或夹层出现，砂岩占比70%以上。其中砂岩为富水性较强的含水层，而其他岩性为隔水层，在自然状态下，每一层砂岩含水层为相对独立的地下水单元，各个砂岩含水层之间几乎没有水力联系或联系弱，但煤矿开拓系统形成后，人工通道使各个砂岩含水层之间产生了直接的水力联系，在开拓系统影响范围内各个砂岩含水层组成一个统一的地下水系统，当隧道揭露到该系统时，涌水会产生集中式排泄。推测受影响的里程为进口端 K37+399~ZK37+962（K37+392~K37+953）段，出口端 ZK41+407~ZK42+050（K41+426~K42+044）段。

煤矿开采形成的上山巷道进一步沟通了深部地下水与补给区、径流区甚至地表水的水力联系，采空区不仅加剧了浅部地下水向深部循环，而且存在地表水沿采动裂隙或层面裂隙进入矿井的可能，大山水（玉河）煤矿主平硐在开采期间的最大出水量约 72 m^3/h，由于其开采期间导致高中段水体消失，当地居民生活水源受影响。本次调查+370 m 中段（2021年6月28日）时因井口被混凝土封闭，仅有少量水渗出，三角堰测量 H = 5 cm，流量为 0.793 8 L/s。

大山水（玉河）开采 K5 煤层时，须家河组第六、四、二段含水层裂隙水导入矿井，+240 m 水平巷道正常涌水量为 98 m^3/h，在洪水期最大涌水量为 398 m^3/h，2016 年 12 月 20 日实测主井口涌水量为 306 m^3/h，表明矿井涌水量与大气降水关系密切，具有雨季倍增、动态变化大的特点。

煤层具有含瓦斯、爆炸性、自燃性等危害，隧道面临瓦斯防控、揭煤防突风险。根据相关资料，花林煤矿为低瓦斯矿井，自建矿以来，未出现过瓦斯爆炸、燃烧等事故，瓦斯绝对涌出量＜0.5 m^3/min，瓦斯相对涌出量为 2.5 m^3/t，自燃等级为Ⅱ类，有自燃发火倾向，有煤尘爆炸性，煤矿水具有微腐蚀性。

大山水煤矿属低瓦斯矿井，绝对瓦斯涌出量为 0.45 m³/min，相对瓦斯涌出量为 4.63 m³/t；二氧化碳绝对涌出量为 0.5 m³/min，相对涌出量为 5.14 m³/t。K5 煤层煤尘爆炸试验火焰长度为 15 m，抑制煤尘爆炸最低岩粉比例为 60%，鉴定结论为有爆炸性；K5 煤层煤吸氧量为 0.58 cm³/g，自燃等级为Ⅱ类，K5 煤层有自然发火倾向。

4. 软 岩

拟建隧道进、出口端背斜两翼分布的侏罗系中统（J_2x）、中下统自流井组（$J_{1-2}z$）、下统珍珠冲组（J_1z）、三叠系上统须家河组一段～六段（T_3xj^1～T_3xj^6）地层中分布有粉砂岩、泥质粉砂岩、泥岩、页岩，三叠系中统巴东组二段（T_2b^2）以泥岩为主，夹钙质页岩及灰岩，顶部局部含石膏、硬石膏，一段（T_2b^1）含白云石硬石膏，下统大冶组四段（T_1d^4）为钙质泥岩夹灰岩、纯泥岩。以上软质岩与较坚硬～坚硬的砂岩多呈互层或夹层出现。

以上粉砂岩、泥质粉砂岩、泥岩、页岩、石膏、硬石膏遇水易软化、湿解、溶解，属软质岩，隧道内开挖易发生冒顶、坍塌、掉块，在裂隙发育等含水部位则易发生突泥涌水等不良地质现象。

5. 高地应力

根据物探测量成果，拟建隧道 K39+300～K40+500、ZK39+200～ZK40+480 段洞身围岩视电阻率呈高阻特征（>2 000 Ω·m），推测岩体结构致密、坚硬、地应力高，建议开展地应力测试，判定是否存在岩爆的可能性。

6. 其他不良地质

1）活动断裂

隧址区未见活动断层，也未发现大型断裂破碎带，隧址区断裂构造不发育。虽然铁桥镇附近分布有长寿—遵义基底断裂，但由于该断裂为区域性的基底断裂，地表未反映明显断裂特征，地层层序正常，对本路线无实质性影响。

2）区域稳定性与地震

隧址区处于川东弱震区，地震活动相对较弱，其特点是震级中等、频度低、分布零星，震源深度多在 5～20 km。历史地震：邻水县甘坝乡 1986 年 2 月 6 日曾发生 3.5 级地震；江北统景 1989 年 11 月 20 日曾发生过 5.2 级和 5.4 级中级地震两次；2020 年 6 月 29 日 3 时 43 分重庆云阳发生 2.4 级地震；2020 年 11 月 16 日 23 时 54 分在重庆万州区发生 3.2 级地震，震源深度为 8 km。

据《中国地震动参数区划图》（GB 18306—2015），本隧址区处于地震动峰值加速度 0.05g 分区，反应谱特征周期为 0.35 s，其对应地震基本烈度为Ⅵ度。场地类别为Ⅰ类。

3）其他

拟建隧道穿越的山体地面高程在 306.847～1 076.119 m 之间，隧道最大埋深为 726.798 m（K39+720）。山体自然坡度一般为 20°～35°，山脊及所夹槽谷呈近似北东走向，山脊线倾角较陡，隧道轴线以近垂直方向穿越山体。假角山背斜两翼侵蚀性冲沟较发育，大多呈 V 形谷，沿冲沟岩石风化较强，第四系残、坡积堆积物较厚，各冲沟两岸均有不同程度的坍塌、小规模的浅层滑坡、泥石流、崩塌，但现状未见有大规模的滑坡、崩塌、泥石流、地面塌陷、岩堆、危岩等不良地质现象，山体处于相对稳定状态。

5.2.2 区域地质地球物理特征

根据地质调查，五福隧道主要地层为三叠系中统巴东组、三叠系下统嘉陵江组、三叠系下统大冶组，岩性包括泥岩、钙质页岩、灰岩、白云岩、含白云石硬石膏、白云质泥岩、角砾状泥质及泥质灰岩、灰色白云质灰岩、角砾状灰岩、含盐溶角砾岩等，水文地质条件及工程地质条件复杂。

第四系覆盖层电阻率值一般呈低阻特征，一般不超过 $100\ \Omega\cdot m$；泥岩电阻率值范围为 $10\sim100\ \Omega\cdot m$，呈低阻特征；砂岩电阻率值范围为 $10\sim1\ 000\ \Omega\cdot m$，呈高阻特征；完整的灰岩电阻率值范围为 $600\sim6\ 000\ \Omega\cdot m$，呈高阻特征；完整的白云岩电阻率值范围为 $50\sim6\ 000\ \Omega\cdot m$，呈高阻特征；破碎含水白云岩电阻率值范围为 $170\sim600\ \Omega\cdot m$；溶洞充水或泥沙电阻率值范围 $56\sim952\ \Omega\cdot m$；泥灰岩电阻率值范围为 $10\sim100\ \Omega\cdot m$。各种覆盖层、岩石和岩溶发育区及强弱富水区之间存在电性特征差异。

1. 地形地貌

隧道区域上位于四川盆地东北部边缘地带，属川东平行岭谷的一部分，山脉走向与构造线方向一致，总体属北北东走向的弧形构造带。背斜核部成山，翼部多呈谷，向斜多呈台，呈现一山一谷一台相间的地貌景观。

拟建隧道轴线以近垂直方向穿越山体，主要山脉为假角山背斜弧形构造带，呈现中间高、向两侧逐渐降低的趋势，总体特征为背斜核部高耸、两侧低，受地质构造和地层岩性控制，山体多呈细长条状低山和中山形态，表现为中部呈现"一山三岭夹二槽"地貌，两侧呈现"一山二岭夹一槽"地貌，见图 5.2.1。山脊及所夹沟谷呈近似北东走向，山脊线倾角较陡，地面高程在 $190\sim1\ 121.20\ m$ 之间，最高点为右幅 K39+900 桩号 $67°$ 方向 $1\ 360\ m$ 处的龙河村山顶，海拔 $1\ 121.20\ m$，最大相对高差约 $931.20\ m$，自然坡度一般为 $20°\sim35°$。

图 5.2.1 隧区地形地貌图

2. 气　象

区内属亚热带季风气候-中亚热带温润季风气候区，气候温和，热量丰富，雨量充沛，四季分明，无霜期长，光照处于全国同纬度的低值区。因属于大巴山南坡与渝东北平行岭谷结合地带，铁峰山脉为渝东北平行岭谷的隔挡式褶皱带，背斜紧凑，寒潮不易入侵，故气温比同纬度、同海拔的其他地区略高，冬暖春早，夏季海洋性季风带来大量温暖空气，雨量充沛、温湿适度。但当季风锋面停留时，又形成初夏的梅雨天气；而当太平洋高压控制渝东北一带时，七八月会出现高温少雨的伏旱天气。同时此地还处于著名的"华西秋雨"地带，秋雨可以从9月持续到11月左右，持续时间长是其鲜明的特点。最早出现日期有时可从8月下旬开始，最晚在11月下旬结束，秋季平均每月的雨日数，大约在 13~20 d，但秋季降水的强度在一年四季里是最小的，多以小雨为主。

全年无霜期 243~305 d；年平均气温为 12.2~18.4 ℃，极端最低气温为 -3.7 ℃，极端最高气温为 42.0 ℃，一月平均气温为 0.7~6.9 ℃，七月平均气温为 23.1~29.3 ℃；常年降雨量为 1 129~1 384 mm，历年平均降雨量为 1 266.6 mm，历年 24 h 日最大降雨量为 218.4 mm，降雨量多集中在 5—9 月，占全年降雨量的 70%；历年平均蒸发量为 1 027.2 mm；相对湿度为 89% 左右，霜冻期日数一般为 10~20 d，雾日数多为 20~30 d，日照时数为 1 384.2~1 542.8 h；主导风向为南东向和北东向，风速为 33.3 m/s；具有冬短夏长、冬暖春早、夏季酷热、雨量充沛、湿度大、日照少、风速小等气候特点。

区内降雨量分布不均，受地形控制明显，中山区降雨量较大，低山丘陵、河谷区降雨量相对较小。无霜期则随海拔升高而递减。

3. 水　文

拟建隧道沿线地表水系均为长江支流，总的呈树枝状分布，局部呈羽毛状。距离隧道轴线较近的主要河流为进口端的普里河、出口端的南河。

以北东—南西向延伸的假角山背斜轴部山脉为地表分水岭，在其北西侧发育南河，水面标高约为 190~195 m，构成背斜北西翼侵蚀基准面；在其南东侧发育普里河，水面标高约为 190~194 m，构成背斜南东翼侵蚀基准面。假角山背斜两侧向源侵蚀的横向冲沟发育，基本与山脉走向相垂直，为树枝状水系，局部形成羽毛状水系，多为季节性冲沟，北西翼各支流冲沟最终汇入南河，南东翼各支流冲沟汇入普里河。南河与普里河在双合寨汇合后称小江，小江经云阳县双江镇流入长江，属长江水系一级支流。

4. 区域地层岩性

隧道在区域上出露中生界-新生界地层，据 1∶20 万区域地质调查资料（万县幅）、隧道水文地质专项研究报告及五福隧道 H 线工程地质初勘报告等资料，隧道区域上出露的地层有第四系全新统、侏罗系中统上沙溪庙组（J_2s）、下沙溪庙组（J_2xs）、新田沟组（J_2x）和中下统自流井组（$J_{1-2}z$）、下统珍珠冲组（J_1z），三叠系上统须家河组（T_3xj）、中统巴东组（T_2b）、下统嘉陵江组（T_1j）和下统大冶组（T_1d），岩性主要有页岩、泥岩、粉砂岩、砂岩、灰岩、泥灰岩、白云岩、白云质灰岩、角砾状灰岩等。

区域地层及岩性简表见表 5.2.1。

表 5.2.1 区域地层及岩性简表

界	系	统	组	段	代号	厚度/m	岩性
新生界	第四系	全新统			Q_4^{col+dl} Q_4^{el+dl}	0~15	低液限黏土、夹砂岩块石土
	侏罗系	中统	上沙溪庙组		J_2s	1 014	紫红色泥岩夹砂岩
			下沙溪庙组		J_2xs	450~550	紫红色泥岩,夹少量黄灰色粉砂岩及岩屑长石砂岩
		中统	新田沟组		J_2x	353~390	灰、黄灰色中至厚层长石岩屑砂岩、岩屑长石石英、岩屑石英砂岩及灰、深灰色页岩
		中下统	自流井组		$J_{1-2}z$	120~360	泥岩夹砂岩、页岩、石灰岩
		下统	珍珠冲组		J_1z	233~485	灰、黄灰色、灰绿色中至厚层细粒岩屑石英砂岩、泥质粉砂岩与粉砂质泥岩、页岩
	三叠系	上统	须家河组	六段	T_3xj^6	428~104	长石石英砂岩夹薄层页岩
				五段	T_3xj^5	15~30	灰黑色中厚层状炭质泥岩,含煤1~3层
				四段	T_3xj^4	118~185	浅灰、灰色中~厚层状中~粗粒长石、石英砂岩,中下部含厚约0.50 m的砾石层
				三段	T_3xj^3	26~46	灰、深灰色薄层状粉砂岩、砂质泥岩、泥岩,含煤2~3层
				二段	T_3xj^2	117~179	浅灰、灰色中~厚层状中~粗粒长石、石英砂岩
				一段	T_3xj^1	6~22	灰、深灰色薄层状砂质泥岩、泥岩及粉砂岩及薄煤层
		中统	巴东组	三段	T_2b^3	40~260	灰色薄至中厚层状白云质灰岩与灰色、深灰色薄层状钙质泥岩、泥质灰岩互层
				二段	T_2b^2	50~170	紫红色、灰绿色薄层状泥岩为主,夹钙质页岩及灰岩
				一段	T_2b^1	60~120	灰色薄至中厚层状白云岩及含白石硬石膏互层为主夹白云质泥岩、角砾状泥质白云岩及泥质灰岩
		下统	嘉陵江组	四段	T_1j^4	40~80	灰色白云质灰岩、角砾状灰岩夹灰色中厚~厚层状灰岩
				三段	T_1j^3	150~180	灰白色、深灰色薄~中层状石灰岩
				二段	T_1j^2	40~75	角砾状石灰岩夹深灰色石灰岩
				一段	T_1j^1	160~300	灰色、深灰色中厚~厚层状石灰岩夹少量白云质灰岩、泥岩
		下统	大冶组	四段	T_1d^4	30~50	红色薄至中厚层状钙质泥岩夹灰岩
				三段	T_1d^3	180~200	灰、浅灰色中厚层灰岩

5. 区域地质构造

隧道区域地质构造形迹以褶皱为主,断裂构造不发育。从北西向南东主要褶皱构造依次为:任市向斜、假角山背斜、铁峰山褶皱带、梁平向斜。五福隧道轴线几乎垂直穿越假角山背斜。

6. 断裂构造

现有资料表明,隧址区基底发育长寿—遵义断裂,该断裂北起于开县一带,经长寿,向南进入贵州,止于遵义一带,重庆境内长大于 300 km,由于为区域性的基底断裂,地表未反映出明显断裂特征,地层层序正常,也未见断裂破碎带,对本路线无实质性影响。在本次地质调查中也未发现隧道周边存在大型断裂,仅在地表见小型断裂发育,走向延伸仅几十米,深度仅数米,岩层没有形成断距,对隧道施工不产生直接影响。

5.2.3 电磁探测成果与地质解译

此次物探采用音频大地电磁法开展了专项勘察,成果为电磁测深电阻率断面图和三维地质模型图,如图 5.2.2～图 5.2.9。综合五福隧道轴线 K38+000～K41+200 地表测线、K38+000～K39+000 左幅左偏 30 m、左偏 60 m、左偏 90 m 地表测线、右幅右偏 30 m、右偏 60 m、右偏 90 m 地表测线及一期物探勘察资料,五福隧道轴线(左幅及右幅)共划分出严重不良地质段 9 段、较严重不良地质段 8 段,见表 5.2.2 和表 5.2.3。

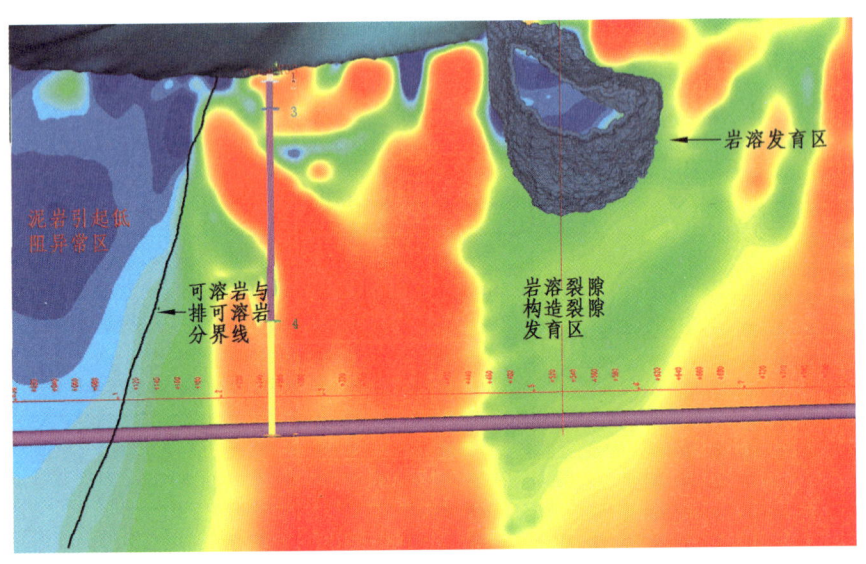

图 5.2.2　五福隧道电磁探测电阻率断面图

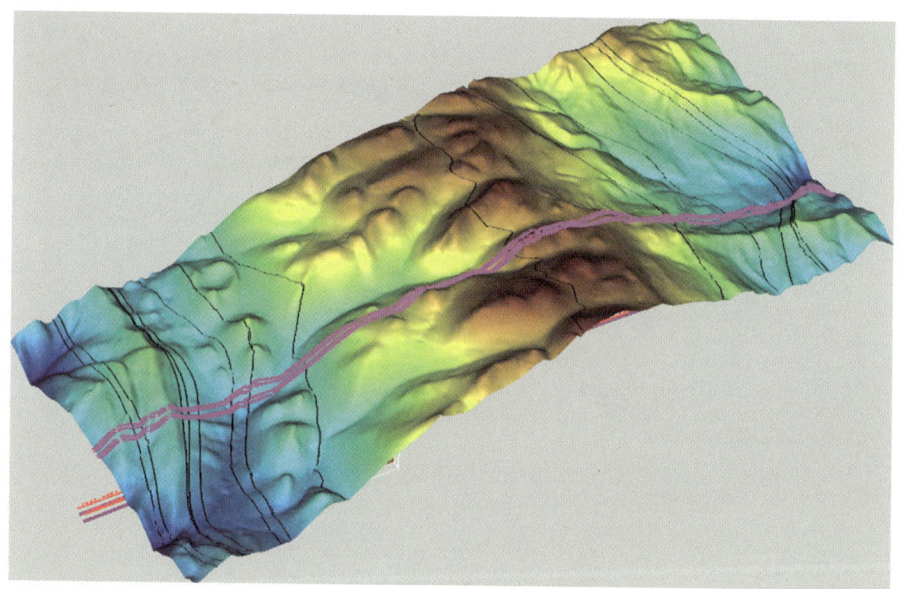

图 5.2.3　五福隧道三维地形模型

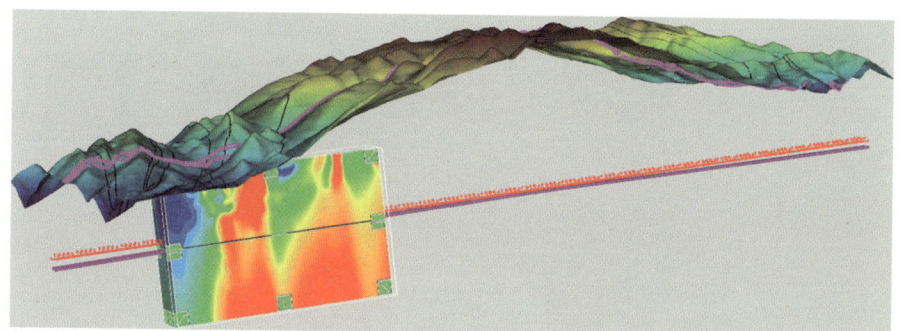

图 5.2.4　五福隧道三维电阻率模型与地形相对关系

图 5.2.5　五福隧道三维电阻率模型与三维地质模型关系（a）

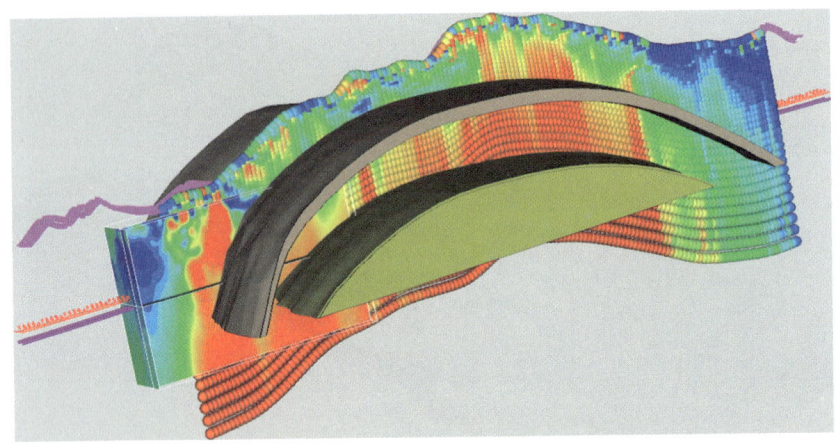

图 5.2.6　五福隧道三维电阻率模型与三维地质模型关系（b）

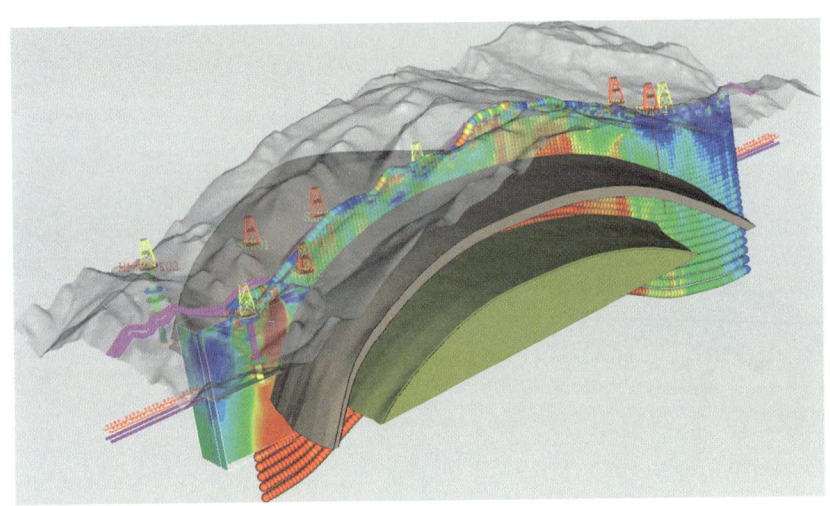

图 5.2.7　五福隧道三维电阻率模型与三维地质模型关系（c）

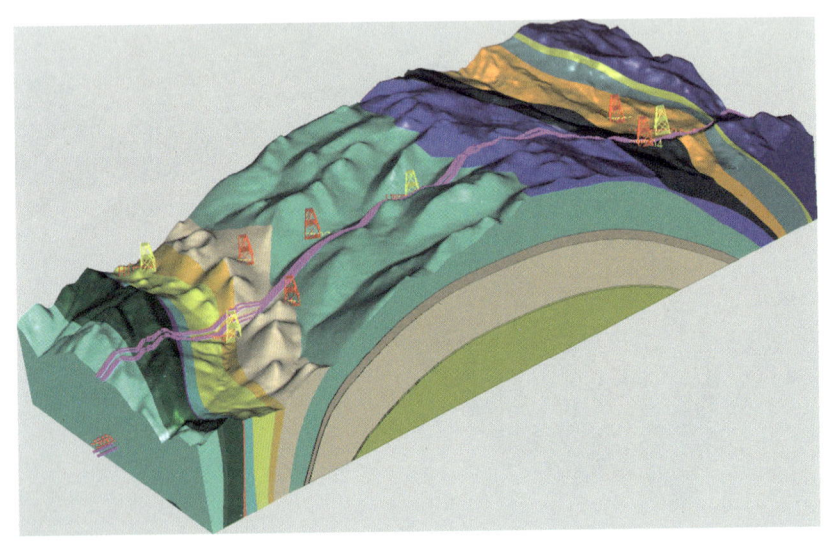

图 5.2.8　五福隧道三维地质模型

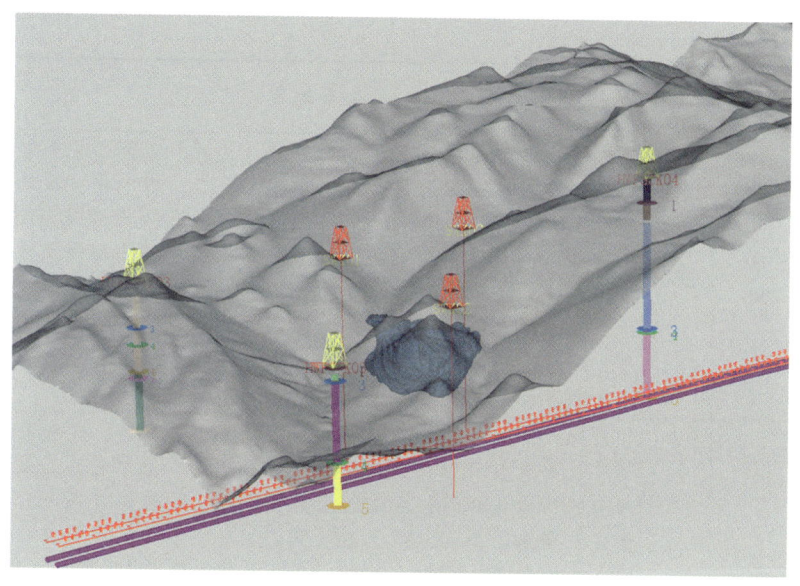

图 5.2.9 五福隧道不良地质体空间分布图

表 5.2.2 左幅不良地质段统计

序号	里程	长度/m	主要地质特征	严重程度
1	ZK38+000~ZK38+140	140	岩性：以三叠系中统巴东组二段（T_2b^2）紫红色、灰绿色薄层状泥岩为主，夹钙质页岩及灰岩，中风化；围岩视电阻率为 0~250 Ω·m。该段穿越花林煤矿煤层采空区，推测在未受采空区影响的泥岩段岩体自稳能力较差，开挖过程中易出现点滴状或淋雨状出水、掉块、坍塌；在采空区影响范围内，采掘巷道内可能存在松散堆积物或弃渣杂乱充填，井巷空间中充水的可能性非常大，隧道开挖过程中围岩极易发生坍塌、突泥涌水等不良地质现象，为严重不良地质段	严重
2	ZK38+140~ZK38+300	160	岩性：以三叠系中统巴东组二段（T_2b^2）紫红色、灰绿色薄层状泥岩为主，夹钙质页岩及灰岩，中风化；以三叠系中统巴东组一段（T_2b^1）灰色薄至中厚层状白云岩及含白云石硬石膏互层为主夹白云质泥岩、角砾状泥质白云岩及泥质灰岩，中风化；三叠系下统嘉陵江组四段（T_1j^4）灰色白云质灰岩、角砾状灰岩夹灰色中厚~厚层状灰岩，含盐溶角砾岩，中风化。围岩视电阻率为 250~800 Ω·m。该段穿越非可溶岩（弱富水）与可溶岩（强富水）接触带，开挖过程中会出现淋雨状、涌流状出水，易发生突泥涌水等不良地质灾害，为严重不良地质段	严重
3	ZK38+300~ZK38+520	220	岩性：三叠系下统嘉陵江组四段（T_1j^4）灰色白云质灰岩、角砾状灰岩夹灰色中厚~厚层状灰岩，含盐溶角砾岩，中风化；三叠系下统嘉陵江组三段（T_1j^3）灰白色、深灰色薄~中层状石灰岩，中风化；三叠系下统嘉陵江组二段（T_1j^2）角砾状石灰岩夹深灰色石灰岩，含盐溶角砾岩，中风化；三叠系下统嘉陵江组一段（T_1j^1）灰色、深灰色中厚~厚层状石灰岩夹少量白云质灰岩、泥灰岩，中风化。局部含岩溶裂隙水，围岩视电阻率为 800~4 000 Ω·m。推测开挖过程中会出现点滴状、局部淋雨状出水，为较严重不良地质段	较严重

续表

序号	里程	长度/m	主要地质特征	严重程度
4	ZK38+520~ZK38+780	260	岩性：三叠系下统嘉陵江组一段（T_1j^1）灰色、深灰色中厚~厚层状石灰岩夹少量白云质灰岩、泥灰岩，中风化。围岩视电阻率为 1 000~2 000 Ω·m。本段隧道轴线以上处于早期槽谷地带，高程 494 m 以上岩体岩溶强发育，富水性强，上部含水体分布范围较大，隧道顶板距含水体约为 150 m，隧道开挖时形成负压，改变了地下水的径流方向，岩溶水具有沿岩溶裂隙向隧道集中排泄的趋势，推测开挖过程中会出现淋雨状、涌流状出水，为严重不良地质段	严重
5	ZK38+780~ZK38+860	80	岩性：三叠系下统嘉陵江组一段（T_1j^1）灰色、深灰色中厚~厚层状石灰岩夹少量白云质灰岩、泥灰岩，中风化；三叠系下统大冶组四段（T_1d^4）紫红色薄至中厚层状钙质泥岩夹灰岩；中风化；三叠系下统大冶组三段（T_1d^3）灰、浅灰色中厚层灰岩，中风化。围岩视电阻率>2 000 Ω·m。本段电阻率虽呈相对高阻特征，且穿越三叠系下统大冶组四段（T_1d^4）隔水层，但隔水层厚度较薄，且目前隔水层位置未受钻孔控制，推测隧道开挖过程中可能受洞身上部岩溶强烈发育区影响出现点滴状、局部淋雨状出水，为较严重不良地质段	较严重
6	ZK38+860~ZK38+940	80	岩性：三叠系下统大冶组三段（T_1d^3）灰、浅灰色中厚层灰岩，中风化。围岩视电阻率为 1 000~2 000 Ω·m。本段虽位于三叠系下统大冶组四段（T_1d^4）隔水层以下，但隔水层厚度较薄，且目前隔水层位置未受钻孔控制，隧道轴线以上，岩体岩溶强发育，可能存在岩溶管道，富水性强，上部含水体分布范围较大，隧道开挖时形成负压，改变了地下水的径流方向，岩溶水具有向隧道集中排泄的趋势，推测开挖过程中会出现淋雨状、涌流状出水，易发生突泥涌水等不良地质灾害，为严重不良地质段	严重
7	ZK38+940~ZK39+020	80	岩性：三叠系下统大冶组三段（T_1d^3）灰、浅灰色中厚层灰岩，中风化。围岩视电阻率为 1 750~2 000 Ω·m。上部岩体岩溶强发育，富水性强，岩溶水具有沿背斜拉张裂隙向隧道集中排泄的趋势，推测开挖过程中会出现淋雨状、涌流状出水，为较严重不良地质段	较严重
8	ZK40+280~ZK40+480	200	岩性：三叠系下统大冶组三段（T_1d^3）灰、浅灰色中厚层灰岩，中风化；三叠系下统大冶组四段（T_1d^4）紫红色薄至中厚层状钙质泥岩夹灰岩，中风化；三叠系下统嘉陵江组一段（T_1j^1）灰色、深灰色中厚~厚层状石灰岩夹少量白云质灰岩、泥灰岩，中风化。围岩视电阻率为 1 750~2 500 Ω·m。推测隧道开挖过程中可能受上部岩溶较发育区影响，出现点滴状出水，为较严重不良地质段	较严重
9	ZK40+480~ZK41+200	720	岩性：三叠系下统嘉陵江组一段（T_1j^1）灰色、深灰色中厚~厚层状石灰岩夹少量白云质灰岩、泥灰岩，中风化；三叠系下统嘉陵江组二段（T_1j^2）角砾状石灰岩夹深灰色石灰岩，含盐溶角砾岩，中风化；三叠系下统嘉陵江组三段（T_1j^3）灰白色、深灰色薄~中层状石灰岩，中风化；三叠系下统嘉陵江组四段（T_1j^4）灰色白云质灰岩、角砾状灰岩夹灰色中厚~厚层状灰岩，含盐溶角砾岩，	严重

续表

序号	里程	长度/m	主要地质特征	严重程度
9	ZK40+480~ZK41+200	720	中风化；三叠系中统巴东组一段（T_2b^1）灰色薄至中厚层状白云岩及以白云石硬石膏互层为主夹白云质泥岩、角砾状泥质白云岩及泥质灰岩，中风化；以三叠系中统巴东组二段（T_2b^2）紫红色、灰绿色薄层状泥岩为主，夹钙质页岩及灰岩，中风化。 ZK40+480~ZK40+760，长280 m，其中ZK40+590里程附近视电阻率横向分布不均，推测该段为强弱富水体分界位置，会出现淋雨状出水；ZK40+760~ZK40+880，长120 m，该段视电阻率横向分布均匀且较低，为200~300 Ω·m，整体富水性强，隧道开挖过程中易出现淋雨状、涌流状出水，易发生突泥涌水等不良地质灾害；ZK40+880~ZK41+010，长130 m，该段地表分布有侵蚀槽谷，广泛接受大气降水补给，因此该段视电阻率横向分布均匀且较低，为100~200 Ω·m，整体富水性相对最强，且垂向上反映出连续低阻特征，推测隧道洞身周边地下水与浅层地下水或地表水存在较强的水力联系，发生突泥涌水等不良地质灾害的风险极大；ZK41+010~ZK41+100，长90 m，该段视电阻率横向分布较均匀且较低，为200~400 Ω·m，整体富水性强，隧道开挖过程中易出现淋雨状、涌流状出水，发生突泥涌水等不良地质灾害的风险极大；ZK41+100~ZK41+200，长100 m，该段视电阻率横向分布均匀且较低，为100~200 Ω·m，整体富水性强，三叠系中统巴东组二段（T_2b^2）地层内低阻特征主要由泥岩引起，ZK41+160里程附近为可溶岩（强富水）与非可溶岩（弱富水）接触带，开挖过程中会出现淋雨状、涌流状出水，发生突泥涌水等不良地质灾害的风险极大。综上所述，ZK40+480~ZK41+200里程段，整体为严重不良地质段	严重

表5.2.3 右幅不良地质段统计

序号	里程	长度/m	主要地质特征	严重程度
1	K38+000~K38+130	130	岩性：以三叠系中统巴东组（T_2b^2）紫红色、灰绿色薄层状泥岩为主，夹钙质页岩及灰岩，中风化。围岩视电阻率为0~250 Ω·m。该段穿越花林煤矿煤层采空区，推测在未受采空区影响的泥岩段岩体自稳能力较差，开挖过程中易出现点滴状或淋雨状出水、掉块、坍塌；在采空区影响范围内，采掘巷道内可能存在松散堆积物或弃渣杂乱充填，井巷空间中充水的可能性非常大，隧道开挖过程中围岩极易发生坍塌、突泥涌水等不良地质现象，为严重不良地质段	严重
2	K38+130~K38+280	150	岩性：以三叠系中统巴东组二段（T_2b^2）紫红色、灰绿色薄层状泥岩为主，夹钙质页岩及灰岩，中风化；以三叠系中统巴东组一段（T_2b^1）灰色薄至中厚层状白云岩及含白云石硬石膏互层为主夹白云质泥岩、角砾状泥质白云岩及泥质灰岩，中风化；三叠系下统嘉陵江组四段（T_1j^4）灰色白云质灰岩、角砾状灰岩夹灰色中厚~厚层状灰岩，含盐溶角砾岩，中风化；三叠系下统嘉陵江组三段（T_1j^3）灰白色、深灰色薄~中层状石灰岩，中风化。围岩视电阻率为250~2 000 Ω·m。该段穿越非可溶岩（弱富水）与可溶岩（强富水）接触带，开挖过程中会出现淋雨状、涌流状出水，易发生突泥涌水等不良地质灾害，为严重不良地质段	严重

续表

序号	里程	长度/m	主要地质特征	严重程度
3	K38+280~K38+440	160	岩性：三叠系下统嘉陵江组三段（T_1j^3）灰白色、深灰色薄~中层状石灰岩，中风化；三叠系下统嘉陵江组二段（T_1j^2）角砾状石灰岩夹深灰色石灰岩，含盐溶角砾岩，中风化；三叠系下统嘉陵江组一段（T_1j^1）灰色、深灰色中厚~厚层状石灰岩夹少量白云质灰岩、泥灰岩，中风化。局部含岩溶裂隙水，围岩视电阻率为 2 000~3 000 Ω·m。推测开挖过程中会出现点滴状、局部淋雨状出水，为较严重不良地质段	较严重
4	K38+440~K38+660	220	岩性：三叠系下统嘉陵江组一段（T_1j^1）灰色、深灰色中厚~厚层状石灰岩。本段隧道轴线以上处于早期槽谷地带，高程 494 m 以上岩体岩溶强发育，富水性强，上部含水体分布范围较大，隧道顶板距含水体约为 150 m，隧道开挖时形成负压，改变了地下水的径流方向，岩溶水具有沿岩溶裂隙向隧道集中排泄的趋势，推测开挖过程中会出现淋雨状、涌流状出水，为严重不良地质段	严重
5	K38+660~K38+940	280	岩性：三叠系下统嘉陵江组一段（T_1j^1）灰色、深灰色中厚~厚层状石灰岩夹少量白云质灰岩、泥灰岩，中风化；三叠系下统大冶组四段（T_1d^4）紫红色薄至中厚层状钙质泥岩夹灰岩，中风化；三叠系下统大冶组三段（T_1d^3）灰、浅灰色中厚层灰岩，中风化。围岩视电阻率为 1 000~2 000 Ω·m。本段电阻率虽呈相对高阻特征，且穿越三叠系下统大冶组四段（T_1d^4）隔水层，但隔水层厚度较薄，且目前隔水层位置未受钻孔控制，推测隧道开挖过程中可能受洞身上部岩溶强烈发育区影响出现点滴状、局部淋雨状出水，为较严重不良地质段	较严重
6	K39+020~K39+080	60	岩性：三叠系下统大冶组三段（T_1d^3）灰、浅灰色中厚层灰岩，中风化。围岩视电阻率大于 1 000 Ω·m。推测隧道开挖过程中可能出现点滴状、局部淋雨状出水，为较严重不良地质段	较严重
7	K39+0160~K39+260	100	岩性：三叠系下统大冶组三段（T_1d^3）灰、浅灰色中厚层灰岩，中风化。围岩视电阻率大于 1 000 Ω·m。推测隧道开挖过程中可能出现点滴状、局部淋雨状出水，为较严重不良地质段	较严重
8	K40+260~K40+480	220	岩性：三叠系下统大冶组三段（T_1d^3）灰、浅灰色中厚层灰岩，中风化；三叠系下统大冶组四段（T_1d^4）紫红色薄至中厚层状钙质泥岩夹灰岩，中风化；三叠系下统嘉陵江组一段（T_1j^1）灰色、深灰色中厚~厚层状石灰岩夹少量白云质灰岩、泥灰岩，中风化。围岩视电阻率为 1 750~2 500 Ω·m。推测隧道开挖过程中可能受上部岩溶较发育区影响，出现点滴状出水，为较严重不良地质段	较严重
9	K40+480~K41+200	720	岩性：三叠系下统嘉陵江组一段（T_1j^1）灰色、深灰色中厚~厚层状石灰岩夹少量白云质灰岩、泥灰岩，中风化；三叠系下统嘉陵江组二段（T_1j^2）角砾状石灰岩夹深灰色石灰岩，含盐溶角砾岩，中风化；三叠系下统嘉陵江组三段（T_1j^3）灰白色、深灰色薄~中层状石灰岩，中风化；三叠系下统嘉陵江组四段（T_1j^4）灰色白云质灰岩、角砾状灰岩夹灰色中厚~厚层状灰岩，含盐溶角砾岩，	严重

续表

序号	里程	长度/m	主要地质特征	严重程度
9	K40+480~K41+200	720	中风化；三叠系中统巴东组一段（T_2b^1）灰色薄至中厚层状白云岩及以白云石硬石膏互层为主夹白云质泥岩、角砾状泥质白云岩及泥质灰岩，中风化；以三叠系中统巴东组二段（T_2b^2）紫红色、灰绿色薄层状泥岩为主，夹钙质页岩及灰岩，中风化。K40+480~K40+760，长280 m，其中K40+500里程附近视电阻率横向分布不均，推测该地段为强弱富水体分界位置，会出现淋雨状出水；K40+760~ZK40+810，长50 m，该段视电阻率横向分布均匀且较低，为200~300 Ω·m，整体富水性强，隧道开挖过程中易出现淋雨状、涌流状出水，发生突泥涌水等不良地质灾害的风险极大；K40+810~K40+940，长130 m，该段地表分布有侵蚀槽谷，广泛接受大气降水补给，因此该段视电阻率横向分布均匀且较低，为300~400 Ω·m，整体富水性强，且垂向上反映出连续低阻特征，推测隧道洞身周边地下水与浅层地下水或地表水存在较强的水力联系，易发生突泥涌水等不良地质灾害；K40+940~K41+020，长80 m，该段视电阻率横向分布较均匀且较低，为200~300 Ω·m，整体富水性强，隧道开挖过程中易出现淋雨状、涌流状出水，发生突泥涌水等不良地质灾害的风险极大；K41+020~ZK41+200，长180 m，该段视电阻率横向分布均匀且较低，为100~200 Ω·m，整体富水性强，三叠系中统巴东组二段（T_2b^2）地层内低阻特征主要由泥岩引起，K41+160里程附近为可溶岩（强富水）与非可溶岩（弱富水）接触带，开挖过程中会出现淋雨状、涌流状出水，发生突泥涌水等不良地质灾害的风险极大。综上所述，K40+480~K41+200里程段，整体为严重不良地质段	严重

5.3 鸡鸣隧道不良地质探测

5.3.1 不良地质问题概况

勘察区隧道段位于郑家沟储水向斜的半封闭水文地质单元中，其中主要为强富水、透水的碳酸盐岩类（可溶岩）夹碎屑岩（非可溶岩）含水层（组），加之隐伏断层破碎带（F23）及次级断层破碎带发育，岩体较破碎~极破碎，岩石软硬相间，各向异性大，完整性、稳定性差。地质及物探成果（低阻区）均显示，区内隧道段富水性总体强，为涌水、突水提供了大量的水源。其中的页岩、黏土岩、煤层等软弱~极软弱岩为突泥提供了泥源。因此，隧道开挖时除易发生涌水、掉块、坍塌、滑塌等普遍性不良地质现象外，在断层破碎带及可溶岩与非可溶岩接触带附近等部位，地下水承压性高，发生突水突泥的可能性极大。梁山组（P_1l）地层中的含煤层，可能存在高瓦斯。

5.3.2 区域地质地球物理特征

根据现场工程地质调绘及勘钻探资料，在建鸡鸣隧道上覆地层主要由第四系全新统残坡积层（Q_4^{el+dl}）粉质黏土和碎石，三叠系下统嘉陵江组下段（T_1j^1）灰岩、泥质灰岩，三叠系下统大冶组灰岩、灰质页岩、泥灰岩、白云岩，二叠系上统吴家坪组（P_3w）灰岩、大隆组（P_3d）炭质页岩夹煤层及透镜体灰岩，二叠系中统孤峰组（P_2g）黏土岩夹煤线、茅口组（P_2m）灰岩、梁山组（P_2l）页岩夹煤层，二叠系栖霞组（P_2q）灰岩，志留系中统纱帽组（S_2s）砂岩夹页岩。

第四系残坡积层电阻率值范围为 $n×10 \sim n×10^2\ \Omega\cdot m$，呈低阻特征；页岩、砂岩、泥灰岩电阻率值范围为 $n×10 \sim n×10^2\ \Omega\cdot m$，呈低阻特征；灰岩电阻率值范围为 $n×10^2 \sim n×10^4\ \Omega\cdot m$，呈高阻特征；岩溶富水区、溶洞（充填水或充填黄泥）、暗河和断层破碎带一般呈低阻特征，一般不超过 $200\ \Omega\cdot m$。各种岩石、第四系覆盖层、岩溶富水区、溶洞（充填水或充填黄泥）、暗河、断层破碎带之间存在电性特征差异。

5.3.3 电磁探测成果与地质解译

图 5.3.1～图 5.3.3 为电磁探测电阻率三维成像图。物探图中红色和黄色区域为相对高阻区，代表岩体相对致密，完整性好，含水量小；绿色和蓝色为相对低阻区，代表岩体含水、松散破碎；视电阻率分布不均的，表示岩体物性差异大，推测岩体构造发育，松散破碎；视电阻率横向分布均匀的，表示岩体物性均一。

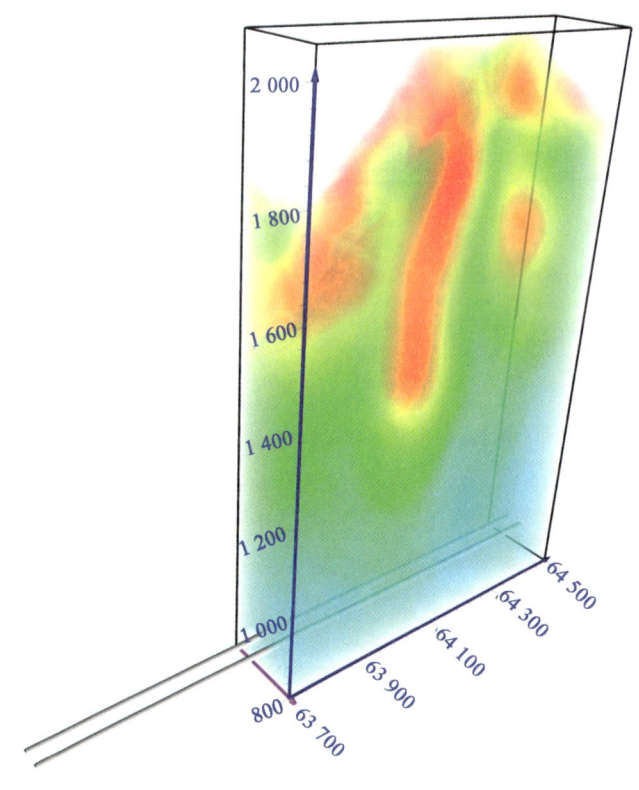

图 5.3.1　隧道电磁探测电阻率三维成像

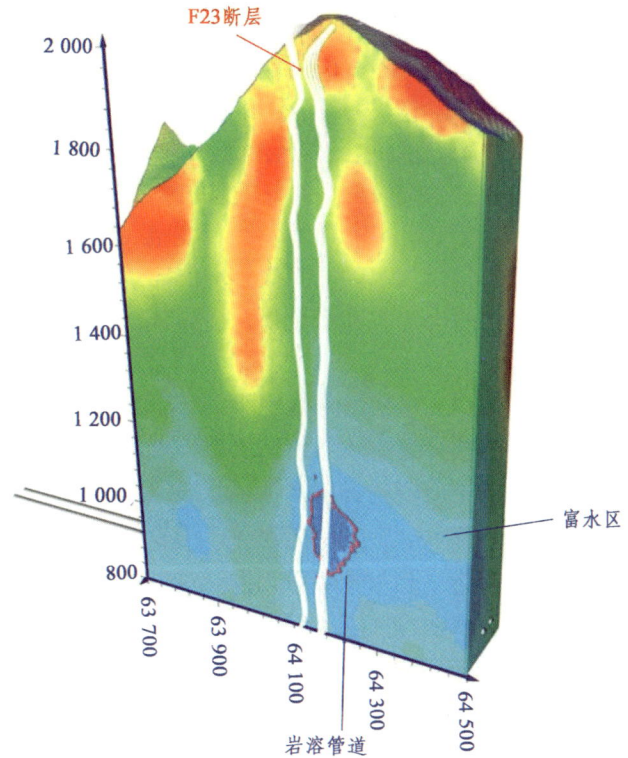

图 5.3.2 隧道电磁探测富水区三维成像

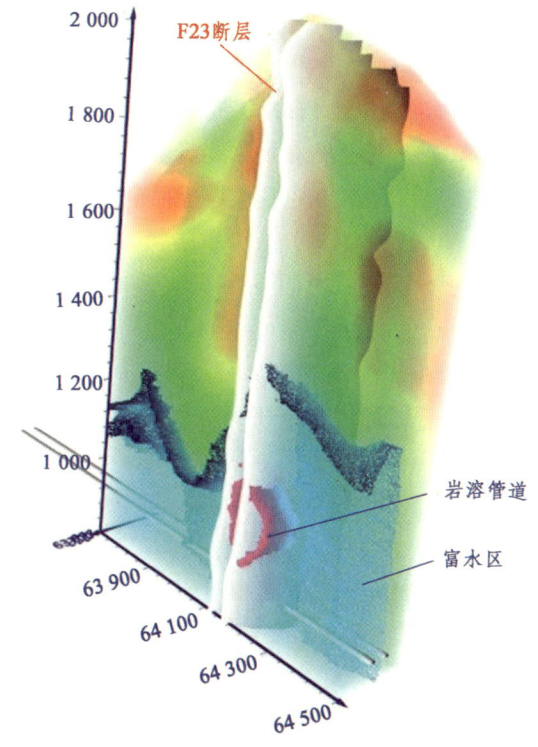

图 5.3.3 隧道电磁探测岩溶管道区三维成像

1. 左　幅

ZK63+800~ZK64+500 里程段，长 700 m，隧道最大埋深约 1 150 m。地层岩性为：三叠系下统大冶组（T_1d^2）薄~中厚层状灰岩、大冶组（T_1d^1）灰色薄~中厚层状泥质灰岩夹薄层页岩，中风化；二叠系上统大隆组（P_3d）薄层状炭质页岩夹煤层、吴家坪组（P_3w）薄~中厚层状灰岩，二叠系中统孤峰组（P_2g）灰白色薄厚层状黏土岩夹煤线、茅口组（P_2m）中~厚层状灰岩、栖霞组（P_2q）中~厚层状灰岩，中风化。含岩溶裂隙水，围岩视电阻率为 300~1 000 $\Omega\cdot m$。本段隧道穿越郑家沟向斜、F23 隐伏导水破碎带以及岩性接触带，岩溶发育，局部可能发育溶洞、岩溶管道、暗河等，富水性强，推测开挖过程中，会出现股流状和淋雨状出水，局部易发生突泥涌水等。

ZK63+800~ZK64+180 段位于郑家沟向斜核部，围岩视电阻率为 50~300 $\Omega\cdot m$，整体呈低阻特征，推测该低阻带为隐伏次级富水导水断层破碎带及岩溶管道、可溶岩（强富水）与非可溶岩（弱富水）接触带等因素所致，富水性强。隧道开挖时易发生小股流状出水或淋雨状出水，局部可能出现大股状涌水、突水、突泥等，为较严重不良地质段。

ZK64+180~ZK64+280 段为一相对低阻带，围岩视电阻率在 500 $\Omega\cdot m$ 以下，整体呈相对低阻特征，推测该低阻带为隐伏深大富水导水断层破碎带，宽 60~80 m，倾角近 90°。受该隐伏深大富水导水断层破碎带影响，推测隧道地下水丰富，岩溶极强发育，局部可能发育溶洞、岩溶管道、暗河等，隧道开挖时极可能发生突泥涌水等，为严重不良地质段。

ZK64+280~ZK64+500 段围岩视电阻率为 500 $\Omega\cdot m$ 以下，整体呈相对低阻特征。该段穿越栖霞组（P_2q）中~厚层状灰岩，推测围岩破碎、地下水丰富，隧道开挖时易发生小股流状出水或淋雨状出水，局部可能出现大股状涌水、突水、突泥等，为较严重不良地质段。

2. 右　幅

K63+980~K64+500 里程段，长 520 m，隧道最大埋深约 1 150 m。岩性为：三叠系下统大冶组（T_1d^1）灰色薄~中厚层状泥质灰岩夹薄层页岩，中风化、二叠系上统大隆组（P_3d）薄层状炭质页岩夹煤层、吴家坪组（P_3w）薄~中厚层状灰岩、二叠系中统孤峰组（P_2g）灰白色薄厚层状黏土岩夹煤线、茅口组（P_2m）中~厚层状灰岩、栖霞组（P_2q）中~厚层状灰岩，中风化。局部含岩溶裂隙水，围岩视电阻率为 50~1 000 $\Omega\cdot m$。本段隧道穿越郑家沟向斜、F23 隐伏导水破碎带，以及岩性接触带，岩溶发育，局部可能发育溶洞、岩溶管道、暗河等，富水性强，推测开挖过程中，会出现股流状和淋雨状出水，局部易发生突泥涌水等。

K63+980~K64+120 段位于郑家沟向斜核部南翼附近，围岩视电阻率为 50~500 $\Omega\cdot m$，整体呈相对低阻特征。推测该低阻带为隐伏次级富水导水断层破碎带，宽 25~40 m，倾角近 90°。受该隐伏次级富水导水断层破碎带影响，隧道段地下水丰富，隧道开挖时易发生小股流状出水或淋雨状出水，局部可能出现大股状涌水、突水、突泥等，为较严重不良地质段。

K64+120~K64+440 段为一低阻带，围岩视电阻率为 50~300 $\Omega\cdot m$，整体呈低阻特征。推测该低阻带为隐伏深大富水导水断层破碎带 F23，宽 60~80 m，倾角近 90°。受该隐伏深大富水导水断层破碎带影响，推测隧道地下水丰富，岩溶极强发育，局部可能发育溶洞、岩溶管道、暗河等，隧道开挖时极可能发生突泥涌水等，为严重不良地质段。

K64+440~K64+500 段围岩视电阻率为 100~300 $\Omega\cdot m$，整体呈低阻特征。该段穿越

二叠系中统栖霞组（P_2q）中~厚层状灰岩。推测围岩破碎、地下水丰富，隧道开挖时易发生小股流状出水或淋雨状出水，局部可能出现大股状涌水、突水、突泥等，为较严重不良地质段。

5.4 云县至临沧高速公路大亮山隧道不良地质探测

5.4.1 不良地质问题概况

1. 软岩变形

隧道围岩主要为中风化花岗岩、花岗质片岩，节理裂隙发育，岩体破碎，稳定性差，极易发生软岩大变形。

2. 突泥涌水

隧道围岩受南汀河断裂（F99）及次级断裂影响，围岩裂隙发育，花岗岩风化严重，遇水极易软化。片岩为软岩，强度低，受构造和裂隙水影响，强度迅速减弱。两种岩性在构造发育、富水性强的环境影响下极易发生突泥涌水地质灾害。

5.4.2 区域地质地球物理特征

1. 气 象

勘察区地处亚热带季风气候，气候垂直变化明显，温差变化大，雨季明显，日照充足，气候炎热，雨季雨水较多。区域内总体具有日照充足，夏无酷暑、冬无严寒，干湿季节分明、四季如春的气候特点；年平均气温为 17.2~18.5 °C，最热月平均气温为 21.2~22.9 °C，最冷月平均气温为 10.6~11.7 °C，年极端最高气温为 34.6 °C，最低气温为 –1.3 °C；年平均降雨量为 1 425~1 595 mm。

2. 地形地貌

勘察区位于云县境内，隧道进口位于云县石房村冷水箐附近，距离云县约 12 km；隧道出口位于昔汉村羊头岩附近，距离云县约 35 km。隧道区海拔高程介于 1 197.60~2 525.30 m，相对高差 1 321.70 m，属高中山构造剥蚀地貌区。有云雅线及乡村道路从隧道进口前附近通过，交通较为便利；隧道出口位于帮卡河左岸斜坡上，无道路通行至洞口附近，交通极为不便。

3. 地层岩性

根据区域地质资料、前期勘察成果及本次勘察野外地质调查成果，大亮山隧道穿越地区地层地质时代及岩性主要为第四系残坡积层（Q_4^{dl+el}）、下元古界澜沧群（Pz_1ln）片岩、侏罗系地层花开左组下段（J_2hl）砂砾岩、燕山期（γ_5^2）黑云花岗岩。简述如下：

（1）第四系残坡积层（Q_4^{dl+el}）。

残坡积、堆积层主要分布在山坡及坡脚山麓地带，岩性主要为粉质黏土、黏性土夹不同百分比的从母岩风化剥蚀的碎石、角砾和岩屑，呈硬塑~可塑状。

（2）侏罗系地层花开左组下段（J_2hl）。

泥质砂岩：强~中风化，紫红色，中厚层状构造；节理裂隙较发育，岩体较破碎，岩质较软。砾岩：强~中风化，紫红、褐灰色，中厚层状结构；节理裂隙较发育，岩体较破碎。

（3）下元古界澜沧群（Pz_1ln）。

花岗质片岩：强~中风化，灰色、褐灰色，主要由石英、长石、云母等矿物组成，矿物定向排列，片状构造，鳞片变晶结构。节理裂隙发育，岩体破碎。

（4）燕山期（γ_5^2）。

黑云花岗岩：灰色、灰黑色，中粒、细粒结构，块状构造，岩质坚硬。

4. 地质构造及地震

据区域地质资料及地质调查显示，隧道进口附近有南汀河断裂（F99），距隧道区约 500 m，白云县山盆地沿南桥河向西南经勐定、勐旨，顺南汀河过热水塘、勐简西北，经勐定清水河延入缅甸，全长约 200 km。该断裂在全新世活动剧烈，1 000 年以来发生过 2 次断错地表地震事件。地震的活动性较强，为一发震断裂。本项目区段为南汀河断裂北东段，断裂走向北东南西向，倾向 138°~154°，倾角 50°~70°，断裂带宽约 70~150 m，有右旋走滑的特征。本项目所涉为南汀河断裂北东段，该段从 1965 年有仪器观测以来，断裂附近几乎没有发生过 4 级以上地震，即使是在云南地震活动期，小震活动水平也较低。因此，南汀河北东段长期以来地震活动微弱，特别是几次经历滇西强震活动期无本质改变。受断层影响，隧址区次级构造发育，隧道进口及附近岩体岩体节理裂隙发育，岩层软弱破碎，围岩稳定性差，断层对拟建隧道进口有一定的影响。

勐撒—曼岗山断裂（F101）：与路线大角度相交于 K22 + 940 附近（大亮山隧道出口外），距离隧道进口约 100 m。该断层为正断层，走向呈北东南西向，倾向 120°~136°，倾角 75°，上盘为下元古界片岩，下盘主要为侏罗系砾岩。该断裂带在地形上呈负地形，碎裂岩宽 20~30 m。据云南省地震局编制的《云南活动断裂分图》，该断裂为晚更新世活动断裂。受断层影响，隧道出口及附近岩体节理裂隙发育，岩层软弱破碎，围岩稳定性差，对拟建隧道出口及附近地段影响相对较大。

5. 地表水

大亮山隧道穿越澜沧江水系及怒江水系分水岭地带，该地区降雨量丰富，地表水体较发育，地表水大部分来源于第四系残坡积松散堆积物之中的孔隙潜水，沿基岩接触带以泉的形式渗出，汇集径流于山体低洼地带及冲沟，水流量从山体上部向下逐渐增大，最终汇集于南桥河及南汀河。隧道区进口段为冷水箐河，出口段为帮卡河。洞身段多发育多条长流性和季节性冲沟，其中在 K14 + 950~K16 + 500 段平面上发育多条树枝状冲沟及沟谷，地表水汇集流量可达 0.3~0.5 m³/s；分水岭南东 K17 + 750~K19 + 900 段同样发育多条树枝状冲沟及沟谷，汇集沟水流量可达 0.6~1.0 m³/s。

冷水箐河流量为 0.5 m³/s，是南桥河一级支流，水量受区内降雨及季节性气候影响较大，区域上属于澜沧江水系，为一个泥石流沟谷，发生过多次泥石流，已采用多级拦砂坝治理。现坝内已经淤满，在发生较大的泥石流时对隧道进口及附近线路有一定的影响。

帮卡河流量为 0.3 m³/s，是头道水河一级支流，水量受区内降雨及季节性气候影响较大，区域上属于怒江水系，对隧道口影响较小。

勘察期间共发现 3 处泉水出露点。1#泉点位于 ZK14 + 085 左 50 m，呈股状水流涌出，涌水量为 0.25 L/s，雨季涌水量明显增大；2#泉点位于 K14 + 118 左 5 m，呈股状水流涌出，涌水量 0.5 L/s，雨季涌水量明显增大；3#泉点位于 K14+160 左 548 m，呈股状水流涌出，涌水量为 0.3 L/s，雨季涌水量明显增大。

6. 地下水

隧道区地下水资源丰富，根据含水介质特征分为孔隙水和裂隙水，受区域性断层影响和控制，导水构造发育。简述如下：

（1）孔隙水。

孔隙水主要蕴藏在第四系松散堆积体地层中，呈孔隙潜水状态分布，水量小、位置高，水位随季节性降水量而变化，接受大气降水渗透补给，向低洼处径流或以泉的形式排泄出地表。由于隧道区大气降水补给面积大且集中，孔隙水补给源较充沛，向下渗透补给基岩裂隙水。

（2）裂隙水。

该隧道区的基岩裂隙水主要埋藏在花岗质片岩、花岗岩的节理裂隙、构造裂隙、风化裂隙和成岩裂隙中，均系张性裂隙互相交切连通，其裂隙性、均匀性和张开性均较好，构成网络状地下水径流互补系统、储水系统和排泄系统，并接受大气降水的渗透补给，具有丰富的静储量和调节储量，由高处向低处径流、排泄。

（3）导水构造。

区内地下水的主要补给来源是大气降水、地表泉点及冲沟水流，区内地势中间高两端低，大亮山是最高峰，为一级分水岭。隧道区受多期次构造影响而次生断裂构造发育，且花岗岩不规则地频繁侵入，多个地层岩性相接触，构成了隧道区内不同类型的导水构造。地表水与地下水、地下水各单元之间连通性好，地下水主要赋存在断裂构造带、侵入岩蚀变带及岩性接触带附近。

5.4.3 电磁探测成果与地质解译

图 5.4.1 为此次物探勘察成像图。图中红色、橙色和黄色区域为相对高阻区，代表岩体相对致密，完整性好，含水量小；绿色、蓝色为相对低阻区，代表岩体含水、松散破碎或风化程度高。视电阻率分布不均的，表示岩体物性差异大，推测岩体构造发育，松散破碎；视电阻率横向分布均匀的，表示岩体物性均一。以下对大亮山隧道分段进行解释。

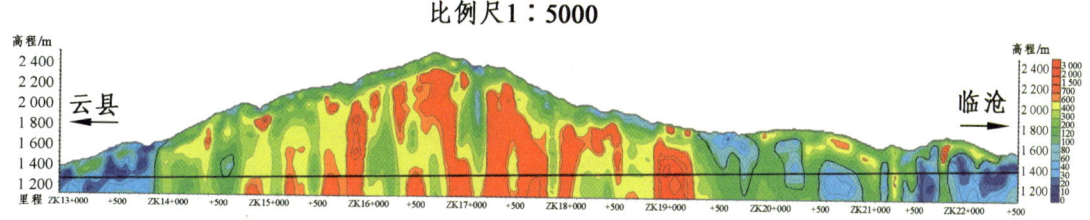

图 5.4.1 大亮山隧道地质灾害隐患综合物探专项勘察成果图

1. 左 幅

ZK12+900～ZK13+940 段：视电阻率值整体较低，低于 100 Ω·m，推测岩体强～中风化。岩性以强风化花岗质片岩为主，局部为花岗岩，受 f1、f2、f2-1、f2-2 断裂构造影响，裂隙较发育，岩体破碎呈碎裂块状结构。裂隙水较发育，富水性较强，围岩稳定性差，易产生较大沉降变形，掌子面易发生坍塌。建议围岩等级为Ⅴ级。

ZK13+940~ZK14+520段：视电阻率值为100~600Ω·m，推测岩体风化程度一般，富水性较弱。岩性为花岗质片岩，中风化，岩体较破碎~较完整，块碎~块状结构。建议围岩等级为Ⅳ级。

ZK14+520~ZK14+660段：花岗质片岩，中风化，由于压性断层作用，岩体受挤压破碎，富水性强。围岩稳定性差，易出现掉块、雨淋状水。建议围岩等级为Ⅴ级。

ZK14+660~ZK15+020段：视电阻率值为100~600Ω·m，推测岩体风化程度一般，富水性中等。岩性为花岗岩，中风化，岩体较破碎呈块状结构。建议围岩等级为Ⅳ级。

ZK15+020~ZK15+140段：视电阻率值呈V形谷或裂隙带状降低，表示受垂直断裂构造影响，岩体破碎。岩性为花岗岩，中风化，受f4断裂构造影响，节理裂隙发育，岩体较破碎，易出现掉块。裂隙水发育。建议围岩等级为Ⅴ级。

ZK15+140~ZK15+420段：视电阻率值为100~600Ω·m，表示岩体风化程度一般，富水性弱。岩性为花岗岩，中风化，岩体较破碎，块状结构。建议围岩等级为Ⅳ级。

ZK15+420~ZK15+500段：视电阻率值呈V形谷或裂隙带状降低，推测受垂直断裂构造影响，岩体破碎。岩性花岗岩，中风化，受f5断裂构造影响，节理裂隙发育，岩体破碎。裂隙水较发育，富水性较强，易出现掉块、雨淋状水。建议围岩等级为Ⅴ级。

ZK15+500~ZK16+180段：视电阻率值大于200Ω·m，表示岩体风化程度一般，富水性中等。岩性为花岗岩，中风化，岩体较破碎，块状结构，易出现渗水或雨状滴水，建议围岩等级为Ⅳ级。

ZK16+180~ZK16+280段：视电阻率值呈V形谷或裂隙带状降低，表示受垂直断裂构造影响，岩体破碎。岩性为花岗岩，中风化，受f6断裂构造影响，节理裂隙发育，岩体破碎。裂隙水较发育，富水一般，拱顶易出现掉块或雨淋状涌水。建议围岩等级为Ⅳ级。

ZK16+280~ZK17+060段：视电阻率值大于200Ω·m，表示岩体风化程度一般，富水性中等。岩性为花岗岩，中风化，岩体较破碎，块状结构，易出现渗水或雨状滴水。建议围岩等级为Ⅳ级。

ZK17+060~ZK17+160段：视电阻率值呈V形谷或裂隙带状降低，表示受垂直断裂构造影响，岩体破碎。岩性为花岗岩，中风化，受f7断裂构造影响，节理裂隙发育，岩体破碎。裂隙水较发育，富水一般，拱顶易出现掉块或雨淋状涌水。建议围岩等级为Ⅳ级。

ZK17+160~ZK17+800段：视电阻率值整体较高，在600Ω·m以上，表示岩体风化程度一般，富水性中等。岩性为花岗岩，中风化，岩体较破碎，块状结构，易出现渗水或雨状滴水。建议围岩等级为Ⅳ级。

ZK17+800~ZK17+900段：视电阻率值呈V形谷或裂隙带状降低，推测受垂直断裂构造影响，岩体破碎。岩性为花岗岩，中风化，受f8断裂构造影响，节理裂隙发育，岩体破碎。裂隙水较发育，富水一般，易出现掉块或雨淋状涌水。建议围岩等级为Ⅳ级。

ZK17+900~ZK18+600段：视电阻率值整体较高，在600Ω·m以上，表示岩体风化程度一般，富水性中等。岩性为花岗岩，中风化，岩体较破碎，块状结构，易出现渗水或雨状滴水。建议围岩等级为Ⅳ级。

ZK18+600～ZK18+740 段：视电阻率值呈 V 形谷状降低，推测受垂直断裂构造影响，岩体破碎。岩性为花岗岩，中风化，受 f9 断裂构造影响，节理裂隙发育，岩体破碎。导水构造发育，富水性强，易出现掉块或雨淋状涌水。建议围岩等级为Ⅳ级。

ZK18+740～ZK19+070 段：视电阻率值整体较高，高于 600 Ω·m，推测岩体风化程度低，富水性较弱。岩性为花岗岩，中风化，岩体较完整，富水性较弱。围岩稳定性较好，建议围岩等级为Ⅲ级。

ZK19+070～ZK19+520 段：视电阻率值为 100～600 Ω·m，推测岩体风化程度一般，富水性中等。岩性为花岗岩，中风化，岩体较破碎。易出现掉块或渗水、滴状出水。建议围岩等级为Ⅳ级。

ZK19+520～ZK19+840 段：视电阻率值出现 V 形谷或裂隙带状低阻区，推测受垂直断裂构造影响，岩体破碎。该段为花岗岩质片岩与花岗岩接触带，中风化，节理裂隙发育，岩体破碎。受断裂构造影响，裂隙水、导水构造发育，富水性强。围岩稳定性差，掌子面易出现股状或雨淋状涌水，易发生小坍塌。建议围岩等级为Ⅴ级。

ZK19+840～ZK20+200 段：视电阻率值为 100～600 Ω·m，推测岩体风化程度一般，富水性中等。岩性为花岗质片岩，中风化，岩体较破碎，块状结构。建议围岩等级为Ⅳ级。

ZK20+200～ZK20+400 段：电阻率值出现裂隙带状低阻区，表示受垂直断裂构造影响，岩体破碎。岩性为花岗质片岩，中风化，受 f12 断裂构造影响，节理裂隙发育，岩体破碎。裂隙水较发育，富水性较强，易出现股状或雨淋状涌水。建议围岩等级为Ⅴ级。

ZK20+400～ZK20+520 段：视电阻率值为 100～600 Ω·m，推测岩体风化程度一般，富水性中等。岩性为花岗质片岩，中风化，岩体较破碎，块状结构，富水性中等。建议围岩等级为Ⅳ级。

ZK20+520～ZK21+270 段：视电阻率值整体较低，在 100 Ω·m 以下，且出现 V 形谷或裂隙带状低阻区，推测受垂直断裂构造影响，岩体破碎。岩性为花岗质片岩，强～中风化，以中风化为主，岩体埋深浅，节理裂隙发育，岩体破碎。构造裂隙水发育，富水性强，围岩稳定性差，掌子面易出现股状或雨淋状涌水，易发生小坍塌。建议围岩等级为Ⅴ级。

ZK21+270～ZK21+520 段：视电阻率值为 100～600 Ω·m，推测岩体风化程度一般，富水性中等。岩性为花岗质片岩，中风化，岩体较破碎，块状结构。建议围岩等级为Ⅳ级。

ZK21+520～ZK22+540 段：视电阻率值整体较低，在 100 Ω·m 以下，推测岩体风化程度高，富含地下水。岩性为花岗质片、砾岩，强～中风化，受 f14、f15、f16、f17 断裂构造影响，节理裂隙发育，岩体破碎。构造裂隙水发育，富水性较强。围岩稳定性差，易发生涌水突水或小坍塌。建议围岩等级为Ⅴ级。

2. 右　幅

K12+980～K13+100 段：视电阻率值整体较低，低于 100 Ω·m，推测岩体风化程度高。岩性以强风化花岗岩为主，局部为花岗质片岩，受 f1 断裂构造影响，裂隙较发育，岩体较破碎呈块碎状结构。裂隙水较发育，富水性弱，围岩稳定性差，易产生较大沉降变形，掌子面易发生坍塌。建议围岩等级为Ⅴ级。

K13+100～K13+300 段：视电阻率值为 30～200 Ω·m，推测岩体风化程度高。岩性为花岗质片岩，中风化，岩体较破碎，块状结构。建议围岩等级为Ⅳ级。

K13+300~K13+980 段：视电阻率值整体较低，低于 100 Ω·m，推测岩体风化程度高。岩性以强风化花岗质片岩为主，局部为花岗岩，受 f2、f2-1、f2-2 断裂构造影响，岩体破碎，呈碎裂块状结构。裂隙水较发育，富水性较强。围岩稳定性差，围岩稳定性差，易产生较大沉降变形，易出现股状或雨淋状涌水，掌子面易发生小坍塌。建议围岩等级为Ⅴ级。

K13+980~K14+140 段：视电阻率值为 100~600 Ω·m，推测岩体风化程度一般。岩性为花岗质片岩，中风化，岩体较破碎，块状结构。建议围岩等级为Ⅳ级。

K14+140~K14+240 段：视电阻率值出现 V 形谷或裂隙带状低阻区，岩性为花岗质片岩，中风化，节理裂隙发育，岩体破碎，呈碎裂状结构。裂隙水较发育，富水性较弱。围岩稳定性差，掌子面易发生小坍塌，易出现渗水或雨淋状涌水。建议围岩等级为Ⅴ级。

K14+240~K14+580 段：视电阻率值为 100~600 Ω·m，推测岩体风化程度一般，富水性中等。岩性为花岗质片岩，中风化，岩体较破碎，块状结构。建议围岩等级为Ⅳ级。

K14+580~K14+660 段：视电阻率值出现 V 形谷或裂隙带状低阻区，推测受垂直断裂构造影响，岩体破碎。岩性为花岗质片岩，中风化，由于压性断层作用，岩体受挤压破碎，富水性较强。围岩稳定性差，易发生小坍塌，出现渗水或雨淋状涌水。建议围岩等级为Ⅴ级。

K14+660~K15+040 段：视电阻率值为 100~600 Ω·m，推测岩体风化程度一般，富水性中等。岩性为花岗岩，中风化，岩体较破碎，呈块状结构。建议围岩等级为Ⅳ级。

K15+040~K15+480 段：视电阻率值出现 V 形谷或裂隙带状低阻区，推测受垂直断裂构造影响，岩体破碎。岩性为花岗岩，中风化，受 f4、f5 断裂构造影响，节理裂隙发育，岩体破碎。裂隙水较发育，富水性较强。围岩稳定性差，掌子面易出现渗水或雨淋状涌水，易发生小坍塌，建议围岩等级为Ⅴ级。

K15+480~K16+240 段：视电阻率值大于 200 Ω·m，表示岩体风化程度一般，富水性中等。岩性为花岗岩，中风化，岩体较破碎，块状结构，易出现渗水或雨状滴水。建议围岩等级为Ⅳ级。

K16+240~K16+320 段：视电阻率值呈 V 形谷或裂隙带状降低，推测受垂直断裂构造影响，岩体破碎。岩性为花岗岩，中风化，受 f6 断裂构造影响，节理裂隙发育，岩体破碎。裂隙水较发育，富水性中等，掌子面易出现渗水或雨淋状涌水，易发生坍塌。建议围岩等级为Ⅳ级。

K16+320~K16+960 段：视电阻率值大于 200 Ω·m，表示岩体风化程度一般，富水性中等。岩性为花岗岩，中风化，岩体较破碎，块状结构，易出现渗水或雨状滴水。建议围岩等级为Ⅳ级。

K16+960~K17+100 段：视电阻率值呈 V 形谷或裂隙带状降低，推测受垂直断裂构造影响，岩体破碎。岩性为花岗岩，中风化，受 f7 断裂构造影响，节理裂隙发育，岩体破碎。裂隙水较发育，富水性中等。掌子面易出现渗水或雨淋状涌水，易发生坍塌。建议围岩等级为Ⅳ级。

K17+100~K17+860 段：视电阻率值为 100~600 Ω·m，表示岩体风化程度一般，富水性中等。岩性为花岗岩，中风化，岩体较破碎，块状结构。建议围岩等级为Ⅳ级。

K17+860~K17+940 段：视电阻率值呈 V 形谷或裂隙带状降低，推测受垂直断裂构造影响，岩体破碎。岩性为花岗岩，中风化，受 f8 断裂构造影响，节理裂隙发育，岩体破碎。

裂隙水较发育，富水性中等。掌子面易出现渗水或雨淋状涌水，易发生坍塌。建议围岩等级为Ⅳ级。

K17+940～K18+600段：视电阻率值整体较高，在600Ω·m以上，推测岩体风化程度低，富水性较弱。岩性为花岗岩，中风化，岩体较完整，富水性较弱。围岩稳定性较好，建议围岩等级为Ⅲ级。

K18+600～K18+740段：视电阻率值呈V形谷或裂隙带状降低，推测受垂直断裂构造影响，岩体破碎。岩性为花岗岩，中风化，受f9断裂构造影响，节理裂隙发育，岩体破碎。导水构造发育，富水性强。围岩稳定性差，掌子面易出现涌水突水，易发生坍塌。建议围岩等级为Ⅴ级。

K18+740～K19+640段：视电阻率值为100～600Ω·m，表示岩体风化程度一般，富水性中等。岩性为花岗岩，中风化，岩体较破碎，块状结构。建议围岩等级为Ⅳ级。

K19+640～K20+640段：视电阻率值整体较低，低于100Ω·m，推测岩体风化程度高，富含地下水。该段为花岗岩质片岩与花岗岩接触带，中风化，节理裂隙发育，岩体破碎。受断裂构造影响，裂隙水、导水构造发育，富水性强。围岩稳定性差，易发生突水涌水、坍塌。建议围岩等级为Ⅴ级。

K20+640～K20+880段：视电阻率值介于100～600Ω·m，推测岩体风化程度一般，富水性中等。岩性为花岗质片岩，中风化，岩体较破碎，呈块碎状结构。建议围岩等级为Ⅳ级。

K20+880～K21+440段：视电阻率值出现V形谷或裂隙带状低阻区，推测受垂直断裂构造影响，岩体破碎。岩性为花岗质片岩，强～中风化，以中风化为主，岩体埋深浅，节理裂隙发育，岩体破碎。构造裂隙水发育，富水性强。围岩稳定性差，易发生突水涌水、坍塌。建议围岩等级为Ⅴ级。

K21+440～K21+680段：视电阻率值介于100～600Ω·m，推测岩体风化程度一般，富水性中等。岩性为花岗质片岩，中风化，岩体较破碎呈块状结构。建议围岩等级为Ⅳ级。

K21+680～K22+420段：视电阻率值整体较低，低于100Ω·m，推测岩体风化程度高，富含地下水。岩性为花岗质片岩、砾岩，强～中风化，受f15、f16、f17断裂构造影响，节理裂隙发育，岩体破碎呈碎石状结构。构造裂隙水发育，富水性较强。围岩稳定性差，易出现突水涌水、坍塌。建议围岩等级为Ⅴ级。

3. 斜　　井

K0+000～K0+240段：花岗质片岩，强～中风化，节理裂隙发育，岩体破碎，呈碎裂状结构，富水性中等。围岩稳定性差，易产生较大沉降变形，掌子面易发生坍塌。建议围岩等级为Ⅴ级。

K0+240～K0+820段：视电阻率值整体较低，低于20Ω·m，推测岩体风化程度高，富含地下水。岩性为花岗质片岩，强～中风化，受f4断裂构造影响，节理裂隙发育，岩体破碎。构造裂隙水发育，富水性较强。围岩稳定性差，易发生涌水、小坍塌。建议围岩等级为Ⅴ级。

K0+820～K1+020段：从此段开始隧道视电阻率阻值逐渐升高，说明隧道工程地质条件逐渐变好，进入较稳定的花岗质片岩。花岗质片岩，中风化，岩体较破碎，块状结构，富水性中等。建议围岩等级为Ⅳ级。

K1+020～K1+120 段：视电阻率值为 300～600 Ω·m，推测岩体风化程度一般，花岗岩质片岩与花岗岩接触带，中风化，节理裂隙发育，岩体破碎，富水性弱。建议围岩等级为Ⅳ级。

K1+120～K1+700 段：视电阻率值整体较高，高于 600 Ω·m，推测岩体风化程度低，富水性较弱。岩性为花岗岩，中风化，岩体较完整，富水性较弱。围岩稳定性较好，建议围岩等级为Ⅲ级。

5.5 鹤庆至剑川某处突泥涌水地质探测

5.5.1 不良地质问题概况

在建鹤庆至剑川至兰坪高速公路（沙溪支线）合江 1 号隧道，设计为分幅分离式隧道。2020 年 8 月 29 日，合江 1 号隧道左幅 ZK3+371 发生突泥涌水。9 月 2 日开始，逐渐从洞口开始往洞内清理泥沙。9 月 11 日清泥至在 ZK3+361 里程左侧拱腰处，清晰可见涌水孔洞，ZK3+361～ZK3+408 段隧道被突泥坍塌体堵塞，为确保安全，暂时不能清理。11 月 23 日，左幅 ZK3+361 发生又一次发生突泥涌水，如图 5.5.1 所示。据 2020 年 12 月 11 日调查，右幅 K3+472、K3+537、K3+594 左拱脚涌水量大，左幅目前涌水量小。

图 5.5.1　合江 1 号隧道 ZK3+361（左）、ZK3+371（右）突泥涌水

第四系残、坡积层（Q_4^{el+dl}）：岩性为含碎石粉质黏土，隐伏岩体上部碎石含量少，土体呈褐色，厚度较大，灰岩上部碎石含量多，土体呈黄色、红褐色，厚度一般小于 5 m，局部灰岩裸露。富水性弱，但具一定的透水性。结构松散，硬塑，易发生浅层滑坡、崩塌等不良工程地质现象。

泥盆系下统青山组（D_1q）：灰色条带状灰岩及灰岩，总体产状为 355°∠50°。富水性强，主要含岩溶裂隙水，涌水量较大，如右幅 K3+472、K3+537、K3+594 左侧底板于 2020 年 12 月 11 日观测的涌水量分别约为 9 100 m³/d、11 000 m³/d、13 000 m³/d，均呈喷溢状涌水，具一定的承压性，为本次突泥事故的主要水源。与隐伏岩体接触带部位，岩石受热液蚀变强烈，呈紫红色碎块状、角砾状，碎石状碎裂结构，强风化，为本次突泥涌水的次要物质来源（主要为碎石）。

隐伏岩浆岩岩体（$β_6$）：分布于隧道左幅的左侧。岩性为侵入-喷溢的斜长苦橄岩、苦橄玄武岩、橄斑玄武岩、玄武岩，褐色、黄绿色。受周围强富水的青山组（D_1q）灰岩含水层影响，富水性中等，主要含孔隙裂隙水。受热液蚀变强烈，强~全风化，大多呈黏土状、细砂状，少量呈碎块状，结构松散，大多可塑。为本次突泥涌水的主要物质来源。

5.5.2 区域地质地球物理特征

根据地质调查，在建合江 1 号隧道 ZK3＋361、ZK3＋371 突泥涌水范围内主要地层为第四系残坡积层（Q_4^{el+dl}）、喜山期岩浆岩体（$β_6$）全~强风化玄武岩、泥盆系下统青山组（D_1q）灰岩。

第四系覆盖层电阻率值一般呈低阻特征，一般不超过 100 Ω·m。灰岩电阻率值范围为 $6×10^2$ ~ $6×10^3$ Ω·m，呈高阻特征，全~强风化玄武岩及突泥涌水扰动影响范围区因地下水富集，呈低阻特征，各种岩石、覆盖层和突泥涌水扰动区之间存在电性特征差异。

5.5.3 电磁探测成果与地质解译

1. 横剖面

ZK3＋330 横剖面，在隧道左幅 ZK3＋330 右上方 0~115 m（高程为 2 200~2 315 m）范围内，存在宽度约 50 m 的低阻异常区，推测为隧道突泥涌水强烈影响区，围岩松散、脱空，地下水富集。

ZK3＋340 横剖面，在隧道左幅 ZK3＋340 正上方 0~130 m（高程为 2 200~2 330 m）范围内，存在宽度约 40 m 的低阻异常区，推测为隧道突泥涌水强烈影响区，围岩松散、脱空，地下水富集。

ZK3＋350 横剖面，在隧道左幅 ZK3＋350 正上方 20~120 m（高程为 2 220~2 320 m）范围内，存在宽度约 40 m 的低阻异常区，推测为隧道突泥涌水强烈影响区，围岩松散、脱空，地下水富集。

ZK3＋360 横剖面，在隧道左幅 ZK3＋360 正上方 0~170 m（高程：2 200 m~2 370 m）范围内，存在宽度约 70 m 的低阻异常区，推测为隧道突泥涌水强烈影响区，围岩松散、脱空，地下水富集，如图 5.5.2 所示。

ZK3＋370 横剖面，在隧道左幅 ZK3＋370 正上方 0~125 m（高程为 2 200~2 325 m）范围内，存在低阻异常区，推测为隧道突泥涌水强烈影响区，围岩松散、脱空，地下水富集。

ZK3＋380 横剖面，在隧道左幅 ZK3＋380 正上方 15~120 m（高程为 2 215~2 320 m）范围内，存在低阻异常区，推测为隧道突泥涌水强烈影响区，围岩松散、脱空，地下水富集。

ZK3＋390 横剖面，在隧道左幅 ZK3＋390 正上方 80~120 m（高程为 2 280~2 320 m）范围内，存在低阻异常区，推测为隧道突泥涌水强烈影响区，围岩松散、脱空，地下水富集。

ZK3＋400 横剖面，在隧道左幅 ZK3＋400 正上方 10~110 m（高程为 2 210~2 310 m）范围内，存在低阻异常区，推测为隧道突泥涌水强烈影响区，围岩松散、脱空，地下水富集。

ZK3＋410 横剖面，在隧道左幅 ZK3＋410 正上方 60~160 m（高程为 2 260~2 360 m）范围内，存在低阻异常区，推测为隧道突泥涌水强烈影响区，围岩松散、脱空，地下水富集，如图 5.5.3 所示。

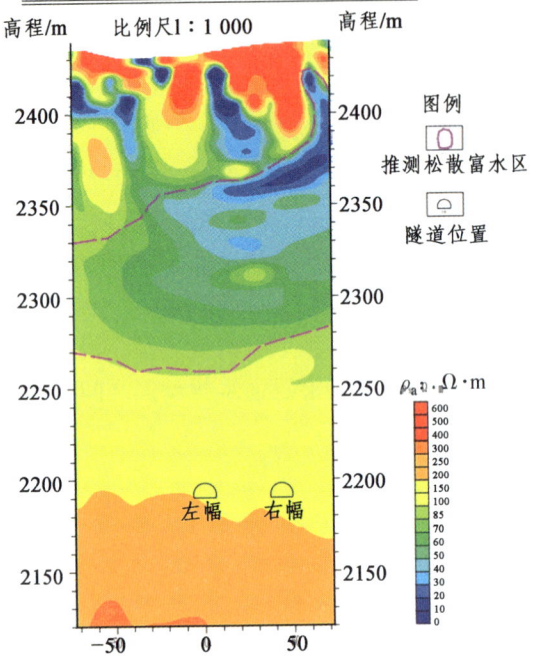

图 5.5.2 ZK3+360 附近视电阻率图

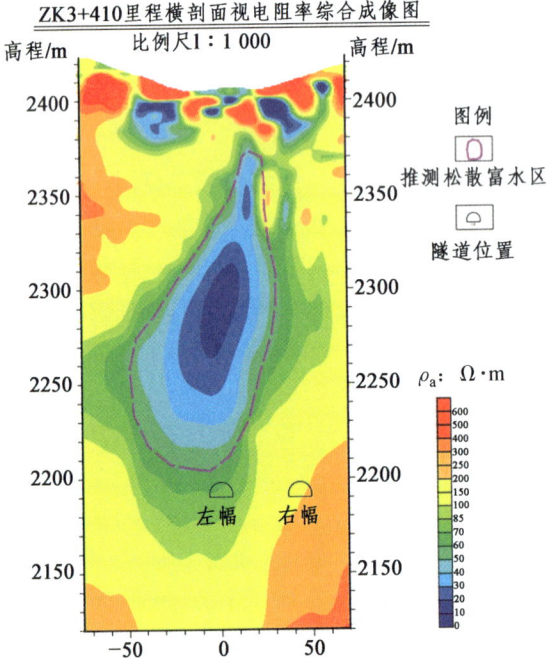

图 5.5.3 ZK3+410 附近视电阻率图

ZK3+420 横剖面，在隧道左幅 ZK3+420 右上方 70~195 m（高程为 2 270~2 395 m）范围内，存在低阻异常区，推测为隧道突泥涌水强烈影响区，围岩松散、脱空，地下水富集。

ZK3+430 横剖面，在隧道左幅 ZK3+430 右上方 70~150 m（高程为 2 270~2 350 m）范围内，存在宽约 70 m 的低阻异常区，推测为隧道突泥涌水强烈影响区，围岩松散、脱空，地下水富集。

ZK3+440 横剖面，在隧道左幅 ZK3+440 右上方 130~210 m（高程为 2 330~2 410 m）范围内，存在宽约 70 m 的低阻异常区，推测为隧道突泥涌水强烈影响区，围岩松散、脱空，地下水富集。

ZK3+450 横剖面，在隧道左幅 ZK3+450 正上方 130~210 m（高程为 2 330~2 410 m）范围内，存在宽约 70 m 的低阻异常区，推测为隧道突泥涌水强烈影响区，围岩松散、脱空，地下水富集。

ZK3+460 横剖面，在隧道左幅 ZK3+460 右上方 170~220 m（高程为 2 370~2 420 m）范围内，存在宽约 60 m 的低阻异常区，推测为隧道突泥涌水强烈影响区，围岩松散、脱空，地下水富集。

2. 水平剖面（2 200~2 380 m 高程平面）

2 200 m 高程面，低阻异常区出现在 ZK3+330~ZK3+365 里程段正上方，向隧道左幅左侧延伸长度大于 70 m，宽度约 20 m，推测为隧道突泥涌水强烈影响区，围岩松散、脱空，地下水富集。

2 220 m 高程面，低阻异常区出现在 ZK3+330~ZK3+375 里程段正上方，向隧道左幅左前方延伸长度大于 70 m，宽度约 30 m，推测为隧道突泥涌水强烈影响区，围岩松散、脱空，地下水富集。

2 240 m 高程面，低阻异常区出现在 ZK3+330~ZK3+400 里程段正上方，向隧道左幅左侧延伸长度大于 70 m，宽度约 40 m，向隧道左幅右侧延伸约 60 m，宽度约 10 m，推测为隧道突泥涌水强烈影响区，围岩松散、脱空，地下水富集。

2 260 m 高程面，低阻异常区出现在 ZK3+330~ZK3+405 里程段正上方，向隧道左幅左侧延伸长度大于 70 m，宽度约 45 m，向隧道左幅右侧延伸长度大于 70 m，宽度约 30 m，推测为隧道突泥涌水强烈影响区，围岩松散、脱空，地下水富集。

2 280 m 高程面，低阻异常区出现在 ZK3+330~ZK3+405 里程段正上方，向隧道左幅左侧延伸长度大于 70 m，宽度约 45 m，向隧道左幅右侧延伸长度大于 70 m，宽度约 40 m，推测为隧道突泥涌水强烈影响区，围岩松散、脱空，地下水富集。

2 300 m 高程面，低阻异常区出现在 ZK3+330~ZK3+400 里程段正上方，向隧道左幅左侧延伸长度大于 70 m，宽度约 40 m，向隧道左幅右侧延伸长度大于 70 m，宽度约 30 m，推测为隧道突泥涌水强烈影响区，围岩松散、脱空，地下水富集。

2 320 m 高程面，低阻异常区出现在 ZK3+335~ZK3+375 里程段正上方，向隧道左幅右前方延伸长度大于 70 m，宽度约 55 m，推测为隧道突泥涌水强烈影响区，围岩松散、脱空，地下水富集。

2 340 m、2 360 m、2 380 m 高程面，低阻异常规模越来越小，零星分布，推测为第四系及全风化层。

3. 纵剖面（左幅 ZK3+330~460）

左幅 ZK3+330~460 纵剖面，低阻异常区出现在 ZK3+340~410 里程段正上方 0~135 m（高程为 2 200~2 335 m），并向大里程斜上方延伸，长度大于 130 m，推测为隧道突泥涌水强烈影响区，围岩松散、脱空、地下水富集。

5.6 蔓金高速公路草果山特长隧道不良地质探测

5.6.1 不良地质问题概况

根据物探、地质调查综合分析研究结果，将不良地质段按对隧道影响程度分为严重、较严重两类，需要特殊加固处理，详见表 5.6.1。

表 5.6.1 隧道主要不良地质段统计表

里程	长度/m	推测主要岩性	不良地质隐患	严重程度
ZK35+780~ZK35+940	160	辉绿岩、二长岩	富水、掉块、坍塌	严重

5.6.2 区域地质地球物理特征

1. 水 文

隧址区处于元江-红河水系，以草果山为分水岭，分水岭以北为元江-红河水系麻子河流域，有沙衣坡河、麻子河汇入红河，分水岭以南属勐拉河流域，有金平河汇入勐拉河，勐拉河于越南境内汇入红河；麻子河、勐拉河为其一级支流，沙衣坡河、金平河为二级支流。

麻子河：麻子河为元江右岸一级支流，径流面积约 238 km^2，发源于阿德博乡王家寨上游，在流域中部的土马村一带与左支沙依波河相交，后经大平台、老蔓耗村直接汇入元江干流。麻子河为山区性小河，有地形起伏大，河道比降陡，汇流及退水快的特点。因麻子河为山区性小河，径流与降水关系密切，其降水量的突变均能在径流过程中明显地显现出来。

2. 地层岩性

根据地质调查揭露结果，物探勘察区域内分布的主要地层为：第四系坡残积（Q_4^{dl+el}）层、坡残积层的黏土、块石土；晚古生代侵入岩第四期（ηo_4^b）、中生代侵入岩第四期（$\eta\gamma_5^3(a)$）、基性侵入岩（ν）地层。现分述如下：

（1）第四系坡残积（Q_4^{dl+el}）层。

堆积于斜坡地带，分布广泛。堆积物为褐红、灰褐、灰紫、浅褐黄色粉质黏土、黏土。部分含 5%~20% 花岗岩、砂岩碎石、角砾，局部夹大块石，ϕ1~10 cm，大者达 100 cm，结构稍密~中密。厚度变化较大，2~20 m 不等，主要分布在隧址物探勘察区地段。

（2）晚古生代侵入岩第四期（ηo_4^b）。

二长岩：黄褐、浅灰白色。主要矿物成分为钾长石、石英、斜长石、黑云母，花岗结构，块状构造。推测主要分布于隧址物探勘察区 ZK35+500～ZK35+780、ZK35+940～ZK36+400 段。

（3）基性侵入岩（ν）地层。

辉绿岩：全风化，黄褐、浅灰色，主要矿物成分为斜长石、辉石，辉绿结构，块状构造，呈散体状；强风化，浅绿、绿灰色，主要矿物成分为长石、辉石，辉绿结构，块状构造，岩质较硬，节理裂隙很发育，岩体破碎；中风化，灰黑色，主要矿物成分为长石、辉石，辉绿结构，块状构造，岩质硬，节理裂隙发育，岩体较破碎。推测主要分布于隧址物探勘察区 ZK35+780～ZK36+940 段。

5.6.3 电磁探测成果与地质解译

如图 5.6.1，图中红色和黄色区域为相对高阻区，代表岩体相对致密，完整性好，含水量小；绿色和蓝色为相对低阻区，代表岩体含水、松散破碎或风化程度高；视电阻率分布不均的，表示岩体物性差异大，推测岩体构造发育，松散破碎；视电阻率横向分布均匀的，表示岩体物性均一。

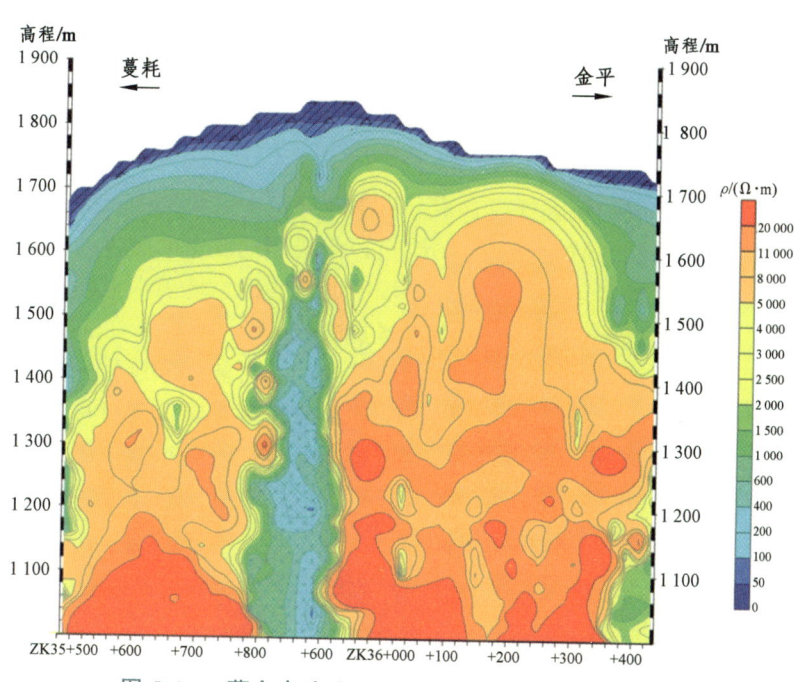

图 5.6.1　蔓金高速公路草果山特长隧道视电阻率图

1. 左幅 ZK35+500～ZK35+780 段

ZK35+500～ZK35+780 段：视电阻率 5 000～10 000 Ω·m，推测地层岩性为二长岩，中风化，呈碎裂或块石状镶嵌结构，块状构造，节理裂隙发育，岩体较完整，隧道位置多为相对中高阻区，岩体总体富水性一般，地下水出水状态呈点滴状或面流状，围岩自稳能力和成洞条件一般，开挖后局部可能产生掉块。

2. 左幅 ZK35+780~ZK35+940 段

ZK35+780~ZK35+940 段：视电阻率 100~2 000 Ω·m，推测地层岩性为基性侵入岩（辉绿岩）、二长岩，多呈强-中风化，碎块状碎裂结构，块状构造，节理裂隙发育，岩体较破碎，隧道位置多为相对低阻区，岩体总体富水性较强，围岩自稳能力和成洞条件相对较差，开挖时可能存在较大量的出水，局部可能产生掉块，坍塌，涌水等不良地质现象。

3. 左幅 ZK35+940~ZK36+400 段

ZK35+940~ZK36+400 段：大部分区域视电阻率 5 000~10 000 Ω·m，局部区域视电阻率超过 10 000 Ω·m，推测地层岩性为二长岩，中风化，呈碎裂或块石状镶嵌结构，块状构造，节理裂隙发育，岩体较完整，隧道位置多为相对中高阻区，岩体总体富水性一般，地下水出水状态呈点滴状或面流状，围岩自稳能力和成洞条件一般，开挖时局部可能产生掉块。

5.7 云南省临双高速公路天生桥隧道不良地质探测

5.7.1 不良地质问题概况

通过勘察，圈定临双隧道共划定不良地质体 16 处。其中：左幅 8 处，较严重段有 3 处，严重地段 5 处；右幅 8 处，较严重段 1 处，严重段有 7 处。不良地质段主要有 3 种类型：

（1）稳定性较差的元古界变质岩地层：主要表现在进口段的云母片岩+石英岩残留体的混合岩区域。该岩性段易风化呈松散土状、砂土状，导致含水率较高，自身稳定性差，易发生大面积塌方、突泥突水事故。

（2）强烈构造运动形成的较大规模含水、富水破碎带：主要集中在隧道出口方向。岩体多期次的侵入、多方向强烈区域构造运动的改造，使局部地段支离破碎，形成规模较大的短间隔破碎带，为水系的汇集和运移提供便利的场所，这些部位地表水下渗补给明显，致使岩性自稳能力极差，容易形成突泥突水、塌方、冒顶事故。

（3）岩体多期次、多源性导致岩体自身稳定性降低：岩体侵入过程中不断熔融夹杂各种岩性，形成各种捕房体，导致岩体完整程度降低，杂质较多，降低了自身的稳定性，加之构造叠加改造，使局部岩体破碎，岩性极不均匀，容易形成掉块、突泥突水事故。

5.7.2 区域地质地球物理特征

1. 水 文

隧道区属怒江和澜沧江两大水系，位于怒江水系与澜沧江水系分水岭。

地表水：以隧道中部山顶 K13+000 附近山脊（北西—南东向）为分水岭，沿两侧分布有多条冲沟，斜交隧道轴线，附近地表水、基岩裂隙水散流分别向隧道进口、出口方向沿冲沟逐渐汇集，排出隧道区。进口处地表水向北流入博尚水库，出口处地表水向南转向东流入澜沧江。

地下水：隧道区出露地层包括第四系覆盖层、变质岩、混合花岗岩，地下水类型为松散土层孔隙水和基岩裂隙水。孔隙水主要赋存于沟底块石土层中，水量中等；基岩裂隙水存储于下伏密闭型基岩裂隙中，含水量较少。

地下水以地表水和大气降水为主要补给源。大部分沿隧道地表经两侧沟谷流失，少部分向下渗透补给第四系覆盖层，其中部分储存在覆盖层内，一部分则继续向下伏基岩的节理、风化裂隙中渗流、运移。由于隧址区混合花岗岩节理、裂隙多呈闭合状，基岩富水性较弱，稳定水位较深。

2. 地形地貌

隧道区地处云贵高原之西南边缘，横断山脉南段，为怒江和澜沧江河间地块，区内山高谷深，层峦叠嶂，气势雄伟，山间盆地繁星般点缀其中，景观绚丽，地势总体上北高南低，高差起伏大。隧道区附近海拔 1 783.00～2 198.70 m，相对高差为 415.70 m。隧道横穿多个山体、沟谷及通乡公路，进出口均位于斜坡体上，进口处地形纵坡较陡，出口处地形纵坡较缓，地表植被发育，基岩局部出露。隧道通过段地面高程在 1 800.93～2 166.99 m 之间，相对高差为 366.06 m，为剥蚀型低中山地貌。

3. 地层岩性

根据本次勘察结果，结合区域地质资料、地面地质调查，隧址区主要出露上覆第四系残坡积层（Q）、元古界（Pt）花岗质混合岩及三叠系侵入花岗岩（γ_5^1）。据地层由新至老描述如下：

（1）第四系残坡积层（Q_4^{el+dl}）。

粉质黏土：褐黄色，含花岗岩、花岗质混合岩碎石，可至硬塑状，隧道沿线及周边均有分布，厚度 2.0～15.0 m。

（2）三叠系侵入（γ_5^1）印支期花岗岩。

全风化花岗岩：灰黄色、灰色，风化呈砂状、粉砂状，可见母岩残留结构，局部见石英及包裹体，厚度在 20.00～50.00 m 之间。

强风化花岗岩：褐黄、灰黄色、灰色，中粗粒变晶结构，块状构造，节理裂隙发育，节理面见铁质浸染，呈碎块状、砂状，局部见大于 2 m 花岗岩包裹体，风化不均，厚度变化大，钻孔揭露及坡体开挖断面，厚度在 2.00～8.00 m 之间。

中风化花岗岩：灰白色，中粗粒变晶结构，致密块状，多组节理发育，岩体被分割呈块状、碎块状，岩质硬。

（3）元古界花岗质混合岩（Pt）。

全风化花岗质混合岩：褐黄、灰色，中粗粒变晶结构，块状构造，可见母岩特征，局部见包裹体，风化呈砂状、土状，钻孔揭露厚度在 25.00～50.00 m 之间。

强风化花岗质混合岩：褐黄、灰褐色，中粗粒变晶结构，块状构造，节理裂隙很发育，呈张开状，内充填黏土及砂，岩芯呈碎块状，锤击声哑、易碎，风化不均，厚度变化大，钻孔揭露及坡体开挖断面，厚度在 2.00～15.00 m 之间。中风化花岗质混合岩：灰色、灰白色，中粗粒变晶结构，块状构造，岩质较软，节理较发育，岩芯呈柱状及少量碎块状，锤击声脆，多组节理发育，岩质硬。

4. 地质构造

隧道位于南北向延伸的临沧复式花岗岩基中部临沧岩段内，区内岩石矿物成分、组构呈不均匀状，显微交代结构发育，多有混合岩残留体分布，是临沧复式花岗岩基中较复杂地段，早期岩体经过后期多次构造岩浆叠加、改造作用，形成现今多期次的复式岩体、隧道主要穿越 2 条北西向区域断裂。

5.7.3 电磁探测成果与地质解译

K11 + 500 ~ K12 + 540 段：该段长度约 1 040 m，视电阻率整体偏低，平均值约 200 Ω·m，最小视电阻率值仅 27 Ω·m，最大视电阻率为 960 Ω·m（局部地表），总计约 15.5% 的视电阻率值小于 100 Ω·m（含水量较高地段主要集中在 K11 + 500 ~ K12 + 080 段地表，地下水向进口方向汇集），66% 的视电阻率值小于 200 Ω·m，90% 的视电阻率值小于 373 Ω·m，如图 5.7.1 所示。电阻率由地表向深部显示成层规律，推测为元古界变质地层，沿隧道轴线视电阻率整体呈相对平稳低阻（100 ~ 200 Ω·m），根据区域调查资料元古界地层沉积规律和地表调查，推测沿隧道轴线主要分布元古界云母片岩及石英岩残留体的混合岩（地层松散破碎、云母含量高、相对富水），该段围岩自稳能力极差。开挖过程中易出现大型塌方、突泥突水甚至冒顶现象，其中尤其以 K11 + 540 ~ K12 + 080、K12 + 120 ~ K12 + 340（F1 断裂破碎带两侧）、K12 + 400 ~ K12 + 540（F2 断裂下盘破碎带）段严重。施工过程中应当提前做好防范工作。

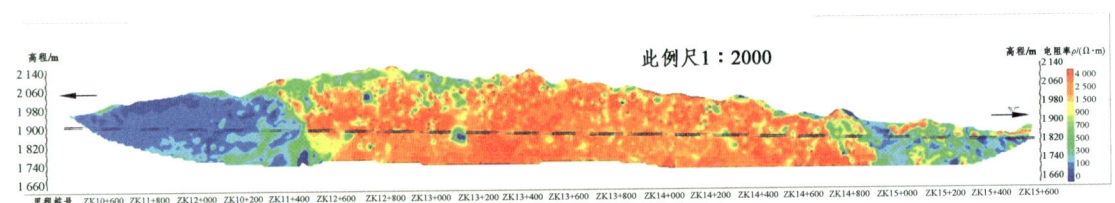

图 5.7.1 天生桥隧道电磁测深电阻率断面图

K12 + 540 ~ K12 + 680 段：该段长度约 140 m，沿隧道轴线视电阻率值为 1 280 ~ 3 396 Ω·m，整体为中高阻，推测围岩为花岗质片岩，岩体整体较完整，局部节理裂隙较发育，多呈块-块碎状结构，自稳能力一般，拱顶易掉块。地下水以裂隙水为主，富水性较弱，以点滴状或渗流状出水。施工过程中应当注意掉块。

K12 + 680 ~ K12 + 780 段：该段长度约 100 m，沿隧道轴线视电阻率值为 103 ~ 984 Ω·m，整体为中低阻，局部存在异常区。推测混合花岗岩含富水破碎地层包裹体，岩体自稳能力差，开挖形成临空面后易出现坍塌变形。施工过程中应当注意突泥突水。

K12 + 780 ~ K13 + 120 段：该段长度约 340 m，沿隧道轴线视电阻率值为 1 687 ~ 6 947 Ω·m，整体为中高阻，电阻率变化范围较大，推测围岩为花岗质片岩，岩体整体较完整，局部夹杂混合岩，节理裂隙较发育，多呈块-块碎状结构，自稳能力一般，拱顶易掉块。地下水以裂隙水为主，富水性较弱，以点滴状或渗流状出水。施工过程中应当注意掉块。

K13 + 120 ~ K13 + 400 段：该段长度约 280 m，浅部视电阻率在 400 Ω·m 左右，呈倒三角形向下延伸至隧道轴线，局部电阻率小于 100 Ω·m。推测断裂构造发育（F3 及 F3-1），为张性断裂，沿断裂填充破碎混合岩，岩体多呈碎裂结构，该段围岩自稳能力差，地下水丰富，开挖过程中易发生突泥突水、大型塌方甚至冒顶等。

K13 + 400 ~ K13 + 670：该段长度约 270 m，沿隧道轴线视电阻率值为 1 166 ~ 5 954 Ω·m，电阻率变化范围较大，地表可见中粗粒黑云二长花岗岩，推测该段岩体整体较完整，局部节理裂隙较发育，岩体多呈块状、块碎状结构，自稳能力一般 ~ 较好，开挖形成临空面后拱顶局部易掉块，富水性较弱，以点滴状或渗流状出水。

K13+670~K14+200 段：该段长度约 530 m，沿隧道轴线视电阻率值为 1 024~3 846 Ω·m，电阻率平均值为 2 400 Ω·m，整体变化范围不大。推测岩体整体较完整，后期侵入花岗岩体受挤压推覆，局部岩体较破碎，以 F3、F4 断裂为岩体边界。自稳能力一般~较好，富水性较弱，施工过程中应当注意掉块等。

K14+200~K14+380 段：该段长度约 180 m，沿 F5 断裂呈线状中低阻带，推断该段岩体内残留体夹层较多，岩体破碎，围岩自稳能力差，富含裂隙水。开挖过程中易发生塌方、掉块、涌水等不良地质灾害。

K14+380~K14+780 段：该段长度约 400 m，整体表现为高阻体，局部夹杂有中低阻体，电性分布不均匀，推测岩体整体较完整，局部多含有夹层，节理裂隙及裂隙水较发育，该段围岩整体自稳能力较好，地下水以点滴状或渗流状涌出。开挖过程中应注意掉块、涌水等。

K14+780~K14+940 段：该段长度约 160 m，沿隧道轴线整体表现为中低电阻率（400~900 Ω·m），地表及深部电阻率明显高于轴线附近。推测该段为岩体内混合岩捕虏体。该段岩石破碎、围岩自稳能力差，裂隙水丰富，开挖过程中易发生掉块、坍塌、涌水甚至冒顶等工程事故。施工过程中应提前防护。

K14+940~K15+130 段：该段长度约 190 m，地表至轴线视电阻率值均较低（27~300 Ω·m），局部在 600 Ω·m 左右。推测该段为一大型含水破碎带，地表水向下补给明显，围岩极破碎，无自稳能力，开挖过程中易发生突泥突水、大型塌方甚至冒顶，应提前做好防护工作。

K15+130~K15+320 段：该段长度约 190 m，地表至轴线视电阻率值中等（300~600 Ω·m），地表局部在 900 Ω·m 以上。推测该段岩性分布不均匀，沿轴线局部电阻率小于 200 Ω·m，岩层破碎，地下水补给明显，开挖过程中易发生突泥突水、坍塌甚至冒顶，应提前做好防护工作。

K15+320~K15+620 段：该段长度约 300 m，地表为局部高阻体展布（400~2 000 Ω·m），沿隧道轴线视电阻率值为 20~300 Ω·m，轴线视电阻率值明显低于地表视电阻率值，说明地表水向下补给明显，轴线地层破碎富水，开挖过程中易发生突泥突水、坍塌、冒顶等情况。施工过程中应当提前做好应对措施。

5.8 广安至邻水快速通道华蓥山隧道及引道工程不良地质探测

5.8.1 不良地质问题概况

1. 地表地质灾害

经现场调查，勘察区内尚未发现大规模的滑坡、崩塌、泥石流、地裂缝、岩溶塌陷等地质灾害，仅见有人为切坡而造成的小规模浅层滑坡、崩塌、泥石流等地质灾害，对隧道施工影响不大。经访问调查及资料收集，勘察区内仅邻水煤矿矿区内发生过塌陷，且主要位于上部巷道（+700 m 水平以上）至地表范围，为岩溶塌陷，上部巷道发生塌陷的原因主要为岩溶发育、煤层大面积开采、煤矿施工爆破震动及煤矿开采地下水疏排等，勘察区其他位置均未发现地表塌陷，既有广邻高速施工期间及运营后也未发生地表塌陷问题，可以推断在建隧道的施工排水及运营排水对整个勘察区造成地表塌陷的可能性均较小。

2. 地表岩溶

勘察区地表岩溶的发育受岩性和构造的影响，地表岩溶形态主要有溶沟、溶槽、小~中型溶洞、干落水洞、暗河、洼地等，主要发育在三叠系中统雷口坡组（T_2l）、下统嘉陵江组（T_1j）、下统飞仙关组四段（T_1f^4）、飞仙关组二段（T_1f^2），二叠系上统长兴组（P_2c）、二叠系下统栖霞组（P_1q）、茅口组（P_1m）纯灰岩中，溶蚀裂隙则在所有的碳酸盐岩中均有发育。岩溶发育受地质构造控制，主要是顺层面、节理面发育，并集中在可溶岩与相对隔水层顶、底板附近，岩溶水顺层或岩溶管道流动，向沟谷排泄。经过调查，在地表共发现1个溶蚀洼地（H24）、3处溶洞（H19、H23、H24）、7个落水洞［H04、H24（3个）、H25、H28、H29］、4处泉水点（H03、H11、H18、H20）、6处暗河出口（H05、H07、H08、H10、H27、H32）。

3. 深部岩溶

地下岩溶的发育离不开地下水的强烈循环交替溶蚀作用，而地下水的强烈循环交替溶蚀作用则受岩溶水排泄基准面制约。勘察区隧道轴线位于岩溶水排泄基准面标高370 m以上，浅埋段中三叠系中统雷口坡组（T_2l）、下统嘉陵江组（T_1j）、下统飞仙关组四段（T_1f^4）、飞仙关组二段（T_1f^2）、二叠系上统长兴组（P_2c）等灰岩形成岩溶管道、溶洞、暗河的可能性大，而在深埋段中二叠系下统栖霞组（P_1q）、茅口组（P_1m）纯灰岩则多以溶孔、岩溶管道、溶隙形态出现，遇溶洞、暗河的可能性较小。

4. 涌（突）水突泥及冒顶、坍塌

勘察区内碳酸盐岩以灰岩、泥灰岩、白云质灰岩为主，岩溶强烈发育的灰岩岩层倾角较陡，隧道洞身段主要位于季节变动带和水平循环带内，在隧道穿越碳酸盐岩溶蚀带、断层破碎带、可溶岩与非可溶岩接触等部位有涌（突）水及涌（突）泥灾害的可能性极大，应加强超前地质预报。

勘察区隧道轴线位于邻水煤矿采空区之下，隧道开挖时老窑水形成涌（突）水突泥及煤系地层形成冒顶、坍塌的可能性大，应加强超前地质预报。

5. 瓦斯及其他有毒气体

勘察区隧道轴线穿越二叠系上统龙潭组（P_2l）含煤地层，据邻水煤矿有关资料，煤层瓦斯含量高，有瓦斯气体积聚突出的危险，同时气体组分中含有硫化氢、一氧化碳等有毒气体，施工中应加强有害气体监测及通风。煤层中地下水对混凝土具中等腐蚀性，施工时应加强地下水腐蚀性复核。

勘察区隧道轴线穿越的非煤地层中：三叠系下统嘉陵江组（T_1j）地层中部含H_2S气体，危险等级为中高度危险性（C），施工中应加强有害气体监测及通风；该地层中富含膏盐层（$CaSO_4$），其地下水对混凝土具弱腐蚀性，施工时应加强地下水腐蚀性复核。二叠系下统栖霞组（P_1q）、茅口组（P_1m）地层中有油苗存在，含天然气和H_2S气体，含量较高，施工中应加强有害气体监测及通风。

5.8.2 区域地质地球物理特征

根据现场工程地质调绘及工勘钻探资料，华蓥山隧道上覆地层主要有灰岩、泥质灰岩、燧石灰岩、白云岩、盐溶角砾岩、砂岩、泥岩、页岩、炭质页岩等岩性。

第四系人工堆积层（Q_4^{ml}）、崩坡积层（Q_4^{col+dl}）、残坡积层（Q_4^{el+dl}）电阻率值范围为 $n \times 10 \sim n \times 10^2 \ \Omega \cdot m$，呈低阻特征；泥岩、砂岩、页岩、泥灰岩电阻率值范围为 $n \times 10 \sim n \times 10^2 \ \Omega \cdot m$，呈低阻特征；灰岩、白云岩电阻率值范围为 $n \times 10^2 \sim n \times 10^4 \ \Omega \cdot m$，呈高阻特征；溶洞（充填水或充填黄泥）、暗河和断层破碎带一般呈低阻特征，电阻率一般不超过 $300 \ \Omega \cdot m$。各种岩石、第四系覆盖层、溶洞（充填水或充填黄泥）、暗河、断层破碎带之间存在电性特征差异。

5.8.3 电磁探测成果与地质解译

ZK8+870～ZK9+340，长 470 m。地层岩性为志留系中统韩家店组（S_2h）泥质粉砂岩夹泥岩及灰岩，顶部为白云岩；志留系下统小河坝组（S_1x）泥岩夹粉砂岩；志留系下统龙马溪组（S_1l）页岩、泥岩夹粉砂岩、炭质页岩。强～中风化，属较软岩～较坚硬岩，岩体较破碎～破碎。围岩视电阻率呈低阻特征且连续性较好，推测隧道上部岩溶强烈发育，岩体富水性强，以岩溶裂隙水为主，次为基岩裂隙水，局部存在岩溶管道水，开挖过程中围岩易发生软岩大变形、掉块、坍塌、渗水、股流状出水、淋雨状出水、局部突水突泥。为严重不良地质段。左幅隧道电磁测深视电阻率如图 5.8.1 所示。

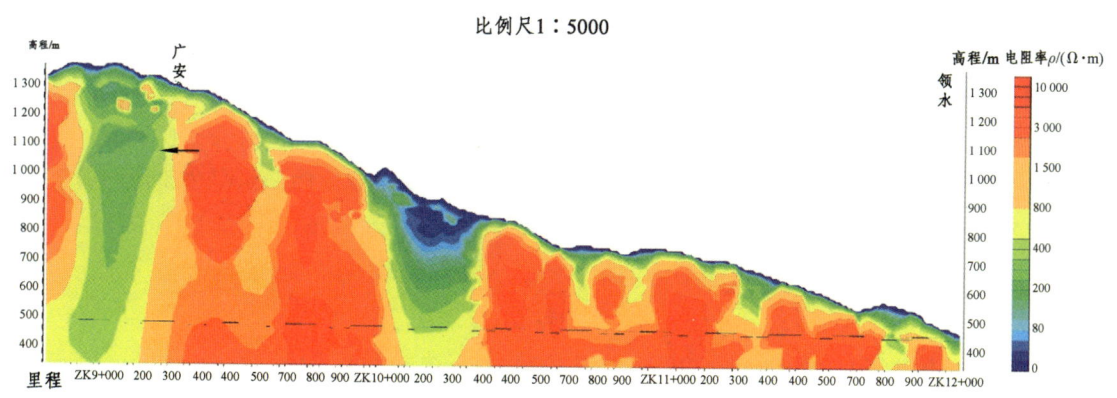

图 5.8.1　左幅隧道电磁测深视电阻率图

ZK9+340～ZK9+920，长 580 m。地层岩性为志留系下统龙马溪组（S_1l）页岩、泥岩夹粉砂岩、炭质页岩；志留系下统小河坝组（S_1x）泥岩夹粉砂岩；志留系中统韩家店组（S_2h）泥质粉砂岩夹泥岩及灰岩，顶部为白云岩。强～中风化，以较软岩为主，岩体较破碎～较完整。其中 ZK9+340～ZK9+500 长 160 m、ZK9+680～ZK9+920 长 240 m，围岩视电阻率呈高阻特征，推测岩体富水性弱，开挖过程中易发生掉块、坍塌、渗水、点滴状出水等现象。另外，ZK9+500～ZK9+680 长 180 m，围岩视电阻率呈中阻特征，推测岩体富水性中等，开挖过程中易发生软岩大变形、掉块、坍塌、渗水、点滴状出水、局部涌水突泥，为较严重不良地质段。ZK9+920～ZK10+420 长 500 m，地层岩性为志留系中统韩家店组（S_2h）泥质粉砂岩夹泥岩及灰岩，顶部为白云岩；石炭系中统黄龙组（C_2h）白云岩夹页岩；二叠系下统栖霞组（P_1q）灰岩、燧石灰岩；二叠系下统茅口组（P_1m）灰岩。中风化，属较坚硬岩，岩体较破碎~破碎。围岩视电阻率呈低阻特征，推测受岩溶强烈发育、可溶岩和非可溶岩接触带、邻水断层、上部邻水煤矿采空区的综合影响，岩溶水丰富，以岩溶裂隙溶洞水为主，局部有溶洞和岩溶管道。开挖过程中易发生股流状和淋雨状出水、局部涌（突）水突泥。为严重不良地质段。

ZK10+420~ZK10+720，长300 m。地层岩性为二叠系下统茅口组（P_1m）灰岩；二叠系上统龙潭组一段（P_2l^1）泥岩夹砂岩、煤；二、三段（P_2l^{2+3}）灰岩夹泥岩、砂岩、煤线；四段（P_2l^4）泥岩夹砂岩、灰岩和煤。中风化，其中灰岩属较坚硬岩，泥岩、页岩及煤层属软岩~极软岩，岩体破碎~极破碎。围岩视电阻率虽呈高阻特征，但该段上部为邻水煤矿采空区，区内老窑水储量大、水压高，且区内发育有导水富水的邻水断层及次级断层破碎带（F），沿断层破碎带及附近岩体破碎，岩溶强烈发育。开挖过程中易发生涌（突）水、突泥、软岩大变形、冒顶、坍塌。为严重不良地质段。

ZK10+720~ZK11+040，长320 m。地层岩性为二叠系上统长兴组（P_2c）燧石灰岩；三叠系下统飞仙关组一段（T_1f^1）泥岩、页岩夹泥灰岩；二段（T_1f^2）灰岩夹泥质灰岩、钙质泥岩。中风化，以较坚硬岩为主，次为较软岩，岩体破碎~较破碎。围岩视电阻率呈中低阻特征，推测受可溶岩和非可溶岩接触带及岩溶强烈发育的影响，富水性强，以岩溶裂隙溶洞水为主，局部有溶洞和岩溶管道。开挖过程中易发生股流状和淋雨状出水、局部涌（突）水突泥。为严重不良地质段。

ZK11+040~ZK11+240，长200 m。地层岩性为三叠系下统飞仙关组二段（T_1f^2）灰岩夹泥质灰岩、钙质泥岩；三段（T_1f^3）泥岩夹泥灰岩；四段（T_1f^4）灰岩夹泥质灰岩。中风化，以较坚硬岩为主，次为较软岩，岩体破碎~较破碎。围岩视电阻率虽呈中高阻特征，但该段为可溶岩和非可溶岩接触带及岩溶强烈发育区，富水性较强，以岩溶裂隙溶洞水为主，局部有溶洞和岩溶管道。开挖过程中易发生点滴状和线状出水、局部涌（突）水突泥，遭遇溶洞和岩溶管道的可能性大。为较严重不良地质段。

ZK11+240~ZK11+460，长220 m。地层岩性为三叠系下统飞仙关组四段（T_1f^4）灰岩夹泥质灰岩；五段（T_1f^5）泥岩、页岩，上部夹薄层泥质灰岩。中风化，以较坚硬岩为主，次为较软岩，岩体破碎~较破碎。围岩视电阻率呈中低阻特征，推测受可溶岩和非可溶岩接触带及岩溶强烈发育的影响，富水性强，以岩溶裂隙溶洞水为主，局部有溶洞和岩溶管道。开挖过程中易发生股流状和淋雨状出水、局部涌（突）水突泥。为严重不良地质段。

ZK11+460~ZK11+800，长340 m。地层岩性为三叠系下统飞仙关组五段（T_1f^5）泥岩、页岩，上部夹薄层泥质灰岩；嘉陵江组（T_1j）灰岩、白云质灰岩夹白云岩、泥质灰岩、盐溶角砾岩。中风化，属较坚硬岩，岩体较完整~较破碎。围岩视电阻率虽呈中高阻特征，但该段为可溶岩和非可溶岩接触带，隧道埋深仅为120~175 m，岩溶强烈发育，富水性较强，以岩溶裂隙溶洞水为主，局部有溶洞和岩溶管道。开挖过程中易发生点滴状和线状出水、局部涌（突）水突泥及遭遇溶洞和岩溶管道的可能性大。为较严重不良地质段。

ZK11+800~ZK11+940，长140 m。地层岩性为三叠系下统嘉陵江组（T_1j）灰岩、白云质灰岩夹白云岩、泥质灰岩、盐溶角砾岩，中风化，属较坚硬岩，岩体较完整~较破碎。

围岩视电阻率呈中低阻特征，岩溶强烈发育，富水性较强，以岩溶裂隙溶洞水为主，局部有溶洞和岩溶管道。该段隧道埋深为 100 m 左右，距离左幅左侧约 200 m 的冲沟地表水流量大，岩溶水接受地表水补给进入隧道的可能性大。开挖过程中易发生点滴状和线状出水、局部涌（突）水突泥，遭遇溶洞和岩溶管道的可能性大。为严重不良地质段。

ZK11+940～ZK12+110，长 170 m。地层岩性为三叠系下统嘉陵江组（$T_1 j$）灰岩、白云质灰岩夹白云岩、泥质灰岩、盐溶角砾岩；三叠系中统雷口坡组（$T_2 l$）灰岩、白云岩夹岩溶角砾岩。中风化，属较坚硬岩，岩体较完整～较破碎。围岩视电阻率呈中低阻特征，岩溶强烈发育，富水性较弱，以岩溶裂隙水为主，局部有溶洞和岩溶管道。开挖过程中易发生掉块、坍塌、点滴状和线状出水。出口端上部为公路人工筑土，开挖过程中易发生冒顶。

参考文献

[1] 柳建新,等. 大地电磁测深法勘探——资料处理、反演与解释[M]. 北京:科学出版社,2012.

[2] 汤井田,等. 可控源音频大地电磁法及其应用[M]. 长沙:中南大学出版社,2005.

[3] 胡祥云,等. 时间域电磁法勘探的正演问题研究[M]. 北京:科学出版社,2019.

[4] 朴化荣. 电磁测深法原理[M]. 北京:地质出版社,1990.

[5] 廖晓龙. 基于深度学习的大地电磁智能反演算法研究[D]. 成都:西南交通大学,2021.

[6] KEY,KERRY. 1D inversion of multicomponent,multifrequency marine CSEM data:Methodology and synthetic studies for resolving thin resistive layers[J]. Geophysics,2009,74(2):F9-F20.

[7] 张铭,FARQUHARSON C G,刘长胜. 2.5维起伏地表条件下频率域地空电磁正演模拟[J]. 地球物理学报,2021,64(1):327-342.

[8] CHEN C,ZENG L,ZHONG X,et al. 2D Generalized Optical Spatial Modulation for MIMO-OWC Systems[J]. IEEE Photonics Journal,2022,14(4).

[9] LIAO X,SHI Z,ZHANG Z,et al. 2D inversion of magnetotelluric data using deep learning technology[J]. Acta Geophysica,2022,70(3):1047-1060.

[10] GUO S,XIONG B,LUO T,et al. 2D MT forward modeling with topography using the ILU-BICGSTAB algorithm[J]. Computing Techniques for Geophysical and Geochemical Exploration,2017,39(3):306-312.

[11] ZHANG K,YAN J. The 3D magnetotelluric inversion system with static shift correction[C]//Proceedings of the 7th International Conference on Environmental and Engineering Geophysics(ICEEG)/Summit Forum of Chinese-Academy-of-Engineering-on-Engineering-Science-and-Technology,Beijing,China,Jun 26-29,2016.

[12] YU Y,CHEN Z. A 3-D Radial Point Interpolation Method for Meshless Time-Domain Modeling[J]. IEEE Transactions on Microwave Theory and Techniques,2009,57(8):2015-2020.

[13] VINCENT J, BORDERIES P, POIRIER J R, et al. 3D-FDTD-based hybridisation technique for wave interaction with scatterers in layered media[J]. Electronics Letters, 2016, 52（8）: 573-574.

[14] 宋维琪, 仝兆歧. 3D 瞬变电磁场的有限差分正演计算[J]. 石油地球物理勘探, 2000（6）: 751-756; 820.

[15] 朱航, 闻学泽. 1973～1976 年四川松潘强震序列的应力触发过程[J]. 地球物理学报, 2009, 52（4）: 994-1003.

[16] 詹艳, 梁明剑, 孙翔宇, 等. 2021 年 5 月 22 日青海玛多 Ms7.4 地震深部环境及发震构造模式[J]. 地球物理学报, 2021, 64（7）: 2232-2252.

[17] DENG Y, TANG J. Advances in magnetotelluric data processing[J]. Progress in Geophysiscs, 2019, 34（4）: 1411-1422.

[18] GRANDE A, CABECEIRA A C L, BARBA I, et al. Advances in time domain numerical modeling for electromagnetic wave propagation in bi-isotropic media[C]//Proceedings of the 5th International Kharkov Symposium on Physics and Engineering of Microwaves, Millimeter and Submillimeter Waves, Kharkov, UKRAINE, Jun 21-26, 2004.

[19] DING S, WANG B, OU H, et al. Advances on the Research of Implementation Methods for Time Reversal of Electromagnetic Signals[J]. Journal of University of Electronic Science and Technology of China, 2011, 40（5）: 711-715.

[20] LEE W, JIAO D. An Alternative Explicit and Unconditionally Stable Time-Domain Finite-Element Method for Electromagnetic Analysis[J]. IEEE Journal on Multiscale and Multiphysics Computational Techniques, 2018, 3: 16-28.

[21] CHENG G S, DING D Z, CHEN R S. Analysis of Transient Electromagnetic Scattering From Composite Conducting-Dielectric Targets With the Time-Domain Fast Dipole Method[J]. IEEE Transactions on Antennas and Propagation, 2017, 65（7）: 3800-3805.

[22] DING J, GU C, LI Z, et al. Analysis of transient electromagnetic scattering using time domain equivalent dipole moment method[J]. Journal of Electromagnetic Waves and Applications, 2013, 27（1）: 39-47.

[23] WANG S, WANG J. Analysis on statistic characteristics of magnetotelluric signal[J]. Acta Seismologica Sinica, 2004, 26（6）: 669-674.

[24] LUO H, KARKI B B, GHOSH D B, et al. Anomalous Behavior of Viscosity and Electrical Conductivity of MgSiO3 Melt at Mantle Conditions[J]. Geophysical Research Letters, 2021, 48（13）.

[25] ZHANG C, ZHANG G. The application of AR Model in magnetotelluric data processing[J]. Progress in Geophysiscs, 2013, 28（3）: 1227-1233.

[26] ZHU L, ZUO H, GONG X, et al. Application of audio magnetotelluric method in geothermal exploration in Lugu lake area[J]. Contributions to Geology and Minerel Resources Research, 2020, 35（4）: 468-473.

[27] WU X, ZUO H, WANG Y. Application of audio magnetotelluric sounding to deep prospecting of a porphyry copper mine in Tibet[J]. Contributions to Geology and Minerel Resources Research, 2016, 31（4）: 576-579.

[28] CAO X, YAN L, CHEN Q, et al. An application of blind source separation algorithm for denoising in magnetotelluric signal[J]. Computing Techniques for Geophysical and Geochemical Exploration, 2017, 39（4）: 456-464.

[29] LIU J, LI X, ZHANG Q. The application of gravity-magnetic-magnetotelluric joint inversion to the quantitative interpretation of Yine basin[J]. Geophysical and Geochemical Exploration, 2013, 37（5）: 853-858.

[30] LI J, PENG C, TANG J, et al. Application of local mean decomposition and wavelet threshold in magnetotelluric noise suppression[J]. Journal of Vibration and Shock, 2017, 36（5）: 134-141; 156.

[31] ZHANG G, TUO X, WANG X, et al. Application of magnetic field correlation in remote reference magnetotelluric data processing[J]. Oil Geophysical Prospecting, 2017, 52（6）: 1333-1343.

[32] SHAHRABI M A, HASHEMI H, HAFIZI M K. Application of Mixture of Gaussian Clustering on Joint Facies Interpretation of Seismic and Magnetotelluric Sections[J]. Pure and Applied Geophysics, 2016, 173（2）: 623-636.

[33] SHAN T, GUO R, LI M, et al. Application of Multitask Learning for 2-D Modeling of Magnetotelluric Surveys: TE Case[J]. IEEE Transactions on Geoscience and Remote Sensing, 2022, 60.

[34] LIU W, LU Q, YANG L, et al. Application of Sample-Compressed Neural Network and Adaptive-Clustering Algorithm for Magnetotelluric Inverse Modeling[J]. IEEE Geoscience and Remote Sensing Letters, 2021, 18（9）: 1540-1544.

[35] QIN Q, WANG X, LUO W. The application of the EMD method to long-eriod magnetotelluric sounding data denoising[J]. Geophysical and Geochemical Exploration, 2011, 35（1）: 113-117.

[36] CRADDOCK I J, RAILTON C J. Application of the FDTD method and a full time-domain near-field transform to the problem of radiation from a PCB[J]. Electronics Letters, 1993, 29(23): 2017-2018.

[37] WANG W J, ZHOU D M, LI Y, et al. Application of the Parallel Time Domain Adaptive Integral Method to Transient Scattering from Electrically Large Objects[J]. Journal of National Defense University of Science and Technology, 2010, 32(1): 63-67.

[38] ZENG G, GE Y, ZHANG H, et al. Application of Time Domain Gating Technology to Transmission/Reflection Method for Dielectric Electromagnetic Parameters Measurement[J]. Aerospace Materials & Technology, 2010, 40(1): 76-80.

[39] WEI Lei, AN Zhanghui, FAN Yingying, et al. Application on Anomaly Detection of Geoelectric Field Based on Deep Learning[J]. Earthquake Research in China, 2020, 34(3): 358-377.

[40] YAN H, LI J, LI C. Application research of subspace enhancement for magnetotelluric signal to noise separation[J]. Computing Techniques for Geophysical and Geochemical Exploration, 2017, 39(3): 346-353.

[41] JIA L, SHI W, GUO J. Arbitrary-difference precise-integration method for the computation of electromagnetic transients in single-phase nonuniform transmission line[J]. IEEE Transactions on Power Delivery, 2008, 23(3): 1488-1494.

[42] 嵇艳鞠,林君,于生宝,等. ATTEM 系统中电流关断期间瞬变电磁场响应求解的研究[J]. 地球物理学报, 2006(6): 1884-1890.

[43] PENG P, HE Z, WANG L, et al. Automatic Classification of Microseismic Records in Underground Mining: A Deep Learning Approach[J]. IEEE Access, 2020, 8: 17863-17876.

[44] OUVRIER-BUFFET J L, MEILHAN J, N'GUYEN D T, et al. Bolometric detector of an electromagnetic radiation in the terahertz range and detector array device comprising said detectors[Z]. Google Patents. 2014.

[45] BOZZA G, CAVIGLIA D D, GHELARDONI L, et al. Cell-Centered Finite-Volume Time-Domain Method for Conducting Media[J]. IEEE Microwave and Wireless Components Letters, 2010, 20(9): 477-479.

[46] DENG M, WEI W B, TAN H D, et al. Collector for seafloor magnetotelluric data[J]. Chinese Journal of Geophysics-Chinese Edition, 2003, 46(2): 217-223.

[47] NONIDEZ L, MARTINEZ-BURDALO M, MARTIN A, et al. A combination of time-domain versions of PO and PTD with the FDTD method to evaluate human exposure to

an electromagnetic field in an urban environment[J]. Microwave and Optical Technology Letters, 2001, 31（5）: 371-374.

[48] WANG T, LIU J, TONG X, et al. The comparative analysis of the finite element method and finite difference method in the MT one-dimensional forward modeling[J]. Computing Techniques for Geophysical and Geochemical Exploration, 2013, 35（5）: 538-543.

[49] SACHDEVA N, RAO S M, BALAKRISHNAN N. A comparison of FDTD-PML with TDIE[J]. IEEE Transactions on Antennas and Propagation, 2002, 50（11）: 1609-1614.

[50] GERANMAYEH A. Convolution quadrature methods for 3D EM wave scattering analysis[J]. Engineering Analysis with Boundary Elements, 2014, 43: 50-55.

[51] CHAUMET P C, BELKEBIR K, RAHMANI A. Coupled-dipole method in time domain[J]. Optics Express, 2008, 16（25）: 20157-20165.

[52] BEILLARD B, ANDRIEU J, JECKO B. Coupling of methods: Finite difference time domain and asymptotic methods[J]. Electronics Letters, 1996, 32（4）: 308-309.

[53] YU S, MA X. Crustal flow beneath the eastern Tibetan plateau -The Evidence from Magnetotelluric Sounding[J]. Bulletin of National Natural Science Foundation of China, 2010, 24（5）: 303-304; 317.

[54] WICKRAMANAYAKE S, THIYAGARAJAN K, KODAGODA S. Deep Learning for Estimating Low-Range Concrete Sub-Surface Boundary Depths Using Ground Penetrating Radar Signals[J]. IEEE Sensors Letters, 2022, 6（3）.

[55] GERAZOV B, CONCEICAO R C. Deep Learning for Tumour Classification in Homogeneous Breast Tissue in Medical Microwave Imaging[C]//Proceedings of the IEEE Eurocon -17th International Conference on Smart Technologies, Ohrid, Macedonia, Jul 06-08, 2017.

[56] LI D, GU Y, MA H, et al. Deep Learning Inverse Analysis of Higher Order Modes in Monocone TEM Cell[J]. IEEE Transactions on Microwave Theory and Techniques, 2022, 70（12）: 5332-5339.

[57] LI G, GU X, REN Z, et al. Deep Learning Optimized Dictionary Learning and Its Application in Eliminating Strong Magnetotelluric Noise[J]. Minerals, 2022, 12（8）.

[58] HUANG Z, DATCU M, PAN Z, et al. Deep SAR-Net: Learning objects from signals[J]. ISPRS Journal of Photogrammetry and Remote Sensing, 2020, 161: 179-193.

[59] LI J, PENG Y, TANG J, et al. Denoising of magnetotelluric data using K-SVD dictionary training[J]. Geophysical Prospecting, 2021, 69（2）: 448-473.

[60] BAO H, CHEN R. An Efficient Domain Decomposition Parallel Scheme for Leapfrog ADI-FDTD Method[J]. IEEE Transactions on Antennas and Propagation, 2017, 65（3）: 1490-1494.

[61] ITOH T, IKUNO S. Efficient Simulation of Electromagnetic Wave Propagation in Complex Shaped Domain by Hybrid Method of FDTD and MTDM Based on Interpolating Moving Least Squares Method[J]. IEEE Transactions on Magnetics, 2017, 53（6）.

[62] WANG T, HOHMANN G W. A finite-difference, time-domain solution for three-dimensional electromagnetic modeling[J]. Geophysics, 1993, 58（1）: 1646.

[63] WANG N, XIAO X, ZHANG D. The forward modeling of twodimensional anisotropic magnetotelluric with topography[J]. Computing Techniques for Geophysical and Geochemical Exploration, 2017, 39（6）: 711-718.

[64] FU W N, ZHANG X, HO S L. A General Time-Domain Finite-Element Method for Frequency-Domain Solutions[J]. IEEE Transactions on Magnetics, 2013, 49（4）: 1284-1289.

[65] WU X, LIU J. A generalized time-domain electromagnetic sounding -The delta function electromagnetic sounding[J]. Progress in Geophysiscs, 2010, 25（6）: 2137-2143.

[66] WANG B, LIU J, HU X, et al. Geophysical electromagnetic modeling and evaluation: A review[J]. Journal of Applied Geophysics, 2021, 194.

[67] REN Z, KALSCHEUER T, GREENHALGH S, et al. A goal-oriented adaptive finite-element approach for plane wave 3D electromagnetic modeling[J]. Geophysical Journal International, 2013, 194（2）: 700-718.

[68] LUO S, REN Q, WANG C, et al. GPR time-frequency domain joint electromagnetic inversion method based on deep learning[J]. Chinese Journal of Radio Science, 2022, 37（4）: 555-567.

[69] ZHANG X, LI D, LI J, et al. Grey wolf optimization-based variational mode decomposition for magnetotelluric data combined with detrended fluctuation analysis[J]. Acta Geophysica, 2022, 70（1）: 111-120.

[70] 罗延钟, 昌彦君. G-S 变换的快速算法[J]. 地球物理学报, 2000（5）: 684-690.

[71] YANG D, LIAO C. High power electromagnetic pulse propagation in ionosphere[J]. High Power Laser and Particle Beams, 2009, 21（8）: 1221-1224.

[72] LIN S, ZHAO L. High precision time domain forward modeling for crosshole electromagnetic tomography[J]. Journal of China University of Geosciences, 2007, 18（4）: 320-325.

[73] BAO H G, DING D Z, CHEN R S. A Hybrid Spectral-KlementFinite-Difference Time-Domain Method for Electromagnetic Simulation[J]. IEEE Antennas and Wireless Propagation Letters, 2017, 16: 2244-2248.

[74] LI P, SHI Y, JIANG L J, et al. A Hybrid Time-Domain Discontinuous Galerkin-Boundary Integral Method for Electromagnetic Scattering Analysis[J]. IEEE Transactions on Antennas and Propagation, 2014, 62(5): 2841-2846.

[75] MONORCHIO A, BRETONES A R, MITTRA R, et al. A hybrid time-domain technique that combines the finite element, finite difference and method of moment techniques to solve complex electromagnetic problems[J]. IEEE Transactions on Antennas and Propagation, 2004, 52(10): 2666-2674.

[76] XU Z, XIN H, WENG Y, et al. Hydrogeological Study in Tongchuan City Using the Audio-Frequency Magnetotelluric Method[J]. Magnetochemistry, 2023, 9(1).

[77] ZHANG L, REN Z, XIAO X, et al. Identification and Suppression of Magnetotelluric Noise via a Deep Residual Network[J]. Minerals, 2022, 12(6).

[78] 马瑜涵, 陈佳佳, 胡斯登, 等. IGBT电力电子系统小时间尺度动态性能分析与计算的电磁场-电路耦合模型[J]. 电工技术学报, 2017, 32(13): 14-22.

[79] RAN P, CHEN S, SERHIR M, et al. Imaging of Subwavelength Microstructures by Time Reversal and Neural Networks, From Synthetic to Laboratory-Controlled Data[J]. IEEE Transactions on Antennas and Propagation, 2021, 69(12): 8753-8762.

[80] WU S, HUANG Q, ZHAO L. Instantaneous Inversion of Airborne Electromagnetic Data Based on Deep Learning[J]. Geophysical Research Letters, 2022, 49(10).

[81] TIAN C Y, SHI Y, CHAN C H. Interior Penalty Discontinuous Galerkin Time-Domain Method Based on Wave Equation for 3-D Electromagnetic Modeling[J]. IEEE Transactions on Antennas and Propagation, 2017, 65(12): 7174-7184.

[82] ITOH T, IKUNO S. Interpolating Moving Least-Squares-Based Meshless Time-Domain Method for Stable Simulation of Electromagnetic Wave Propagation in Complex-Shaped Domain[J]. IEEE Transactions on Magnetics, 2016, 52(3).

[83] CAESARY D, CHO A, YU H, et al. Introduction to Geophysical Exploration Data Denoising using Deep Learning[J]. Geophysics and Geophysical Exploration, 2020, 23(3): 117-130.

[84] PUZYREV V, SWIDINSKY A. Inversion of 1D frequency- and time-domain electromagnetic data with convolutional neural networks[J]. Computers & Geosciences, 2021, 149.

[85] KERRY, KEY. Is the fast Hankel transform faster than quadrature?[J]. Geophysics: Journal of the Society of Exploration Geophysicists, 2012, 77（3）: F21-F30.

[86] GUO R, YAO H M, LI M, et al. Joint Inversion of Audio-Magnetotelluric and Seismic Travel Time Data With Deep Learning Constraint[J]. IEEE Transactions on Geoscience and Remote Sensing, 2021, 59（9）: 7982-7995.

[87] PRODEHL C, RITTER J R R, MECHIE J, et al. The KRISP 94 lithospheric investigation of southern Kenya - the experiments and their main results[J]. Tectonophysics, 1997, 278（1-4）: 121-147.

[88] CUI X W, YANG F, ZHOU L J, et al. A leap-frog discontinuous Galerkin time-domain method of analyzing electromagnetic scattering problems[J]. Chinese Physics B, 2017, 26（10）.

[89] LILLEY F E M. Magnetotelluric analysis using mohr circles[J]. Geophysics, 1993, 58（10）: 1498-1506.

[90] WANG K, WANG X, CAO H, et al. Magnetotelluric axial anisotropic parallelized 3D inversion based on cross-gradient structural constraint[J]. Chinese Journal of Geophysics-Chinese Edition, 2021, 64（4）: 1305-1319.

[91] CAO X, LIU K, YAN L. Magnetotelluric data de-noising based on wavelet transform and independent component analysis[J]. Oil Geophysical Prospecting, 2018, 53（1）: 206-213.

[92] LI J, TANG J T, XU Z M, et al. Magnetotelluric noise suppression base on signal-to-noise identification in ore concentration area[J]. Chinese Journal of Geophysics-Chinese Edition, 2017, 60（2）: 722-737.

[93] XU T, WANG Z, XIAO Z, et al. Magnetotelluric power frequency interference suppression based on LSTM recurrent neural network[J]. Progress in Geophysiscs, 2020, 35（5）: 2016-2022.

[94] WEISS C J, CONSTABLE S. Mapping thin resistors and hydrocarbons with marine EM methods, Part II--Modeling and analysis in 3D[J]. Geophysics, 2006, 71（6）: G321.

[95] ZHANG P, HU Y, JIN Y, et al. A Maxwell's Equations Based Deep Learning Method for Time Domain Electromagnetic Simulations[J]. IEEE Journal on Multiscale and Multiphysics Computational Techniques, 2021, 6: 35-40.

[96] LI R, YU N, WANG X, et al. Model-Based Synthetic Geoelectric Sampling for Magnetotelluric Inversion With Deep Neural Networks[J]. IEEE Transactions on Geoscience and Remote Sensing, 2022, 60.

[97] TIAN S, WU K, REN Q. Modeling of Metasurfaces Using Discontinuous Galerkin Time-Domain Method Based on Generalized Sheet Transition Conditions[J]. IEEE Transactions on Antennas and Propagation, 2022, 70(8): 6905-6917.

[98] 曹中林, 何展翔, 昌彦君. MT 激电效应的模拟研究及在油气检测中的应用[J]. 地球物理学进展, 2006(4): 1252-1257.

[99] 汤井田, 薛帅. MT 有限元模拟中截断边界的影响[J]. 吉林大学学报（地球科学版）, 2013, 43(1): 267-274.

[100] 柳建新, 童孝忠, 李爱勇, 等. MT 资料反演的一种实数编码混合遗传算法[J]. 中南大学学报（自然科学版）, 2007(1): 160-163.

[101] JIANG G X, ZHU H B, CAO W. A new approach to extrapolation of electromagnetic analysis in both time and frequency domains[J]. IEEE Microwave and Wireless Components Letters, 2006, 16(11): 573-575.

[102] LIAO C, ZHAO Y S, LIN W G. New method for numerical-solution of maxwell equations[J]. Electronics Letters, 1995, 31(4): 261-262.

[103] CHEN H, ZHAO Y, HU F, et al. Nonlinear Resilient Learning Method Based on Joint Time-Frequency Image Analysis in Underwater Visible Light Communication[J]. IEEE Photonics Journal, 2020, 12(2).

[104] KODAMA M, KUNINAKA M. On precision of solutions by finite-difference time-domain method of different mesh spacings[J]. IEICE Transactions on Communications, 1993, E76B(3): 315-317.

[105] COMMER M, NEWMAN G. A parallel finite-difference approach for 3D transient electromagnetic modeling with galvanic sources[J]. Geophysics, 2004, 69(10): 1192.

[106] ZHANG H H, WANG P P, JIANG L J, et al. Parallel Higher Order DGTD and FETD for Transient Electromagnetic-Circuital-Thermal Co-Simulation[J]. IEEE Transactions on Microwave Theory and Techniques, 2022, 70(6): 2935-2947.

[107] LIN C, TAN H, TONG T. Parallel rapid relaxation inversion of 3D magnetotelluric data[J]. Applied Geophysics, 2009, 6(1): 77-83.

[108] MA X, TENG J, LIU Y, et al. Physical property structure of the crust-mantle and deep geophysical feature in Changbaishan volcanic area[J]. Progress in Geophysiscs, 2016, 31(5): 1973-1985.

[109] LIU W, WANG H, XI Z, et al. Physics-Driven Deep Learning Inversion with Application to Magnetotelluric[J]. Remote Sensing, 2022, 14(13).

[110] NOAKOASTEEN O, WANG S, PENG Z, et al. Physics-Informed Deep Neural Networks for Transient Electromagnetic Analysis[J]. IEEE Open Journal of Antennas and Propagation, 2020, 1: 404-412.

[111] LI Y, WANG Y, QI S, et al. Predicting Scattering From Complex Nano-Structures via Deep Learning[J]. IEEE Access, 2020, 8: 139983-139993.

[112] YANG C, XU S. The present situation of magnetotelluric researches abroad[J]. Geophysical and Geochemical Exploration, 2005, 29(3): 243-247.

[113] FAN G X, LIU Q H. Pseudospectral time-domain algorithm applied to electromagnetic scattering from electrically large objects[J]. Microwave and Optical Technology Letters, 2001, 29(2): 123-125.

[114] HUANG Y, JIN W, YU Z, et al. Radar emitter signal recognition based on deep learning and ensemble learning[J]. Systems Engineering & Electronics, 2018, 40(11): 2420-2425.

[115] GUO L, CHEN X, CHEN T. Radar signal modulation type recognition based on AlexNet model[J]. Journal of Jilin University Engineering and Technology Edition, 2019, 49(3): 1000-1008.

[116] ARGYROPOULOS C, ZHAO Y, HAO Y. A Radially-Dependent Dispersive Finite-Difference Time-Domain Method for the Evaluation of Electromagnetic Cloaks[J]. IEEE Transactions on Antennas and Propagation, 2009, 57(5): 1432-1441.

[117] NESKA A, NOWOZYNSKI K, REDA J, et al. Reducing motion noise in marine magnetotelluric measurements by means of tilt records[J]. Geophysical Journal International, 2013, 194(1): 304-315.

[118] MOROZ Y F, MOROZ T A. Relationship between anomalous changes in magnetotelluric impedance and strong earthquakes in Kamchatka[J]. Doklady Earth Sciences, 2015, 461(1): 260-264.

[119] LI J, LIU S, ZHANG X, et al. Removal of strong noise in magnetotelluric data using grey wolf optimized wavelet threshold[J]. Geophysical Prospecting, 2022.

[120] LU J, LIU X, ZHANG S, et al. Research and Analysis of Electromagnetic Trojan Detection Based on Deep Learning[J]. Security and Communication Networks, 2020, 2020.

[121] ZHU X, CHEN Z, PENG D. Research on Intelligent Detection Method of Electromagnetic Signal for Integrated Application[J]. Journal of Signal Processing, 2020, 36(10): 1708-1713.

[122] HAN Y, AN Z, QU W. Research status of magnetotelluric time domain data processing based on machine learning[J]. Progress in Geophysiscs, 2021, 36（5）: 1975-1987.

[123] CHEN X, QINGTIAN L U, ZHANG K. Review of magnetotelluric data inversion methods[J]. Progress in Geophysiscs, 2011, 26（5）: 1607-1619.

[124] HUO G, HU X, LIU M. Review of the forward modeling of magnetotelluric in the anisotropy medium research[J]. Progress in Geophysiscs, 2011, 26（6）: 1976-1982.

[125] HU J, HU X. Review of three dimensional magnetotelluric inversion methods[J]. Progress in Geophysiscs, 2005, 20（1）: 214-220.

[126] WU X Q, KLINKENBUSCH L. A simple multigrid approach for calculating time-harmonic fields with FDTD[J]. IEEE Microwave and Wireless Components Letters, 2005, 15（11）: 814-816.

[127] WANG B Z, LIN W. Small-hole formalism for the finite-difference time-domain analysis of small hole coupling[J]. Electronics Letters, 1994, 30（19）: 1586-1587.

[128] DE RAEDT H, MICHIELSEN K, KOLE J S, et al. Solving the maxwell equations by the Chebyshev method: A one-step finite-difference time-domain algorithm[J]. IEEE Transactions on Antennas and Propagation, 2003, 51（11）: 3155-3160.

[129] DOERR C R. Sparse Finite Difference Time Domain Method[J]. IEEE Photonics Technology Letters, 2013, 25（23）: 2259-2262.

[130] PRAY A J, NAIR N V, SHANKER B, et al. A Stable, PWTD-Accelerated Time Domain Integral Equation Solver[M]. 2014 Usnc-Ursi Radio Science Meeting. 2014: 160-165.

[131] WANG H, LIU Y, YIN C, et al. Stochastic inversion of magnetotelluric data using deep reinforcement learning[J]. Geophysics, 2022, 87（1）: E49-E61.

[132] YANG B, ZHANG X, LIU Z, et al. Technique and application of joint magnetotelluric and seismic modeling and constrained inversion based on clustering and multivariate geostatistics[J]. Oil Geophysical Prospecting, 2021, 56（3）: 670-677.

[133] PENG Q, ZHOU M, ZHANG D. The techniques of the static calibration in audio magnetotelluric and its application to a carlin-type gold deposit in the west of Guizhou province[J]. Computing Techniques for Geophysical and Geochemical Exploration, 2012, 34（3）: 314-319.

[134] CHEN K, PU X, REN Y, et al. TEMDnet: A Novel Deep Denoising Network for Transient Electromagnetic Signal With Signal-to-Image Transformation[J]. IEEE Transactions on Geoscience and Remote Sensing, 2022, 60.

[135] HE M, LU Q, PEI F, et al. Theoretical simulation on the magnetotelluric method for the mode of occurrence of Qinghai Muli gas hydrate[J]. Progress in Geophysiscs, 2019, 34(1): 90-97.

[136] HU Y, JIN Y, WU X, et al. A Theory-Guided Deep Neural Network for Time Domain Electromagnetic Simulation and Inversion Using a Differentiable Programming Platform[J]. IEEE Transactions on Antennas and Propagation, 2022, 70(1): 767-772.

[137] CHUNG Yonghyun, SON Jeong-Sul, LEE Tae Jong, et al. Three-dimensional modelling of controlled-source electromagnetic surveys using an edge finite-element method with a direct solver[J]. Geophysical Prospecting, 2014, 62(6): 1468-1483.

[138] SHI Y, CHEN R. Time domain integral equation method based on overlapped domain decomposition[J]. Systems Engineering & Electronics, 2010, 32(11): 2328-2331.

[139] RAUGI M. Time domain method for the nonlinear steady-state analysis of electromagnetic fields[J]. Iee Proceedings-Science Measurement and Technology, 1996, 143(6): 377-383.

[140] HEDIA S, ZITOUNA B, BEN HADJ SLAMA J, et al. Time domain sources identification in the near field: comparison between electromagnetic time reversal and genetic algorithms-based methods[J]. IET Science Measurement & Technology, 2020, 14(10): 842-847.

[141] CHEN X, CHEN Y, WEI M, et al. Time Domain Testing Methods of Materials Shielding Effectiveness of Electromagnetic Pulse Using Flange Coaxial[J]. High Voltage Engineering, 2012, 38(3): 594-600.

[142] KAWAGUCHI H. Time-domain analysis of electromagnetic wave fields by boundary integral equation method[J]. Engineering Analysis with Boundary Elements, 2003, 27(4): 291-304.

[143] ROBERTS T M. Time-domain deconvolution removes the effects of near-field scatterers[J]. Journal of Computational Physics, 1999, 149(2): 293-305.

[144] KABURCUK F, DEMIR V, ELSHERBENI A Z, et al. Time-Domain Iterative Multiregion Technique for 3-D Scattering and Radiation Problems[J]. IEEE Transactions on Antennas and Propagation, 2016, 64(5): 1807-1817.

[145] SINGH R P, KANT Y, SINGH U K. The time-domain magnetotelluric response over 3-layer earth models[J]. Geophysical Journal International, 1995, 123(1): 125-130.

[146] POLJAK D, DORIC V. Time-domain modeling of electromagnetic field coupling to finite-length wires embedded in a dielectric half-space[J]. IEEE Transactions on Electromagnetic Compatibility, 2005, 47(2): 247-253.

[147] PAUL J, CHRISTOPOULOS C, THOMAS D W P, et al. Time-domain modeling of electromagnetic wave interaction with thin-wires using TLM[J]. IEEE Transactions on Electromagnetic Compatibility, 2005, 47（3）: 447-455.

[148] HIRONO T, LUI W W, YOKOYAMA K. Time-domain simulation of electromagnetic field using a symplectic integrator[J]. IEEE Microwave and Guided Wave Letters, 1997, 7（9）: 279-281.

[149] TANG J, LI H, LI J, et al. Top Hat Transformation and Magnetotelluric Sounding Data Strong Interference Separation of Lujiang Zongyang Ore Concentration Area[J]. Journal of Jilin University Earth Science Edition, 2014, 44（1）: 336-343.

[150] SELVER M A, TOPRAK T, SECMEN M, et al. Transferring Synthetic Elementary Learning Tasks to Classification of Complex Targets[J]. IEEE Antennas and Wireless Propagation Letters, 2019, 18（11）: 2267-2271.

[151] NEWMAN G A, HOHMANN G W, ANDERSON W L. Transient electromagnetic response of a three-dimensional body in a layered earth[J]. Geophysics, 1986, 51（8）: 1608-1627.

[152] XUE Y, REN Q, CHEN J, et al. Transient Electromagnetic-Thermal Cosimulation for Micrometer-Level Components[J]. IEEE Transactions on Microwave Theory and Techniques, 2021, 69（10）: 4341-4351.

[153] LIU W, XI Z, WANG H, et al. Two-dimensional deep learning inversion of magnetotelluric sounding data[J]. Journal of Geophysics and Engineering, 2021, 18（5）: 627-641.

[154] WILDMAN R A, WEILE D S. Two-dimensional transverse-magnetic time-domain scattering using a predictor/corrector-based Nystrom method[J]. Microwave and Optical Technology Letters, 2005, 44（3）: 231-236.

[155] MIRZAVAND R, ABDIPOUR A, MORADI G, et al. Unconditionally Stable MFLTD Method for the Full Wave Electromagnetic Simulation[J]. IEEE Transactions on Antennas and Propagation, 2012, 60（5）: 2583-2586.

[156] XIA Y, SULLIVAN D M. Underwater FDTD Simulation at Extremely Low Frequencies[J]. IEEE Antennas and Wireless Propagation Letters, 2008, 7: 661-664.

[157] ABATE J, WHITT W. A unified framework for numerically inverting Laplace transforms[J]. Informs Journal on Computing, 2006, 18（4）: 408-421.

[158] MARTINEZ-BURDALO M, NONIDEZ L, MARTIN A, et al. Using a combination of FDTD with a surface integration method for electromagnetic scattering analysis in large regions[J]. Microwave and Optical Technology Letters, 1999, 22（1）: 74-78.

[159] ABRUDEAN C, PANOIU M, PANOIU C, et al. Using Finite Difference Time-Domain Method to Simulate the Electromagnetic Field in a Multimode Microwave Oven[C]//Proceedings of the 13th WSEAS International Conference on Computers, Rhodes, Greece, Jul 23-25, 2009.

[160] HAN W, BAI X, FAN W, et al. Wideband Interference Suppression for SAR via Instantaneous Frequency Estimation and Regularized Time-Frequency Filtering[J]. IEEE Transactions on Geoscience and Remote Sensing, 2022, 60.

[161] 廖振鹏, 周正华, 张艳红. 波动数值模拟中透射边界的稳定实现[J]. 地球物理学报, 2002 (4): 533-545.

[162] 魏文博, 金胜, 叶高峰, 等. 藏北高原地壳及上地幔导电性结构: 超宽频带大地电磁测深研究结果[J]. 地球物理学报, 2006 (4): 1215-1225.

[163] 翁爱华, 李舟波, 王雪秋. 层状导电介质中地面核磁共振响应特征理论研究[J]. 地球物理学报, 2004 (1): 156-163.

[164] 岳建华, 杨海燕, 邓居智. 层状介质中地下瞬变电磁场全空间效应[J]. 地球物理学进展, 2012, 27 (4): 1385-1392.

[165] 刘阳飞. 超特长隧道综合超前地质预报工法研究与应用[D]. 成都理工大学, 2016.

[166] 纪奕才, 邱扬, 陈伟, 等. 车载多天线系统的电磁兼容问题分析[J]. 电子学报, 2002 (4): 560-563.

[167] 薛国强, 李貅, 郭文波, 等. 从瞬变电磁测深数据到平面电磁波场数据的等效转换[J]. 地球物理学报, 2006 (5): 1539-1545.

[168] 李貅, 薛国强, 宋建平, 等. 从瞬变电磁场到波场的优化算法[J]. 地球物理学报, 2005 (5): 1185-1190.

[169] 凌嘉宣, 李长伟, 赵荣春, 等. 存在复杂非均匀层的一维大地电磁正演[J]. 桂林理工大学学报, 2016, 36 (4): 660-669.

[170] 胡祖志, 陈英, 何展翔, 等. 大地电磁并行模拟退火约束反演及应用[J]. 石油地球物理勘探, 2010, 45 (4): 597-601.

[171] 苏朱刘, 胡文宝. 大地电磁测深"降维逼近法"二维反演[J]. 石油地球物理勘探, 2002 (5): 516-523.

[172] 苏朱刘, 罗延钟, 胡文宝. 大地电磁测深"正演修正法"一维反演[J]. 石油地球物理勘探, 2002 (2): 138-144; 200.

[173] 侯德金, 张胜业, 王家映. 大地电磁测深电磁波反射函数延拓成像法[J]. 石油地球物理勘探, 2004 (6): 716-719.

[174] 安四喜,陈秀儒. 大地电磁测深法的现状、作用及发展趋势[J]. 石油地球物理勘探,1998 (S1):164-174.

[175] 陈向斌,吕庆田,张昆. 大地电磁测深反演方法现状与评述[J]. 地球物理学进展,2011, 26(5):1607-1619.

[176] BASOKUR A T. 大地电磁测深数据显示中视电阻率的定义[J]. 石油物探译丛,1994 (5):86.

[177] 阮百尧. 大地电磁测深中用一维反演结果近似二维地电断面的效果[J]. 石油地球物理勘探,1997(4):589-595;604.

[178] 罗威,王绪本,王堃鹏,等. 大地电磁场源效应特征分析及其校正研究[J]. 地球物理学报,2021,64(8):2952-2964.

[179] 胡祖志,何展翔,杨文采,等. 大地电磁的人工鱼群最优化约束反演[J]. 地球物理学报, 2015,58(7):2578-2587.

[180] 杨长福,林长佑. 大地电磁二维层状模型参数化反演[J]. 西北地震学报,1994(4):10-19.

[181] 喻国,肖骑彬,李满. 大地电磁二维各向异性反演及其在青藏高原北部的应用[J]. 地球物理学报,2021,64(6):2108-2126.

[182] 晋光文,孙洁,王继军. 大地电磁法监测地震活动能力的研究[J]. 中国地震,1997(4):50-57.

[183] 胡祖志,胡祥云,何展翔. 大地电磁非线性共轭梯度拟三维反演[J]. 地球物理学报,2006 (4):1226-1234.

[184] 管贻亮,李予国,胡祖志,等. 大地电磁非线性共轭梯度一维反演[J]. 石油物探,2014, 53(6):752-759.

[185] 周武,罗威,蓝星,等. 大地电磁交错采样有限差分二维正反演研究[J]. 物探与化探, 2021,45(2):458-465.

[186] 秦林江,杨长福. 大地电磁全张量响应的一维各向异性反演[J]. 地球物理学报,2012, 55(2):693-701.

[187] 吴小平,徐果明. 大地电磁数据的Occam反演改进[J]. 地球物理学报,1998(4):547-554.

[188] 洪云飞,熊杰,张涛,等. 大地电磁数据的改进随机爬山反演算法研究[J]. 西南师范大学学报(自然科学版),2015,40(11):146-151.

[189] 梁生贤,吾守艾力·肉孜,廖国忠,等. 大地电磁线性反演算法比较[J]. 地球物理学进展,2014,29(6):2702-2707.

[190] 陈琳,肖调杰,刘剑,等. 大地电磁一维磁化率、电阻率主轴各向异性正演[J]. 地球物理学进展,2022,37(6):2373-2380.

[191] 徐世浙，刘斌. 大地电磁一维连续介质反演的曲线对比法[J]. 地球物理学报，1995（5）：676-682.

[192] 刘彦，吕庆田，孟贵祥，等. 大地电磁与地震联合反演研究现状与展望[J]. 地球物理学进展，2012，27（6）：2444-2451.

[193] 杨辉，王家林，吴健生，等. 大地电磁与地震资料仿真退火约束联合反演[J]. 地球物理学报，2002（5）：723-734.

[194] 陈小斌，叶涛，蔡军涛，等. 大地电磁资料精细处理和二维反演解释技术研究（七）：云南盈江—龙陵地震区深部电性结构及孕震环境[J]. 地球物理学报，2019，62（4）：1377-1393.

[195] 叶涛，陈小斌，严良俊. 大地电磁资料精细处理和二维反演解释技术研究（三）：构建二维反演初始模型的印模法[J]. 地球物理学报，2013，56（10）：3596-3606.

[196] 陈小斌，蔡军涛，王立凤，等. 大地电磁资料精细处理和二维反演解释技术研究（四）：阻抗张量分解的多测点-多频点统计成像分析[J]. 地球物理学报，2014，57（6）：1946-1957.

[197] 蔡军涛，陈小斌，赵国泽. 大地电磁资料精细处理和二维反演解释技术研究（一）：阻抗张量分解与构造维性分析[J]. 地球物理学报，2010，53（10）：2516-2526.

[198] 宋维琪，邹文勇. 大地电磁资料偏移成像[J]. 地震学报，2005（1）：102-108；119.

[199] 宋维琪. 大地电磁资料三维傅里叶变换偏移方法及其应用[J]. 石油大学学报（自然科学版），2005（4）：27-31.

[200] 陈小斌，赵国泽，汤吉，等. 大地电磁自适应正则化反演算法[J]. 地球物理学报，2005（4）：937-946.

[201] 晋光文，孙洁，江钊. 大地电磁阻抗张量不变量及其Mohr圆分析[J]. 地震地质，1995（4）：439-445.

[202] 梁生贤，王永华，廖国忠，等. 大地电磁阻抗张量模的拟地震解释法研究及应用[J]. 地球物理学进展，2015，30（1）：153-158.

[203] 师学明，肖敏，范建柯，等. 大地电磁阻尼粒子群优化反演法研究[J]. 地球物理学报，2009，52（4）：1114-1120.

[204] 朱成. 带地形频率域可控源电磁法三维正反演研究[D]. 长春：吉林大学，2016.

[205] 张大海，徐世浙. 带相位信息的一维大地电磁曲线对比反演法[J]. 地震地质，2001（2）：227-231.

[206] 底青云，方广有，张一鸣. 地面电磁探测系统（SEP）研究[J]. 地球物理学报，2013，56（11）：3629-3639.

[207] 宋维琪，孙山. 地震资料约束下大地电磁资料反演[J]. 地震学报，2005（6）：630-636.

[208] 刘云鹤，殷长春，蔡晶，等. 电磁勘探中各向异性研究现状和展望[J]. 地球物理学报，2018，61（8）：3468-3487.

[209] 张明贺，冯晅，刘财，等. 电磁与地震联合反演研究现状与未来发展[J]. 地球物理学进展，2016，31（6）：2467-2674.

[210] 刘晓，谭捍东，汪茂，等. 电偶源海洋瞬变电磁法三维数值模拟与响应特征研究[J]. 科学技术与工程，2016，16（4）：1-6.

[211] 陈明生. 电偶源瞬变电磁测深研究（二）：瞬变电磁场的求解方法[J]. 煤田地质与勘探，1999（2）：55-58.

[212] 李肃义，林君，阳贵红，等. 电性源时域地空电磁数据小波去噪方法研究[J]. 地球物理学报，2013，56（9）：3145-3152.

[213] 晋光文，孙洁，王继军. 对大地电磁资料曲线对比反演法的一点改进[J]. 地震地质，1997（1）：23-24.

[214] 吕庆田，董树文，汤井田，等. 多尺度综合地球物理探测：揭示成矿系统、助力深部找矿——长江中下游深部探测（SinoProbe-03）进展[J]. 地球物理学报，2015，58（12）：4319-4343.

[215] 王鑫，詹艳，赵国泽，等. 鄂尔多斯盆地西缘构造带北段深部电性结构[J]. 地球物理学报，2010，53（3）：595-604.

[216] 张大海，徐世浙. 二维 MT 快速曲线对比反演方法的可行性研究[J]. 地震地质，2001（2）：232-237.

[217] 欧东新，夏旭，罗润林. 二维层状介质大地电磁视电阻率相位联合快速反演[J]. 桂林理工大学学报，2013，33（3）：420-424.

[218] 卓武，李继涛，陈松. 非一维条件下大地电磁测深法中电性主轴偏转的研究与应用[J]. 地球物理学进展，2017，32（5）：2195-2199.

[219] 韩波，胡祥云，SCHULTZ A，等. 复杂场源形态的海洋可控源电磁三维正演[J]. 地球物理学报，2015，58（3）：1059-1071.

[220] 欧东新，韦者良. 复杂地形电导率线性变化二维大地电磁有限单元法正演模拟[J]. 桂林理工大学学报，2014，34（1）：30-38.

[221] 王亚琳，邹文勇，裴磊. 复杂地质体中煤系地层的大地电磁测深法识别技术——以合肥盆地石炭二叠系煤系地层识别为例[J]. 物探与化探，2008（2）：159-162；167.

[222] 赵虎. 复杂地质条件下深埋公路隧道全深度电磁勘探关键技术研究及应用[D]. 成都理工大学，2020.

[223] 徐海洋. 复杂地质条件下长大隧道综合地质超前预报研究[D]. 重庆大学，2011.

[224] 梁生贤，张胜业，吾守艾力，等. 复杂三维介质的大地电磁正演模拟[J]. 地球物理学进展，2012，27（5）：1981-1988.

[225] 张泉，李永飞，田靖，等. 复杂条件下大地电磁资料二维反演及初始模型构建研究[J]. 地球物理学进展，2018，33（4）：1645-1651.

[226] 孙彩堂，李玲，王雪，等. 改进遗传算法的 CSAMT 一维反演[J]. 湖南大学学报（自然科学版），2017，44（4）：102-108.

[227] 朱仁学，胡祥云. 格尔木-额济纳旗地学断面岩石圈电性结构的研究[J]. 地球物理学报，1995（S2）：46-57.

[228] 张帆，魏文博，金胜，等. 海岸效应对近海地区大地电磁测深数据畸变作用研究[J]. 地球物理学报，2012，55（12）：4023-4035.

[229] 刘长胜，林君. 海底表面磁源瞬变响应建模及海水影响分析[J]. 地球物理学报，2006（6）：1891-1898.

[230] 何继善，鲍力知. 海底无限长水平线电流源电磁场[J]. 中南工业大学学报（自然科学版），2001（6）：551-554.

[231] 于鹏，王家林，吴健生，等. 海陆联测的大地电磁数据处理与综合解释[J]. 同济大学学报（自然科学版），2006（9）：1264-1269.

[232] 杨进，魏文博，王光锷. 海水层对海洋大地电磁勘探的影响研究[J]. 地学前缘，2008（1）：217-221.

[233] 殷长春，刘云鹤，翁爱华，等. 海洋可控源电磁法空气波研究现状及展望[J]. 吉林大学学报（地球科学版），2012，42（5）：1506-1520.

[234] 殷长春，任秀艳，刘云鹤，等. 航空瞬变电磁法对地下典型目标体的探测能力研究[J]. 地球物理学报，2015，58（9）：3370-3379.

[235] 李耀恩，吴云鹏，吴小平. 环形源形状对时间域电磁响应的影响分析[J]. 地球物理学进展，2014，29（1）：418-422.

[236] 薛国强，李貅，宋建平，等. 回线源瞬变电磁成像的理论分析及数值计算[J]. 地球物理学报，2004（2）：338-343.

[237] 陈小斌，赵国泽. 基本结构有限元算法及大地电磁测深一维连续介质正演[J]. 地球物理学报，2004（3）：535-541.

[238] 韩思旭，陈小斌，陈卫营，等. 基于 CUDA 架构并行算法的带地形 AMT 二维反演实现与应用[J]. 科学技术与工程，2021，21（31）：13268-13276.

[239] 管贻亮，胡祥云，张静，等. 基于 DLL 集成的大地电磁处理解释可视化系统的开发及应用[J]. 石油物探，2017，56（5）：755-765.

[240] 李建慧，朱自强，刘树才，等. 基于 Gaver-Stehfest 算法的矩形发射回线激发的瞬变电磁场[J]. 石油地球物理勘探，2011，46（3）：489-492.

[241] 陈辉，殷长春，邓居智. 基于 Lorenz 规范条件下磁矢势和标势耦合方程的频率域电磁法三维正演[J]. 地球物理学报，2016，59（8）：3087-3097.

[242] 李焱，胡祥云，金钢燮，等. 基于 MPI 的一维大地电磁并行计算研究[J]. 地球物理学进展，2010，25（5）：1612-1616.

[243] 张翔，肖晓玲，胡文宝，等. 基于 VC 平台的大地电磁测深交互式解释系统[J]. 石油地球物理勘探，2002（6）：612-614；639.

[244] 邹涛波，胡放荣，肖靖，等. 基于超材料的偏振不敏感太赫兹宽带吸波体设计[J]. 物理学报，2014，63（17）：350-358.

[245] 李建慧，胡祥云，曾思红，等. 基于电场 Helmholtz 方程的回线源瞬变电磁法三维正演[J]. 地球物理学报，2013，56（12）：4256-4267.

[246] 李建慧，FARQUHARSON G C，胡祥云，等. 基于电场总场矢量有限元法的接地长导线源三维正演[J]. 地球物理学报，2016，59（4）：1521-1534.

[247] 杨振威，徐招峰，侯欣欣，等. 基于多重网格的 Helmholtz 方程解算及简单地质模型的大地电磁正演模拟[J]. 地球物理学进展，2016，31（4）：1513-1518.

[248] 邱稚鹏，李展辉，李墩柱，等. 基于非正交网格的带地形三维瞬变电磁场模拟[J]. 地球物理学报，2013，56（12）：4245-4255.

[249] 李刚，李予国，韩波，等. 基于改进的接收点插值算法的频率域海洋可控源电磁法 2.5 维正演[J]. 地球物理学报，2017，60（12）：4887-4900.

[250] 张宝强，裴建新，王启. 基于构造系统函数的大地电磁时间序列模拟方法[J]. 石油地球物理勘探，2018，53（2）：410-417；226.

[251] 景建恩，魏文博，陈海燕，等. 基于广义 S 变换的大地电磁测深数据处理[J]. 地球物理学报，2012，55（12）：4015-4022.

[252] 胡恒山，刘家琦，王洪滨，等. 基于简化的 Pride 理论模拟声电效应测井响应[J]. 地球物理学报，2003（2）：259-264.

[253] 彭淼，谭捍东，姜枚，等. 基于交叉梯度耦合的大地电磁与地震走时资料三维联合反演[J]. 地球物理学报，2013，56（8）：2728-2738.

[254] 肖鹏飞,齐文杰,高永才,等. 基于可控源音频大地电磁法的场源影响校正新方法[J]. 科学技术与工程, 2022, 22（21）: 9034-9043.

[255] 龚强, 胡祥云, 孟永良. 基于快速汉克尔变换算法的CSAMT一维正演[J]. 煤田地质与勘探, 2008（1）: 71-73.

[256] 李红领, 王光杰, 杨磊, 等. 基于蒙古东戈壁AMT数据的"死频带"分析[J]. 地球物理学进展, 2020, 35（6）: 2153-2158.

[257] 彭荣华, 胡祥云, 韩波, 等. 基于拟态有限体积法的频率域可控源三维正演计算[J]. 地球物理学报, 2016, 59（10）: 3927-3939.

[258] 阮帅, 张炯, 孙远彬, 等. 基于三维正演的音频大地电磁阻抗相位不变量校正技术[J]. 地球物理学报, 2015, 58（2）: 685-696.

[259] 戴世坤, 赵东东, 李昆, 等. 基于矢量位和标量位的空间波数混合域电磁三维正演模拟[J]. 地球物理学报, 2022, 65（1）: 404-416.

[260] 董浩, 魏文博, 叶高峰, 等. 基于有限差分正演的带地形三维大地电磁反演方法[J]. 地球物理学报, 2014, 57（3）: 939-952.

[261] 张继锋, 汤井田, 王烨, 等. 基于预处理共轭梯度的大地电磁快速正演[J]. 中南大学学报（自然科学版）, 2010, 41（5）: 1877-1882.

[262] 王辉, 程久龙, 姚郁松, 等. 基于站间天然电磁场单位脉冲响应的大地电磁时间序列去噪方法[J]. 地球物理学报, 2019, 62（3）: 1057-1070.

[263] 林文东, 张志勇, 周峰. 基于正则化因子与稳定因子的大地电磁反演研究[J]. 科学技术与工程, 2014, 14（15）: 10-16.

[264] 范建柯, 师学明, 吴时国, 等. 基于子空间的二维大地电磁量子遗传反演法研究[J]. 地球物理学报, 2011, 54（10）: 2682-2689.

[265] 刘国兴, 张兴洲, 杨宝俊, 等. 佳木斯地块及东缘岩石圈电性结构特征[J]. 地球物理学报, 2006（2）: 598-603.

[266] 陈卫营, 薛国强. 接地导线源电磁场全域有效趋肤深度[J]. 地球物理学报, 2014, 57（7）: 2314-2320.

[267] 薛国强, 陈卫营, 周楠楠, 等. 接地源瞬变电磁短偏移深部探测技术[J]. 地球物理学报, 2013, 56（1）: 255-261.

[268] 吕庆田, 张晓培, 汤井田, 等. 金属矿地球物理勘探技术与设备: 回顾与进展[J]. 地球物理学报, 2019, 62（10）: 3629-3664.

[269] 周俊杰，强建科，汤井田，等. 具有干预机制的 CSAMT 数据一维最优化反演[J]. 地震地质，2010，32（3）：453-464.

[270] 孙怀凤，李貅，李术才，等. 考虑关断时间的回线源激发 TEM 三维时域有限差分正演[J]. 地球物理学报，2013，56（3）：1049-1064.

[271] 林昌洪，谭捍东，舒晴，等. 可控源音频大地电磁三维共轭梯度反演研究[J]. 地球物理学报，2012，55（11）：3829-3838.

[272] 胡祥云，林武乐，杨文采，等. 克拉通岩石圈电性结构研究进展[J]. 中国科学：地球科学，2020，50（11）：1533-1554.

[273] 戴世坤，陈轻蕊，凌嘉宣，等. 空间-波数域三维大地电磁场积分方程法数值模拟[J]. 地球物理学报，2022，65（6）：2294-2310.

[274] 冯兵，黄保胜，王珺璐，等. 控制转换算法和最优分割法在构建一维 MT 反演初始模型中的应用[J]. 地球物理学进展，2014，29（2）：711-717.

[275] 程久龙，陈丁，薛国强，等. 矿井瞬变电磁法超前探测合成孔径成像研究[J]. 地球物理学报，2016，59（2）：731-738.

[276] 李晋，张贤，蔡锦. 利用变分模态分解（VMD）和匹配追踪（MP）联合压制音频大地电磁（AMT）强干扰[J]. 地球物理学报，2019，62（10）：3866-3884.

[277] 彭淼，谭捍东，姜枚，等. 利用接收函数和大地电磁数据联合反演南迦巴瓦构造结中部地区壳幔结构[J]. 地球物理学报，2012，55（7）：2281-2291.

[278] 汤井田，徐志敏，肖晓，等. 庐枞矿集区大地电磁测深强噪声的影响规律[J]. 地球物理学报，2012，55（12）：4147-4159.

[279] 毛玉蓉，胡文宝，严良俊. 脉冲源时间域电磁响应三维正演计算[J]. 地球物理学进展，2015，30（6）：2730-2735.

[280] 魏文博，邓明，温珍河，等. 南黄海海底大地电磁测深试验研究[J]. 地球物理学报，2009，52（3）：740-749.

[281] 王萌，罗维斌. 逆 Laplace 变换新算法及其在时间域电磁响应计算中的应用[J]. 地球物理学进展，2018，33（2）：740-747.

[282] 胥博文，刘志龙，叶高峰，等. 宁河凸起地热资源远景区评价分析：来自大地电磁测深法的证据[J]. 地球物理学进展，2018，33（6）：2278-2284.

[283] 詹艳，赵国泽，陈小斌，等. 宁夏海原大震区西安州—韦州剖面大地电磁探测与研究[J]. 地球物理学报，2004（2）：274-281；373.

[284] 薛国强，闫述，周楠楠. 偶极子假设引起的大回线源瞬变电磁响应偏差分析[J]. 地球物理学报，2011，54（9）：2389-2396.

[285] 雷达. 起伏地形下 CSAMT 二维正反演研究与应用[J]. 地球物理学报，2010，53（4）：982-993.

[286] 汤井田，任政勇，周聪，等. 浅部频率域电磁勘探方法综述[J]. 地球物理学报，2015，58（8）：2681-2705.

[287] 金胜，魏文博，汪硕，等. 青藏高原地壳高导层的成因及动力学意义探讨：大地电磁探测提供的证据[J]. 地球物理学报，2010，53（10）：2376-2385.

[288] 金胜，张乐天，金永吉，等. 青藏高原东北缘合作—大井剖面地壳电性结构研究[J]. 地球物理学报，2012，55（12）：3979-3990.

[289] 刘营，胡道功，许顺芳，等. 琼北第四纪火山区电各向异性结构及其地质意义[J]. 地球科学，2020，45（1）：330-340.

[290] 许洋铖，林君，李肃义，等. 全波形时间域航空电磁响应三维有限差分数值计算[J]. 地球物理学报，2012，55（6）：2105-2114.

[291] 王书明，李德山，胡浩. 三维/三维构造下大地电磁相位张量数值模拟[J]. 地球物理学报，2013，56（5）：1745-1752.

[292] 李静和，何展翔，孟淑君，等. 三维地形频率域井筒电磁场区域积分方程法模拟[J]. 物理学报，2019，68（14）：253-262.

[293] 阮百尧，王有学. 三维地形频率域人工源电磁场的边界元模拟方法[J]. 地球物理学报，2005（5）：1197-1204.

[294] 魏宝君，张庚骥. 三维井间电磁场的正反演计算[J]. 地球物理学报，2002（5）：735-743.

[295] 张继锋，刘寄仁，冯兵，等. 三维陆地可控源电磁法有限元模型降阶快速正演[J]. 地球物理学报，2020，63（9）：3520-3533.

[296] 张翔，严良俊，苏朱刘，等. 山区 MT 资料处理新技术及效果[J]. 石油地球物理勘探，2007（4）：454-473.

[297] 邓明，魏文博，盛堰，等. 深水大地电磁数据采集的若干理论要点与仪器技术[J]. 地球物理学报，2013，56（11）：3610-3618.

[298] SPAGNOLINI U. 时间域大地电磁阻抗张量的估算[J]. 石油物探译丛，1995（1）：85.

[299] 殷长春，邱长凯，刘云鹤，等. 时间域航空电磁扩散特征和成像深度研究[J]. 地球物理学报，2016，59（8）：3079-3086.

[300] 闫述，陈明生，傅君眉. 瞬变电磁场的直接时域数值分析[J]. 地球物理学报，2002（2）：275-284.

[301] 薛国强，王贺元，闫述，等. 瞬变电磁场时域格林函数解[J]. 地球物理学报，2014，57（2）：671-678.

[302] 闫述，陈明生. 瞬变电磁场资料的联合时-频分析解释[J]. 地球物理学报，2005（1）：203-208.

[303] 闫述，石显新，陈明生. 瞬变电磁法的探测深度问题[J]. 地球物理学报，2009，52（6）：1583-1591.

[304] 刘晓，谭捍东. 瞬变电磁法全空间三维伪谱法模拟[J]. 地球物理学进展，2016，31（1）：268-273.

[305] 李貅，薛国强，刘银爱，等. 瞬变电磁合成孔径成像方法研究[J]. 地球物理学报，2012，55（1）：333-340.

[306] 郭文波，李貅，薛国强，等. 瞬变电磁快速成像解释系统研究[J]. 地球物理学报，2005（6）：187-192.

[307] 薛国强，李貅，戚志鹏，等. 瞬变电磁拟地震子波宽度压缩研究[J]. 地球物理学报，2011，54（5）：1384-1390.

[308] 李貅，戚志鹏，薛国强，等. 瞬变电磁虚拟波场的三维曲面延拓成像[J]. 地球物理学报，2010，53（12）：3005-3011.

[309] 肖骑彬，赵国泽，王继军，等. 苏鲁造山带及邻区深部电性结构研究[J]. 中国科学（D辑：地球科学），2008（10）：1258-1267.

[310] 裴建新，吴俊良，祁江豪. 速度约束的海洋大地电磁聚焦反演方法[J]. 中国海洋大学学报（自然科学版），2023，53（3）：63-71.

[311] 肖洋. 隧道不良地质界面波反射法探测预报研究[D]. 北京：中国铁道科学研究院，2013.

[312] 侯云廷. 隧道地质调查中综合物探方法的应用研究[D]. 北京：中国地质大学，2006.

[313] 王齐仁. 隧道地质灾害超前探测方法研究[D]. 长沙：中南大学，2008.

[314] 杨学明，雷清，聂冀强，等. 太行拱断束地热资源调查评价基于大地电磁测深结果的分析[J]. 西北地质，2020，53（4）：235-245.

[315] 罗延钟，张胜业，熊彬. 天然场源激电法的可行性[J]. 地球物理学报，2003（1）：125-130.

[316] 严家斌，刘贵忠. 天然大地电磁场时间序列的分形特征[J]. 煤田地质与勘探，2007（2）：66-69.

[317] 高曙德，汤吉，杜学彬，等. 汶川 8.0 级地震前后电磁场的变化特征[J]. 地球物理学报，2010，53（3）：512-525.

[318] 范莹莹，杜学彬，ZLOTNICKI J，等. 汶川 Ms 8.0 大震前的电磁现象[J]. 地球物理学报，2010，53（12）：2887-2298.

[319] 汤吉，詹艳，王立凤，等. 汶川地震强余震的电磁同震效应[J]. 地球物理学报，2010，53（3）：526-534.

[320] 底青云，朱日祥，薛国强，等. 我国深地资源电磁探测新技术研究进展[J]. 地球物理学报，2019，62（6）：11.

[321] 龚志双，王秉中，王任. 亚波长间距理想导体球阵列近区时间反演电磁场的快速求解[J]. 物理学报，2018，67（8）：77-86.

[322] 罗鸣，李予国，李刚. 一维垂直各向异性介质频率域海洋可控源电磁资料反演方法[J]. 地球物理学报，2016，59（11）：4349-4359.

[323] 冯思臣，王绪本，阮帅. 一维大地电磁测深几种反演算法的比较研究[J]. 石油地球物理勘探，2004（5）：594-599.

[324] 杨振武，王家映，张胜业，等. 一维大地电磁和地震数据联合反演方法研究[J]. 石油地球物理勘探，1998（1）：78-88；138.

[325] 曾奇，师学明，武永胜，等. 一维大地电磁信赖域反演法研究[J]. 地球物理学进展，2011，26（3）：885-893.

[326] 李世文，翁爱华，唐裕，等. 一维导电薄球层状模型的地磁测深 C-响应计算[J]. 地震地质，2018，40（2）：337-348.

[327] 吴小平，柳建新. 一种广义时间域电磁测深法——单脉冲电磁测深方法[J]. 地球物理学进展，2010，25（6）：2137-2143.

[328] 魏宝君. 一种新型随钻电阻率测井仪器的响应和刻度[J]. 地球物理学报，2007（2）：632-641.

[329] 于海岐，朱苗勇. 圆坯结晶器电磁搅拌过程三维流场与温度场数值模拟[J]. 金属学报，2008，44（12）：1465-1473.

[330] 刘勇，郭开华，梁德青，等. 在磁场作用下 HCFC-141b 制冷剂气体水合物的生成过程[J]. 中国科学（B 辑 化学），2003（1）：89-96.

[331] 底青云，王妙月，王若，等. 长偶极大功率可控源电磁波响应特征研究[J]. 地球物理学报，2008（6）：1917-1928.

[332] 周建，葛宝丰，陈克明，等. 正弦交变电磁场促进体外培养成骨细胞成熟矿化的时间效应[J]. 生物医学工程学杂志，2011，28（6）：1085-1088.

[333] 高玉海，李唯，陈克明，等. 正弦交变电磁场提高大鼠峰值骨量存在时间效应[J]. 第三军医大学学报，2014，36（15）：1557-61.

[334] 高玉海，李少锋，周延峰，等. 正弦交变电磁场提高大鼠骨生物力学性能的最佳时间筛选[J]. 生物医学工程学杂志，2016，33（3）：520-525.

[335] 底青云，薛国强，殷长春，等. 中国人工源电磁探测新方法[J]. 中国科学：地球科学，2020，50（9）：9.

[336] 陈晓光，金亚秋，聂在平. 轴对称有耗介质电磁问题的时域有限元方法[J]. 地球物理学报，1999（2）：268-276.

[337] 高红伟，张胜业. 阻抗张量分解进行大地电磁静校正的研究[J]. 地质科技情报，1998（1）：92-97.